Formulaire de géométrie

• Quadrilatères

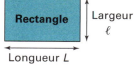
Aire = $L \times \ell$

Aire = c^2
$d = c\sqrt{2}$

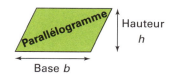
Aire = $b \times h$

Périmètre = $2\pi \times r$
Aire = $\pi \times r^2$

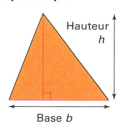
Aire = $\dfrac{D \times d}{2}$

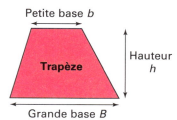
Aire = $\dfrac{(B+b) \times h}{2}$

• Symboles

// : parallèle
⊥ : perpendiculaire
[AB] : segment
(AB) : droite
[AB) : demi-droite
AB : longueur

• Triangles

• **Triangle quelconque**

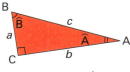

Aire = $\dfrac{b \times h}{2}$

Somme des angles = 180°

• **Triangle rectangle**

B, c, a, Â, A, b, C

Aire = $\dfrac{a \times b}{2}$

Propriété de Pythagore : $c^2 = a^2 + b^2$

$\cos(\hat{A}) = \dfrac{b}{c}$ $\cos(\hat{B}) = \dfrac{a}{c}$

• Prismes et cylindres

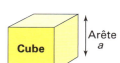
Volume = a^3
Aire totale = $6 \times a^2$

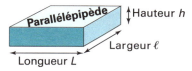
Volume = $L \times \ell \times h$
Aire totale = $2(L \times \ell + L \times h + \ell \times h)$

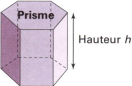
Base d'aire B et de périmètre p
Volume = $B \times h$
Aire latérale = $p \times h$

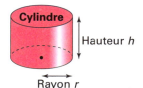
Aire de la base = $\pi \times r^2$
Volume = $\pi \times r^2 \times h$
Aire latérale = $2\pi \times r \times h$

• Pyramides et cônes

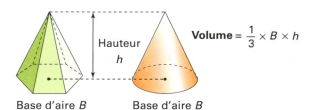
Base d'aire B Base d'aire B
Volume = $\dfrac{1}{3} \times B \times h$

POUR COMPRENDRE ET PROGRESSER

DANS TON LIVRE
Revois le cours et entraîne-toi.

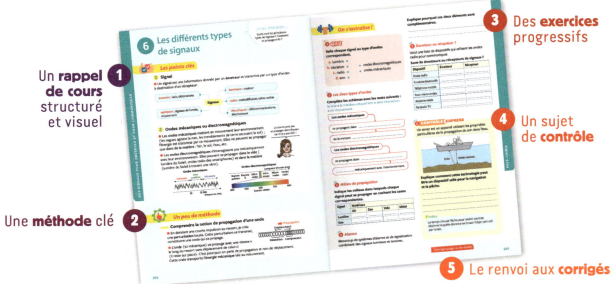

① Un **rappel de cours** structuré et visuel

② Une **méthode** clé

③ Des **exercices** progressifs

④ Un sujet de **contrôle**

⑤ Le renvoi aux **corrigés**

SUR LE SITE HATIER-ENTRAINEMENT.COM
Révise autrement, en t'amusant.

 Des **jeux** interactifs

 Encore plus d'**exercices** en français et maths

 Des **podcasts** en anglais

 Des **dictées** audio

Pour cela, rendez-vous sur **hatier-entrainement.com**
C'est facile et gratuit grâce au code d'activation contenu dans cet ouvrage.

Tout Savoir 4e

Moi en 4e
Frédéric Plessiet

Français
Christine Formond

Mathématiques
Moussa Gory, Laurence Lamarche, Victoire Merlin

Histoire-géographie
Enseignement moral et civique
Guillaume Joubert, Guillaume D'Hoop

SVT
Sandrine Aussourd, Marie-Anne Grinand

Physique-Chimie et Technologie
Pascal Bihouée, Daniel Dupuis

Anglais
Corinne Touati

Espagnol
Maricel Fernandez-Theyras

Sommaire

Pour travailler un thème de ton programme, reporte-toi à la page indiquée.
Coche la case ☐ quand tu as fini !

Moi en 4ᵉ

1. Auditif, visuel, kinesthésique : comment identifier mon « profil » ? — 6
2. Quelles sont les techniques pour rester attentif ? — 7
3. Comment organiser mon travail efficacement ? — 8
4. Comment prendre des notes efficacement ? — 9
5. Comment analyser mes résultats de manière positive ? — 10

FRANÇAIS

▶ Grammaire

1. Le groupe nominal — 12
2. Déterminants et pronoms indéfinis — 14
3. Les adverbes — 16
4. Les compléments d'objet — 18
5. Les différentes propositions — 20
6. La subordonnée relative — 22
7. L'expression de la cause et de la conséquence — 24
8. L'expression du but et de la comparaison — 26

▶ Orthographe

9. Les accords dans le groupe nominal — 28
10. L'accord du verbe avec le sujet — 30
11. Les homophones grammaticaux (1) — 32
12. Les homophones grammaticaux (2) — 34

▶ Conjugaison

13. L'analyse du verbe — 36
14. Formes pronominale et impersonnelle — 38
15. Les verbes du 3ᵉ groupe au présent de l'indicatif — 40
16. Les formes verbales en [i] et [y] — 42
17. Impératif et subjonctif — 44

▶ Lexique

18. Préfixes et suffixes — 46
19. Synonymes et antonymes — 48
20. Les figures de style (1) — 50
21. Les figures de style (2) — 52

▶ Lire et écrire

22. Énoncé et situation d'énonciation — 54
23. L'emploi des temps dans une lettre ou un dialogue — 56
24. L'emploi des temps dans un récit — 58
25. Raconter (1) — 60
26. Raconter (2) — 62
27. Décrire — 64
28. Argumenter — 66
29. Construire un dialogue — 68
30. Le théâtre — 70
31. La poésie — 72

Test – Bilan — 74

MATHS

▶ Nombres et calculs

1. Multiplier et diviser des nombres relatifs — 76
2. Multiplier des fractions — 78
3. Diviser des fractions — 80
4. Puissances de dix — 82
5. Racine carrée d'un nombre positif — 84
6. Calcul littéral — 86
7. Équation du premier degré — 88

▶ Gestion de données

8. Proportionnalité (1) — 90
9. Proportionnalité (2) — 92
10. Moyenne pondérée, médiane, étendue — 94
11. Diagrammes en bâtons et histogrammes — 96
12. Probabilités — 98

▶ Géométrie – Grandeurs et mesures

13. Triangles et parallélogrammes — 100
14. Translations — 102
15. Théorème de Pythagore — 104
16. Théorème de Thalès (1) — 106
17. Théorème de Thalès (2) — 108

18 Cosinus d'un angle — 110

19 Parallélépipèdes et sphères — 112

20 Pyramides et cônes — 114

21 Vitesse moyenne — 116

22 Grandeurs composées — 118

▶ **Algorithmique et programmation**

23 Écrire et exécuter un programme simple — 120

24 Programmer le tracé de figures — 122

Test – Bilan — 124

HISTOIRE-GÉO • EMC

▶ **Histoire**

1 Le commerce au XVIIIe siècle — 126

2 Les traites négrières et l'esclavage — 128

3 L'Europe des Lumières au XVIIIe siècle — 130

4 La Révolution française (1789-1799) — 132

5 Consulat et Premier Empire (1799-1815) — 134

6 Les conséquences de la Révolution française — 136

7 La « révolution industrielle » (1) — 138

8 La « révolution industrielle » (2) — 140

9 Conquêtes et sociétés coloniales — 142

10 Voter en France de 1815 à 1870 — 144

11 La IIIe République en France — 146

12 Conditions féminines en France au XIXe siècle — 148

▶ **Géographie**

13 Approches de la mondialisation — 150

14 L'urbanisation du monde (1) — 152

15 L'urbanisation du monde (2) — 154

16 L'intégration des villes à la mondialisation — 156

17 Les migrations transnationales — 158

18 Le tourisme international — 160

19 Mers et océans, un monde maritimisé (1) — 162

20 Mers et océans, un monde maritimisé (2) — 164

21 Les États-Unis face à la mondialisation — 166

22 L'Afrique de l'Ouest face à la mondialisation — 168

▶ **Enseignement moral et civique**

23 L'élaboration de la loi — 170

24 Le fonctionnement de la justice — 172

25 Les droits fondamentaux — 174

26 Les libertés en tension — 176

27 Les principes de la démocratie — 178

28 L'engagement citoyen — 180

Test – Bilan — 182

SVT

▶ **La planète Terre, l'environnement et l'action humaine**

1 Les risques météorologiques et géologiques — 184

2 L'eau et le sol : des ressources naturelles — 186

3 Les activités humaines et les écosystèmes — 188

▶ **Le vivant et son évolution**

4 Les végétaux chlorophylliens — 190

5 La reproduction sexuée des plantes à fleurs — 192

6 La diversité génétique — 194

▶ **Le corps humain et la santé**

7 Les systèmes nerveux et cardiovasculaire — 196

8 L'équilibre alimentaire et le microbiote — 198

9 Le monde bactérien et l'organisme — 200

10 La capacité de transmettre la vie — 202

Test – Bilan — 204

PHYSIQUE-CHIMIE TECHNOLOGIE

▶ **Organisation et transformations de la matière**

1 Les atomes et les molécules — 206

2 L'identification des espèces chimiques — 208

3 La modélisation d'une réaction chimique — 210

4 Le caractère acide ou basique d'une solution — 212

5 L'Univers et le Système solaire — 214

▶ **Mouvement et interaction**

6 La relation entre distance, vitesse et durée — 216

7 La notion de force — 218

▶ **Des signaux pour observer et pour communiquer**

8 Les signaux lumineux et sonores — 220

▶ **L'énergie et ses conversions**

9 La relation entre tension et intensité — 222

10 La tension alternative et la tension continue — 224

11 La puissance nominale d'un appareil électrique — 226

12 Les dangers de l'électricité — 228

▶ **Technologie**

13 Les énergies renouvelables — 230

14 La révolution du code-barres — 232

15 Le service de garantie — 234

Test – Bilan — 236

ANGLAIS

1. Le groupe nominal — **238**
2. La quantité — **240**
3. L'adjectif, les adverbes de manière — **242**
4. Les mots interrogatifs — **244**
5. Les temps du passé — **246**
6. L'expression du futur — **248**
7. L'expression de la condition — **250**
8. Les auxiliaires modaux — **252**
9. La possession — **254**
10. Le passif — **256**
11. Les propositions relatives — **258**
12. Le gérondif — **260**

Test – Bilan — **262**

ESPAGNOL

1. Le présent de l'indicatif, *ser* et *estar* — **264**
2. Pronoms compléments, tournures affectives — **266**
3. Les prépositions, deux temps du passé — **268**
4. Futur et conditionnel, interrogations et négations — **270**
5. Le gérondif, les possessifs — **272**
6. L'obligation, le besoin, les adverbes (quantité et manière) — **274**
7. Le subjonctif présent — **276**
8. L'impératif — **278**
9. L'habitude, les comparatifs — **280**

Test – Bilan — **282**

VERS LA 3ᵉ

1. L'année prochaine en français — 284
2. L'année prochaine en mathématiques — 285
3. L'année prochaine en histoire-géo • EMC — 286
4. L'année prochaine en SVT — 287
5. L'année prochaine en physique-chimie • techno — 288
6. L'année prochaine en anglais — 289
7. L'année prochaine en espagnol — 290
8. Vers le brevet — 291

© Hatier, Paris, 2020 – Isbn : 978-2-401-06473-7

Maquette de principe : studio Favre & Lhaïk
Mise en pages : STDI
Cartographie et schémas : Légendes Cartographie, STDI, Domino, Franck Dubiez, Philippe Bouillon
Illustrations : Juliette Baily, Audrey Bussi, Michel Conversin, Sylvain Frécon, Volker Theinhardt
Pictogrammes : Hung Ho Thanh
Iconographie : Magali Girodet, Hatier illustration
Édition : Caroline Blanc, Stéphanie Herbaut, Damien Lagarde, Delphine Livet, Béatrix Lot

MOI EN 4ᵉ

1. Auditif, visuel, kinesthésique : comment identifier mon « profil » ? `6`

2. Quelles sont les techniques pour rester attentif ? `7`

3. Comment organiser mon travail efficacement ? `8`

4. Comment prendre des notes efficacement ? `9`

5. Comment analyser mes résultats de manière positive ? `10`

1 Auditif, visuel, kinesthésique : comment identifier mon « profil » ?

Mini-test

Trois élèves préparent une évaluation sur le théorème de Pythagore. Voici leurs méthodes.

Élève 1 Je commence par apprendre le théorème comme si c'était une poésie ; je me le répète à voix haute ou dans ma tête.

Élève 2 Je commence par observer les figures illustrant le théorème, puis je lis l'énoncé.

Élève 3 Au brouillon, je construis des triangles rectangles dont je mesure les différents côtés. Je vérifie le théorème avec les mesures prises.

Quel sens est associé de manière privilégiée à chacune de ces trois méthodes ?

Réponses : Élève 1 : l'ouïe. – Élève 2 : la vue. – Élève 3 : le toucher.

Je prends de la hauteur !

→ Quand j'apprends, est-ce que j'adopte une méthode qui se rapproche de l'une des trois évoquées ci-dessus ?
→ Y a-t-il un sens que je privilégie pour mémoriser ?

La stratégie pour réussir

Demande-toi si tu as une préférence pour une méthode quand tu apprends.

● Il est utile de connaître ses préférences d'apprentissage pour apprendre plus efficacement.

● Mais n'oublie pas que chacun est doté de plusieurs intelligences et peut ainsi passer d'une méthode à l'autre selon la situation, en combinant ses sens.

Les méthodes pour apprendre

Avec un « profil » auditif
● Le sens que j'aime solliciter : l'ouïe
● Ce qui m'aide : écouter, parler, « me parler »

→ Bien **écouter** en classe
→ **Relire à voix haute** en insistant par l'intonation sur les mots clés
→ **M'enregistrer** et **m'écouter**
→ Utiliser mon **langage intérieur** pour « entendre » le cours

Avec un « profil » visuel
● Le sens que j'aime solliciter : la vue
● Ce qui m'aide : observer, repérer

→ M'appuyer sur les **visuels du cours** et des manuels
→ Élaborer **mes propres visuels** (schémas, cartes mentales...)
→ Me construire des **images mentales**

Avec un « profil » kinesthésique
● Le sens que j'aime solliciter : le toucher
● Ce qui m'aide : faire, manipuler, essayer

→ **Participer** en classe
→ Me déplacer et faire des **gestes** lorsque j'apprends
→ Mimer physiquement ou mentalement

2 Quelles sont les techniques pour rester attentif ?

Mini-test

Équipe-toi d'un stylo et d'un chronomètre, puis fais successivement ces deux expériences.

Expérience 1 Isole-toi dans une pièce calme.
Chronomètre le temps que tu mets à faire ces trois calculs.

45,9 + 347,14 = ...	752,7 − 68,63 = ...	56,2 × 3 = ...
Opération posée	Opération posée	Opération posée

Temps : ....

Expérience 2 Sur un téléphone ou un ordinateur près de toi, lance une vidéo avec le son.
Puis chronomètre le temps que tu mets à trouver le résultat de ces trois opérations.

63,7 + 438,32 = ...	423,6 − 85,37 = ...	68,4 × 5 = ...
Opération posée	Opération posée	Opération posée

Temps : ....

Je prends de la hauteur !

→ La durée de l'expérience 2 est-elle différente de celle de l'expérience 1 ?
→ Comment puis-je expliquer la différence ?

La stratégie pour réussir

▬ Pour travailler efficacement, focalise ton attention.

Focaliser son attention, cela consiste à se concentrer sur une tâche (ici, trouver le résultat des opérations) et donc à ignorer ou écarter ce qui nous en détourne.

● Il faut éloigner en premier lieu les **distracteurs externes** – telle la vidéo de l'expérience 2 – qui peuvent rapidement perturber notre attention. D'une façon générale, les écrans sont des tentations, qui favorisent le décrochage.

● Tes pensées, tes émotions, tes sensations (par exemple, une sensation de faim) peuvent également te déconcentrer et agir comme des **distracteurs internes**. Pour limiter leur effet, identifie-les lorsqu'ils se présentent ; tu pourras ainsi reprendre plus facilement ta tâche.

Je sais que je dois me méfier de mon téléphone quand je travaille !

Astuce
N'oublie pas également de faire régulièrement des pauses quand tu travailles.

3 Comment organiser mon travail efficacement ?

Mini-test

Tu participes à un concours de fusées à eau. Comment t'organises-tu ? Numérote les étapes.

- ☐ **A** Je réalise une dernière série d'essais pour optimiser le réglage des ailettes. Je personnalise ma fusée et répète la mise en scène pour « séduire le jury ».
- ☐ **B** J'imprime le règlement du concours pour en connaître les contraintes exactes.
- ☐ **C** Je m'assure que les dimensions de mon modèle sont conformes au règlement du concours et au pas de tir qui sera utilisé pour lancer les fusées.
- ☐ **D** Je fabrique des prototypes, je teste plusieurs formes de bouteilles pour choisir la plus performante. Je vais au *fablab* du quartier pour réaliser les ailettes à coller aux bouteilles.
- ☐ **E** Je réalise des schémas, je récupère des bouteilles différentes, je note les questions que je me pose. Je consulte des sites Internet et des blogs sur les fusées à eau.
- ☐ **F** Je consulte la date du concours et je m'inscris.

Ce genre d'expérience n'est pas dénué de risques : prends des mesures de sécurité si tu t'y essayes !

Réponses : 1. F ; 2. B ; 3. E ; 4. D ; 5. C ; 6. A.

Je prends de la hauteur !

→ Pour ne pas être disqualifié le jour du concours, quelles précautions dois-je prendre ?
→ Comment utiliser au mieux le temps dont je dispose entre l'inscription et le concours ?

La stratégie pour réussir

▉ Organise ton travail selon un plan d'action.

S'organiser est particulièrement utile pour préparer une évaluation.

Étapes	Pour une évaluation écrite	Pour une évaluation orale
❶ Connaître les échéances	Je m'informe sur les dates et heures (auprès de l'enseignant ou sur l'ENT de mon collège).	
❷ Se renseigner sur ce qui est attendu	Je prends connaissance du programme à réviser.	Je prends connaissance du temps dont je dispose pour présenter mon exposé.
❸ Réaliser les tâches dans un ordre logique	• Je planifie mes révisions selon mes besoins (ce que je maîtrise moins). • Je m'appuie sur mon cours et mon manuel, éventuellement des sites ou des ouvrages fiables. • Je n'hésite pas à demander conseil à quelqu'un : un camarade, un professeur...	• J'élabore un support écrit pour structurer ma présentation. • Je me mets ensuite à la place du jury pour imaginer les questions que l'on pourrait me poser. • Même si l'épreuve est individuelle, je peux demander de l'aide à quelqu'un pour m'entraîner.
❹ Contrôler	À l'approche de l'échéance, je m'assure que j'ai bien abordé l'ensemble de ce qu'il fallait revoir.	Je répète en me plaçant dans des conditions proches de celles de l'exposé (position, matériel, chrono, jury fictif).

4 Comment prendre des notes efficacement ?

Mini-test

As-tu l'habitude de prendre des notes ?

❶ Rendez-vous sur le site www.editions-hatier.fr pour télécharger le fichier audio intitulé « Moi en cours d'histoire ».

❷ Écoute cet extrait d'un cours d'histoire en prenant des notes.

❸ Analyse ce que tu as fait.

Je prends de la hauteur !

→ Comment la voix m'a-t-elle aidé(e) à repérer les informations importantes ?
→ Ai-je utilisé des symboles ? un schéma ?
→ Ai-je utilisé des abréviations ?

La stratégie pour réussir

La prise de notes nécessite concentration et effort de mémoire.

Prendre en notes, c'est repérer rapidement le plus important de ce qui est dit pour en garder une trace écrite personnelle. Comment prendre efficacement en notes ce que dit un professeur ?

- Identifie les **informations importantes** en t'aidant de l'intonation et du rythme de la voix.
- Utilise des **symboles** ou un **schéma** pour mettre en évidence les liens logiques.

> Tu entends : « À partir de la fin du XVIIIe siècle, un certain nombre de pays ont connu la plus profonde mutation que les sociétés humaines ont expérimentée : la révolution industrielle. »

> Tu notes Fin XVIIIe ⇒ plusieurs pays ⇒ révolution industrielle

ou

Citation

Des notes constituent une « mémoire de papier » selon l'expression du philosophe Montaigne : elles te permettent d'en fixer le contenu.

- Trouve des stratégies pour **abréger** car tu écris moins vite qu'un professeur qui parle.

> Tu entends : « En 1769, Watt invente la machine à vapeur. »

> Tu notes : 1769 : mach. à vap. (Watt)

ou bien : Machine à vap. (Watt, 1769)

9

5 Comment analyser mes résultats de manière positive ?

Mini-test

Ton professeur te rend une copie avec cette note et ce commentaire. Que fais-tu ?

> 13/20
> Bonne analyse du contexte historique.
> Revoir la partie sur les causes du conflit.
> Pensez à vous relire pour limiter les erreurs orthographiques.

Oui, c'est vrai, il faut que je progresse en orthographe !

- **a.** Je prends ma calculatrice pour savoir si ma moyenne baisse ou augmente.
- **b.** Je range l'évaluation dans mon sac car elle doit être signée par les parents.
- **c.** Je parcours ma copie pour comprendre les commentaires de l'enseignant.
- **d.** Je lis les commentaires du professeur avant de ranger l'évaluation.
- **e.** Je cherche à connaître la moyenne de la classe et les notes de mes ami(e)s.

Réponses : C'est l'attitude c qui est la plus constructive.

Je prends de la hauteur !

→ Que signifie la note sur une copie ?
→ Les commentaires peuvent-ils m'aider pour les prochaines évaluations ?

La stratégie pour réussir

▬ Même si tu as de « mauvaises notes », reste positif.

Lorsque tu reçois une copie corrigée, n'oublie pas que la note ne reflète pas toujours tes efforts et tes progès.

● La note est une **information chiffrée** qui te permet de te situer :
– par rapport aux attentes de ton professeur ;
– par rapport aux autres élèves.

● Les commentaires du professeur te fournissent :
– ton degré de maîtrise des connaissances (ce que tu sais) ;
– ton degré de maîtrise des compétences (ce que tu es capable de faire ;
– des **pistes pour progresser**.

● Retiens bien que l'erreur fait partie du processus d'apprentissage et qu'on apprend de ses erreurs.

> **Citation**
> « Je ne perds jamais. Soit je gagne, soit j'apprends. »
> Nelson Mandela

FRANÇAIS

Tu trouveras plein de dictées pour t'entraîner en orthographe sur hatier-entrainement.com !

▶ GRAMMAIRE

1. Le groupe nominal	12
2. Déterminants et pronoms indéfinis	14
3. Les adverbes	16
4. Les compléments d'objet	18
5. Les différentes propositions	20
6. La subordonnée relative	22
7. L'expression de la cause et de la conséquence	24
8. L'expression du but et de la comparaison	26

▶ ORTHOGRAPHE

9. Les accords dans le groupe nominal	28
10. L'accord du verbe avec le sujet	30
11. Les homophones grammaticaux (1)	32
12. Les homophones grammaticaux (2)	34

▶ CONJUGAISON

13. L'analyse du verbe	36
14. Formes pronominale et impersonnelle	38
15. Les verbes du 3e groupe au présent de l'indicatif	40
16. Les formes verbales en [i] et [y]	42
17. Impératif et subjonctif	44

▶ LEXIQUE

18. Préfixes et suffixes	46
19. Synonymes et antonymes	48
20. Les figures de style (1)	50
21. Les figures de style (2)	52

▶ LIRE ET ÉCRIRE

22. Énoncé et situation d'énonciation	54
23. L'emploi des temps dans une lettre ou un dialogue	56
24. L'emploi des temps dans un récit	58
25. Raconter (1)	60
26. Raconter (2)	62
27. Décrire	64
28. Argumenter	66
29. Construire un dialogue	68
30. Le théâtre	70
31. La poésie	72

▶ TEST – BILAN

74

Je me demande…
Quel est le mot principal d'un groupe nominal : un nom, un adjectif, un verbe ?

1 Le groupe nominal

Les points clés

1 Nom et déterminant

- Un **groupe nominal** (GN) est un groupe de mots dont le noyau est un **nom**.

    cette <u>bouche</u> en fer à cheval
           nom noyau

- Le **groupe nominal minimal** est constitué d'un nom et d'un déterminant.

    <u>cette bouche</u>
        GN

Quasimodo, le héros de *Notre-Dame de Paris*.

- Les différents **déterminants** :

Articles…	Déterminants…
… définis : le, la, les, l'	… démonstratifs : ce, cet, cette, ces
… définis contractés : au (à + le), aux (à + les), du (de + le), des (de + les)	… possessifs : mon, ton, son, notre, votre, leur, mes, tes, ses, nos, vos, leurs
… indéfinis : un, une, des	… indéfinis : quelque(s), tout, tous, aucun, même, autre…
… partitifs : du, de l'	… numéraux cardinaux : trois, trente, cent… ou ordinaux : troisième, dixième…

2 Les expansions du nom

- Le nom peut être accompagné d'une ou plusieurs **expansions** qui le précisent :
– un adjectif qualificatif **épithète** ;

    ce <u>petit</u> œil <u>gauche</u>
       adj.   adj.

On emploie rarement un nom tout seul.

– un GN **complément du nom** (CDN) ;

    un sourcil roux <u>en broussailles</u>
                    CDN

– une proposition subordonnée **relative** ;

    cette lèvre calleuse <u>sur laquelle une de ces dents empiétait</u>
                        proposition subordonnée relative

– un adjectif ou un GN en **apposition**.

Un peu de méthode

Identifier une apposition

- Une **apposition** est une expansion qui est détachée du nom : elle s'ajoute à un GN (ou à un pronom) dont elle est séparée par un signe de ponctuation, le plus souvent une virgule. Elle apporte une **information complémentaire facultative** sur ce GN. On peut placer le signe = entre le GN et son apposition.

    Esmeralda, = <u>la danseuse</u>   Quasimodo, = <u>le bossu de Notre-Dame</u> !
                 apposition   apposition

On s'entraîne !

1 QUIZ

Relie chaque nom à son GN apposé.

a. Esmeralda — la belle gitane
b. Quasimodo — le héros difforme
c. *Notre-Dame de Paris* — le roman de Victor Hugo
d. Victor Hugo — un romancier au souffle épique

2 Noms noyaux (1)

Souligne le nom noyau de chaque GN.

a. Le <u>héros</u> inoubliable d'un roman de Victor Hugo.
b. Une jeune <u>gitane</u> d'une beauté saisissante.
c. Une <u>créature</u> difforme d'une grande générosité.
d. Un <u>bossu</u>, sonneur de cloches, dont le nom est Quasimodo.

3 Noms noyaux (2)

Souligne les noms désignant un élément du visage de Quasimodo.

Nous n'essaierons pas de donner au lecteur une idée de ce nez <u>tétraèdre</u>, de cette bouche en <u>fer à cheval</u>, de ce petit œil gauche <u>obstrué</u> d'un sourcil roux en <u>broussailles</u> […], de cette lèvre <u>calleuse</u> sur laquelle une de ces dents empiétait comme la défense d'un éléphant, de ce menton <u>fourchu</u> […].

Victor Hugo, *Notre-Dame de Paris*, 1831.

4 Expansions du nom

Complète la description de Quasimodo avec les expansions de la liste : le bancal • monstrueuses • énorme • roux • larges

Une grosse tête hérissée de cheveux *roux* ; entre les deux épaules, une bosse *énorme*, de *larges* pieds, des mains *monstrueuses* c'est Quasimodo, le sonneur de cloches ! Quasimodo le borgne ! Quasimodo *le bancal* !

5 Adjectif épithète (1)

Remplace les subordonnées relatives par des adjectifs de même sens.

a. Une héroïne qu'on ne peut oublier.
Une inoubliable héroïne.
b. Un dénouement qu'on n'attendait pas.
Un dénoument inattendu
c. Un personnage qui effraie et attendrit.
Un effrayant personnage attendrissant

6 Adjectif épithète (2)

Remplace les compléments du nom par des adjectifs de même sens.

a. Un héros de roman : *Un héros romanciel*
b. Une patience d'ange : ……
c. Une déclaration d'amour : ……
d. Un cri de désespoir : *Un cri désespérer*
e. Une beauté du diable : *Une beauté diabolique*

7 CONTRÔLE EXPRESS

Lis ci-dessous la description d'Esmeralda et de sa chèvre, puis réponds aux questions.

a. Souligne en bleu les adjectifs épithètes, en noir les adjectifs apposés, en rouge les CDN et en vert les subordonnées relatives.
b. Quelle impression cette description laisse-t-elle sur le lecteur ?

Chaque fois qu'en tournoyant sa rayonnante figure passait devant vous, ses grands yeux noirs vous jetaient un éclair. Tandis qu'elle dansait ainsi, mince, frêle et vive comme une guêpe, avec son corsage d'or sans pli, sa robe bariolée qui se gonflait, avec ses épaules nues, ses jambes fines que sa jupe découvrait par moments, ses cheveux noirs, ses yeux de flamme, c'était une surnaturelle créature. Alors Gringoire vit arriver une jolie petite chèvre blanche, alerte, éveillée, lustrée.

Victor Hugo, *Notre-Dame de Paris*, 1831.

? indice

Tu dois souligner 11 adjectifs épithètes, 6 adjectifs apposés, 2 CDN et 2 subordonnées relatives.

Corrigés page 11 du Guide

2 Déterminants et pronoms indéfinis

Je me demande…
Le déterminant s'accorde-il avec le nom ? Le pronom a-t-il les mêmes fonctions qu'un nom ?

Les points clés

1 Les déterminants indéfinis

● En tant que déterminants, ils **introduisent un nom** avec lequel ils s'accordent en genre et en nombre.

● On peut les classer en deux catégories selon leur sens :
– les **quantifiants**, qui expriment l'idée d'une quantité : singulière (*certain, quelque…*), plurielle (*certains, quelques, plusieurs…*), totale (*chaque, tout, tous*) ou nulle (*aucun, nul, pas un*) ;

> Plusieurs indices laissent penser au narrateur qu'il y a une présence dans sa chambre pendant son sommeil.

– les **non-quantifiants** (*même, tel, autre…*).

> Une autre présence l'accompagnait partout où il allait.

2 Les pronoms indéfinis

● Leurs formes et leur sens sont proches de ceux des déterminants indéfinis mais, en tant que pronoms, ils **s'emploient à la place d'un nom** et peuvent donc avoir les mêmes fonctions.

> Personne n'est là et pourtant le narrateur sent une présence.
> Le narrateur sent une présence étrange : quelqu'un d'invisible le suit.
> Pendant son sommeil, on (quelqu'un) a bu l'eau de sa carafe.

Un peu de méthode

Orthographier *tout* et *même*

***Tout* et *même* déterminants**	s'accordent en genre et en nombre avec le nom auquel ils se rapportent tous les **indices** d'une présence les mêmes **cauchemars**
***Tout* et *même* pronoms**	peuvent être au singulier ou au pluriel selon le contexte Tout angoisse le narrateur. Ses cauchemars reviennent : tous mettent en scène une présence obsédante.
***Tout* et *même* adverbes**	sont invariables Même (= aussi) la porte et la fenêtre fermées. Nous sommes tout (= tout à fait) émus.

REMARQUE *Tout* fait exception devant un adjectif féminin terminé par une consonne ou un *h* aspiré :
> La chambre du narrateur était toute verrouillée.

On s'entraîne !

1 QUIZ

Complète les phrases avec le déterminant ou le pronom indéfini qui convient.

a. ☐ Toute ☐ Chaque   nuit, le narrateur fait d'étranges cauchemars.

b. ☐ Toutes ☐ Tous   les nuits, il sent une présence angoissante qui l'accompagne dans son sommeil.

c. ☐ Nul ☐ Rien   ne permet d'expliquer ces étranges troubles.

2 Accord des déterminants

Accorde les déterminants indéfinis avec le nom qu'ils introduisent.

Le narrateur se sent harcelé par une présence étrange qu'il appelle le « Horla ».

14 août — Je suis perdu ! Quelqu'un possède mon âme et la gouverne ! quelqu'un ordonne tou........ mes actes, tou........ mes mouvements, tou........ mes pensées. Je ne suis plus rien en moi, rien qu'un spectateur esclave et terrifié de tou........ les choses que j'accomplis. Je désire sortir. Je ne peux pas. Il ne veut pas ; et je reste, éperdu, tremblant, dans le fauteuil où il me tient assis. Je désire seulement me lever, me soulever, afin de me croire encore maître de moi. Je ne peux pas ! Je suis rivé à mon siège ; et mon siège adhère au sol, de tel........ sorte qu'aucune force ne nous soulèverait.
Guy de Maupassant, *Le Horla*, 1887.

3 Déterminants et pronoms

Surligne les déterminants indéfinis en bleu et les pronoms indéfinis en vert.

25 mai. — Aucun changement !
Vers dix heures, je monte dans ma chambre. À peine entré, je donne deux tours de clef, et je pousse les verrous ; j'ai peur… de quoi ?… Je ne redoutais rien jusqu'ici… Puis je me couche et j'attends le sommeil et tout mon corps tressaille dans la chaleur des draps.
Je dors — longtemps — deux ou trois heures, puis un rêve — non — un cauchemar — m'étreint. Je sens bien que je suis couché et que je dors… je le sens et je le sais… et je sens aussi que quelqu'un s'approche de moi, me regarde, me palpe.
D'après Guy de Maupassant, *Le Horla*, 1887.

? indice

Tu dois trouver 2 déterminants indéfinis et 2 pronoms indéfinis.

4 Rédiger une description

Dans un court paragraphe, essaie de décrire le « Horla » tel que tu l'imagines.
Utilise quelques déterminants et pronoms indéfinis dans ton texte.

5 LECTURE D'IMAGE

Observe cette illustration du *Horla*.

Illustration de William Julian-Damazy pour *Le Horla* de Maupassant 1903.

a. Comment le « Horla » est-il représenté par l'illustrateur ?
b. Dans quelle posture le narrateur est-il représenté ? Quels sentiments semble-t-il éprouver ?
c. Quel est l'arrière-plan, le décor ? Que peut-on en déduire ?

Corrigés page 11 du Guide

3 Les adverbes

Je me demande...
À quoi sert un adverbe ?
Les adverbes s'accordent-ils ?

Les points clés

1 Forme des adverbes

● Un adverbe est un mot **invariable**. Il peut être un **mot simple** (*maintenant, ultérieurement, soudain...*) ou être composé de **plusieurs mots** (*tout à l'heure, sur le champ, tout à coup...*) : on parle alors de **locution adverbiale**.

2 Rôle des adverbes

● Un adverbe permet de **modifier le sens** :
– d'un verbe ; L'inspecteur Adamsberg **s'intéresse** activement à ce mystère.
– d'un adjectif ; Adamsberg est un inspecteur extrêmement **original**.
– d'un autre adverbe ; Adamsberg a été nommé très **récemment** commissaire à Paris.
– d'une proposition. Finalement, **Adamsberg résout l'énigme**.

● Certains adverbes sont appelés **adverbes de liaison** : puis, ensuite, enfin...

3 Classement des adverbes selon leur sens

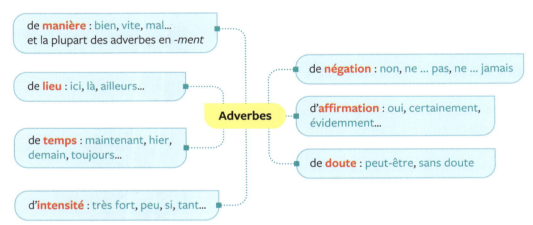

de **manière** : bien, vite, mal... et la plupart des adverbes en *-ment*
de **lieu** : ici, là, ailleurs...
de **temps** : maintenant, hier, demain, toujours...
d'**intensité** : très fort, peu, si, tant...

Adverbes

de **négation** : non, ne ... pas, ne ... jamais
d'**affirmation** : oui, certainement, évidemment...
de **doute** : peut-être, sans doute

Un peu de méthode

Orthographier les adverbes en *-ment*

● Pour former un adverbe en *-ment*, on ajoute ce suffixe à l'adjectif correspondant. Attention cependant à bien distinguer trois cas.

Type d'adjectif	Règle de formation
La plupart des adjectifs. Ex. : clair	féminin de l'adjectif + *ment* : clair**ement**
Adjectifs en *-ant*. Ex. : élégant	radical de l'adjectif + a + *mment* : éléga**mment**
Adjectifs en *-ent*. Ex. : prudent	radical de l'adjectif + e + *mment* : prude**mment**

● Quelques exceptions à noter : gaîment ou gaiement, crûment, immensément, gentiment...

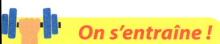

On s'entraîne !

1 QUIZ

Barre l'intrus dans la liste suivante.

mystérieusement • étrangement • étonnement • courageusement • fréquemment • prudemment • élégamment • récemment

2 Créer un adverbe

Remplace les GN par un adverbe en -ment.

a. en silence → ....
b. avec intelligence → ....
c. avec patience → ....
d. avec gentillesse → ....
e. avec cruauté → ....

3 Employer des adverbes

Complète les phrases avec les adverbes suivants : gentiment • encore • toujours

Le commissaire Adamsberg enquête sur un fait relaté par les journaux : la nuit, des cercles sont tracés à la craie bleue dans les rues de la capitale.

Adamsberg attrapa la pile des journaux qu'on lui avait préparés. Il trouva dans trois d'entre eux ce qu'il cherchait. Le phénomène ne prenait pas .... de grandes proportions dans la presse, mais il était certain que ça viendrait. [...] Il lui fallait .... beaucoup de concentration pour lire [...]. Adamsberg avait été un mauvais élève [...] s'efforçant à faire semblant de travailler .... pour ne pas attrister ses parents [...].

4 Repérer les adverbes

Surligne les adverbes ou les locutions adverbiales dans l'extrait suivant.

Jean-Baptiste Adamsberg est commisaire à Paris.

On l'avait nommé commissaire à Paris dans le 5ᵉ arrondissement. À pied, il avançait vers son nouveau bureau, pour la douzième journée. Heureusement, c'était à Paris. C'était la seule ville du pays qu'il pouvait aimer. Il avait cru longtemps que l'endroit où il vivait lui était indifférent [...].
Mais finalement, pour le lieu où vivre, ce n'était pas aussi simple. [...]
Ce qui était sûr, c'est que Paris seul savait lui restituer le monde minéral dont il s'apercevait qu'il avait besoin.
Paris, la ville de pierre.

? indice

Il y a 5 adverbes ou locutions adverbiales.

5 CONTRÔLE EXPRESS

Lis le texte, puis complète le tableau selon la consigne.

Un article plus fin était paru dans un journal de province :
« [...] Les seules "victimes" de cette étrange obsession sont les objets que ce personnage enferme dans ses cercles, <u>toujours</u> en exemplaire unique. La soixantaine de cas qu'il a <u>déjà</u> fournis permet d'en dresser une liste singulière : douze capsules de bière, une cagette de légumes, quatre trombones, deux chaussures [...] ce qui intrigue <u>le plus</u>, c'est qu'<u>autour</u> de chaque cercle la main trace d'une belle écriture penchée, celle d'un homme cultivé paraît-il, cette phrase qui plonge les psychologues dans un abîme de questions : "Victor, mauvais sort, que fais-tu <u>dehors</u> ?" » [...]
Le troisième article était <u>moins</u> précis et <u>très</u> court, mais il signalait la découverte de la nuit dernière, rue Caulaincourt : dans le grand cercle bleu se trouvait une souris crevée [...] Adamsberg fit une grimace. C'était <u>exactement</u> ce qu'il pressentait.

Fred VARGAS, *L'Homme aux cercles bleus*,
© Fred Vargas et les Éditions Viviane Hamy, 1996.

Complète le tableau ci-dessous avec les adverbes soulignés dans l'extrait ci-dessus.

Adv. de manière	
Adv. de lieu	
Adv. de temps	
Adv. d'intensité	

Corrigés page 11 du Guide

4 Les compléments d'objet

Je me demande...
Quelle est la différence entre un COD et un COI ? Le complément d'objet suit-il toujours le verbe ?

Les points clés

1 Verbes intransitifs et transitifs

- Un verbe **transitif** est suivi d'un complément à l'inverse d'un verbe **intransitif**.

Verbes intransitifs		venir, s'exprimer
Verbes transitifs	directs	dire (qqch), rencontrer (qqn), se rappeler (qqch)
	indirects	penser (à qqch), se souvenir (de qqch)

2 Les différents compléments d'objet : COD, COI et COS

- Les compléments d'objet directs (**COD**) sont construits **sans préposition**.
  > En 1941, Joseph et Maurice quittent avec regret le Paris de leur enfance.

- Les compléments d'objet indirects (**COI**) sont construits **avec une préposition**.
  > Obligés de fuir, Joseph et Maurice renoncent au Paris de leur enfance.

- Certains verbes sont suivis d'un COD et d'un COI. Le COI est alors appelé complément d'objet **second** (**COS**) et se trouve après les verbes tels que *donner* ou *prendre*.
  > Le père explique les dangers à ses jeunes fils.
  >   COD   COS

3 Classes grammaticales des compléments d'objet

Un nom ou un GN	Les deux frères doivent quitter Paris et leurs parents.
Un pronom	Les deux enfants les quittent avec beaucoup de tristesse.
Une prop. subordonnée	Ils savent qu'ils ne les reverront peut-être pas.
Un verbe à l'infinitif	Ils doivent partir dans le sud de la France.

Un peu de méthode

Accorder le participe passé employé avec l'auxiliaire *avoir*

- Avec l'auxiliaire *avoir*, le participe passé ne s'accorde pas avec le sujet, mais **avec le COD si celui-ci est placé avant le verbe** (antéposé).

  > Ils ont traversé la ligne de démarcation.   La ligne de démarcation, ils l'ont traversée.
  > COD placé après = pas d'accord   COD placé avant = accord

- Attention à bien identifier le COD dans les deux cas suivants :
– lorsque le COD est un des **pronoms personnels** *le, la, l', les* :

  > Ils l'ont traversée avec l'aide d'un passeur.

– lorsque le COD est le **pronom relatif** *que* :

  > Les épreuves qu'il a vécues, Joseph Joffo les raconte dans son livre.

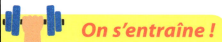

On s'entraîne !

1 QUIZ

Relie chaque verbe à son type de construction. Attention, plusieurs réponses possibles !

- a. donner
- b. courir
- c. penser
- d. obéir
- e. briller

- transitif direct
- transitif indirect
- intransitif

2 Transitif ou intransitif ?

Classe les verbes en couleur dans le tableau.

a. En courant, nous avons monté les rues qui mènent au Sacré-Cœur. Il y a des escaliers terribles par là, avec des rampes tout exprès pour que les enfants les descendent à fond de train, les fesses brûlées par le froid du métal.
b. En bas, la ville s'étendait, déjà grisonnante, comme la chevelure d'un homme vieillissant. Nous avons regardé un moment sans rien dire. J'aimais ces toits, ces monuments qui s'estompaient au loin. Je ne savais pas encore que je ne reverrais plus ce paysage si familier.
c. Dans la nuit sans lumière, dans les rues désertes à l'heure où le couvre-feu allait bientôt sonner, nous disparûmes dans les ténèbres.

Joseph JOFFO, *Un sac de billes*, © Éditions J.-C. Lattès, 1973.

Verbes transitifs	Verbes intransitifs

? indice
Trouve 5 verbes transitifs et 2 verbes intransitifs.

3 COD, COI, COS

Précise si les compléments en couleur sont des COD, des COI ou des COS.

a. — Alors les petits, on s'offre le château d'If (................) ? On embarque et on s'en va.
Nous avons levé la tête (................).
Il avait une tête de faux marin (................), tout engoncé dans un caban, avec une casquette galonnée. Il nous (................) montrait un bateau jaune (................) qui tanguait doucement, avec des banquettes rouges et un bastingage qui aurait eu besoin d'un grand coup de peinture.
Il y en avait des choses à Marseille !
b. Nous sommes simplement allés près de la cathédrale, là où le port ressemble le plus à une usine (................), avec ses grues, ses treuils.

D'après J. JOFFO, *Un sac de billes*, © Éditions J.-C. Lattès, 1973.

4 Accord du participe passé

Accorde si nécessaire après avoir souligné le COD.

a. La mer, Joseph ne l'avait jamais vu......... .
b. Joseph n'avait jamais vu......... la mer.
c. La mer, que Joseph n'avait jamais vu........., s'étalait à perte de vue.
d. Un marin a invité......... les deux frères à aller au château d'If.
e. Un marin les a invité......... dans son bateau.
f. Joseph se souvient des grues qu'il a aperçu......... dans le port.

5 CONTRÔLE EXPRESS

Lis le texte, puis réponds aux questions.

Nous avons longé le port du côté du quai de Riveneuve, il y avait des barils, des rouleaux de corde, toute une odeur salée qui était celle de l'aventure, des rues Fortia, de la place aux Huiles, je m'attendais à voir surgir des légions de pirates et de flibustiers, il fallait avouer que c'était autre chose que les canaux de la rue Marcadet où flottaient nos navires confectionnés dans une feuille de cahier.

Joseph JOFFO, *Un sac de billes*, © Éditions J.-C. Lattès, 1973.

a. Donne la classe grammaticale des compléments d'objet soulignés.
b. Rédige un paragraphe dans lequel tu décriras la ville où tu habites. Utilise des verbes transitifs et des verbes intransitifs.

Corrigés page 11 du Guide

5 Les différentes propositions

Je me demande...
Quel type de proposition accompagne nécessairement une subordonnée ?

Les points clés

1 Propositions indépendantes, principales et subordonnées

● Une proposition **indépendante** est autonome, mais une phrase peut compter plusieurs propositions indépendantes :
– **juxtaposées** entre elles, c'est-à-dire séparées par un signe de ponctuation ;

   Vanina est intriguée : son père ferme avec soin la porte d'un petit escalier.

– **coordonnées,** reliées par une conjonction de coordination ou un adverbe de liaison.

   Vanina est intriguée car son père ferme la porte avec soin.

● Une proposition **subordonnée** ne peut pas exister toute seule. Elle est reliée à une proposition **principale** par un mot subordonnant.

2 Les différentes subordonnées

Les sub. relatives (introduites par un pronom relatif)
→ Le père de Vanina ferme la porte d'un petit escalier [qui mène à l'étage].

Les sub. conjonctives (introduites par une conjonction de subordination)
→ **complétives** (introduites par la conjonction que)
   Vanina voit [qu'une fenêtre est restée ouverte].
→ **circonstancielles** (temps, cause, conséquence, opposition, but...)
   Vanina se procure la clé [parce qu'elle est curieuse].

Les sub. interrogatives indirectes (introduites par un mot interrogatif)
→ Vanina se demande [pourquoi son père ferme la porte].

Un peu de méthode

Identifier les subordonnées de temps (ou temporelles)

On distingue les subordonnées qui expriment :

● l'**antériorité** (+ v. au subjonctif) ▶ l'action de la principale a lieu **avant** celle de la subordonnée ;

   Vanina s'approche de la fenêtre avant que son père ne s'en aperçoive.

● la **simultanéité** (+ v. à l'indicatif) ▶ l'action de la principale a lieu **en même temps** que celle de la subordonnée ;

   Quand elle est dans la cour, Vanina voit une fenêtre ouverte.

● la **postériorité** (+ v. à l'indicatif) ▶ l'action de la principale a lieu **après** celle de la subordonnée.

   Après qu'elle s'est procuré la clé, Vanina monte sur la terrasse.

GRAMMAIRE

20

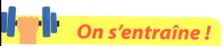
On s'entraîne !

1 QUIZ

Combien de propositions y a-t-il dans chaque phrase ?

a. Le lendemain du bal, Vanina remarqua que son père fermait avec beaucoup d'attention la porte d'un petit escalier qui conduisait à un petit appartement.
☐ 1   ☐ 2   ☐ 3   ☐ 4

b. Vanina leva les yeux et vit avec étonnement qu'une des fenêtres de l'appartement que son père avait fermée avec tant de soin était ouverte.
☐ 1   ☐ 2   ☐ 3   ☐ 4

2 Relatives ou conjonctives ?

Souligne en bleu les propositions subordonnées relatives et en vert les conjonctives.

Elle [Vanina] s'approcha à pas de loup de la fenêtre qui était encore ouverte. […] Il y avait un lit et quelqu'un dans ce lit. Son premier mouvement fut de se retirer ; mais elle aperçut une robe de femme jetée sur une chaise. En regardant mieux la personne qui était au lit, elle vit qu'elle était blonde, et apparemment fort jeune. […] La robe jetée sur une chaise était ensanglantée. […] L'inconnue fit un mouvement ; Vanina s'aperçut qu'elle était blessée.

Stendhal, *Vanina Vanini*, 1829.

? indice
Pour identifier le type de subordonnée, détermine la nature du mot qui l'introduit.

3 Conjonctions de subordination

Complète les pointillés par la conjonction de subordination qui convient.

a. Vanina apprend .... l'inconnue est en réalité un jeune homme, Pietro Missirilli, pourchassé pour des raisons politiques.

b. Elle se dévoue pour le jeune homme .... elle en tombe éperdument amoureuse.

c. .... ils soient très amoureux, les deux jeunes gens doivent se séparer.

4 Complétive, interrogative indirecte ou circonstancielle ?

Identifie les subordonnées entre crochets.

a. Vanina découvre [que son père cache un jeune révolutionnaire]. ....

b. Vanina se demande [comment elle pourrait aider le jeune homme]. ....

c. Vanina est prête à tout sacrifier à son jeune amant [parce qu'elle l'aime]. ....

? indice
Aide-toi du schéma page 20.

5 CONTRÔLE EXPRESS

Lis le texte, puis réponds aux questions.

Vanina rend visite à Pietro en prison pour l'aider à s'échapper. Il accepte son aide mais rejette son amour car il lui préfère la patrie.

Vanina était atterrée. En lui parlant, l'œil de Pietro n'avait brillé qu'au moment où il avait nommé la patrie.
Enfin l'orgueil vint au secours de la jeune princesse ; elle s'était munie de diamants et de petites limes. Sans répondre à Missirilli, elle les lui offrit.
— J'accepte par devoir, lui dit-il, car je dois chercher à m'échapper […]. Adieu, Vanina […] ; laissez-moi tout à la patrie, je suis mort pour vous : adieu.
— Tout cela n'est rien, dit Vanina : j'ai fait plus, par amour pour toi.
Alors elle lui dit sa trahison.
— Ah ! monstre, s'écria Pietro furieux, en se jetant sur elle, et il cherchait à l'assommer avec ses chaînes.
Il y serait parvenu sans le geôlier qui accourut aux premiers cris. […] Vanina resta anéantie. Elle revint à Rome ; et le journal annonce qu'elle vient d'épouser le prince don Livio Savelli.

Stendhal, *Vanina Vanini*, 1829.

a. Quelle est la nature des deux propositions soulignées ? de celles en couleur ?
b. Mets entre crochets la proposition subordonnée relative.
c. Surligne la proposition subordonnée conjonctive.

Corrigés page 11 du Guide

6 La subordonnée relative

Je me demande...
À quoi sert une subordonnée relative ? Est-elle toujours introduite par *qui* ?

Les points clés

1 Définition

● C'est une proposition **subordonnée** introduite par un **pronom relatif**. Ce pronom relatif reprend un terme déjà cité (l'**antécédent**) pour en éviter la répétition.

Mateo Falcone s'est débarrassé **d'un rival** [qui passait pour redoutable].
                                              pronom relatif

● Une subordonnée relative fait généralement partie d'un **groupe nominal** dont elle constitue une **expansion,** au même titre qu'un adjectif qualificatif ou un CDN. Elle est **complément de l'antécédent**.

2 Les pronoms relatifs

● On distingue les pronoms relatifs **simples** : *qui, que, dont, où* ; et les pronoms relatifs **composés** : *lequel* et ses combinaisons avec des prépositions (*auquel, duquel, avec lequel, sur lequel...*).

● Le choix du pronom relatif varie selon sa **fonction** dans la subordonnée relative.

À Corte, [où il avait pris femme,] il a tué
          CCL
un rival [qui passait pour redoutable.]
          sujet
À l'époque [où se déroule cette histoire...]
            CCT

	Sujet	COD	CDN, COI	CCT/CCL
qui	X			
que		X		
dont			X	
où				X

● Il ne faut pas confondre **le pronom relatif** *que* et **la conjonction de subordination** *que*. Le pronom relatif se trouve après un nom ou un groupe nominal qu'il reprend, la conjonction de subordination ne remplace rien.

On raconte [que Mateo a tué **un rival**] [que tous considéraient comme redoutable.]
            conj. de subordination   pronom relatif mis pour l'antécédent *un rival*

Un peu de méthode

Accorder le relatif composé *lequel*

● Il faut accorder *lequel* avec l'antécédent.

un homme auquel il faut apporter de l'aide ● **des hommes** auxquels il faut apporter de l'aide ● **des femmes** auxquelles il faut apporter de l'aide

	Singulier	**Pluriel**
Masculin	lequel, auquel, duquel	lesquels, auxquels, desquels
Féminin	laquelle, à laquelle, de laquelle	lesquelles, auxquelles, desquelles

On s'entraîne !

1 QUIZ

Coche le pronom relatif qui convient.

a. Une loi ... chacun doit obéir.
☐ auquel   ☐ auxquels   ☐ à laquelle

b. Un homme ... Fortunato devait l'hospitalité.
☐ auquel   ☐ auxquels   ☐ dans lequel

c. Le tas de foin ... était caché le bandit.
☐ auquel   ☐ auxquels   ☐ dans lequel

d. Des gendarmes ... l'enfant livre le bandit.
☐ auquel   ☐ auxquels   ☐ à laquelle

2 Les antécédents

Encadre les propositions subordonnées relatives et souligne leur antécédent.

Le jeune fils de Mateo Falcone est seul à la maison, lorsqu'il voit arriver un blessé.

Le petit Fortunato était tranquillement étendu au soleil, quand il fut soudainement interrompu dans ses méditations par l'explosion d'une arme à feu. Il se leva et se tourna du côté de la plaine d'où partait ce bruit ; enfin, dans le sentier qui menait de la plaine à la maison de Mateo parut un homme, coiffé d'un bonnet pointu comme en portent les montagnards, barbu, couvert de haillons, et se traînant avec peine en s'appuyant sur son fusil. Il venait de recevoir un coup de feu dans la cuisse.

D'après Prosper Mérimée, *Mateo Falcone*, 1829.

3 Mémoriser à l'aide d'un schéma

La proposition subordonnée relative

est introduite par un pronom ....

qui reprend un terme déjà cité : l' ....

Ce pronom est .... (*qui, que, dont, où*)
ou .... (*auquel, duquel, avec lequel*).

4 Pronom ou conjonction ?

Indique dans ces phrases si *que / qu'* est un pronom relatif (PR) ou une conjonction de subordination (CS).

a. Fortunato découvre que (..........) cet homme est un bandit que (..........) les gendarmes poursuivent.

b. L'homme dit à Fortunato qu' (..........) il lui donnera une pièce s'il veut bien le cacher.

c. En échange d'une montre, Fortunato livre le bandit qu' (..........) il a caché dans un tas de paille.

5 Fonctions des pronoms

Donne la fonction dans la subordonnée des pronoms relatifs soulignés.

a. Mateo tue son jeune fils qu'il considère comme un traître. ....

b. Mateo refuse de pardonner à Fortunato qui le supplie de l'épargner. ....

c. Mateo emmène son fils dans un petit ravin où il pourra facilement l'enterrer. ....

d. Fortunato dont le petit corps repose dans le ravin a été sacrifié par son père. ....

6 LECTURE D'IMAGE

Observe cette couverture de livre.

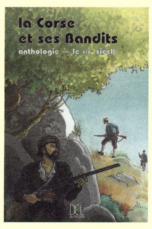

Couverture du recueil *La Corse et ses bandits*, anthologie, premier tome : le xixe siècle, © DCL Éditions, 2000.

a. La représentation du « bandit corse » est-elle positive ou négative ? Justifie ta réponse.

b. Rédige un court portrait du bandit. Tu emploieras des GN enrichis de subordonnées relatives.

Corrigés page 11 du Guide

7 L'expression de la cause et de la conséquence

Je me demande...
Quels sont les mots qui permettent d'exprimer la cause et la conséquence ?

Les points clés

1 Les différents moyens d'expression

- La cause et la conséquence peuvent être exprimées par divers moyens syntaxiques.

Un groupe prépositionnel
L'île de Tuvalu risque de disparaître [à cause du réchauffement climatique.]

Une proposition indépendante juxtaposée
Tuvalu est en danger [: le niveau des océans monte.] (cause)
Le niveau des océans monte [: Tuvalu est en danger.] (conséquence)

Une proposition indépendante coordonnée
Tuvalu est en danger [car le niveau des océans monte.] (cause)
Le niveau des océans monte, [donc Tuvalu est en danger.] (conséquence)

Une proposition subordonnée circonstancielle
Tuvalu est en danger [parce que le niveau des océans monte.] (cause)
Le niveau des océans monte, [si bien que Tuvalu est en danger.] (conséquence)

2 Les conjonctions de subordination (ou locutions conjonctives)

- Pour reconnaître des subordonnées circonstancielles de cause et de conséquence, il faut connaître les conjonctions de subordination qui les introduisent.

Cause	parce que, puisque, comme...
Conséquence	de telle sorte que, si bien que, si... que, au point que, tellement... que

La cause est ce qui produit un effet ; la conséquence est l'effet produit par la cause.

Un peu de méthode

Identifier les différents emplois de *comme*

- La conjonction de subordination *comme* peut exprimer la **cause**.
  [Comme (= **puisque**) leur terre va disparaître,] les Tuvalais devront s'exiler vers d'autres îles d'Océanie.

- Elle peut aussi introduire une subordonnée circonstancielle de **temps**.
  Il est arrivé [comme (= **quand**) je partais.]

- Elle peut enfin introduire une subordonnée de **comparaison**.
  Les îles sont menacées [comme (= **de la même manière que**) l'est la banquise.]

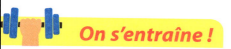

On s'entraîne !

1 QUIZ

Vrai ou faux ? Ces énoncés expriment-ils une cause ?

	V	F
a. Le climat se réchauffe si bien que le niveau des océans monte.	☐	☐
b. Tuvalu risque de disparaître puisque le niveau des océans monte.	☐	☐
c. Comme la terre se réchauffe, le niveau des eaux monte.	☐	☐

2 Exprimer la conséquence

Souligne la conjonction de coordination qui permet d'exprimer la conséquence, puis réécris la phrase en remplaçant la coordination par la subordination.

Le réchauffement climatique fait fondre la banquise donc les États pourront accéder plus facilement aux eaux arctiques et en exploiter les ressources.

D'après Chloé LARRE, pour www.notre-planete.info.

3 Cause et conséquence

Souligne en rouge la conjonction de coordination qui exprime la cause et en vert celle qui exprime la conséquence.

Cette conquête du Nord engendre [...] des tensions [...] parmi les écologistes car ils savent que cette dernière engendrera beaucoup d'exploitation et donc, de pollution.

Chloé LARRE, pour www.notre-planete.info.

4 Exprimer la cause

Réécris la phrase suivante en remplaçant la coordination exprimant la cause par un lien de subordination.

Les écologistes redoutent la fonte de la banquise car les États en profiteront pour exploiter les ressources jusqu'ici préservées.

5 Cause ou conséquence ?

Complète les phrases suivantes au moyen de conjonctions de subordination.

a. La banquise fond .... les ours sont menacés.

b. .... elle réverbère les rayons du soleil, la banquise joue un rôle clé dans la régulation climatique.

c. Les eaux de la mer se sont .... réchauffées .... la Grande Barrière de corail a vu blanchir la moitié de ses coraux.

6 De la cause à la conséquence

Remplace l'expression de la cause par celle de la conséquence.

a. La fonte des glaciers en montagne est préoccupante car elle risque d'entraîner une hausse du niveau des mers.

b. La fonte des glaciers est préoccupante parce qu'elle risque d'entraîner une hausse du niveau des mers.

7 LECTURE D'IMAGE

Écris un paragraphe dans lequel tu exposeras tes réflexions face à cette image. Exprime la cause et la conséquence en employant des connecteurs logiques.

....
....
....
....

La fonte de la banquise réduit le territoire des ours polaires : leur survie est menacée.

Corrigés page 12 du Guide

8 L'expression du but et de la comparaison

Je me demande...
Comment éviter de confondre le but et la conséquence ?

Les points clés

1 L'expression du but

● L'expression du but répond à la question « Avec quelle finalité ? ».

Les moyens d'expression du but

- un **groupe prépositionnel** introduit par *pour, afin de, de peur de...*
  - Bourais se cachait [de crainte du perroquet].
  - Certains venaient [agacer le perroquet].

- une **proposition subordonnée** introduite par *pour que, afin que, de peur que...*
  - Bourais se cachait [de peur que le perroquet ne le voie (verbe au subjonctif)].

Dans *Un cœur simple* de Flaubert, la servante Félicité s'attache à un perroquet nommé Loulou.

2 L'expression de la comparaison

● Sont énumérés ci-dessous les outils syntaxiques pour exprimer une comparaison.

Les moyens d'expression de la comparaison

- un **groupe prépositionnel** introduit par *comme, à la façon de...*
  - Félicité se comporte [comme un ange].

- une **proposition subordonnée** introduite par *comme, de même que...*
  - Félicité s'occupe de son perroquet [comme elle l'aurait fait d'un enfant].

- un **adjectif** ou un **adverbe** au comparatif
  - Félicité est [aussi généreuse qu'elle est affectueuse].

● La comparaison et la métaphore sont étudiées dans le chapitre sur les figures de style (p. 50).

Un peu de méthode

J'ai lu les explications si bien que je peux faire les exos !

Différencier le but et la conséquence

● La **conséquence** est le résultat d'une action ou d'un fait. Elle ne dépend pas d'une volonté.

   Loulou devint malade [si bien qu'il ne pouvait plus parler.]

● Le **but** correspond à une intention, une volonté, un objectif visé par l'action. C'est intentionnel.

   Félicité soigna son perroquet [pour qu'il pût de nouveau manger et parler.]

On s'entraîne !

1 QUIZ

Lis cet extrait puis coche les bonnes cases.

> Il [le perroquet de Félicité] s'appelait Loulou. [...]
> La figure de Bourais, sans doute, lui paraissait très drôle. Dès qu'il l'apercevait, il commençait à rire, à rire de toutes ses forces. [...] ; et, <u>pour n'être point vu du perroquet</u>, M. Bourais se coulait le long du mur, en dissimulant son profil avec son chapeau [...]
> Il [Loulou] devint malade, ne pouvant plus parler ni manger. C'était sous sa langue une épaisseur, <u>comme en ont les poules, quelquefois</u>.
> Gustave FLAUBERT, *Un cœur simple*, 1877.

a. Le premier groupe de mots souligné exprime :
☐ le but   ☐ la conséquence

b. Le second groupe de mots souligné exprime :
☐ la cause   ☐ la comparaison

2 Expression du but (1)

Souligne le moyen d'expression du but et donne sa classe grammaticale. Puis remplace-le par une proposition subordonnée de même sens.

a. Félicité, qui avait posé son perroquet sur l'herbe pour le rafraîchir, s'absenta une minute ; mais, quand elle revint, plus de perroquet !

b. Pour distraire Félicité, Loulou reproduisait le tic tac du tournebroche, l'appel aigu du vendeur de poisson, la scie du menuisier qui logeait en face.

3 Expression du but (2)

Souligne les deux groupes de mots exprimant le but dans la phrase suivante.

Le ruissellement de l'eau excitait son délire ; il voletait, éperdu, montait au plafond, renversait tout et par la fenêtre allait barboter dans le jardin ; mais revenait vite sur un des chenets, et, sautillant pour sécher ses plumes, montrait tantôt sa queue, tantôt son bec.

? indice

Un infinitif seul, après un verbe de mouvement, peut aussi exprimer le but.

4 Expression de la comparaison

Dans l'extrait suivant, souligne les deux propositions subordonnées de comparaison.

> Son agonie [celle de Félicité] commença. [...] Les mouvements de son cœur se ralentirent un à un, plus vagues chaque fois, plus doux, comme une fontaine s'épuise, comme un écho disparaît ; et, quand elle exhala son dernier souffle, elle crut voir, dans les cieux entrouverts, un perroquet gigantesque, planant au-dessus de sa tête.
> Gustave FLAUBERT, *Un cœur simple*, 1877.

5 CONTRÔLE EXPRESS

Pour chaque proposition soulignée, reporte la lettre de la phrase dans la bonne case du tableau.

a. Loulou ennuyait Madame Aubain <u>si bien qu'elle le donna à sa servante, Félicité</u>.
b. Madame Aubain donna à Félicité son perroquet <u>pour s'en débarrasser</u>.
c. À la mort de son perroquet, Félicité l'a fait empailler <u>afin qu'elle puisse le garder avec elle</u>.
d. À la mort de son perroquet, Félicité l'a fait empailler <u>de telle sorte qu'elle a pu le garder avec elle</u>.
e. <u>Comme elle adorait son perroquet</u>, elle l'avait fait empailler.
f. Félicité aimait Loulou <u>comme elle aurait aimé un enfant</u>.
g. <u>Comme elle exhalait son dernier souffle</u>, Félicité eut la vision d'un gigantesque perroquet.

But	
Conséquence	
Temps	
Cause	
Comparaison	

? indice

Repère les mots qui introduisent chaque proposition. Attention, *comme* peut exprimer la comparaison, le temps ou la cause.

Corrigés page 12 du Guide

27

ORTHOGRAPHE

9 Les accords dans le groupe nominal

Je me demande…
Tous les mots d'un GN s'accordent-ils avec le nom ? Y a-t-il des adjectifs qualificatifs invariables ?

Les points clés

1 L'accord du déterminant

- Le déterminant s'accorde en genre et en nombre **avec le nom** qu'il détermine.

  Un gaillard au **teint** basané • un gaillard aux **poings** énormes

  Cette **après-midi**-là, il avait cet **air** grave qui me faisait peur.

2 L'accord de l'adjectif qualificatif

- L'adjectif, qu'il soit **épithète** ou **apposé**, s'accorde avec le nom qualifié.

  Des **collégiens** exaspérés, révoltés contre la morue de la cantine.

- Restent cependant invariables les adjectifs de couleur :
- **composés** : des **yeux** bleus mais des **yeux** bleu foncé ;
- **formés à partir de noms** de fleurs, de fruits ou de pierres précieuses :

  des **yeux** émeraude (= du vert de l'émeraude).

  Quelques exceptions : *rose, mauve, écarlate, fauve, incarnat…* s'accordent.

3 L'accord au sein d'un GN comprenant un CDN

- L'adjectif s'accorde avec le nom noyau du GN ou du CDN **en fonction du sens**. Il est possible d'hésiter : une **bande** de collégiens mal nourrie ou bien une bande de **collégiens** mal nourris.

- Le nom noyau du CDN se met au singulier ou au pluriel en fonction du sens.

  un sac de terre • un sac de pommes de terre • un sac de billes en terre

4 L'accord au sein de la subordonnée relative

- Dans une subordonnée relative introduite par le **pronom relatif sujet** *qui*, il faut chercher l'antécédent (le terme remplacé par *qui*) pour accorder correctement le verbe.

  Toi qui restes à l'écart, viens par ici ! (2e personne du singulier).

- Le **pronom relatif composé** *lequel* s'accorde avec l'antécédent (voir p. 22).

Un peu de méthode

Accorder les déterminants numéraux *vingt, cent, mille*

- *mille* → est toujours **invariable**
  deux mille ans

- *vingt et cent* → sont **variables** lorsqu'ils ne sont pas suivis d'un autre déterminant numéral
  quatre-vingt**s**   quatre cent**s**

- → sont **invariables** s'ils sont suivis d'un autre déterminant numéral
  quatre-vingt-dix   quatre cent-deux

On s'entraîne !

1 QUIZ

Retrouve dans la grille des sept adjectifs de couleur dérivés de noms de fruits, de fleurs ou de légumes.

M	T	F	U	C	H	S	I	A	H
L	A	V	A	N	D	E	A	G	T
O	Z	R	S	H	L	R	T	U	D
S	U	C	R	C	E	R	I	S	E
M	R	I	Y	O	Z	W	L	Q	A
U	X	T	P	L	N	P	Q	A	Q
P	E	R	V	E	N	C	H	E	S
K	D	O	X	O	U	S	A	O	A
I	B	N	G	P	E	Q	M	L	U
A	U	B	E	R	G	I	N	E	I

2 Adjectifs de couleur (1)

Utilise les adjectifs de l'exercice 1 pour compléter les groupes nominaux suivants.

- des yeux .... • un pull jaune ....
- une bouche .... • une jupe ....
- un ciel .... • un regard ....

3 Adjectifs de couleur (2)

Forme des adjectifs de couleur composés.

bleu •   • turquoise
rouge •   • bouteille
jaune •   • marine
vert •   • paille
          • sang
          • ciel
          • pivoine
          • d'eau

4 Accord du CDN

Mets les CDN au pluriel si nécessaire.

a. un plat de haricot........
b. un chapelet d'oignon........
c. des pots de confiture........

5 Accord de l'adjectif

Accorde les adjectifs comme il convient.

a. un plat de morue détesté........
b. un plat de haricots vert........
c. des plats en terre vert........ olive.
d. une révolte de collégiens vite réprimé........
e. une révolte de collégiens insatisfait........

6 Les déterminants numéraux

Ajoute des s si nécessaire.

a. une punition de deux mille........ lignes
b. quatre-vingt........-trois
c. trois cent........ quatre-vingt........-deux
d. quatre cent........ quatre-vingt........
e. trois cent........

7 CONTRÔLE EXPRESS

Dans l'extrait suivant, coche la case de la proposition qui convient.

Le narrateur participe à une révolte de collégiens menée par le grand Michu...

Les meneurs avaient résolu que nous devions à la fin nous révolter contre la morue à la sauce rousse et les haricots à la sauce blanche. Le soir, au réfectoire, la grève commença. Le grand Michu, dont une faim atroce devait troubler la tête, se leva brusquement. Il prit l'assiette du pion, qui mangeait ☐ à belle dent ☐ à belles dents, la jeta au milieu de la salle, puis entonna *La Marseillaise* d'une voix forte. La révolte tournait à la révolution. Trois heures ☐ de tapage ☐ de tapages suffirent pour nous calmer.
Les plus timides, ☐ épouvanté ☐ épouvantés de la longue impunité dans ☐ laquelle ☐ lequel on nous laissait, ouvrirent doucement une des fenêtres et disparurent. Bientôt le grand Michu n'eut plus qu'une dizaine ☐ d'insurgé ☐ d'insurgés autour de lui.

D'après Émile ZOLA, *Le Grand Michu*, 1874.

Corrigés page 12 du Guide

10 L'accord du verbe avec le sujet

Je me demande…
Le verbe s'accorde-t-il toujours avec le sujet ? Qu'est-ce qu'un sujet inversé ?

Les points clés

1 Les difficultés liées à la position du sujet

- Le sujet est **inversé** (placé après le verbe).

    Devant Jonathan Harker se ten**ait** un grand vieillard. (sujet placé après le verbe)

- Le sujet est **séparé du verbe** par un pronom complément ou un groupe de mots plus ou moins long.

    Lucy, victime de Dracula, raconte ce qui lui est arrivé sur des feuillets afin qu'**on** les trouv**e** (et non *trouvent*) et qu'**on** les lis**e** (et non *lisent*).

Il faut accorder le verbe avec le sujet *on* et non avec le pronom complément *les*.

- Attention aussi au pronom *vous* !

    J**e** vous verr**ai** (et non *verrez*).

Mot-clé
Sujet : fonction grammaticale qui gouverne l'accord du verbe (en personne, en nombre, en genre).

2 Les difficultés liées à la nature du sujet

Type du sujet	Règle	Exemple
pronom relatif *qui*	accord du verbe de la relative avec l'antécédent	Jonathan Harper raconte **les incidents étranges** qui se produis**ent** chez le comte Dracula
moi + toi *toi + lui* (ou *eux*)	= nous = vous	Toi et moi, **nous** somm**es** amis. Toi et lui, **vous** êt**es** amis.
on (pronom indéfini)	verbe au singulier	**On** (quelqu'un) frapp**e** à la porte.
chacun, aucun, pas un, tout le monde	verbe au singulier	**Tout le monde** redouter**ait** de rencontrer un vampire.
beaucoup, peu, trop	verbe au pluriel	**Peu** croi**ent** en l'existence des vampires.
GN de sens collectif	verbe au singulier ou au pluriel	**Une horde** de loups envah**it** la cour. Une horde de **loups** envah**irent** la cour

Un peu de méthode

Identifier le sujet

La lune, en ce moment, triomphait des nuages.

- On peut poser la question *Qui est-ce qui ?* ou *Qu'est-ce qui ?* devant le verbe.

    Qu'est-ce qui triomphait des nuages ? = la lune

- On peut également employer le procédé de mise en relief *c'est… qui*.

    C'est la lune **qui** triomphait des nuages.

*Certains pronoms sont toujours sujets : c'est le cas de **je**, **tu**, **qui**.*

# On s'entraîne !

1 QUIZ

Coche le sujet du verbe souligné que tu accorderas ensuite.

☐ des hautes fenêtres obscures
☐ aucun rai de lumière

Le narrateur, Jonathan Harker, est envoyé en Transylvanie pour rencontrer le comte Dracula.

> Tout à coup, je m'aperçus que le cocher faisait entrer les chevaux dans la cour d'un grand château en ruine. Des hautes fenêtres obscures ne s'échappai.......... aucun rai de lumière ; les vieux créneaux se découpaient sur le ciel où la lune, en ce moment, triomphait des nuages.
> Bram STOKER, *Dracula*, 1897.

2 Sujet inversé

Souligne les sujets inversés dans ces phrases.

a. De part et d'autre se creusait un grand précipice.
b. J'étais dans une vieille chapelle en ruine. Je descendis même dans les caveaux où parvenait une faible lumière. Là, dans une des grandes caisses posées sur un tas de terre fraîchement retournée, gisait le comte.

3 Accord du verbe

Coche la terminaison qui convient.

En face de moi ☐ se tenait ☐ se tenaient trois jeunes femmes. Deux d'entre elles avaient de grands yeux noirs, perçants, qui, dans la pâle clarté de la lune, ☐ donnait ☐ donnaient presque la sensation du feu. Toutes les trois avaient les dents d'une blancheur éclatante, et qui ☐ brillait ☐ brillaient comme des perles entre leurs lèvres rouges et sensuelles. Quelque chose en elles me ☐ mettais ☐ mettait ☐ mettaient mal à l'aise.

? indice

Pour identifier le sujet et accorder le verbe correctement, pose-toi les questions *Qui est-ce qui ?* et *Qu'est-ce qui ?*

4 Sujets et verbes

Accorde correctement les verbes après avoir souligné leurs sujets.

Tandis que j'écris, j'entends dans le couloir, en bas, que l'on marche.......... lourdement et qu'on laisse.......... tomber les caisses remplies de terre. Écoutez ! Dans la cour et au-delà, dans le sentier rocailleux, passe.......... et s'éloigne.......... les charrettes ; je les entend.......... qui roule.......... et j'entend.......... les fouets qui claque.......... .

5 Décrire en variant les sujets

Écris un paragraphe dans lequel tu décriras les vampires tels que tu les imagines.
Utilise des sujets de natures différentes et varie leur position dans les phrases.

6 LECTURE D'IMAGE

Observe l'affiche.

Affiche du film *Dracula mort et heureux de l'être* de Mel BROOKS, 1995.

a. Relève un élément du portrait qui correspond à l'image traditionnelle de Dracula, puis un élément qui ne lui correspond pas.
b. Ce film est-il une adaptation fidèle du roman de Bram Stoker ou une parodie ?
c. « Un film sang pour sang Mel Brooks ». Explique le jeu de mots.

Corrigés page 12 du Guide

11 Les homophones grammaticaux (1)

Je me demande...
Comment distinguer à coup sûr *est* et *ai* ? À quoi la forme *aie* correspond-elle ?

Les points clés

Les homophones grammaticaux se prononcent de la même façon ou presque, mais ils appartiennent à des **classes grammaticales ou des formes verbales différentes**.

1 es, est, ai, aie, ait, aient

Homophones	Classe grammaticale	Exemple
es, est	2e et 3e personnes du singulier du **présent de l'indicatif** du verbe *être*	Charles **est** ruiné. Tu **es** ruiné.
ai	1re personne du singulier du **présent de l'indicatif** du verbe *avoir*	J'**ai** de l'or, pense Eugénie.
aie, aies, ait, aient	1re, 2e et 3e personne du singulier et 3e personne du pluriel du **subjonctif présent** du verbe *avoir*	Qu'il **ait** du courage ! Que tu **aies** de la chance !
aie	2e personne du singulier de l'**impératif présent** du verbe *avoir*	**Aie** du courage !

2 les, l'es(t), l'ai, l'ait, l'aie(nt)

Homophones	Classe grammaticale	Exemple
les	article défini	Eugénie lit **les** mots écrits par Charles.
	pronom personnel complément	Eugénie **les** lit.
l'es, l'est	le pronom personnel *le* (ou *la*) élidé + le verbe *être* au présent de l'indicatif	Émue, Eugénie **l'est** par les malheurs de Charles.
l'ai	le pronom personnel *le* (ou *la*) élidé + le verbe *avoir* au présent de l'indicatif	Cet or, je **l'ai** ! se dit Eugénie.
l'aie, l'ait, l'aient	le pronom personnel *le* (ou *la*) élidé + le verbe *avoir* au présent du subjonctif	Son or, Eugénie désire que Charles **l'ait**.

Un peu de méthode

Éviter les confusions orthographiques

● En conjuguant le verbe à une autre personne, on retrouve la bonne forme grammaticale.

Homophone	Peut être remplacé par...	Exemple
es, est	suis	Tu **es** venu ; il **est** venu. → Je **suis** venu.
ai	avons	J'**ai** tout perdu. → Nous **avons** tout perdu.
aie, aies, ait, aient	ayons	Je crains qu'il **ait** tout perdu. → Je crains que nous **ayons** tout perdu. **Aie** pitié ! → **Ayons** pitié !
l'ai	l'avons	Cette lettre, je **l'ai** lue. → Nous **l'avons** lue. (*l'* = cette lettre)
l'es(t)	le sommes	Malheureux, il **l'est** ! Malheureux, tu **l'es** ! → Nous **le sommes**. (*le* = malheureux)

On s'entraîne !

1 QUIZ

Retrouve les homophones correspondant aux définitions suivantes.

a. Le contraire de beau : ....
b. Poème du Moyen Âge : ....
c. Femelle du sanglier : ....
d. Liquide blanc riche en calcium : ....
e. Pronom + verbe *être* : ....

2 Homophones de est

Relève les homophones de la forme verbale *est*.

Eugénie lit une lettre de Charles, son cousin.

« Ma chère Annette, rien ne devait nous séparer, si ce n'est le malheur qui m'accable. Mon père s'est tué, sa fortune et la mienne sont entièrement perdues. Je n'ai pas cent francs à moi pour aller tenter le sort aux Indes ou en Amérique. Quant à rester à Paris, je ne saurais. Ton amour, le plus tendre et le plus dévoué qui jamais ait ennobli le cœur d'un homme ne saurait m'y attirer. Hélas ! ma bien-aimée, je n'ai pas assez d'argent pour aller là où tu es. »
« Pauvre Charles, j'ai bien fait de lire ! J'ai de l'or, je le lui donnerai », dit Eugénie.

D'après Honoré de BALZAC, *Eugénie Grandet*, 1833.

3 Trouver les homophones (1)

Remplace les pointillés par l'homophone qui convient, sous la forme qui correspond à son sens.

Eugénie a donné sa fortune à son cousin. Le père Grandet, avare au dernier point, entre en fureur lorsqu'il découvre que sa fille « n'a plus son or ».

— Mon père, je vous aime et vous respecte, malgré votre colère : [...] j'.......... fait de mon argent ce qu'il m'a plu d'en faire, et soyez sûr qu'il .... bien placé.
— Où ?
— C'.......... un secret inviolable [...].
— Mais tu .... une enfant.

[Le père Grandet fait enfermer sa fille dans sa chambre.]
— Je ne la verrai ni ne lui parlerai. Elle restera dans sa chambre au pain .... à l'eau jusqu'à ce qu'elle .... satisfait son père.

Honoré de BALZAC, *Eugénie Grandet*, 1833.

4 Trouver les homophones (2)

Même exercice avec un autre homophone.

a. .... promesses de fidélité faites à Eugénie, Charles ne .... tiendra pas.
b. Ambitieux, Charles .... au point de vouloir se marier avec une jeune aristocrate qu'il n'aime pas.
c. « Je .... attendu pendant sept ans en vain », pense Eugénie en recevant la lettre de son cousin.

? indice

Pour t'aider à distinguer un homophone d'un autre, conjugue les verbes des énoncés à un autre temps (futur ou imparfait).

5 LECTURE D'IMAGE

Observe cette illustration.

Illustration d'Auguste LEROUX pour une édition de 1911 d'*Eugénie Grandet*, BNF Paris.

a. Les deux personnages représentent Eugénie Grandet et son père. Que nous apprend l'attitude de celui au premier plan ?
b. Décris-le en insistant sur l'expression de son visage et sur ses mains.
c. À quel autre personnage de théâtre peut-il être apparenté ?

? indice

c. Pense aux pièces écrites par Molière.

Corrigés page 13 du Guide

12 Les homophones grammaticaux (2)

Je me demande…
Quand faut-il écrire *ces* et quand faut-il écrire *ses* ? Quelle est la règle pour *c'est* ?

Les points clés

1 Ces, ses, c'est, s'est

Homophones	Classe grammaticale	Exemple
ces	déterminant démonstratif	Ces marins ont eu une fin tragique. (= ces marins-là)
ses	déterminant possessif	Le commandant n'a pas pu sauver ses hommes. (= les siens)
c'est	pronom démonstratif *ce* élidé + le verbe *être*	C'est la perte du gouvernail qui aurait précipité le naufrage.
s'est	pronom réfléchi *se* élidé + le verbe *être*	Le navire s'est brisé sur les écueils. (verbe pronominal *se briser*)

2 Quand, quant, qu'en

Homophones	Classe grammaticale	Exemple
quand	conjonction de subordination qui introduit une subordonnée temporelle	Quand le navire a perdu son gouvernail, il n'a pu éviter les écueils.
quand	adverbe interrogatif	Quand les marins ont-ils compris qu'ils allaient mourir ?
quant	locution prépositive = en ce qui concerne	Quant au capitaine, on l'a identifié grâce à son uniforme.
qu'en	*que* élidé + *en* / *en* pouvant être un **pronom** ou une **préposition**	• C'est une histoire tragique. Qu'en (pronom) pense Alphonse Daudet ? (*en* = de cette histoire tragique) • Daudet nous relate qu'en (préposition) 1855, la *Sémillante* a fait naufrage.

Un peu de méthode

Quant à moi, je préfère quand les histoires finissent bien !

Éviter les confusions

● En reformulant la phrase, on peut différencier les homophones et éviter les erreurs d'orthographe.

Homophones	Peut être remplacé par…	Exemple
ces	ce, cet, cette	ces marins → ce marin
ses	mes, tes, leurs	ses hommes → mes hommes
c'est	cela est	C'est une histoire tragique. → Cela est une histoire tragique.
s'est	me suis	L'équipage s'est noyé. → Je me suis noyé.
quant à	en ce qui concerne…	Quant à moi → En ce qui me concerne
qu'en (*en* = pronom)	que… de cela	Qu'en penses-tu ? → Que penses-tu de cela ?

ORTHOGRAPHE

34

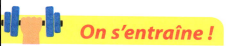

On s'entraîne !

1 QUIZ

Relie chaque homophone à sa description.

a. ses
b. s'est
c. ces
d. c'est

• déterminant démonstratif
• pronom démonstratif élidé + verbe *être*
• pronom réfléchi élidé + verbe *être*
• déterminant possessif

2 Trouver les homophones

Souligne, avec deux couleurs, deux groupes d'homophones étudiés page 34.

Un soir que nous fuyions devant la tempête, notre bateau vint se réfugier à l'entrée du détroit de Bonifacio, au milieu d'un massif de petites îles...
« Où sommes-nous donc ?
— Aux îles Lavezzi. C'est ici que sont enterrés les six cents hommes de la *Sémillante*, à l'endroit même où leur frégate s'est perdue il y a dix ans. »
Quand les écuelles furent vidées, on alluma les pipes et on se mit à causer un peu. Naturellement, on parlait de la *Sémillante* : la mer l'avait broyée d'un coup. Quant aux hommes, presque tous défigurés, mutilés affreusement... c'était pitié de les voir accrochés les uns aux autres, par grappes...

D'après Alphonse Daudet, *L'Agonie de la Sémillante*, 1866.

3 Ces *ou* ses ? C'est *ou* s'est ?

Complète l'extrait suivant avec l'homophone qui convient.

« Comment la chose .... passée ? Tout ce que nous savons, ... que la *Sémillante*, chargée de troupes pour la Crimée, était partie de Toulon, la veille au soir, avec le mauvais temps. Le matin, le vent tomba un peu, mais la mer était toujours dans tous .... états, et avec cela une sacrée brume du diable à ne pas distinguer un fanal à quatre pas. .... brumes-là, on ne se doute pas comme .... traître. »

D'après Alphonse Daudet, *L'Agonie de la Sémillante*, 1866.

? indice
Tu dois trouver 1 *ses*, 1 *ces*, 2 *c'est* et 1 *s'est*.

4 Quand, quant *ou* qu'en ?

Complète les phrases avec le bon homophone.

a. .... la *Sémillante* a fait naufrage, il n'y a eu aucun survivant.
b. On sent .... écrivant ces pages, Daudet revit le drame de ces hommes.
c. .... au lecteur, il est troublé par ce récit.
d. .... on retrouva les corps des marins, on les enterra dans un cimetière sur une des îles Lavezzi.
e. .... au capitaine, on l'identifia à son uniforme.

5 LECTURE D'IMAGE

Observe ce tableau.

a. Que représente ce tableau ? Décris la scène.
b. Ce tableau se réfère à un événement historique. Lequel ? Consulte les documents dont tu disposes : sites web, dictionnaires...
c. Quelle forme architecturale trouve-t-on dans la composition de ce tableau ?
d. Ce tableau te semble-t-il réaliste ? Justifie ta réponse.

Théodore Géricault, *Le Radeau de la Méduse* (entre 1817 et 1819).

Corrigés page 13 du Guide

13 L'analyse du verbe

Je me demande…
Analyser un verbe, est-ce observer sa terminaison ? Quelle est la différence entre mode et temps ?

CONJUGAISON

Les points clés

1 Définition

● Un verbe est l'élément autour duquel s'organise la phrase et peut se **conjuguer**.
Il y a trois groupes de verbes :
– ceux du 1er groupe (en *-er*) se conjuguent comme *aimer* ;
– ceux du 2e groupe (en *-ir*, participe présent en *-issant*) se conjuguent comme *finir* ;
– ceux du 3e groupe (tous les autres) ont une conjugaison irrégulière.

● Un verbe varie en fonction de la **personne** et du **nombre** (sing. ou pl.) du sujet.

La jeune femme n'av**ait** pas de dot. ● Les femmes distinguées av**aient** une dot.

2 Les temps

● Il y a les temps du **présent**, ceux du **passé** et ceux du **futur**. Ils situent un fait dans le temps par rapport au moment où l'on parle.

● On distingue aussi les **temps simples** et les **temps composés** (auxiliaire + participe passé). À chaque temps simple correspond un temps composé qui exprime une action antérieure à celle du temps simple.

Elle souffrait. = imparfait (temps simple)

Elle avait toujours souffert. = plus-que-parfait (temps composé)
     aux.   +   participe passé

3 Les modes, les voix et les formes

● L'**indicatif** présente un fait comme réel. Les **autres modes personnels** sont le conditionnel, le subjonctif et l'impératif (voir chap. 17, p. 44).

● À la **voix active**, le sujet agit ; à la **voix passive**, le sujet subit l'action.

Toutes ces choses la **torturaient**. ● Elle **était torturée** par toutes ces choses.
    sujet   sujet

● À la forme **pronominale**, le verbe est précédé d'un pronom réfléchi (voir chap. 14, p. 38).

Un peu de méthode

Transformer à la voix passive

● Il faut transformer **le COD en sujet** et **le sujet en complément d'agent**.

Toutes ces choses la **torturaient**. → Elle **était torturée** par toutes ces choses.
    sujet   COD   sujet   complément d'agent

● Il faut mettre **le verbe à la forme passive** en employant l'auxiliaire *être* suivi du participe passé du verbe (attention à bien accorder le participe passé avec le sujet).
L'auxiliaire doit être conjugué au même temps que le verbe à la forme active.

Toutes ces choses l'ont torturée. → Elle a été torturée par toutes ces choses.
         passé composé   passé composé

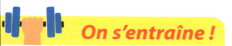

On s'entraîne !

1 QUIZ

Relie chaque verbe à son groupe.

- sentir
- venir
- grandir   • 2ᵉ groupe
- partir
- guérir   • 3ᵉ groupe
- courir

2 Analyse du verbe

Pour chaque verbe souligné, complète les cases du tableau qui conviennent.

Or, un soir, son mari <u>rentra</u>, l'air glorieux et tenant à la main une large enveloppe.
— <u>Tiens</u>, dit-il, voici quelque chose pour toi.
Elle déchira vivement le papier et en tira une carte imprimée qui portait ces mots :
« Le ministre de l'Instruction publique et Mme Georges Ramponneau <u>prient</u> M. et Mme Loisel de leur <u>faire</u> l'honneur de venir passer la soirée à l'hôtel du ministère, le lundi 18 janvier. »
Au lieu d'être ravie, comme l'espérait son mari, elle jeta avec dépit l'invitation sur la table, murmurant :
— Que veux-tu que je <u>fasse</u> de cela ?
Guy de Maupassant, *La Parure*, 1884.

	Groupe	Personne	Nombre	Mode	Temps
rentra					
tiens					
prient					
faire					
fasse					

3 Mode et temps

Indique le temps et le mode des verbes en bleu.

— Mais ma chérie, je pensais que tu serais contente. Tu ne sors jamais et c'est une occasion, cela, une belle ! J'ai eu une peine infinie à l'obtenir. […] Tu verras là tout le monde officiel.
Elle le regardait d'un œil irrité, et elle déclara avec impatience :
— Que veux-tu que je me mette sur le dos […] ?
Guy de Maupassant, *La Parure*, 1884.

? indice
L'un des verbes est au mode subjonctif.

4 Forme passive

Transforme ces phrases à la voix passive.

a. Mme Loisel emprunte un collier de diamants à une amie pour aller au bal.
b. La jeune femme a perdu le collier.
c. M. et Mme Loisel rachèteront un collier identique en s'endettant.

5 CONTRÔLE EXPRESS

Lis le texte, puis réponds aux questions.

Bien des années après, Madame Loisel révèle à son amie la perte du collier…

« Tu <u>te rappelles</u> bien cette rivière de diamants que tu m'as prêtée pour aller à la fête du ministère.
— Oui. Eh bien ?
— Eh bien, je l'ai perdue. Je t'en ai rapporté une autre toute pareille. Et voilà dix ans que nous la payons. »
Mme Forestier <u>s'était arrêtée</u>.
« Tu dis que tu as acheté une rivière de diamants pour remplacer la mienne ? »
Mme Forestier, fort émue, lui prit les deux mains.
« Oh ! ma pauvre Mathilde ! Mais la mienne était fausse. Elle valait au plus cinq cents francs !… »
D'après Guy de Maupassant, *La Parure*, 1884.

a. Trouve un exemple de chaque forme verbale.
– Indicatif présent → ....
– Passé simple → ....
– Passé composé → ....
b. Quel est le point commun aux verbes soulignés ?
c. Quelle réaction provoque la fin de cette nouvelle ?
d. Comment appelle-t-on ce type de dénouement ?

Corrigés page 13 du Guide

14 Formes pronominale et impersonnelle

Je me demande…
Se lever est-il un verbe pronominal ? Un verbe impersonnel se conjugue-t-il toujours avec *il* ?

Les points clés

1 La forme pronominale

● La forme pronominale se caractérise par la présence du **pronom réfléchi** *me, te, se…* devant le verbe.

● Les verbes **essentiellement pronominaux** sont toujours à la forme pronominale : s'évanouir, s'enfuir…

Nicolas Gogol est un écrivain russe du XIXe siècle. *Le Nez* fait partie d'un ensemble de nouvelles satiriques et fantastiques appelées *Nouvelles de Pétersbourg*.

● D'autres verbes sont **occasionnellement pronominaux** :
– de **sens réfléchi** ; s'éveiller = éveiller soi-même
– de **sens réciproque** ; s'embrasser = s'embrasser l'un l'autre
– de **sens passif.** Hirondelle s'écrit avec deux « l ». ● Cette maison se voit de loin.

2 La forme impersonnelle

● À la forme impersonnelle, le verbe est conjugué avec le **pronom** *il* ; ce pronom *il* ne représente rien : c'est un sujet grammatical, vide de sens.

● Les verbes **essentiellement impersonnels** sont toujours à la forme impersonnelle.
> **Il neige** depuis hier soir.

● Certains verbes sont **occasionnellement impersonnels**. Dans ce cas, le **sujet réel** est exprimé à la suite du verbe.
> Il arrive parfois des malheurs. = Des malheurs arrivent parfois.
> sujet grammatical — sujet réel

Un peu de méthode

Accorder le participe passé des verbes pronominaux

● Le plus souvent, le participe passé **s'accorde** de fait **avec le sujet**.

> Elle s'est évanoui**e**.
> Ils se sont réveill**és** à l'aube.
> Jules et Julie se sont embrass**és**.
> L'affaire s'est régl**ée** grâce à son arbitrage.

Donc : je me suis douchée mais je me suis lavé les mains.

● Mais cette règle ne s'applique pas lorsque le pronom réfléchi est **COI** ou **COS** du verbe.

> Ils se sont téléphon**é**. = Ils ont téléphoné l'un à l'autre.
>   COI
> Elle s'est lav**é** les mains = Elle s'est lavé les mains à elle-même.
>   COS   COD

38

On s'entraîne !

1 QUIZ

**Forme impersonnelle (I) ou pronominale (P) ?
Coche la ou les bonnes cases.**

	I	P
a. Il s'est produit une chose étrange !	☐	☐
b. Il arrive parfois de drôles de choses !	☐	☐
c. Il s'est éveillé de bonne heure.	☐	☐

2 Forme pronominale

Surligne les verbes à la forme pronominale.

Lors d'un petit-déjeuner, le barbier Iakovlévitch fait une étrange découverte…

[…] Ivan Iakovlévitch enfila son habit par-dessus sa chemise et s'étant installé à table, il éplucha deux oignons, les saupoudra de sel, prit en main son couteau et, la mine solennelle, se mit en devoir de couper le pain. […] il aperçut à son grand étonnement une masse blanchâtre dans la mie […]. Il plongea ses doigts dans la mie et en retira… un nez !
Nicolas Gogol, *Le Nez*, 1836.

3 Verbes pronominaux

Pour chaque verbe à la forme pronominale, indique s'il est essentiellement (EP) ou occasionnellement pronominal (OP).

Il se frotta (……) les yeux et palpa l'objet : oui, c'était bien un nez. Et, de plus, un nez qu'il lui semblait connaître. La terreur se peignit (……) sur le visage d'Ivan Iakolévitch. Mais cette terreur n'était rien auprès de la colère qui s'empara (……) de son épouse.
— Où as-tu coupé ce nez, animal ? s'écria (……)-t-elle, furieuse. […] J'ai déjà entendu trois clients se plaindre (……) que tu tirais tellement sur leur nez en leur faisant la barbe que tu as failli le leur arracher.
Nicolas Gogol, *Le Nez*, 1836.

4 Accord du participe passé

Accorde les participes passés si nécessaire.

a. Elle s'est frotté…… les yeux.
b. Elle s'est frotté…… contre le mur.
c. Ils se sont serré…… l'un contre l'autre.
d. Ils se sont serré…… les mains.

5 Forme impersonnelle (1)

Surligne les deux verbes à la forme impersonnelle.

L'assesseur de collège Kovaliov s'éveilla assez tôt […]. Kovaliov s'étira et se fit apporter un petit miroir […] à son immense stupéfaction, il vit que l'endroit que devait occuper son nez était parfaitement lisse. […] Il tâta avec la main, se pinça pour se convaincre qu'il ne dormait pas : il était bien éveillé, semblait-il. […]
« Mais peut-être n'est-ce qu'une illusion ? Il est impossible que mon nez disparaisse comme ça, sans rime ni raison… »
Nicolas Gogol, *Le Nez*, 1836.

6 Forme impersonnelle (2)

a. Dans cette phrase, souligne en rouge le sujet grammatical et en bleu le sujet réel.
b. Remplace la forme impersonnelle par une forme personnelle.

Il est étrange de ne plus avoir de nez.

7 CONTRÔLE EXPRESS

Lis le texte, puis réponds aux questions.

Il se passe des choses complètement extravagantes dans l'existence […] : ce nez qui circulait en ville […] se retrouva soudain, comme si de rien n'était, à sa place naturelle, c'est-à-dire entre les joues du major Kovaliov.
[…] Il se fit aussitôt apporter de l'eau pour ses ablutions et, tout en se lavant, il se regarda de nouveau dans la glace : le nez était bien là !
Nicolas Gogol, *Le Nez*, 1836.

a. Relève une construction à la fois pronominale et impersonnelle.
b. Souligne les quatre autres verbes pronominaux.
c. Surligne le pronom *se* qui est COI.

Corrigés page 13 du Guide

39

15 Les verbes du 3ᵉ groupe au présent de l'indicatif

Je me demande…
Tous les verbes du 3ᵉ groupe se terminent-ils par **-s, -s, -t** au singulier ?

Les points clés

1 Les verbes du 3ᵉ groupe

● Font partie du 3ᵉ groupe tous les verbes qui n'appartiennent ni au 1ᵉʳ groupe (infinitif en *-er*) ni au 2ᵉ groupe (infinitif en *-ir*, participe présent en *-issant*).

● Ces verbes sont dits **irréguliers** car leur conjugaison présente **plusieurs radicaux**. Par exemple, pour venir : ven-/vien- (au présent de l'indicatif), viend- (au futur), vienn- (au présent du subjonctif), etc.

● Les **terminaisons** de ces verbes présentent également des irrégularités.
Au présent de l'indicatif, la plupart prennent les terminaisons :
– **-s, -s, -t**, au singulier ;
– **-ons, -ez, -(e)nt**, au pluriel ;
mais on compte un certain nombre d'exceptions (voir ci-dessous).

2 Les terminaisons particulières

Terminaisons	Personnes	Verbes concernés	Exemples
-e, -es, -e	pers. du singulier	*offrir, ouvrir, cueillir* et leurs composés.	j'offre, tu offres, il offre
-x, -x, -t	pers. du singulier	*pouvoir, valoir, vouloir.*	je peux, tu peux, il peut
-ds, -ds, -d	pers. du singulier	les verbes en *-dre* qui ne se terminent pas par *-indre* ou par *-soudre*.	je prends, tu prends, il prend
-ts, -ts, -t	pers. du singulier	les verbes en *-tre* tels *battre* et *mettre*.	je me bats, tu te bats, il se bat
-cs, -cs, -c	pers. du singulier	*vaincre* et ses composés.	je vaincs, tu vaincs, il vainc
-tes	2ᵉ pers. du pluriel	*faire, dire* et leurs composés.	vous faites, vous dites

Un peu de méthode

Orthographier les verbes en *-dre*

● Les verbes en *-dre* prennent les terminaisons **-ds, -ds, -d** aux trois personnes du singulier du présent de l'indicatif.
   je cou**ds**, tu cou**ds**, il cou**d** • je ren**ds**, tu ren**ds**, il ren**d**

● Les verbes en *-soudre* et en *-indre* font exception et prennent les terminaisons **-s, -s, -t**.
   je résou**s**, tu résou**s**, il résou**t** • je pein**s**, tu pein**s**, il pein**t**

Distinguer *croire* et *croître*

● Le verbe *croître* garde l'**accent circonflexe** chaque fois qu'on peut le confondre avec le verbe *croire*.
   je croîs ≠ je crois • tu croîs ≠ tu crois • il croît ≠ il croit

● Au pluriel, il n'y a plus de confusion possible et donc plus d'accent circonflexe.
   nous croissons ≠ nous croyons

On s'entraîne !

1 QUIZ

**Retrouve les verbes qui manquent.
Attention à bien les conjuguer !**

COLLOQUE SENTIMENTAL

Dans le vieux parc solitaire et glacé
Deux formes ont tout à l'heure passé.
Leurs yeux sont morts et leurs lèvres sont molles,

Et l'on .... à peine leurs paroles.
[...]

— Te ....-il de notre extase ancienne ?
— Pourquoi voulez-vous donc qu'il m'en
[souvienne ?

— Ton cœur .... -il toujours à mon seul
[nom ?

Toujours ....-tu mon âme en rêve ? — Non.

Paul VERLAINE, *Fêtes galantes*, 1869.

? indice

Les verbes à replacer et à conjuguer sont :
souvenir, voir, battre, entendre.

2 Infinitif

Relie chaque forme verbale à son ou ses infinitifs.

a. je crois •
je croîs •   • croire
vous croyez •   • croître
vous croissez •
b. je peigne •
je peins •   • peindre
nous peignons •   • peigner
ils peignent •

3 Terminaisons verbales

Relie le radical du verbe à la terminaison qui convient.

il pren •   • t
il dissou •   • d
il paraî •

4 Conjugaison

Complète les tableaux en conjuguant les verbes au présent de l'indicatif.

Verbe	1re pers. sing.	3e pers. sing.
valoir		
combattre		
défaire	je défais	

Verbe	2e pers. pl.	3e pers. pl.
valoir	vous valez	
combattre	vous combattez	
défaire		

5 CONTRÔLE EXPRESS

Complète les vers suivants avec les terminaisons verbales qui manquent.

a. Je crain........ toujours, — ce qu'est
d'attendre ! / Quelque fuite atroce de vous.

Paul VERLAINE, « Spleen »
dans *Romances sans paroles*, 1874.

b. Voici des fruits, des fleurs, des feuilles
et des branches / Et puis voici mon cœur,
qui ne ba........ que pour vous.

Paul VERLAINE, « Green »
dans *Romances sans paroles*, 1874.

c. Surtout les soirs d'été : la rougeur du couchant / Se fon........ dans le gris bleu des brumes
qu'elle teinte / D'incendie et de sang [...]

Paul VERLAINE, « Dans les bois »
dans *Poèmes saturniens*, 1866.

d. De la musique encore et toujours !
Que ton vers soit la chose envolée
Qu'on sen........ qui fui........ d'une âme en allée
Vers d'autres cieux à d'autres amours.

Paul VERLAINE, « Art poétique »
dans *Jadis et naguère*, 1884.

e. Dans l'interminable
Ennui de la plaine
La neige incertaine
Lui........ comme du sable.

Paul VERLAINE, « Ariettes oubliées »
dans *Romances sans paroles*, 1874.

Corrigés page 13 du Guide

16 Les formes verbales en [i] et [y]

Je me demande…
Je finis, je crie, j'ai dit : comment savoir s'il faut écrire -is, -ie ou -it ?

Les points clés

Les sons [i] et [y] peuvent correspondre à plusieurs formes verbales.

1 Le son [i]

● Quand tu entends le son [i] à la fin d'un verbe, demande-toi en premier lieu s'il s'agit d'un participe passé ou d'une forme conjuguée.

● Puis reviens à l'infinitif pour trouver le groupe du verbe. N'oublie pas d'identifier la personne.

Edgar Allan Poe (1809-1849) est un auteur américain qui a écrit de nombreuses nouvelles fantastiques.

Participe passé	verbes du 2ᵉ groupe	-i	j'ai fini
	verbes du 3ᵉ groupe	-i	je suis parti
		-is	j'ai mis
		-it	j'ai dit
Forme conjuguée	verbe du 1ᵉʳ groupe au présent	-ie	je crie, il crie
		-ies	tu cries
		-ient	ils crient
	verbes d'un autre groupe au présent ou au passé simple	-is	je ris, tu ris, je pris
		-it	il rit, il prit
		-ient	ils rient

2 Le son [y]

● Le son [y] à la fin d'un verbe peut s'écrire :
– **-ue, -ues, -ue, -uent** : il s'agit d'un verbe du 1ᵉʳ groupe au **présent de l'indicatif** ;
   je mue, tu mues, il mue, ils muent
– **-us, -ut** : il s'agit d'un verbe du 3ᵉ groupe au **passé simple** ;
   je lus, tu lus, il lut
– **-u** : c'est un **participe passé**.
   il est venu

Un peu de méthode

Trouver la forme d'un participe passé d'un verbe du 3ᵉ groupe

● Selon le verbe, cette terminaison varie. Pour trouver la lettre finale, il faut le mettre au **féminin**.

Heureusement, la lettre finale est le plus souvent -i ou -u !

	p.p. au féminin	lettre finale	p.p. au masculin
parti…	partie	i	parti
venu…	venue	u	venu
pri…	prise	s	pris
di…	dite	t	dit

On s'entraîne !

1 QUIZ

Retrouve dans la grille cinq synonymes de *fantôme*. Le mot peut être écrit horizontalement, verticalement ou en diagonale.

A	R	E	V	E	N	A	N	T	F
S	D	M	O	N	U	V	D	S	O
A	P	P	A	R	I	T	I	O	N
K	R	E	X	B	S	Z	D	U	T
Q	T	S	C	I	T	G	H	J	I
R	O	P	F	T	C	V	B	V	M
E	K	R	Y	G	R	X	C	W	U
U	J	I	K	T	H	E	U	B	W
Q	Y	T	P	R	G	I	E	X	S
E	C	T	O	P	L	A	S	M	E

2 Les formes verbales

Relie la forme verbale à sa ou ses descriptions.

a. couru
b. dit
c. fit
d. mis
e. ri
f. prit
g. pris
h. crie

- 3ᵉ pers. sing., indicatif présent
- participe passé
- 3ᵉ pers. sing., indicatif passé simple
- 2ᵉ pers. sing., indicatif passé simple

3 Lettre finale du participe passé

Complète le tableau pour trouver la terminaison des participes passés.

	féminin	lettre finale	part. passé au masculin
perdu...			
contredi...			
écri...			
fleuri...			
attendu...			
mi...			

4 -i ou -is ? -us ou -ut ?

Complète dans l'extrait suivant les formes verbales inachevées.

Le narrateur a épousé l'amour de sa vie, la brune lady Ligeia. Mais elle vient à mourir.

[Elle] mour.........; et moi, anéant........., pulvérisé par la douleur, je ne p......... supporter plus longtemps l'affreuse désolation de ma demeure [...]. Je parlerai seulement de cette chambre où dans un moment d'aliénation mentale je conduis......... à l'autel et pr......... pour épouse — après l'inoubliable Ligeia ! — lady Rowena Trevanion de Trémaine, à la blonde chevelure et aux yeux bleus.
Edgar Allan POE, *Ligeia*, 1838.

5 -i, -is ou -it ? -u, -us ou -ut ?

Même exercice.

Lady Rowena vient elle aussi à mourir.

J'étais ass......... seul, son corps enveloppé dans le suaire, dans cette chambre fantastique qui avait reç......... la jeune épouse. Il pouvait bien être minuit quand un sanglot, très bas, très léger, mais très distinct, me tira de ma rêverie. Je sent......... qu'il venait du lit d'ébène — du lit de mort. Se levant du lit, et vacillant, d'un pas faible, l'être qui était enveloppé du suaire s'avança audacieusement et palpablement dans le milieu de la chambre. Et alors je v......... la figure qui se tenait devant moi ouvrir lentement, lentement les yeux. [*Le fantôme est en fait celui de la première épouse du narrateur dont le souvenir ne cesse de le hanter.*]
D'après Edgar Allan POE, *Ligeia*, 1838.

6 CONTRÔLE EXPRESS

Après avoir lu les extraits ci-dessus, réponds aux questions.

a. À quel genre littéraire appartient la nouvelle de Poe ?
b. Rédige une suite à l'extrait de l'exercice 5. Tu emploieras les temps du récit au passé.

Corrigés page 14 du Guide

17 Impératif et subjonctif

Je me demande...
L'impératif exprime-t-il toujours un ordre ? Combien de temps le subjonctif comprend-il ?

Les points clés

1 L'impératif

- L'impératif est le mode des **phrases injonctives** : il exprime l'**ordre** (Fuyez !) ou la **défense** (Ne bougez pas). Il n'a que **trois personnes** et s'utilise sans pronom sujet.
  > prends, prenons, prenez

  Il comprend deux temps : le **présent** et le **passé** (emploi assez rare).
  > Finis ce qui reste dans ton assiette.
  > Aie fini tes devoirs avant de regarder un film.

- On le forme généralement sur le même radical que le présent de l'indicatif.
  > viens, venez • prends, prenez • crois, croyez

  Mais il y a des exceptions (voir tableau de « Un peu de méthode »).

- Il n'y a **pas d's** à la 2ᵉ pers. du sing. des verbes du **1ᵉʳ groupe** ni du verbe *aller* : va, venge-moi, donne, sauf si la liaison l'exige : donnes-en, vas-y. Attention aussi à va t'en.

2 Le subjonctif

- Le subjonctif exprime des **faits** simplement **envisagés** (le locuteur émet une opinion, exprime un sentiment, un souhait) :
  > **Je doute qu'**il soit à l'heure. • **Je crains qu'**il abandonne. • **Qu'**il vienne et on verra.

- Le mode comprend **quatre temps** : le présent, le passé, l'imparfait et le plus-que-parfait.

Présent	Passé	Imparfait	Plus-que-parfait
qu'il chante	qu'il ait chanté	qu'il chantât	qu'il eût chanté
qu'il vienne	qu'il soit venu	qu'il vînt	qu'il fût venu

- Le verbe au subjonctif est le plus souvent précédé de *que*. On forme généralement le présent en prenant la 3ᵉ personne du pluriel de l'indicatif présent et en ajoutant les terminaisons **-e, -es, -e, -ions, -iez, -ent** :
  > que je vienne, que je prenne, que je fleurisse.

Un peu de méthode

Conjuguer *être*, *avoir* et quelques verbes irréguliers

Verbes	Impératif présent	Subjonctif présent
avoir	aie, ayons, ayez	que j'aie, qu'il ait...
être	sois, soyons, soyez	que je sois, qu'il soit...
faire	fais, faisons, faites	que je fasse, qu'il fasse...
pouvoir	—	que je puisse, qu'il puisse...
savoir	sache, sachons, sachez	que je sache, qu'il sache...
vouloir	veux/veuille, voulons, voulez/veuillez	que je veuille, qu'il veuille...

▶ On observe que les verbes *avoir, être, savoir, vouloir* ont parfois les mêmes formes à l'impératif et au subjonctif.

On s'entraîne !

1 QUIZ

Lis le texte, puis coche les bonnes réponses.

Don Diègue, humilié, demande à son fils Rodrigue de le venger.

> DON DIEGUE
> Et toi de mes exploits glorieux instrument,
> Mais d'un corps tout de glace inutile ornement,
> Fer, jadis tant à craindre, et qui dans cette [offense
> M'as servi de parade, et non pas de défense,
> Va, quitte désormais le dernier des humains,
> Passe pour me venger en de meilleures mains ;
> Si Rodrigue est mon fils, il faut que l'amour cède,
> Et qu'une ardeur plus haute à ses flammes [succède.
>
> Pierre CORNEILLE, *Le Cid*, 1636.

	Impératif	Subjonctif
a. va, quitte, passe	☐	☐
b. cède, succède	☐	☐

2 Les modes

Classe les formes verbales selon leur mode.

prenne • prends • prennent • dise • disent • dis • dites • fassent • fasse • fais • faisons

3 Impératif (1)

Ajoute un *s* aux impératifs si nécessaire.

a. aime...... b. mange......-en c. venge......-toi

4 Impératif (2)

Dans cet extrait, souligne les impératifs.

> DON DIEGUE
> Viens mon fils, viens mon sang, viens réparer [ma honte,
> Viens me venger. [...]
> Accablé des malheurs où le destin me range
> Je m'en vais les pleurer, va, cours, vole, [et nous venge.
>
> Pierre CORNEILLE, *Le Cid*, 1636.

5 Impératif et subjonctif

Souligne les verbes à l'impératif en bleu et les verbes au subjonctif en rouge.

Rodrigue doit choisir entre venger l'honneur de son père ou protéger son amour pour Chimène. Il choisit finalement l'honneur.

> DON RODRIGUE, *seul*
> Allons, mon bras, du moins sauvons l'honneur,
> Puisqu'aussi bien il faut perdre Chimène.
> Oui, mon esprit s'était déçu,
> Dois-je pas à mon père avant qu'à ma maîtresse ?
> Que je meure au combat ou meure de tristesse,
> Je rendrai mon sang pur comme je l'ai reçu.
>
> Pierre CORNEILLE, *Le Cid*, 1636.

? indice
Tu dois trouver 2 verbes à l'impératif et 2 au subjonctif.

6 CONTRÔLE EXPRESS

Lis ces extraits et réponds aux questions.

Rodrigue a tué Don Gomès, mais revient en héros d'une bataille contre les Maures.

> **1.** LE ROI *(à Rodrigue)*
> Sois désormais le Cid, qu'à ce grand nom tout [(céder) ....,
> Qu'il (devenir) .... l'effroi de Grenade [et Tolède
>
> **2.** LE ROI *(à Rodrigue)*
> Rodrigue cependant il faut prendre les armes, [...]
>
> DON RODRIGUE
> Pour posséder Chimène, et pour votre service
> Que peut-on m'ordonner que mon bras [n'(accomplir) ....?
>
> Pierre CORNEILLE, *Le Cid*, 1636.

a. Souligne le verbe à l'impératif.
b. Conjugue les verbes entre parenthèses au subjonctif présent.
c. Rédige une tirade d'une dizaine de lignes adressée par Rodrigue à Chimène pour reconquérir son amour. Utilise des impératifs : « Pardonne-moi » ; ou des subjonctifs : « Puisses-tu revenir ».

Corrigés page 14 du Guide

18 Préfixes et suffixes

Je me demande...
Devant quelles lettres le préfixe *in-* devient-il *im-* ? Quelle nuance le suffixe *-âtre* apporte-t-il ?

Les points clés

Un mot est généralement composé d'un **radical** qui peut être précédé d'un **préfixe** et suivi d'un **suffixe**.

im / mange / able
préfixe radical suffixe

1 Les préfixes

● Le préfixe est placé **devant** le radical et modifie le sens d'un mot (mais pas sa classe grammaticale) : coudre / découdre.

anté	dé/dés	co/com	anti	mal/mau/mé	en
« avant » : antécédent	● action contraire : découdre ● « privé de » : désillusion	« avec » : compatir = souffrir avec	« contre » : antipathique	sens négatif : médire = dire du mal	● « loin de » : enlever ● « à l'intérieur de » : enterrer

● Les préfixes permettent de former des **antonymes** : enterrer ≠ déterrer.

2 Les suffixes

● Le suffixe **suit** le radical. Il peut modifier le sens d'un mot : vert / verdâtre (nuance péjorative). Il peut en changer la classe grammaticale : étrange (adjectif) / étrangement (adverbe) / étranger (nom ou adjectif).

Suffixes		Exemples
permettant de créer des noms	-ise -eur -ité	hantise, friandise lenteur, torpeur obscurité, vérité
permettant de créer des adjectifs	-ible -able -ion -esque	audible, lisible condamnable interdiction chevaleresque
permettant de créer des adverbes	-ment	lentement, doucement

Mots-Clés
● **Radical** : partie centrale d'un mot, sa racine.
● **Préfixe / suffixe** : élément court placé avant / après le radical.

Un peu de méthode

Orthographier correctement des préfixes variables

Préfixes	Variations	Exemples
in- (sens négatif)	il- devant un l im- devant un m ou un p ir- devant un r	illisible immangeable, impardonnable irraisonné, irréalisable
a- (sens intensif)	ac- devant un c af- devant un f ag- devant un g al- devant un l	accroître affermir aggraver alléger

Le préfixe a- peut aussi exprimer le manque, la privation, la suppression : anormal, anonyme, etc.

46

On s'entraîne !

1 QUIZ

Forme des adjectifs en reliant les différents éléments entre eux.

dé · trans · ant · mérit · ible · buv · support · in · résist · im · é · form · il · able · ir · lis

2 Formation des mots

Décompose les mots suivants et donne leur sens.

	préfixe	radical	suffixe	sens
contredire				
antédiluvien				
incontrôlable				
alunir				

3 Préfixes

Retrouve les mots correspondant aux définitions suivantes et souligne leur préfixe.

a. qui ne peut être déchiffré : ....

b. se poser sur la mer : ....

c. faire passer d'une forme à une autre : ....

4 Suffixes

Forme des noms à partir des adjectifs suivants et souligne leur suffixe.

a. doux : ....

b. petit : ....

c. exact : ....

5 CONTRÔLE EXPRESS

Dans l'extrait suivant, complète les mots inachevés.

Un crime d'une féroc............ inouïe, et que rendait encore plus .... marqu............ le rang élevé de la victime, vint mettre Londres en émoi. Les détails connus étaient brefs mais stupéfi............

Une domestique qui se trouvait seule dans une maison assez voisine de la Tamise était montée se coucher vers onze heures. Celle-ci, qui était sans doute en dispositions roman............, s'assit sur sa malle qui se trouvait placée juste devant la fenêtre. Or, tandis qu'elle était là assise elle vit venir du bout de la rue un vieux et beau gentleman à cheveux blancs ; et allant à sa rencontre, un autre gentleman tout petit, qui d'abord attira moins son atten............. Elle eut l'étonne............ de ....connaî............ en lui un certain M. Hyde, qui avait une fois rendu visite à son maître et pour qui elle avait conçu de l'............pathie. Il semblait écouter avec une ....pati............ mal contenue. Et puis tout d'un coup il éclata d'une rage folle.

Le vieux gentleman fit un pas en arrière ; sur quoi M. Hyde perdit toute ....tenue, et le frappant de son gourdin l'étendit par terre. Et à l'instant même, avec une fur............ toute simi............, il se mit à fouler aux pieds sa victime, et à l'accabler d'une grêle de coups telle qu'on entendait les os craquer et que le corps ....bond............ sur les pavés. Frappée d'horr............ à ce spectacle, la fille perdit connaiss............

Il était deux heures lorsqu'elle revint à elle et alla ....venir la police. L'assassin avait depuis longtemps ....paru, mais au milieu de la chaussée gisait sa victime, ...croyable............ abîmée.

D'après Robert Louis STEVENSON, *Le Cas étrange du Dr Jekyll et de M. Hyde,* 1886, trad. de Th. Verlet.

Corrigés page 14 du Guide

19 Synonymes et antonymes

Je me demande…
Le synonyme d'un verbe peut-il être un nom ? *Avare* et *généreux* sont-ils des antonymes ?

Les points clés

- Deux synonymes ont **la même classe grammaticale** :
le synonyme d'un nom est un nom, celui d'un verbe, un verbe, etc.
Il en est de même pour les antonymes. On utilise un synonyme pour éviter une répétition ou pour être plus précis.

1. Les synonymes

- Deux synonymes ont **le même sens** ou **un sens voisin**.

Les synonymes peuvent varier
- en **précision** :
  Chat est plus précis que félin
- en **intensité** :
  appréhension, crainte, peur, frayeur, hantise, terreur
- en **subjectivité** :
  femme (neutre), mégère (péjoratif), dame (mélioratif)
- en fonction du **registre de langue** :
  peur (courant), pétoche (familier)

2. Les antonymes

- Les antonymes sont des mots de **sens contraire** :
  folie ≠ sagesse • démoniaque ≠ angélique

Les antonymes peuvent varier
- en **précision** :
  petit, minuscule, lilliputien ≠ grand
- en fonction du **registre de langue** :
  trouillard (familier), peureux (courant) ≠ valeureux (soutenu)

Un peu de méthode

Choisir le bon synonyme ou antonyme dans un dictionnaire

Voici 3 conseils clés.

1. Choisir la bonne **définition** du mot.
Un même mot peut avoir plusieurs sens et donc différents synonymes et antonymes : marcher peut signifier se déplacer à pied ou fonctionner. Il faut donc s'aider du contexte.

2. Être **précis**.
Il vaut mieux proposer colossal comme synonyme de gigantesque plutôt que grand.

3. Choisir le **bon niveau de langage**.
Choisir frousse comme synonyme de trouille et anxiété comme synonyme d'appréhension.

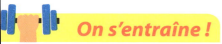

On s'entraîne !

1 QUIZ

Vrai ou faux ?

	V	F
a. *Fou* et *dingue* sont synonymes.	☐	☐
b. *Démoniaque* et *diabolique* sont des antonymes.	☐	☐
c. *Patient* et *impatience* sont des antonymes.	☐	☐

2 Synonymes et antonymes

Donne un synonyme et un antonyme pour les mots suivants.

a. démon : .... et ....

b. cruauté : .... et ....

c. haïr : .... et ....

d. détestable : .... et ....

3 Variations de synonymes

Indique si les synonymes proposés varient en précision (P) ou en intensité (I).

a. *crier* et *hurler* : ....   **b.** *dire* et *révéler* : ....

4 Synonymes (1)

Propose un synonyme pour les mots en couleur.

Le narrateur, sous l'emprise de l'alcool, considère son chat comme un animal démoniaque.

Ma femme (....................) , qui ne se plaignait jamais, hélas ! était mon souffre-douleur ordinaire, la plus patiente victime des soudaines et indomptables éruptions d'une furie à laquelle je m'abandonnai (....................) dès lors aveuglément. Un jour, elle m'accompagna pour quelque besogne domestique (....................) dans la cave. Le chat me suivit sur les marches roides de l'escalier, et, m'ayant presque culbuté la tête la première, m'exaspéra jusqu'à la folie (....................). Levant une hache, j'adressai à l'animal (....................) un coup qui eût été mortel (....................), s'il avait porté comme je le voulais ; mais ce coup fut arrêté par la main de ma femme. Cette intervention m'aiguillonna jusqu'à une rage (....................) plus que démoniaque (....................) ; je lui enfonçai ma hache dans le crâne.

D'après Edgar Allan Poe, *Le Chat noir*, 1843.

5 Synonymes (2)

Souligne les synonymes du mot *cri*, puis trouves-en d'autres.

Le narrateur emmure le corps de sa femme dans la cave. Lors d'une perquisition, les policiers entendent un bruit venant du mur…

[…] une plainte, d'abord voilée et entrecoupée, comme le sanglotement d'un enfant, puis, bientôt s'enflant en un cri prolongé, sonore et continu, tout à fait anormal et antihumain, un hurlement, un glapissement, moitié horreur et moitié triomphe, comme il peut en monter seulement de l'enfer […].
[*Les policiers abattent le mur et découvrent le cadavre.*]
Sur sa tête, avec la gueule rouge dilatée et l'œil unique flamboyant, était perchée la hideuse bête […]. J'avais muré le monstre dans la tombe !

Edgar Allan Poe, *Le Chat noir*, 1843.

6 LECTURE D'IMAGE

Observe cette illustration de la nouvelle de Poe.

Illustration d'Aubrey Beardsley pour *Le Chat noir* (1894-1895).

L'illustrateur a-t-il cherché à donner du chat une image démoniaque ? Justifie ta réponse.

Corrigés page 14 du Guide

20 Les figures de style (1)

Je me demande...
Qu'est-ce qui différencie une métaphore d'une comparaison ?
Qu'est-ce qu'un oxymore ?

Les points clés

Les figures de style sont utilisées pour rendre le discours plus expressif.

1 Figures par analogie

● La **comparaison** est une image qui rapproche deux termes au moyen d'un **outil de comparaison**, pour mettre en évidence leur ressemblance. Elle comprend :
– un **comparé** : ce que l'on compare ;
– un **comparant** : ce à quoi on compare ;
– un **outil de comparaison** : *comme, tel que, ainsi que, de même que…*

> sous des vapeurs en écharpe, la Seine, / **Comme** un mystérieux et magique miroir
>   comparé   outil   comparant
> Edmond Rostand, *Cyrano de Bergerac*, 1897.

● La **métaphore** est une comparaison **sans outil pour l'introduire**.

> Aimez-vous à ce point les oiseaux
> Que paternellement vous vous préoccupâtes
> De tendre ce perchoir à leurs petites pattes ?
>   métaphore = le nez de Cyrano

● La **personnification** consiste à donner une attitude humaine à une idée ou une chose.

> Chaque arbre est immobile, attentif à tout bruit.
> Jules Supervielle, « L'orage ».

2 Figures d'opposition

● L'**antithèse** consiste à rapprocher **dans un même énoncé** deux mots ou deux idées qui s'opposent par le sens.

> Plus fin diseur de ces jolis riens qui sont tout. *riens ≠ tout*

● L'**oxymore** rapproche deux mots qui s'opposent **dans un même groupe de mots**.

> Devenir un petit grand homme dans un rond, […] Non merci !

Un peu de méthode

Identifier une métaphore

● Une métaphore peut être difficile à identifier. Il faut donc être un lecteur vigilant.

> La lune (comparé), dans le ciel, luisait comme une montre,
> Quand soudain, je ne sais quel soigneux horloger
> S'étant mis à passer un coton nuager (comparant = un nuage)
> Sur le boîtier d'argent de cette montre ronde, (comparant = la lune)
> Il se fit une nuit la plus noire du monde.
> E. Rostand, *Cyrano de Bergerac*, 1897.

▶ Il faut comprendre qu'un nuage vient à cacher la lune, comme un morceau de coton nettoyant une montre. C'est une **métaphore filée**.

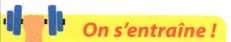

On s'entraîne !

1 QUIZ

CYRANO
Ah ! non ! c'est un peu court, jeune homme !
On pouvait dire… Oh ! Dieu !… bien des
[choses en somme.
En variant le ton, — par exemple, tenez :
[…]
« C'est un roc !… c'est un pic !… c'est un cap !
Que dis-je, c'est un cap ?… C'est une
[péninsule ! »

Edmond ROSTAND, *Cyrano de Bergerac*, 1897.

Cyrano parle de : ☐ son épée ☐ son nez

2 Comparaisons

Dans les comparaisons suivantes, souligne les comparés en bleu, les comparants en rouge et les mots comparatifs en vert.

CYRANO
a. […] dites-moi pourquoi vous regardez mon nez.
[…]
Est-il mol et ballant, monsieur, comme une
[trompe ?…
[…]
Ou crochu comme un bec de hibou ?
b. Retroussant mon esprit ainsi qu'une
[moustache,
Je fais, en traversant les groupes et les ronds,
Sonner les vérités comme des éperons.

Edmond ROSTAND, *Cyrano de Bergerac*, 1897.

3 Métaphores

Souligne les métaphores dans cet extrait de la tirade du nez.

CYRANO
Curieux : « De quoi sert cette oblongue capsule ?
D'écritoire, monsieur, ou de boîte à ciseaux ? »
[…]
Dramatique : « C'est la mer Rouge quand
[il saigne ! »
[…]
Naïf : « Ce monument, quand le visite-t-on ? »

Edmond ROSTAND, *Cyrano de Bergerac*, 1897.

4 Antithèses

Retrouve les mots ou expressions qui s'opposent dans les vers suivants de façon à créer une antithèse.

CYRANO
a. Ah ! non, cela, jamais ! Non, ce serait trop laid,
Si le long de ce nez une larme coulait !
Je ne laisserai pas, tant que j'en serai maître,
La divine beauté des larmes se commettre
Avec tant de laideur grossière ; […]

divine ≠ .... beauté ≠ ....

b. Non, non, mon cher amour, je ne vous aimais
[pas !

.... ≠ ....

Edmond ROSTAND, *Cyrano de Bergerac*, 1897.

5 Figure d'opposition

Identifie la figure de style soulignée.

Rumeurs d'admiration dans la salle. Roxane vient de paraître dans sa loge.

[…]
DEUXIÈME MARQUIS, *avec des petits cris*
Ah ! messieurs ! mais elle est
<u>Épouvantablement ravissante !</u>

Edmond ROSTAND, *Cyrano de Bergerac*, 1897.

6 CONTRÔLE EXPRESS

Dans les vers suivants, essaie de retrouver les mots qui manquent de façon à restituer les antithèses. N'oublie pas la rime !

Mais oui, c'est adorable. On se devine à peine.
Vous voyez la noirceur d'un long manteau qui
[traîne,
J'aperçois la .... d'une robe d'été :
Moi je ne suis qu'une ombre, et vous
[qu'une .... !

Edmond ROSTAND, *Cyrano de Bergerac*, 1897.

? indice

Les deux mots à trouver s'opposent au nom « ombre » du dernier vers. Aide-toi du sens.

Corrigés page 14 du Guide

51

21 Les figures de style (2)

Je me demande...
Qu'est-ce qu'une hyperbole ? une anaphore ? Quels effets ces figures produisent-elles ?

Les points clés

1 Les figures d'amplification

● L'**hyperbole** consiste à exagérer ou amplifier l'expression d'une idée ou d'un fait pour agir avec force sur l'imagination.

> Ô servitude infâme imposée à l'enfant !
> Rachitisme ! travail dont le souffle étouffant
> Défait ce qu'a fait Dieu ; qui tue, œuvre insensée,
> La beauté sur les fronts, dans les cœurs la pensée,
> Et qui ferait – c'est là son fruit le plus certain !
> D'Apollon un bossu, de Voltaire un crétin !
>
> Victor Hugo, « Melancholia », *Les Contemplations*, 1856.

● La **gradation** est une énumération de mots ou d'idées de sens proche, rangés en ordre croissant ou décroissant : Va, cours, vole et nous venge. Corneille, *Le Cid*, 1637.

2 Les figures d'atténuation

● La **litote** est l'expression volontairement atténuée d'une idée ou d'un fait. Elle suggère beaucoup en disant peu : Va, je ne te hais point pour dire « je t'aime ».

● L'**euphémisme** est l'atténuation d'une expression qui pourrait choquer : Il a vécu pour dire « il est mort ».

3 Les figures de construction

● L'**anaphore** est la répétition d'un même mot ou groupe de mots au début de plusieurs phrases ou vers successifs pour créer un effet d'insistance.

> Maudit comme le vice où l'on s'abâtardit,
> Maudit comme l'opprobre et comme le blasphème !

● Le **parallélisme** consiste à faire se succéder des groupes de mots construits sur le même modèle syntaxique : D'Apollon un bossu, de Voltaire un crétin !

● Le **chiasme** consiste à inverser une construction de manière à mettre en contact les mots de même classe grammaticale ou de même sens :

> La beauté sur les fronts, dans les cœurs, la pensée
>   COD   CCL   CCL   COD

Un peu de méthode

Produire une hyperbole

● L'hyperbole repose sur l'emploi de moyens lexicaux et de figures de style :
– emploi d'un **lexique fort**, mélioratif ou péjoratif ; géant, insensé… ▶ Ô servitude infâme.
– accumulation de **superlatifs** ; le plus grand, le plus terrible…
– emploi de certains **préfixes** ; hyper, méga ou **suffixes** : -issime
– emploi de **comparaisons** et de **métaphores** ; des torrents de larmes
– emploi d'**antithèses** (voir page 50).

52

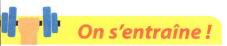

On s'entraîne !

1 QUIZ

Coche la figure de style correspondant aux termes soulignés.

a. Où vont tous <u>ces</u> enfants dont pas un seul [ne rit ?
<u>Ces</u> doux êtres pensifs que la fièvre maigrit ?
<u>Ces</u> filles de huit ans qu'on voit cheminer [seules ?

☐ anaphore   ☐ chiasme

b. Accroupis sous les dents d'une machine [sombre,
<u>Monstre hideux</u> qui mâche on ne sait quoi [dans l'ombre,

☐ hyperbole   ☐ euphémisme

Victor Hugo, *Les Contemplations*, Livre III, 1856.

2 Anaphores

Dans les vers suivants, surligne l'anaphore.

Non ! assez de malheur, de meurtre et de ravages !
Assez d'égorgements ! assez de deuil ! assez
De fantômes sans tête et d'affreux trépassés !
Assez de visions funèbres dans la brume !

V. Hugo, « L'échafaud », *Les Quatre Vents de l'esprit*, 1881.

3 Hyperboles

Souligne les sept mots et expressions qui relèvent de l'hyperbole.

L'échafaud, bloc hideux de charpentes funèbres,
S'emplissait de noirceur et devenait ténèbres ;
Les horloges sonnaient, non l'heure, mais le glas ;
Et toujours, sur l'acier, quoique le coutelas
Ne fût plus qu'une forme épouvantable et [sombre,
La rougeur de la tache apparaissait dans l'ombre.

Un astre, le premier qu'on aperçoit le soir,
Pendant que je songeais, montait dans le ciel [noir.

Sa lumière rendait l'échafaud plus difforme.
L'astre se répétait dans le triangle énorme ;

Victor Hugo, « L'échafaud », *La Légende des siècles*, 1859.

4 Comparaisons et métaphores

Souligne en bleu les comparaisons et en rouge la métaphore (voir les définitions page 50).

[...] il semblait
Que sur la hache horrible, aux meurtres [coutumière,
L'astre laissait tomber sa larme de lumière.
Son rayon, comme un dard qui heurte et [rebondit,
Frappait le fer d'un choc lumineux ; on eût dit
Qu'on voyait rejaillir l'étoile de la hache.
Comme un charbon tombant qui d'un feu se [détache,

Victor Hugo, « L'échafaud », *La Légende des siècles*, 1859.

5 Figure à identifier

Comment appelle-t-on la figure de style en couleur ?

Il [l'astre] se répercutait dans ce miroir d'effroi,
Sur la justice humaine et sur l'humaine loi
De l'éternité calme auguste éclaboussure.

Victor Hugo, « L'échafaud », *La Légende des siècles*, 1859.

6 CONTRÔLE EXPRESS

Donne le nom des figures de style identifiées dans les passages en couleur.

Le fatal couperet relevé triomphait.
Il n'avait rien gardé de ce qu'il avait fait
Qu'une petite tache imperceptible et rouge.
[...]
J'étais là. Je pensais. Le couchant empourprait
Le grave Hôtel de Ville aux luttes toujours prêt,
Entre Hier qu'il médite et Demain dont il rêve.

= ....
[...]
Le crépuscule vint, aux fantômes pareil.
Et j'étais toujours là, je regardais la hache,
La nuit, la ville immense et la petite tache.

= ....

Victor Hugo, « L'échafaud », *La Légende des siècles*, 1859.

? indice

On peut trouver deux figures de style dans un même vers.

Corrigés page 14 du Guide

22 Énoncé et situation d'énonciation

Je me demande...
Quand je poste un message, peut-on parler de situation d'énonciation ?

LIRE ET ÉCRIRE

Les points clés

L'énonciation est un acte de communication par lequel un énonciateur (émetteur) adresse un énoncé (message) à un destinataire.

1 Définir la situation d'énonciation

À Madame de Grignan

Aux Rochers, dimanche 20 octobre [1680]
Quand vous recevrez cette lettre, ma bonne, vous pourrez dire : « Ma mère est à Paris. » Je pars demain matin [...].
Madame de Sévigné, *Correspondance*, 1754.

Les 4 questions pour définir la situation d'énonciation

❶ Qui est l'**énonciateur** du message ? (**qui ?**)
   Madame de Sévigné

❷ Qui en est le **destinataire** ? (**à qui ?**)
   Madame de Grignan (la fille de Madame de Sévigné)

❸ Quel est le **lieu** de l'énonciation ? (**où ?**)
   Les rochers (résidence de la famille de Sévigné en Bretagne)

❹ Quel est le **moment** de l'énonciation ? (**quand ?**)
   le 20 octobre 1680

Dans une lettre de motivation, le nom de l'énonciateur se place en haut à gauche du courrier.

2 Distinguer deux types d'énoncé

● La lettre de Mme de Sévigné appartient aux énoncés **ancrés** dans la situation d'énonciation. Le pronom *je* représente l'**énonciateur** ; le pronom *vous*, le **destinataire**. Le CC de temps *demain matin* fait référence au moment de l'énonciation.

● Dans un récit à la 3e personne, à l'inverse, il n'y a **pas de référence à un énonciateur ou à un destinataire** : les événements semblent se raconter d'eux-mêmes. On dit de ce type d'énoncé qu'il est « **coupé** » de la situation d'énonciation.

Un peu de méthode

Adapter une lettre à son destinataire

● Choisir **le bon niveau de langage** :
– le **niveau familier** convient pour un échange avec un camarade ;
– le **niveau courant** convient pour un échange informel avec un adulte ;
– le **niveau soutenu** s'impose parfois, comme dans un échange formel, officiel.

● Connaître certaines **règles et formules** qui régissent la correspondance officielle :
– nom de l'émetteur en haut à gauche et du destinataire en haut à droite ;
– usage de formules : *Veuillez agréer l'expression de mes sentiments distingués*...

On s'entraîne !

1 QUIZ

Vrai ou faux ? L'énoncé est ancré dans la situation d'énonciation.

	V	F
a. Je t'attends chez moi. Paul	☐	☐
b. Cher journal, La journée d'hier fut un véritable cauchemar !	☐	☐
c. Il était une fois trois amis inséparables.	☐	☐
d. Allo ? C'est toi ?	☐	☐

2 L'énonciateur

Dans cette lettre de Madame de Sévigné à sa fille Madame de Grignan, souligne les mots qui renvoient à l'énonciateur : pronoms personnels et déterminants possessifs.

> À Paris, ce vendredi 14 janvier [1689]
> Me voici, ma chère fille, après le dîner, dans la chambre du Chevalier ; il est dans son fauteuil avec mille petites douleurs qui courent par toute sa personne. [...] Il fait un froid extrême. Notre thermomètre est au dernier degré. Notre rivière est prise. Il neige, et gèle et regèle en même temps.
>
> Madame de SÉVIGNÉ, *Correspondance*, 1754.

3 Moment de l'énonciation

Dans ces deux autres extraits, précise pour chaque indication de temps la date à laquelle elle correspond.

a. À Paris, mardi au soir 12 avril [1689]
Si vos lettres que j'attends arrivent ce soir (........................), j'y ferai réponse en chemin, ou tout au plus tard à Malicorne. Nous partons demain matin (........................) pour aller coucher à Bonnelle.

b. À Paris, ce mercredi, un peu tard, 13 avril [1689]
Non seulement, ma chère fille, nous ne sommes point parties ce matin (........................), mais nous ne partons pour la Bretagne que dans douze jours (........................), à cause d'un voyage de Nantes que fait M. de Chaulnes.

Madame de SÉVIGNÉ, *Correspondance*, 1754.

? indice

Reporte-toi à la date indiquée au début des extraits pour répondre.

4 S'adapter à son destinataire

Voici un mail destiné dans un premier temps à un de tes camarades. Reformule-le de façon à pouvoir l'envoyer à un professeur.

Salut ! Hier, je suis arrivé à la bourre car j'ai pas entendu mon réveil. DSL. Biz.

5 CONTRÔLE EXPRESS

Lis cette lettre, puis réponds aux questions.

> À Paris, ce lundi 7 mars [1689]
>
> Vous auriez pleuré samedi, ma fille, aussi bien que nous, si vous aviez vu partir votre cher enfant ; il n'y eut pas moyen de s'en empêcher. [...] Il était joli, gai, se moquant de nous et tout occupé de son équipage, qui est en fort bon état. M. du Plessis est avec lui ; il en aura un soin extrême jusqu'à ce qu'il l'ait remis entre les mains des officiers du régiment de son oncle [...].
> Vous pouvez revoir encore une partie des choses que vous regrettez de n'avoir pas vues. Racine commence une nouvelle pièce pour cet hiver.
>
> Madame de SÉVIGNÉ, *Correspondance*, 1754.

a. Souligne en bleu les pronoms personnels et les déterminants possessifs qui renvoient à l'énonciateur et en rouge ceux qui renvoient au destinataire.
b. Précise le lieu et le moment de l'énonciation.

? indice

a. Tu dois trouver 3 pronoms personnels ou déterminants possessifs qui renvoient à l'énonciateur et 5 qui renvoient au destinataire.

Corrigés page 15 du Guide

23 L'emploi des temps dans une lettre ou un dialogue

Je me demande...
Pour quels faits emploie-t-on le futur ? Peut-on utiliser le présent quand on raconte ?

Les points clés

Dans un **énoncé qui fait référence à la situation d'énonciation**, tels une lettre ou un dialogue, les temps employés sont essentiellement : le présent, le passé composé, l'imparfait et le futur.

1 Le présent

● Le **présent** s'emploie pour les faits qui se produisent au moment où l'énonciateur émet son énoncé.

> La tête me tourne d'embêtement, de découragement, de fatigue !
> Gustave FLAUBERT, *Correspondance*, 1887-1893.

On parle de **présent d'énonciation**.

Dans mon journal intime, j'emploie aussi ces temps.

2 Les temps du passé

● Le **passé composé** et l'**imparfait** permettent d'exprimer les faits qui se sont produits avant le moment de l'énonciation.

> J'ai passé quatre heures sans pouvoir faire une phrase.

3 Le futur

● Le **futur** s'utilise pour les faits qui ne se sont pas encore produits mais sont envisagés par l'énonciateur d'une manière certaine.

> Ah ! la Bovary, il m'en souviendra !

Un peu de méthode

Distinguer les différentes valeurs du présent de l'indicatif

Le présent de l'indicatif

- **Présent de l'énonciation** (actions qui se déroulent au moment où l'énonciateur émet son énoncé)
  Je suis à la piscine.

- **Présent de vérité générale** (proverbes, faits avérés)
  Pierre qui roule n'amasse pas mousse.
  La capitale de la France est Paris.

- **Présent à valeur de passé récent** ou de **futur proche**
  Il vient d'arriver.
  Il arrive tout de suite.

- **Présent de narration** (dans un récit au passé, il a la même valeur que le passé simple)
  Le héros se dirigea vers la porte sombre. Elle s'ouvre alors brusquement.

56

On s'entraîne !

1 QUIZ

Parmi ces temps, coche ceux qui ne sont pas des temps de l'énonciation.

☐ passé simple ☐ passé composé
☐ présent d'énonciation ☐ imparfait
☐ présent de narration ☐ futur

2 Les valeurs du présent

Précise pour chaque emploi du présent s'il s'agit d'un présent d'énonciation, de vérité générale, à valeur de passé récent ou de futur proche.

a. Je viens de lire *Madame Bovary*.

b. Je referme le livre avec regret.

c. *Madame Bovary* est un roman de Flaubert.

d. Demain j'entame la lecture de *L'Éducation sentimentale*, un autre roman de Flaubert.

3 Temps de l'énonciation (1)

Classe les verbes soulignés dans un tableau selon le temps employé (passé composé, présent, futur).

À LOUISE COLET
[Croisset] 1 heure, nuit de lundi.
[17 octobre 1853]

J'<u>ai fait</u> ce matin mes adieux à Bouilhet. Le voilà parti pour moi. Il <u>reviendra</u> samedi ; je le <u>reverrai</u> peut-être encore deux autres fois. Mais c'est fini, les vieux dimanches <u>sont rompus</u>. Je vais être seul, maintenant, seul, seul. Je <u>suis</u> navré d'ennui et humilié d'impuissance. [...] J'ai beau me creuser la tête, le cœur et les sens, il n'en <u>jaillit</u> rien. J'<u>ai passé</u> aujourd'hui toute la journée [...] à me vautrer à toutes les places de mon cabinet, sans pouvoir non seulement écrire une ligne, mais trouver une pensée, un mouvement !

Gustave FLAUBERT, *Correspondance*, 1887-1893.

4 Temps de l'énonciation (2)

Conjugue les verbes entre parenthèses au temps qui convient.

À LOUISE COLET
[Croisset] mercredi soir, minuit.
[6 avril 1853]

Voilà trois jours que je (être) .... à me vautrer sur tous mes meubles et dans toutes les positions possibles pour trouver *quoi dire* ! Il y a de cruels moments où le fil (casser) .... où la bobine (sembler) .... dévidée. [...] Comme je (aller) .... lentement ! Et qui est-ce qui (s'apercevoir) .... jamais des profondes combinaisons que m'aura demandées un livre si simple ? [...] Sais-tu, chère Muse, depuis le jour de l'an combien j' (faire) .... de pages ? Trente-neuf.

Gustave FLAUBERT, *Correspondance*, 1887-1893.

? indice

Attention, l'un des verbes est au futur.
Lis le texte à voix haute pour t'aider.

5 CONTRÔLE EXPRESS

Lis cet extrait de lettre, puis réponds aux questions.

À LOUISE COLET
[Croisset] lundi soir, minuit et demi.
[12 septembre 1853]

[...] Je n'ai pas aujourd'hui écrit une ligne, ou plutôt j'en ai bien griffonné cent ! Quel atroce travail ! Quel ennui ! Oh ! l'Art ! l'Art ! Qu'est-ce donc que cette chimère enragée qui nous mord le cœur, et pourquoi ? [...] Ah ! la Bovary, il m'en souviendra !

Gustave FLAUBERT, *Correspondance*, 1887-1893.

a. Relève un verbe au passé composé et un verbe au futur.
b. Ce sont des temps :
☐ de l'énonciation ☐ du récit
c. Relève un présent de vérité générale.
d. De quel travail Flaubert parle-t-il ?
e. Comment considère-t-il la création littéraire ?

Corrigés page 15 du Guide

24 L'emploi des temps dans un récit

Je me demande…
Dans un récit au passé, faut-il utiliser le passé simple ou le passé composé ?

LIRE ET ÉCRIRE

Les points clés

Dans **un récit au passé à la 3ᵉ personne**, les deux temps de base sont le passé simple et l'imparfait.

1 Passé simple

● C'est le temps du récit proprement dit. Il permet d'exprimer **des actions successives qui forment la trame d'un récit**. C'est un temps qu'on emploie uniquement à l'écrit.

> Le patron saisit la barre, un matelot prit une hache pour trancher le câble d'amarre.
> Victor Hugo, *L'Homme qui rit*, 1869.

2 Imparfait

● L'imparfait évoque des actions en cours qui forment **l'arrière-plan d'un récit**. C'est le temps de la **description**.

> Un des hommes du groupe qui s'embarquait avait un air de chef. Tous portaient de longues capes.

● L'imparfait permet aussi d'exprimer la **répétition**, l'**habitude**.

> Tous les jours, il lisait quelques pages de Victor Hugo.

3 Plus-que-parfait et futur du passé

● Les **temps composés** (auxiliaire + participe passé du verbe) servent à exprimer des actions **antérieures** aux temps simples : ainsi l'action au **plus-que-parfait** a lieu avant celle au **passé simple** ou à l'**imparfait**.

> La barque avait pris la mer. […] Ceux qui étaient venus avec l'enfant au bord de cette mer s'en étaient allés sans lui.

● Le **futur dans le passé** est exprimé au moyen du **conditionnel présent**.

> L'enfant savait que les hommes ne reviendraient pas.
> ▶ Conditionnel présent (= futur du passé)

Un peu de méthode

Le récit, qu'il soit au présent ou au passé, permet de raconter une histoire réelle ou fictive.

Utiliser le temps qui convient dans un récit

● **Récit au passé**
On emploie le **passé simple** pour la trame du récit et l'**imparfait** pour les passages descriptifs, l'arrière-plan et les circonstances de l'action. On n'utilise le **présent**, le **passé composé** et le **futur** que dans les dialogues. Le présent peut aussi être employé pour les **vérités générales**.

● **Récit au présent**
Il est tout à fait possible de raconter au présent. On emploie alors le **présent de narration**.
▶ Quel que soit le système choisi, il faut s'y tenir et le respecter.

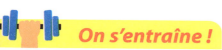

On s'entraîne !

1 QUIZ

Lis le texte, puis coche la ou les bonnes cases.

Gwynplaine a été enlevé par des voleurs d'enfants qui l'ont défiguré. Embarquant de nuit sur un bateau, ces derniers vont l'abandonner.

> C'étaient des silhouettes dans la nuit. Ils étaient huit. [...]
> Une ombre plus petite, allant et venant parmi les grandes, indiquait un nain ou un enfant. C'était un enfant. [...]
> Sa taille laissait deviner un garçon de dix à onze ans. Il était pieds nus. [...]
> [...] le moment de prendre le large arriva. [...] Le mouvement de départ se fit dans le navire, le patron saisit la barre, un matelot prit une hache pour trancher le câble d'amarre.
> Victor Hugo, *L'Homme qui rit*, 1869.

a. Il s'agit d'un récit :
☐ au passé   ☐ au présent

b. Les verbes sont conjugués :
☐ au passé composé   ☐ à l'imparfait
☐ au passé simple

2 Passé simple

Souligne les verbes au passé simple qui constituent la trame du récit.

> L'enfant se précipita sur la planche pour passer le premier. Comme il y mettait le pied, deux des hommes se ruant, au risque de le jeter à l'eau, entrèrent avant lui, un troisième l'écarta du coude et passa, le quatrième le repoussa du poing et suivit le troisième, [...].
> Victor Hugo, *L'Homme qui rit*, 1869.

3 Imparfait ou passé simple

Conjugue les verbes en bleu aux temps qui conviennent : imparfait ou passé simple.

a. [...] le cinquième, qui (être) .... le chef, (bondir) .... plutôt qu'il n' (entrer) .... dans la barque, et, en y sautant, (pousser) .... du talon la planche qui (tomber) .... à la mer, un coup de hache (couper) .... l'amarre, la barre du gouvernail (virer) ...., le navire (quitter) .... le rivage, et l'enfant (rester) .... à terre.

b. L'enfant (demeurer) .... immobile sur le rocher, l'œil fixe. L'enfant, comme cloué sur la roche que la marée haute (commencer) .... à baigner, (regarder) .... la barque s'éloigner. Il (jeter) .... les yeux autour de lui. Il (être) .... seul.
D'après Victor Hugo, *L'Homme qui rit*, 1869.

4 Valeurs de l'imparfait

Mets une croix dans la case qui convient.

a. La barque s'éloignait à l'horizon.
b. L'enfant était pieds nus et portait des guenilles.
c. Chaque fois qu'un homme prenait la parole, il chuchotait.

	a	b	c
Action passée ou en cours d'accomplissement	......	......	......
Action passée qui s'est répétée	......	......	......
Description	......	......	......

5 CONTRÔLE EXPRESS

Lis le texte, puis réponds aux questions.

> <u>L'enfant était dans un désert, entre des profondeurs où il voyait monter la nuit et des profondeurs où il entendait gronder les vagues.</u> Il étira ses petits bras maigres et bâilla. Puis, brusquement, [...] il tourna le dos à la crique et se mit à monter le long de la falaise. Il escalada le sentier, le quitta, y revint, alerte et se risquant. Il se hâtait maintenant vers la terre. [...] Il n'allait nulle part pourtant.
> Victor Hugo, *L'Homme qui rit*, 1869.

a. Quelle est la valeur de l'imparfait dans le passage souligné ?
b. Surligne les verbes au passé simple qui constituent la trame du récit.
c. Réécris l'extrait au présent de narration.

Corrigés page 15 du Guide

25 Raconter (1)

Je me demande...
Dans un roman, qui raconte ?
Quelle est la différence entre l'auteur et le narrateur ?

LIRE ET ÉCRIRE

Les points clés

1 Statut du narrateur : qui raconte ?

- Le **narrateur** – à ne pas confondre avec l'auteur – est **celui qui raconte**.
- S'il s'agit d'un récit à la 1re personne, on parle de **narrateur interne**.
- Dans un récit à la 3e personne, le narrateur est **externe**. À noter qu'un narrateur externe peut parfois intervenir par de brèves remarques.

2 Différents points de vue : qui voit ?

- Le **point de vue externe** est objectif, c'est celui d'un témoin extérieur à l'histoire. Le narrateur se contente d'une narration neutre, comme dans cette phrase sur l'univers des mines :

> Dans la plaine rase, sous la nuit sans étoiles, d'une obscurité et d'une épaisseur d'encre, un homme suivait seul la grande route de Marchiennes à Montsou.
>
> Émile ZOLA, *Germinal*, 1885.

Ne confonds pas l'auteur, celui qui écrit le texte, et le narrateur, celui qui raconte l'histoire.

- Le **point de vue interne** est celui du narrateur (récit à la 1re personne) ou d'un des personnages. C'est un point de vue subjectif.

> Devant lui, il ne voyait même pas le sol noir, et il n'avait la sensation de l'immense horizon plat que par les souffles du vent de mars.

- Le **point de vue omniscient** est celui d'un narrateur qui sait tout et connaît tout des personnages : leur passé, leur futur, leurs pensées intimes...

Un peu de méthode

Identifier un point de vue interne dans un récit à la 3e personne

Les indices de subjectivité

- des **verbes de perception**
  voir, apercevoir, sentir...

- des **verbes d'opinion** et de **jugement** et un **lexique mélioratif** ou **péjoratif**
  croire, penser, estimer, juger, extraordinaire, sublime, atroce...

- des **verbes de sentiment**
  aimer, craindre, s'étonner, espérer, détester...

- des **figures de style** (comparaisons, métaphores, personnifications...)
  Cette fosse [...] lui semblait avoir un air mauvais de bête goulue.

- l'expression d'un **dialogue intérieur**
  Il songeait à lui, à son existence de vagabond.

On s'entraîne !

1 QUIZ

Relie les points de vue à leur narrateur.

a. point de vue omniscient • • témoin extérieur
b. point de vue externe • • narrateur ou personnage
c. point de vue interne • • narrateur qui sait tout

2 Interne ou externe ?

Précise le point de vue choisi.

Il [l'homme] marchait d'un pas allongé, grelottant sous le coton aminci de sa veste et de son pantalon de velours. Un petit paquet, noué dans un mouchoir à carreaux, le gênait beaucoup ; et il le serrait contre ses flancs, tantôt d'un coude, tantôt de l'autre, pour glisser au fond de ses poches les deux mains à la fois [...].

Émile ZOLA, *Germinal*, 1885.

Point de vue : ☐ externe ☐ interne

3 Qui voit ?

Détermine qui voit qui.
Aide-toi des passages soulignés.

Étienne Lantier, chômeur, part dans le nord de la France à la recherche d'un nouvel emploi.

— Bonjour, dit-il en s'approchant d'une des corbeilles.
<u>Tournant le dos au brasier, le charretier était debout, un vieillard vêtu d'un tricot de laine violette, coiffé d'une casquette en poil de lapin ;</u> [...]

a. *[C'est _____ qui voit le charretier.]*

— Bonjour, répondit le vieux.
Un silence se fit. L'homme, qui <u>se sentait regardé d'un œil méfiant</u>, dit son nom tout de suite.
— Je me nomme Étienne Lantier [...] Il n'y a pas de travail ici ?
<u>Les flammes l'éclairaient, il devait avoir vingt et un ans, très brun, joli homme</u> [...].
Rassuré, le charretier hochait la tête.

b. *[C'est _____ qui voit Étienne Lantier.]*

Émile ZOLA, *Germinal*, 1885.

4 Point de vue interne

Souligne les indices qui permettent de reconnaître un point de vue interne.

a. Maintenant, Étienne dominait le pays entier. Les ténèbres demeuraient profondes [...]. N'était-ce pas un cri de famine que roulait le vent de mars [...] ? Les rafales s'étaient enragées, elles semblaient apporter la mort du travail, une disette qui tuerait beaucoup d'hommes. Et les yeux errants, il s'efforçait de percer les ombres, tourmenté du désir et de la peur de voir. Tout s'anéantissait au fond de l'inconnu des nuits obscures, il n'apercevait, très loin, que les hauts fourneaux et les fours à coke.

b. Cependant, une hésitation le troublait, une peur du Voreux [nom du puits de mine], au milieu de cette plaine rase, sous une nuit si épaisse. Aucune aube ne blanchissait dans le ciel mort, les hauts fourneaux seuls flambaient [...]. Et le Voreux, au fond de son trou, avec son tassement de bête méchante, s'écrasait davantage [...], l'air gêné par sa digestion pénible de chair humaine.

Émile ZOLA, *Germinal*, 1885.

? indice

Attention à bien faire la distinction entre le point de vue interne et le statut du narrateur.

5 CONTRÔLE EXPRESS

Observe l'illustration et réponds aux questions.

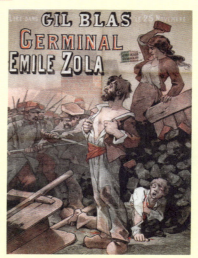

Couverture de *Gil Blas* pour la parution de *Germinal*, 25 novembre 1884.

a. Que font les personnages sur la gauche de l'image ? Qui sont-ils ?
b. Quelle est l'attitude de ceux à droite de l'image ?
c. Le combat paraît-il équilibré ?

Corrigés page 15 du Guide

61

26 Raconter (2)

> **Je me demande…**
> Un récit suit-il toujours l'ordre chronologique ? Qu'est-ce qu'une ellipse ?

✓ Les points clés

1 L'ordre du récit

● Un récit suit le plus souvent l'ordre chronologique. Mais on peut utiliser des procédés introduisant des mouvements et ruptures temporels.

● Dans un **retour en arrière**, le narrateur revient sur des événements **antérieurs** à ceux qu'il est en train de rapporter ;

> Jeanne venait de passer de longues années au couvent pour parfaire son éducation.

● Une **anticipation** est une allusion à des événements **postérieurs** à ceux que le narrateur est en train de rapporter.

> La jeune héroïne se rêvait un avenir heureux… Jamais elle n'aurait pu imaginer les tourments qui l'attendaient.

2 Le rythme du récit

● Il peut varier au cours du récit. Le temps peut **s'accélérer** ou **ralentir**.

● Dans une **scène**, le récit semble **se dérouler en temps réel** et comprend généralement des dialogues.

> Une voix, derrière la porte, appela : « Jeannette ! »
> Jeanne répondit : « Entre, papa. » Et son père parut.
> Guy de MAUPASSANT, *Une vie*, 1883.

● Dans les **sommaires**, le récit semble **subir une accélération** : l'action est résumée. Une longue période peut être racontée en quelques lignes.

> Elle était demeurée jusqu'à douze ans dans la maison, puis, […] fut mise au Sacré-Cœur.

● L'**ellipse** fait subir au récit **une accélération plus grande encore** : elle passe sous silence des faits et établit des raccourcis.

● Les **pauses ralentissent le récit**. Il s'agit de descriptions ou d'explications.

> Le baron était un gentilhomme de l'autre siècle, maniaque et bon.

Un peu de méthode

Structurer un récit dans le temps

● Il faut utiliser des **connecteurs temporels** (ou **chronologiques**) qui permettent au lecteur de se repérer : des adverbes (*hier, avant, autrefois, maintenant, demain, soudain, puis, enfin…*), des compléments circonstanciels.

● Les connecteurs mettent en évidence l'**ordre chronologique** des faits.

> Jeanne, sortie la veille du couvent, libre enfin pour toujours, prête à saisir tous les bonheurs de la vie dont elle rêvait depuis si longtemps, […]

Mots-Clés
● **Chronologie**: suite des événements dans le temps.
● **Rythme**: correspond aux variations de la vitesse d'un récit (accélérations, ralentissements, pauses).

On s'entraîne !

1 QUIZ

Relie les moments du récit au rythme correspondant.

a. ellipse •   • temps réel

b. sommaire •   • accélération

c. pause •   • ralentissement

d. scène •

2 Retour en arrière

Mets entre crochets les retours en arrière.

Jeanne, ayant fini ses malles, s'approcha de la fenêtre, mais la pluie ne cessait pas.
L'averse, toute la nuit, avait sonné contre les carreaux et les toits. [...]
Jeanne, sortie la veille du couvent, libre enfin pour toujours, prête à saisir tous les bonheurs de la vie dont elle rêvait depuis si longtemps, craignait que son père hésitât à partir si le temps ne s'éclaircissait pas.
Une voix, derrière la porte, appela : « Jeannette ! »
Jeanne répondit : « Entre, papa. » Et son père parut.
[...] Homme de théorie, il méditait tout un plan d'éducation pour sa fille, voulant la faire heureuse, bonne, droite et tendre.
Elle était demeurée jusqu'à douze ans dans la maison, puis, malgré les pleurs de la mère, elle fut mise au Sacré-Cœur.

Guy de MAUPASSANT, *Une vie*, 1883.

3 Connecteurs temporels (1)

Souligne les connecteurs temporels.

Alors de jour en jour le troublant désir d'aimer l' [Jeanne] envahit davantage. Elle se consultait sans cesse, consultait aussi les marguerites, les nuages, des pièces de monnaie jetées en l'air.
Or, un soir, son père lui dit : « Fais-toi belle, demain matin. » Elle demanda : « Pourquoi, papa ? » Il reprit : « C'est un secret. »
Et quand elle descendit, le lendemain, toute fraîche dans une toilette claire, elle trouva la table du salon couverte de boîtes de bonbons ; et, sur une chaise, un énorme bouquet.

Guy de MAUPASSANT, *Une vie*, 1883.

4 Connecteurs temporels (2)

Complète l'extrait suivant au moyen des connecteurs de la liste.

jusqu'au soir • puis • un matin • vers six heures • lorsqu'il fut tout près • avant qu'elle fût levée

Le baron, _____, entra dans la chambre de Jeanne _____, et s'asseyant sur les pieds du lit : « M. le vicomte de Lamare nous a demandé ta main. »

Elle vécut _____ sans savoir ce qu'elle faisait.

_____, le vicomte parut. Le cœur de Jeanne se mit à battre follement. Le jeune homme s'avançait sans paraître ému. _____, _____, il prit les doigts de la baronne et les baisa. Comme elle était assise avec petite mère sous le platane, soulevant à son tour la main frémissante de la jeune fille, il y déposa de toutes ses lèvres un long baiser [...].

D'après Guy de MAUPASSANT, *Une vie*, 1883.

5 CONTRÔLE EXPRESS

Scène, sommaire ou ellipse ?

a. Quatre jours plus tard arriva la berline qui devait les emporter à Marseille.

b. Une vie charmante commença pour Jeanne. Elle lisait, rêvait et vagabondait, toute seule, aux environs.

c. Les deux fiancés allaient sans fin, à travers le gazon, du bosquet jusqu'au perron, du perron jusqu'au bosquet. [...]
Jeanne tout à coup aperçut dans le cadre de la fenêtre la silhouette de la vieille fille que dessinait la clarté de la lampe.
« Tiens, dit-elle, tante Lison qui nous regarde. » [...]
Et ils continuèrent à rêver, à marcher lentement, à s'aimer. [...]
« Rentrons maintenant », dit-elle.
Et ils revinrent.

Guy de MAUPASSANT, *Une vie*, 1883.

FRANÇAIS

Corrigés page 15 du Guide

63

 Décrire

Je me demande...
Qu'est-ce qu'un portrait ?
Dans quel ordre décrire

Les points clés

On peut décrire **un personnage** (portrait), un **lieu** ou un **objet**.

1 Portraits statique ou en action

● Selon le cas, un portrait peut :
– être **intégré dans un passage narratif** : le personnage est alors décrit en action ;

> Séverine **poussa** la porte, **parut** toute fraîche, toute joyeuse.

– marquer **une pause dans le récit** : description statique.

> Dans l'éclat de ses vingt-cinq ans, elle **semblait** grande, mince et très souple, grasse pourtant avec de petits os. Elle n'était point jolie d'abord, [...]. Mais, à la regarder, elle séduisait par le charme, l'étrangeté de ses larges yeux bleus, sous son épaisse chevelure noire.
> Émile ZOLA, *La Bête humaine*, 1890.

Pour décrire une scène, un personnage, tu peux user (sans abuser !) d'adjectifs qualificatifs.

2 Le point de vue

● Comme pour le récit (voir chapitre 25), on distingue :
– le point de vue **interne** (celui du narrateur ou d'un personnage) ;
– le point de vue **externe** (celui d'un observateur objectif) ;
– le point de vue **omniscient** (celui d'un narrateur qui sait tout).

● Dans une description marquée par la subjectivité, la description peut être :
– **méliorative** : positive et valorisante ;
– **péjorative** : négative et dévalorisante ;
– **nuancée**, comme dans l'exemple du portrait de Séverine ci-dessus.

Un peu de méthode

Organiser une description

● Il faut choisir un **ordre** et s'y tenir : de bas en haut ou inversement, de gauche à droite, du plus lointain au plus près, etc. Dans l'exemple ci-dessous, Zola décrit la gare Saint-Lazare.

> Sous la nuit commençante, les maisons lointaines se découpaient en noir, le vaste champ de la gare s'emplissait d'une brume violâtre. Du côté des Batignolles surtout, la tranchée profonde était comme noyée d'une cendre où commençaient à s'effacer les charpentes du pont de l'Europe.
> Vers Paris, un dernier reflet de jour pâlissait les vitres des grandes halles couvertes, tandis que, dessous, les ténèbres amassées pleuvaient. Des étincelles brillèrent, on allumait les becs de gaz, le long des quais. Une grosse clarté blanche était là, la lanterne de la machine du train de Dieppe, bondé de voyageurs, les portières déjà closes, et qui attendait pour partir l'ordre du sous-chef de service.

● Il faut employer des **connecteurs spatiaux** :
– des adverbes : *là, là-bas, ici...* ;
– des GN CCL : soulignés en rouge dans l'extrait précédent.

On s'entraîne !

1 QUIZ

> La fenêtre, au cinquième, à l'angle du toit mansardé qui faisait retour, donnait sur la gare, cette tranchée large trouant le quartier de l'Europe, tout un déroulement brusque de l'horizon, que semblait agrandir encore, cet après-midi-là, un ciel gris du milieu de février, d'un gris humide et tiède, traversé de soleil.
> Émile ZOLA, *La Bête humaine*, 1890.

D'où la gare est-elle vue ?

☐ d'en bas   ☐ d'en haut

2 Statique ou en action ?

a. Dans l'extrait suivant, souligne les éléments descriptifs.

Roubaud, un sous-chef de gare, attend sa femme Séverine.

> Lorsqu'il eut ouvert la boîte de sardines, Roubaud perdit patience. Le rendez-vous était pour trois heures. Où pouvait-elle être ? [...] Et comme il passait de nouveau devant la glace, il s'aperçut, les sourcils hérissés, le front coupé d'une ligne dure. [...] Un flot de sang montait à son crâne, ses poings d'ancien homme d'équipe se serraient, comme au temps où il poussait des wagons.
> Émile ZOLA, *La Bête humaine*, 1890.

b. S'agit-il d'une description statique ou en action ?

3 La description

S'agit-il d'une description méliorative ou péjorative ? Justifie ta réponse en soulignant des mots du texte.

Zola décrit la locomotive de Jacques Lantier.

> C'était une de ces machines d'express, à deux essieux couplés, d'une élégance fine et géante, avec ses grandes roues légères réunies par des bras d'acier, son poitrail large, ses reins allongés et puissants, toute cette logique et toute cette certitude qui font la beauté souveraine des êtres de métal, la précision dans la force. Ainsi que les autres machines de la Compagnie de l'Ouest, en dehors du numéro qui la désignait, elle portait le nom d'une gare, celui de Lison, une station du Cotentin. Mais Jacques, par tendresse, en avait fait un nom de femme, la Lison, comme il disait, avec une douceur caressante.
> Émile ZOLA, *La Bête humaine*, 1890.

? indice

La description méliorative est positive et valorisante alors que la description péjorative est négative et dévalorisante.

4 Les connecteurs spatiaux

Souligne les connecteurs spatiaux qui organisent la description de la gare Saint-Lazare.

> À gauche, les marquises des halles couvertes ouvraient leurs porches géants, aux vitrages enfumés, celle des grandes lignes, immense, [...] ; tandis que le pont de l'Europe, à droite, coupait de son étoile de fer la tranchée que l'on voyait reparaître et filer au-delà, jusqu'au tunnel des Batignolles.
> [...] Sous la marquise des grandes lignes, l'arrivée du train de Mantes avait animé les quais. [...] la vapeur siffla au ras du sol, en un jet assourdissant.
> Émile ZOLA, *La Bête humaine*, 1890.

5 LECTURE D'IMAGE

Quels sont les éléments communs entre ce tableau de Monet et le texte précédent ?

Claude MONET, *La Gare Saint-Lazare*, 1877.

Corrigés page 15 du Guide

28 Argumenter

Je me demande…
Quelle est la différence entre convaincre et persuader ? Comment déceler l'ironie ?

Les points clés

Argumenter, c'est **défendre une idée**, on dit aussi une thèse. On distingue deux façons de procéder : **convaincre** et **persuader**.

1 Convaincre

● Convaincre, c'est apporter des **arguments logiques** dans un **discours organisé**. On fait alors appel au **raisonnement** du destinataire (auditeur ou lecteur).

● Voici différentes étapes d'une argumentation logique, illustrées par des exemples tirés du chapitre « Esclavage » dans *Mes pensées*, de Montesquieu, 1899 (posthume).

	Action	Exemple
1	Commencer par exposer la thèse à défendre.	L'esclavage est contre le droit naturel.
2	Organiser les arguments à l'aide de connecteurs : • par ordre d'importance : *tout d'abord, puis, enfin* ou : *premièrement, deuxièmement…* • pour mettre en évidence la logique des arguments, utiliser des connecteurs exprimant la cause, la conséquence, l'opposition, la concession : *car, parce que, donc, mais, quoique*.	Il n'y a que deux sortes de dépendances qui ne lui soient pas contraires : celle des enfants envers leurs pères ; celle des citoyens envers les magistrats : car […] il faut bien que la puissance des magistrats, qui est opposée à l'anarchie, y soit conforme.
3	Proposer des exemples pour illustrer et appuyer la thèse.	Les Romains admettaient trois manières d'établir la servitude, toutes aussi injustes.
4	Terminer par une phrase de conclusion.	Pour conclure… En conclusion…

2 Persuader

Convaincre, c'est cibler la raison, persuader, c'est toucher le cœur.

● Persuader, c'est **agir sur la sensibilité** ou **l'imagination** du destinataire pour obtenir son adhésion à l'aide de divers procédés :
– l'**adresse directe** au destinataire (apostrophes, recours à la 2ᵉ personne) ;
– un **lexique exagéré**, des hyperboles ;
– des **images** pour frapper l'imagination (comparaisons, métaphores, etc.).

Un peu de méthode

Déceler l'ironie dans un texte

● L'ironie consiste à **dire le contraire de ce qu'on pense** pour choquer et amener le destinataire du discours à prendre conscience de l'absurdité des propos tenus.

> Si j'avais à soutenir le droit que nous avons eu de rendre les nègres esclaves, voici ce que je dirais : […] On ne peut se mettre dans l'esprit que Dieu, qui est un être très sage, ait mis une âme, surtout bonne, dans un corps tout noir.
> MONTESQUIEU, *De l'esprit des lois*, V, 15, 1748.

▶ Bien entendu, Montesquieu ne défend pas l'esclavage des Noirs et ne pense pas un mot de l'argument énoncé. Il emploie l'ironie pour amener le lecteur à réagir et à comprendre l'absurdité de telles opinions. Prendre le texte au premier degré serait un grave contresens !

On s'entraîne !

1 QUIZ

Diderot imagine un discours de l'esclave à l'esclavagiste.

> Hommes ou démons, qui que vous soyez, oserez-vous justifier les attentats contre ma liberté naturelle par le droit du plus fort ? [...]. Si tu te crois autorisé à m'opprimer, parce que tu es plus fort et plus adroit que moi, ne te plains donc pas quand mon bras vigoureux ouvrira ton sein pour y chercher ton cœur.
>
> Denis DIDEROT, *Sur l'esclavage*, 1780.

Diderot défend :
- ☐ la loi du plus fort
- ☐ la liberté naturelle de l'homme

2 Connecteurs logiques (1)

Classe les connecteurs suivants dans le tableau :
parce que • de telle sorte que • mais • car • malgré • quoique • en raison de • donc • en conséquence

cause	conséquence	opposition - concession

3 Connecteurs logiques (2)

Complète les arguments suivants au moyen des connecteurs qui conviennent.

a. Rien ne peut justifier l'esclavage .... les hommes naissent libres et égaux en droits.

b. Réduire un homme à l'esclavage, c'est le considérer comme une marchandise et comme une machine. C'est .... un crime contre l'humanité.

c. .... bien des voix se soient élevées contre la barbarie de l'esclavage, celui-ci a continué à sévir .... nombreux étaient ceux qui y trouvaient un avantage économique.

4 Procédés argumentatifs (1)

Dans les extraits suivants, Montesquieu cherche-t-il à convaincre ou à persuader ? Aide-toi des éléments soulignés dans le texte.

> **a.** Je <u>hais</u>, je fuis l'espèce humaine, composée de <u>victimes et de bourreaux</u> ; et si elle ne doit pas devenir meilleure, puisse-t-elle <u>s'anéantir</u> !

....

> **b.** Pour le droit des maîtres, il n'est point légitime, <u>parce qu'il</u> ne peut point avoir eu une cause légitime.
>
> MONTESQUIEU, *De l'esprit des lois*, 1748.

? indice

Convaincre, c'est faire appel au raisonnement ; persuader, c'est agir sur la sensibilité du lecteur.

5 Procédés argumentatifs (2)

Dans l'extrait suivant, identifie le procédé argumentatif employé.

> Les peuples d'Europe ayant exterminé ceux de l'Amérique, ils ont dû mettre en esclavage ceux de l'Afrique, pour s'en servir à défricher tant de terres.
> Le sucre serait trop cher, si l'on ne faisait travailler la plante qui le produit par des esclaves.
>
> MONTESQUIEU, *De l'esprit des lois*, 1748.

6 LECTURE D'IMAGE

Observe l'illustration, puis rédige quelques lignes dans lesquelles tu feras part de tes réflexions.

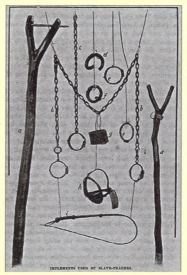

Chaînes et instruments employés par les commerçants d'esclaves, XIXe siècle.
© *The Atlantic Slave Trade and Slave Life in the Americas*.

Corrigés page 16 du Guide

29 Construire un dialogue

Je me demande...
Comment introduire un dialogue dans un récit ? Les personnages peuvent-ils utiliser un langage familier ?

✅ Les points clés

Dans un récit, il est souvent nécessaire de rapporter les paroles prononcées par les personnages. Cela peut prendre la forme d'un dialogue lorsqu'il y a échange entre au moins deux personnages.

1 Dialogue théâtral et dialogue dans un récit

Un dialogue ne se présente pas de la même manière au théâtre et dans un récit :

● Le dialogue théâtral se caractérise par la mention du nom du personnage suivi de ses paroles. Des didascalies peuvent préciser le ton employé par les personnages.

● Le dialogue intégré à un récit nécessite l'emploi de verbes introducteurs et d'une ponctuation spécifique.

2 Les différents discours

● Le dialogue dans un récit rapporte les paroles des personnes telles qu'elles ont été prononcées. Mais il existe d'autres types de discours.

Discours direct
paroles rapportées telles qu'elles ont été prononcées
L'enfant se plaignit :
« Hélas, il va pleuvoir ! »

Discours indirect
paroles subordonnées à un verbe de parole
L'enfant se plaignit qu'il allait pleuvoir.

Les différents types de discours

Discours indirect libre
compromis entre les discours direct et indirect
L'enfant se plaignit :
il allait pleuvoir.

Discours narrativisé
L'enfant se plaignit de l'arrivée de la pluie.

Un peu de méthode

Introduire un discours direct

● Pour rapporter les paroles au mot près, on utilise :
– la **ponctuation spécifique du dialogue** : deux-points, guillemets, tirets ;
– des verbes introducteurs, parfois accompagnés de compléments circonstanciels de manière.

> Cléonte <u>déclara avec fougue</u> : « Monsieur, je n'ai voulu prendre personne pour vous faire une demande que je médite depuis longtemps ».
> D'après Molière, *Le Bourgeois gentilhomme*, 1670.

● On peut placer les verbes de parole (dire, demander, crier...) au cœur d'un dialogue au moyen d'**incises**. Le sujet est alors **inversé**.

> « Monsieur, <u>déclara Cléonte avec fougue</u>, je n'ai voulu prendre [...] ».

Quand un personnage dialogue avec lui-même, le flux de ses pensées est appelé monologue.

On s'entraîne !

1 QUIZ

CLÉONTE. — Monsieur, je n'ai voulu prendre personne pour vous faire une demande que je médite depuis longtemps. Elle me touche assez pour m'en charger moi-même ; et, sans autre détour, je vous dirai que l'honneur d'être votre gendre est une faveur glorieuse que je vous prie de m'accorder.

MONSIEUR JOURDAIN. — Avant que de vous rendre réponse, Monsieur, je vous prie de me dire si vous êtes gentilhomme.

MOLIÈRE, *Le Bourgeois gentilhomme*, 1670.

De quel sorte de dialogue s'agit-il ?
☐ dans un récit   ☐ au théâtre

2 Verbes de parole

Utilise les verbes de la liste suivante pour introduire les paroles : bafouiller • chuchoter • exiger • conseiller • affirmer

a. « Il ne faut pas qu'on nous entende », ... l'enfant à son camarade.
b. « Je ne sais pas », ... l'élève intimidé.
c. « Il vaut mieux dire la vérité », ... la mère à son enfant.
d. « Soyez à l'heure », ... le professeur.
e. « Je sais qui est le coupable », ... le commissaire.

3 Dialogue non théâtral

Transforme ce dialogue théâtral en dialogue non théâtral au discours direct, à l'aide des verbes de parole suivants : répondit • annonça • s'insurgea • expliqua • s'étonna • se fâcha

CLÉONTE. — [...] je vous dirai franchement que je ne suis pas gentilhomme.

MONSIEUR JOURDAIN. — Touchez là, Monsieur : ma fille n'est pas pour vous.

CLÉONTE. — Comment ?

MONSIEUR JOURDAIN. — Vous n'êtes point gentilhomme, vous n'aurez pas ma fille.

MADAME JOURDAIN. — Que voulez-vous donc dire avec votre gentilhomme ? [...]

MONSIEUR JOURDAIN. — Taisez-vous, ma femme : je vous vois venir.

MOLIÈRE, *Le Bourgeois gentilhomme*, 1670.

4 Discours indirect

Transforme ensuite le discours direct en discours indirect.

a. Cléonte reconnut avec franchise ....
b. Monsieur Jourdain lui répondit ....
c. Madame Jourdain demanda à son mari ....
d. Celui-ci lui ordonna .... et lui dit ....

5 Construire un dialogue

Rédige une déclaration d'amour :
a. sous la forme d'un dialogue théâtral ;
b. sous la forme d'un dialogue inséré dans un récit.

6 CONTRÔLE EXPRESS

Observe cette affiche de cinéma.

Affiche d'un film adapté de la pièce de MOLIÈRE, *Le Bourgeois gentilhomme*.

a. Qui est le personnage au centre de l'image ?
b. Quelle est la figure historique représentée dans le tableau derrière lui ?
c. À qui le personnage cherche-t-il à ressembler ? Quel regard les autres portent-ils sur lui ?

Corrigés page 16 du Guide

30 Le théâtre

Je me demande...
Comment appelle-t-on le début d'une pièce de théâtre ?
Qu'est-ce qu'un monologue théâtral ?

LIRE ET ÉCRIRE

Les points clés

Une pièce de théâtre est essentiellement écrite pour être **représentée** et **jouée**. Elle est constituée de **dialogues** et de **didascalies** (indications de mise en scène et de jeu). Le théâtre repose sur un certain nombre de **conventions** et de **règles**.

1 La double énonciation

● Un personnage s'adresse à un autre personnage ou à lui-même (en aparté par exemple) mais aussi au **public**. C'est la **double énonciation**.

● Dans les tragédies plus particulièrement, les **monologues** permettent aux personnages de faire connaître aux spectateurs leurs pensées et leurs émotions intimes.

2 La structure d'une pièce

● Une pièce est organisée en **actes**. Un acte est constitué d'un certain nombre de **scènes**.

Sais-tu que c'est en fonction de l'entrée ou de la sortie d'un personnage que l'on passe d'une scène à l'autre ?

● La ou les premières scènes sont appelées **scènes d'exposition** : elles sont chargées d'apporter les informations nécessaires à la compréhension de l'action. Les autres constituent la trame de l'**intrigue** : les personnages doivent résoudre des problèmes.

● Le dernier acte conduit au **dénouement**, à une fin, heureuse ou malheureuse.

3 Le théâtre classique et la règle des trois unités

● Au XVIIe siècle, le théâtre obéit à la **règle des trois unités** : d'**action**, de **lieu**, de **temps**. À cela s'ajoute la règle de **bienséance** : il ne faut pas choquer le spectateur.

Un peu de méthode

Distinguer une comédie et une tragédie

	But	Personnages	Dénouement	Exemples
Comédie	**FAIRE RIRE** Quatre **types de comique** : ● **comique de geste** (coups de bâton, poursuites…) ● **comique de mots** (mots inventés, déformés, jeux de mots…) ● **comique de situation** (quiproquos, malentendus…) ● **comique de caractère** (manies, comportements…)	bourgeois, serviteurs ou servantes	généralement **heureux**	XVIIe siècle : comédies de Molière ; *L'Illusion comique* de Corneille XVIIIe siècle : comédies de Beaumarchais (*Le Barbier de Séville* ; *Le Mariage de Figaro*) et de Marivaux (*L'Île aux esclaves*)
Tragédie	ÉMOUVOIR	rois, reines, princes, princesses, confidents ou suivantes	**malheureux** : généralement mort d'un ou plusieurs personnages	XVIIe siècle : tragédies de Corneille (*Polyeucte* ; *Cinna*) et de Racine (*Phèdre* ; *Andromaque*)

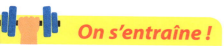

On s'entraîne !

1 QUIZ

Relie les caractéristiques au genre correspondant.

a. Mes personnages sont des rois, des reines et leurs confidents

b. Mes personnages sont souvent des serviteurs ou servantes à la langue bien pendue

c. Mon dénouement est généralement heureux

d. Mes personnages choisissent parfois la mort comme seule issue à leurs tourments

• comédie
• tragédie

2 Exposition et dénouement

Indique pour chaque définition s'il s'agit de l'exposition ou du dénouement.

a. Première scène d'une pièce : ....

b. Apporte une solution aux problèmes rencontrés par les personnages : ....

c. Est malheureux dans les tragédies, souvent heureux dans les comédies : ....

d. Apporte les renseignements nécessaires à la compréhension de l'action : ....

3 Dialogue théâtral

Lis cette scène et réponds aux questions.

HARPAGON. — Certes ce n'est pas une petite peine que de garder chez soi une grande somme d'argent ; [...] On n'est pas peu embarrassé à inventer dans toute une maison une cache fidèle ; car pour moi, les coffres-forts me sont suspects, et je ne veux jamais m'y fier ; [...] Cependant je ne sais si j'aurai bien fait d'avoir enterré dans mon jardin dix mille écus qu'on me rendit hier. Dix mille écus en or chez soi est une somme assez... (*Ici le frère et la sœur paraissent s'entretenant bas.*) Ô Ciel ! je me serai trahi moi-même : la chaleur m'aura emporté, et je crois que j'ai parlé haut en raisonnant tout seul. Qu'est-ce ?

CLÉANTE. — Rien, mon père.

HARPAGON. — Y a-t-il longtemps que vous êtes là ?

ÉLISE. — Nous ne venons que d'arriver.

MOLIÈRE, *L'Avare*, acte I, scène 4, 1668.

a. À qui s'adresse Harpagon au début de la scène ?

....

b. Que nous apprend la didascalie ?

....

c. À qui sont adressés les mots soulignés ?

....

4 CONTRÔLE EXPRESS

Lis cette scène et réponds aux questions.

HARPAGON. — (*Il crie au voleur dès le jardin, et vient sans chapeau.*) Au voleur ! au voleur ! à l'assassin ! au meurtrier ! Justice, juste Ciel ! je suis perdu, je suis assassiné, on m'a coupé la gorge, on m'a dérobé mon argent. Qui peut-ce être ? Qu'est-il devenu ? Où est-il ? Où se cache-t-il ? Que ferai-je pour le trouver ? Où courir ? Où ne pas courir ? N'est-il point là ? N'est-il point ici ? Qui est-ce ? Arrête. Rends-moi mon argent, coquin... (*Il se prend lui-même le bras.*) Ah ! c'est moi. Mon esprit est troublé, et j'ignore où je suis, qui je suis, et ce que je fais. Hélas ! mon pauvre argent, mon pauvre argent, mon cher ami ! on m'a privé de toi ; et puisque tu m'es enlevé, j'ai perdu mon support, ma consolation, ma joie ; tout est fini pour moi, et je n'ai plus que faire au monde : sans toi, il m'est impossible de vivre. C'en est fait, je n'en puis plus ; je me meurs, je suis mort, je suis enterré.

MOLIÈRE, *L'Avare*, acte IV, scène 7, 1668.

a. Combien y a-t-il de personnages sur scène ?
b. Comment appelle-t-on ce type de scène ?
c. Que nous apprend la première didascalie ?
d. À qui s'adresse la réplique en couleur ?
e. À qui s'adresse la réplique soulignée ?
f. Quels types de comique trouve-t-on dans cette scène ?

Corrigés page 16 du Guide

31 La poésie

Je me demande...
La poésie est-elle nécessairement en vers ? Comment appelle-t-on un vers de douze syllabes ?

Les points clés

Le mot « poésie » vient du grec ποιειν (*poiein*) qui signifie « faire, créer » : le poète est de fait un inventeur de formes. La poésie peut être en **vers** ou en **prose**.

1 Les vers et les strophes

● Le **vers** est une unité poétique qui commence généralement par une majuscule.

● Une **strophe** est un ensemble de vers. Une strophe de 4 vers est un **quatrain** ; une strophe de 3 vers, un **tercet**.

Un vers ne correspond pas nécessairement à une phrase !

2 Les images

● La poésie est riche d'images, comme dans ce poème d'Apollinaire, « Les colchiques » :
– les **comparaisons** (voir page 50) ; Tes yeux sont comme (outil) cette fleur-là
– les **métaphores** (voir page 50). Et ma vie pour tes yeux lentement s'empoisonne

3 Les sonorités et le rythme

● Le langage poétique est **musical**. Le poète utilise des procédés sonores ou rythmiques.

Procédés	Définitions et exemples
Rime	Reprise du même son à la fin d'un vers : Le colchique couleur de cerne et de lilas / Y fleurit tes yeux sont comme cette fleur-là Les rimes peuvent être **suivies** (AABB), **croisées** (ABAB) ou **embrassées** (ABBA)
Allitération ou assonance	Reprise d'un même son, voyelle ou consonne, à l'intérieur d'un vers : Le pré est vénéneux mais joli en automne (= sonorités dures qui évoquent la dangerosité du pré)
Rejet	Mise en relief d'un mot ou groupe de mots lié au vers précédent par la syntaxe : Le colchique couleur de cerne et de lilas / Y fleurit tes yeux sont comme cette fleur-là

Un peu de méthode

Identifier les différents types de vers

L'unité de mesure du vers français est la **syllabe**. **Le mètre** est le nombre de syllabes comptées dans un vers.

● On ne compte pas une syllabe terminée par un **e** muet :
– si le *e* est placé à la fin du vers ;
– s'il est suivi d'un mot commençant par une voyelle ou un **h** muet.

Son/ge à/la/dou/ceur   D'a/ller/là-/bas/vi/vre en/semble !
 1   2   3   4   5   1   2   3   4   5   6   7

▶ Dans ces deux vers de « L'invitation au voyage » de Baudelaire, les *e* à la fin de *songe* et de *vivre* ne comptent pas car on fait la liaison avec la voyelle qui suit. Le *e* muet en fin de vers (*ensemble*) n'est pas comptabilisé non plus.

● Les vers les plus fréquents sont l'**octosyllabe** (huit syllabes), le **décasyllabe** (dix syllabes) et l'**alexandrin** (douze syllabes).

On s'entraîne !

1 QUIZ

Vrai ou faux ?

	V	F
a. La poésie est toujours écrite en vers.	☐	☐
b. Un décasyllabe est un vers de 12 syllabes.	☐	☐
c. Un tercet est une strophe de 3 vers.	☐	☐
d. L'allitération est la répétition d'une même voyelle dans une suite de mots rapprochés.	☐	☐
e. Le rejet consiste à reporter au vers suivant un ou plusieurs mot(s) lié(s) syntaxiquement au vers précédent.	☐	☐

2 Les vers

Précise pour chaque groupe de vers s'il s'agit d'octosyllabes, de décasyllabes ou d'alexandrins.

a. Mignonne, allons voir si la rose
Qui ce matin avoit desclose
Sa robe de pourpre au Soleil,
A point perdu ceste vesprée
Les plis de sa robe pourprée,
Et son teint au vostre pareil.
Pierre de RONSARD, *Odes*, 1550.

b. Demain, dès l'aube, à l'heure où blanchit [la campagne,
Je partirai. Vois-tu, je sais que tu m'attends.
J'irai par la forêt, j'irai par la montagne.
Je ne puis demeurer loin de toi plus longtemps.
Victor HUGO, *Les Contemplations*, 1856.

c. Nous aurons des lits pleins d'odeurs légères,
Des divans profonds comme des tombeaux,
Et d'étranges fleurs sur des étagères,
Écloses pour nous sous des cieux plus beaux.
Charles BAUDELAIRE, « La mort des amants »,
Les Fleurs du mal, 1857.

3 Les rimes

Précise pour chaque strophe si les rimes sont suivies, croisées ou embrassées.

a. Je ne parlerai pas, je ne penserai rien :
Mais l'amour infini me montera dans l'âme,
Et j'irai loin, bien loin, comme un bohémien,
Par la Nature, — heureux comme avec une femme.
Arthur RIMBAUD, « Sensation », 1870.

b. Là, tout n'est qu'ordre et beauté,
Luxe, calme et volupté.
Charles BAUDELAIRE, « L'invitation au voyage »,
Les Fleurs du mal, 1857.

c. Ô rêves des saisons heureuses,
Temps où la lune et le soleil
Écument en rayons vermeils
Au bord des âmes amoureuses...
Anna DE NOAILLES, « Les saisons et l'amour »,
Le Cœur innombrable, 1901.

4 Le rejet

Dans les vers suivants, souligne les rejets.

Si j'ai parlé
De mon amour c'est à l'eau lente
Qui m'écoute quand je me penche
Sur elle ; si j'ai parlé
De mon amour, c'est au vent
Qui rit et chuchote entre les branches
H. DE RÉGNIER, « Odelette IV », *Les Jeux rustiques*, 1897.

5 CONTRÔLE EXPRESS

Lis ce poème, puis réponds aux questions.

Le pré est vénéneux mais joli en automne
Les vaches y paissant
Lentement s'empoisonnent
Le colchique couleur de cerne et de lilas
Y fleurit tes yeux sont comme cette fleur-là
Violâtres comme leur cerne et comme cet [automne
Et ma vie pour tes yeux lentement [s'empoisonne
[...]
Le gardien du troupeau chante tout [doucement
Tandis que lentes et meuglant les vaches [abandonnent
Pour toujours ce grand pré mal fleuri par [l'automne
Guillaume APOLLINAIRE, *Les Colchiques*, 1913.

a. Souligne les comparaisons.
b. Dans les trois derniers vers, surligne les assonances. Elles sont en .... et en ....
c. Quelle est, selon toi, l'impression produite par ces assonances ?
d. Quel est le thème de ce poème ?
☐ l'automne   ☐ la fin d'un amour
e. Quel est l'état d'âme du poète ?

Corrigés page 16 du Guide

73

Test – Bilan

On y va !

Grammaire

1 Parmi ces mots, lequel est une préposition ?
☐ ailleurs ☐ beaucoup
☐ pendant ☐ probablement

2 Le train est annoncé pour 8 h 17, mais je pense qu'il aura du retard.
a. Combien de propositions comprend cette phrase ?
☐ 1 ☐ 2 ☐ 3
b. Quelle est la nature de la proposition subordonnée ?
☐ relative ☐ conjonctive
☐ interrogative indirecte

3 Ce livre est si passionnant qu'il l'a lu en quelques heures.
Quelle relation logique exprime la proposition subordonnée ?
☐ la cause ☐ le but ☐ la conséquence

4 Après la conjonction *après que*, on emploie :
☐ l'indicatif ☐ le subjonctif ☐ l'impératif
…… /5

Orthographe

5 Sur le ciel sombre, devant moi, se …………… les hautes cimes de la montagne.
Quelle forme du verbe convient ?
☐ détachais ☐ détachait ☐ détachaient

6 Quels adjectifs restent invariables ?
☐ bleu ☐ prune
☐ mauve ☐ vert d'eau

7 Je ne pense pas qu'il ……… gardé un bon souvenir.
Avec quel mot compléter cette phrase ?
☐ ai ☐ ait ☐ es ☐ est
…… /3

Conjugaison

8 Quelles terminaisons prend le verbe *résoudre* au singulier du présent ?
☐ s, s, t ☐ ds, ds, d ☐ x, x, t

9 Quels verbes prennent les terminaisons *-is, -is, -it* au passé simple, au singulier ?
☐ entendre ☐ courir ☐ venir ☐ naître

10 Dans quelle(s) phrase(s) figure un verbe au subjonctif présent ?
☐ Je ne crois pas qu'il pleuvra.
☐ Il se peut qu'il pleuve.
☐ As-tu envie de nous rejoindre ?
☐ Mes parents ne veulent pas que j'y aille.
…… /3

Lexique

11 Les mots qui suivent sont des synonymes de *léger*, sauf un. Lequel ?
☐ frêle ☐ délicat ☐ frugal
☐ imperceptible ☐ lourd ☐ vaporeux

12 Quel mot n'appartient pas à la famille de mots formés sur le radical *alter-* / *altrui-* (« autre ») ?
☐ altérité ☐ altercation
☐ alternative ☐ altitude
…… /2

Lire et écrire

13 Cher Paul, je t'<u>écris</u> pour t'inviter à la fête que j'<u>organise</u> samedi.
Les verbes soulignés sont au présent :
☐ d'énonciation ☐ de narration
☐ de vérité générale

14 L'élève expliqua qu'il était resté bloqué dans l'ascenseur.
Les paroles de l'élève sont rapportées :
☐ au discours direct ☐ au discours indirect
☐ au discours indirect libre
…… /2

Score total : …… /15 **CORRIGÉS P. 16 DU GUIDE**

74

MATHS

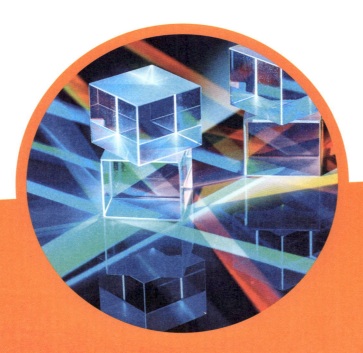

▶ NOMBRES ET CALCULS

1. Multiplier et diviser des nombres relatifs — 76
2. Multiplier des fractions — 78
3. Diviser des fractions — 80
4. Puissances de dix — 82
5. Racine carrée d'un nombre positif — 84
6. Calcul littéral — 86
7. Équation du premier degré — 88

▶ GESTION DE DONNÉES

8. Proportionnalité (1) — 90
9. Proportionnalité (2) — 92
10. Moyenne pondérée, médiane, étendue — 94
11. Diagrammes en bâtons et histogrammes — 96
12. Probabilités — 98

▶ GÉOMÉTRIE – GRANDEURS ET MESURES

13. Triangles et parallélogrammes — 100
14. Translations — 102
15. Théorème de Pythagore — 104
16. Théorème de Thalès (1) — 106
17. Théorème de Thalès (2) — 108
18. Cosinus d'un angle — 110
19. Parallélépipèdes et sphères — 112
20. Pyramides et cônes — 114
21. Vitesse moyenne — 116
22. Grandeurs composées — 118

▶ ALGORITHMIQUE ET PROGRAMMATION

23. Écrire et exécuter un programme simple — 120
24. Programmer le tracé de figures — 122

▶ TEST – BILAN — 124

1 Multiplier et diviser des nombres relatifs

Je me demande…
Quel est le signe du produit de deux nombres positifs ? de deux nombres négatifs ?

Les points clés

Règle des signes

- Le produit ou le quotient de deux nombres relatifs de **même signe** est **positif**.
  EXEMPLES $(-5) \times (-3) = 15$ $(-12) \div (-3) = 4$ $54 \div 6 = 9$
  Attention ! $(-5)^2 = (-5) \times (-5) = 25$ mais $-8^2 = -(8 \times 8) = -64$.

- Le produit ou le quotient de deux nombres relatifs de **signes différents** est **négatif**.
  EXEMPLES $(-9) \times 5 = -45$ $7 \times (-6) = -42$ $-36 \div 4 = -9$

- Le **produit** de deux nombres relatifs **opposés** est négatif ; le **quotient** de deux nombres relatifs **opposés** est égal à -1.
  EXEMPLES $(-9) \times 9 = -81$ $17 \div (-17) = -1$

Un peu de méthode

▎Trouver le signe d'un produit de plusieurs facteurs

- Pour connaître le signe d'un produit de plusieurs nombres relatifs, je compte les facteurs négatifs.

Si le nombre de facteurs négatifs est :
- **pair** → le produit est positif
- **impair** → le produit est négatif

EXEMPLES $A = (-8) \times 7 \times (-4) \times 5 \times (-2) \times 3 \times (-5) \times (-6)$
5 facteurs négatifs → Le produit A est négatif.

$B = 12 \times (-3) \times 7 \times (-2) \times 5 \times (-6) \times 3 \times (-4)$
4 facteurs négatifs → Le produit B est positif.

▎Trouver le signe d'un quotient

1. Je cherche le signe du numérateur et le signe du dénominateur.
2. J'en déduis le signe du quotient.

EXEMPLES

$$C = \frac{(-5) \times (-8) \times 7 \times (-3)}{2 \times (-6) \times (-9) \times (-4)}$$

Je compte 3 facteurs négatifs au numérateur et 3 au dénominateur : le numérateur et le dénominateur sont négatifs.
Le quotient C est donc positif.

Je peux aussi directement remarquer qu'au total, il y a 6 facteurs négatifs. Donc le quotient C est positif.

$$D = \frac{2 \times (-5) \times 7}{(-3) \times (-4)}$$

Au total, je compte 3 facteurs négatifs, donc le quotient D est négatif.

On s'entraîne !

1 QUIZ

Vrai ou faux ?   V   F
a. $-9 \times 7 = 63$
b. $-56 \div -7 = 8$
c. $-5 \times (-3) \times (-7) < 0$
d. $\dfrac{-27}{-3} = 9$
e. $(-4) \times (-9) = 6 \times (-6)$

2 Tables de multiplication

Calcule.
a. $(-7) \times (-5)$
b. $(-8) \times 4$
c. $7 \times (-7)$
d. $(-9)^2$
e. -6^2
f. $(-8) \times (-6)$

3 Quotients

Calcule.
a. $(-27) \div 3$
b. $(-40) \div (-8)$
c. $18 \div (-3)$
d. $\dfrac{-56}{7}$
e. $-\dfrac{-24}{-6}$
f. $\dfrac{21}{-3}$

4 Opérations incomplètes

Complète les pointillés avec le nombre relatif qui convient.
a. $(-9) \times \ldots = 45$
b. $(-54) \div \ldots = -6$
c. $\ldots \times (-7) = -28$
d. $\dfrac{-35}{\ldots} = -5$
e. $\dfrac{\ldots}{-6} = -7$
f. $\dfrac{-36}{\ldots} = 4$

5 Plusieurs facteurs

Calcule.
$A = (-3) \times (-4) \times (-2)$
$B = 2 \times (-4) \times 5 \times (-3)$
$C = (-250) \times (-123) \times (-457) \times 0 \times (-21)$

6 Quotients

Calcule.
$A = [(-4) \times (-5) \times 7] \div (-14)$ $B = \dfrac{-5 \times (-3) \times 4}{(-70) \div (-7)}$

7 Signes

Indique le signe des résultats (> 0 ou < 0).
$A = (-123) \times (-124) \times 19 \times (-31)$
$B = 19 \times (-32) \times (-27) \times 16 \times (-12) \times (-14)$
$C = -\dfrac{-152}{-27}$ $D = \dfrac{-25^2}{12}$ $E = \dfrac{(-17)^2}{-32}$

8 Positif ou négatif ?

Complète les phrases avec *positif* ou *négatif*.
a. Un produit formé de 53 facteurs a 37 facteurs négatifs, donc il est ....
b. Un produit formé de 83 facteurs a 23 facteurs positifs, donc il est ....
c. Le produit d'un nombre A et de 26 facteurs négatifs est négatif, donc le nombre A est ....
d. Le produit de 35 facteurs négatifs et d'un nombre B est positif, donc le nombre B est ....

? indice
Le nombre de facteurs négatifs est-il pair ou impair ?

9 Programme de calcul

- Choisir un nombre et le mettre au carré.
- Multiplier le résultat par -8.
- Diviser le tout par -2.

a. **Quel est le résultat** si tu choisis 3 ?
b. **Quel est le résultat** si tu choisis -5 ?
c. **Quelle remarque peux-tu faire** sur le signe du résultat ?

10 CONTRÔLE EXPRESS

Calcule.
$A = (-2) \times 5 \times (-4)$ $B = (-5)^2 \times (-4)$ $C = \dfrac{6^2}{-9}$

Corrigés page 17 du Guide

2 Multiplier des fractions

Je me demande…
Comment calculer l'aire d'un rectangle de longueur $\frac{4}{5}$ et de largeur $\frac{7}{8}$?

✓ Les points clés

● Pour multiplier des fractions :
– on multiplie entre eux les numérateurs ;
– on multiplie entre eux les dénominateurs.

EXEMPLES $\quad \frac{7}{3} \times \frac{2}{5} = \frac{7 \times 2}{3 \times 5} = \frac{14}{15} \qquad \frac{-5}{8} \times \frac{3}{4} = \frac{-5 \times 3}{8 \times 4} = \frac{-15}{32}$

Mot-Clé
Fraction simplifiable : Une fraction est simplifiable quand son numérateur et son dénominateur sont multiples d'un même nombre.

● On peut noter un cas particulier : $\frac{7}{8} \times \frac{8}{7} = \frac{56}{56} = 1$.

On dit que $\frac{7}{8}$ et $\frac{8}{7}$ sont des fractions **inverses**.

● Prendre la fraction d'un nombre signifie multiplier ce nombre par la fraction.

👆 Un peu de méthode

Multiplier et simplifier deux fractions

● Pour multiplier deux fractions, je peux utiliser deux méthodes.

Méthode 1.
Multiplication puis simplification du résultat

$A = \frac{4}{5} \times \frac{7}{8} = \frac{28}{40}$
28 et 40 sont des multiples de 4.
Je peux simplifier le résultat par 4.
$A = \frac{28}{40} = \frac{4 \times 7}{4 \times 10} = \frac{7}{10}$

Méthode 2.
Simplification puis multiplication du résultat

$A = \frac{4}{5} \times \frac{7}{8}$
Je peux remarquer que 4 et 8 sont des multiples de 4 et simplifier par 4 avant de calculer.
$A = \frac{4 \times 7}{5 \times 2 \times 4} = \frac{7}{5 \times 2} = \frac{7}{10}$

Multiplier un nombre entier par une fraction

J'ai tout intérêt à bien connaître les tables de multiplication.

● Je sais qu'un nombre entier peut toujours s'écrire sous la forme d'une fraction de dénominateur 1.

$C = 14 \times \frac{9}{35} = \frac{14}{1} \times \frac{9}{35} = \frac{2 \times 7 \times 9}{1 \times 5 \times 7} = \frac{2 \times 9}{1 \times 5} = \frac{18}{5}$

$D = \frac{1}{15} \times 15 = \frac{1}{15} \times \frac{15}{1} = \frac{15}{15} = 1$.

Donc l'inverse de 15 est $\frac{1}{15}$.

78

On s'entraîne !

1 QUIZ

Vrai ou faux ?

	V	F
a. $\dfrac{2}{7} \times \dfrac{5}{3} = \dfrac{10}{21}$	✓	☐
b. La fraction inverse de $\dfrac{9}{7}$ est $\dfrac{-9}{7}$.	☐	✓
c. 8 et $\dfrac{1}{8}$ sont des nombres inverses.	✓	☐
d. $\dfrac{11}{19}$ est l'inverse de $\dfrac{19}{11}$.	✓	☐
e. On ne peut pas simplifier le produit $\dfrac{16}{25} \times \dfrac{15}{12}$.	✓	☐

2 Simples multiplications

Calcule.

$A = \dfrac{7}{4} \times \dfrac{3}{8}$ $\qquad C = -6 \times \dfrac{2}{7}$

$B = \dfrac{-5}{7} \times \dfrac{3}{2}$ $\qquad D = \dfrac{-7}{9} \times \dfrac{-4}{3}$

3 Inverses

Complète le tableau suivant.

Nombre N	−4	$\dfrac{1}{7}$	.....	$\dfrac{7}{5}$	$\dfrac{-9}{16}$	.....
Inverse du nombre N	.....	.....	$\dfrac{-1}{2}$	.....	.....	$\dfrac{-11}{3}$

4 Produits simplifiés

Calcule et donne le résultat sous la forme d'une fraction simplifiée.

$A = \dfrac{8}{5} \times \dfrac{2}{6}$ $\qquad C = \dfrac{9}{14} \times \dfrac{21}{36}$

$B = \dfrac{-5}{6} \times \dfrac{12}{10}$ $\qquad D = \dfrac{36}{42} \times 28$

? indice

Pense à décomposer les grands nombres pour simplifier avant de multiplier.

5 Fraction d'un nombre

$\dfrac{5}{8} \times \dfrac{240}{1} =$

a. Kylian a dépensé les $\dfrac{5}{8}$ de 240 € pour acheter un cadeau de fête des mères.
Détermine le prix de ce cadeau.

b. 40 % des 60 élèves de 4ᵉ A et de 4ᵉ B sont externes.
Détermine le nombre d'externes.

c. Tu as bu les $\dfrac{2}{5}$ d'une bouteille de $\dfrac{3}{4}$ de litre de jus.
Quelle quantité de jus de fruits as-tu bue ?

6 Défi

Calcule astucieusement.

$A = \dfrac{2}{3} \times \dfrac{3}{4} \times \dfrac{4}{5} \times \dfrac{5}{6} \times \dfrac{6}{7}$

7 Question d'ordre

Calcule en faisant attention à l'ordre des opérations.

$A = \dfrac{15-7}{9} \times \dfrac{3 \times 6}{16}$ $\qquad B = \dfrac{5}{18 \div 3} \times \dfrac{3}{10} \times \dfrac{13-7}{13}$

8 À la cantine

Les deux tiers des élèves d'une classe sont des garçons. Parmi ceux-ci, un quart mange à la cantine. Les trois quarts des filles sont demi-pensionnaires.

Complète les phrases par la fraction qui convient.

a. La fraction de la classe représentant les garçons demi-pensionnaires est ....

b. Les filles représentent .... de la classe.

c. Dans la classe, la proportion de filles demi-pensionnaires est ....

d. Sachant qu'il y a 24 élèves dans cette classe, détermine le nombre d'élèves demi-pensionnaires.

9 CONTRÔLE EXPRESS

Calcule et donne le résultat sous la forme d'une fraction simplifiée.

$A = \dfrac{-3}{5} \times \dfrac{7}{2}$ $\qquad B = \dfrac{-12}{7} \times \dfrac{-9}{16}$ $\qquad C = \dfrac{35}{42} \times \dfrac{54}{40}$

Corrigés page 17 du Guide

3 Diviser des fractions

Je me demande...
Comment peut-on diviser par une fraction ? Qu'appelle-t-on l'inverse d'une fraction ?

✓ Les points clés

● Diviser un nombre N par une fraction $\dfrac{a}{b}$ revient à multiplier ce nombre par l'**inverse** $\dfrac{b}{a}$ de la fraction (avec $a \neq 0$ et $b \neq 0$) :

$$N \div \dfrac{a}{b} = N \times \dfrac{b}{a}$$

EXEMPLES $\quad 9 \div \dfrac{2}{5} = 9 \times \dfrac{5}{2} = \dfrac{45}{2} \qquad\qquad \dfrac{2}{7} \div \dfrac{3}{4} = \dfrac{2}{7} \times \dfrac{4}{3} = \dfrac{8}{21}$

Mot-Clé
Inverse d'une fraction : Fraction dont on a échangé le numérateur et le dénominateur.

Un peu de méthode

Diviser avec des fractions

1. J'applique la règle de calcul : diviser par une fraction revient à multiplier par son inverse.

2. Je décompose les grands nombres.

3. Je simplifie avant de multiplier.

● $A = \dfrac{12}{25} \div \dfrac{18}{35}$

$A = \dfrac{12}{25} \times \dfrac{35}{18}$

$A = \dfrac{2 \times 6 \times 5 \times 7}{5 \times 5 \times 3 \times 6} = \dfrac{14}{15}$

Une division peut aussi s'écrire sous une forme fractionnaire.

● $B = \dfrac{\frac{15}{14}}{\frac{5}{21}}$

$B = \dfrac{15}{14} \div \dfrac{5}{21} = \dfrac{15}{14} \times \dfrac{21}{5}$

$B = \dfrac{3 \times 5 \times 3 \times 7}{2 \times 7 \times 5} = \dfrac{9}{2}$

● $C = \dfrac{21}{16} \div 14$

$C = \dfrac{21}{16} \div \dfrac{14}{1} = \dfrac{21}{16} \times \dfrac{1}{14}$

$C = \dfrac{3 \times 7 \times 1}{16 \times 2 \times 7} = \dfrac{3}{32}$

Un nombre entier peut toujours s'écrire sous la forme d'une fraction de dénominateur 1.

On s'entraîne !

1 QUIZ

Vrai ou faux ?

                                            V   F

a. $\dfrac{4}{9}$ est l'opposé de $\dfrac{9}{4}$. ☐ ☐

b. $\dfrac{11}{17}$ est l'inverse de $\dfrac{17}{11}$. ☐ ☐

c. $\dfrac{-21}{13}$ est l'opposé de $\dfrac{21}{13}$. ☐ ☐

d. $\dfrac{3}{5} \div \dfrac{7}{2} = \dfrac{21}{10}$ ☐ ☐

e. $25 \div \dfrac{5}{2} = 10$ ☐ ☐

2 Divisions simples

Calcule.

$A = \dfrac{2}{5} \div \dfrac{3}{4}$

$B = \dfrac{-1}{7} \div \dfrac{-6}{5}$

$C = \dfrac{-5}{9} \div \dfrac{2}{5}$

3 Avec des entiers

Calcule.

$A = 4 \div \dfrac{5}{7}$ $C = \dfrac{3}{7} \div 5$

$B = -9 \div \dfrac{2}{3}$ $D = \dfrac{-2}{5} \div 3$

4 En simplifiant

Calcule et donne le résultat sous la forme d'une fraction simplifiée.

$A = \dfrac{4}{7} \div \dfrac{8}{9}$ $C = 28 \div \dfrac{7}{5}$

$B = \dfrac{18}{12} \div \dfrac{3}{6}$ $D = \dfrac{25}{18} \div 15$

5 En fractions

Calcule et donne le résultat sous la forme d'une fraction simplifiée.

$A = \dfrac{\frac{2}{7}}{\frac{3}{5}}$ $C = \dfrac{\frac{32}{40}}{3}$

$B = \dfrac{\frac{25}{28}}{\frac{20}{21}}$ $D = \dfrac{\frac{16}{7}}{12}$

6 En bouteilles

Combien de bouteilles de $\dfrac{3}{4}$ de litre peux-tu remplir avec le contenu d'un fût de 60 L ?

7 En français

Le quotient d'un tiers par huit est-il égal à l'inverse de huit tiers ?

8 Priorités

Calcule en respectant les priorités des opérations.

$A = \dfrac{-1}{5} + \dfrac{2}{5} \div \dfrac{3}{7}$

$B = \left(\dfrac{4}{3} - \dfrac{1}{2}\right) \div \left(\dfrac{5}{4} + \dfrac{2}{3}\right)$

9 CONTRÔLE EXPRESS

Calcule et simplifie.

$A = \dfrac{5}{7} \div \dfrac{3}{4}$ $C = 56 \div \dfrac{8}{5}$

$B = \dfrac{-12}{21} \div \dfrac{15}{14}$ $D = \dfrac{45}{12} \div 18$

Corrigés page 17 du Guide

MATHS

4 Puissances de dix

Je me demande…
Comment peut-on définir l'infiniment grand ?

Les points clés

1 Définition

● Le produit de *n* facteurs tous égaux à 10 se note 10^n.

Le nombre *n* s'appelle l'exposant. 10^n est la **puissance de « dix exposant *n* »**.

● Pour tout entier *n* supérieur ou égal à zéro :

$$10^n = \underbrace{10 \times 10 \times 10 \times \ldots \times 10}_{n \text{ facteurs}} = \underbrace{1000 \ldots 000}_{n \text{ zéros}}$$

EXEMPLES $10^5 = 100\,000$ 1 milliard $= 10^9$ $10\,000\,000 = 10^7$

● On peut noter les cas particuliers suivants : $10^1 = 10$ $10^0 = 1$

2 Écriture scientifique

● L'écriture scientifique d'un nombre est égale au produit d'un nombre décimal supérieur à 1 et strictement inférieur à 10 par une puissance de dix.

EXEMPLES L'écriture scientifique de 250 000 est $2,5 \times 10^5$.
$0,84 \times 10^8$ n'est pas une notation scientifique puisque $0,84 < 1$.

Un peu de méthode

Calculer avec des puissances de dix

Additionner ou soustraire des puissances de dix
Je dois écrire les nombres sous la forme de nombres entiers.
EXEMPLE $10^4 + 10^2 = 10\,000 + 100 = 10\,100$

Multiplier des puissances de dix
J'ajoute les exposants.
EXEMPLE $10^2 \times 10^3 = 100 \times 1\,000 = 100\,000 = 10^5$

Diviser des puissances de dix
Je soustrais les exposants.
EXEMPLE $\dfrac{10^7}{10^3} = \dfrac{10\,000\,000}{1\,000} = 10\,000 = 10^4$

EXEMPLES
● $10^3 - 10^2 = 1\,000 - 100 = 900$
● $10^7 \times 10^4 = 10^{7+4} = 10^{11}$
● $10^{21} \times 10^9 = 10^{21+9} = 10^{30}$
● $\dfrac{10^{19}}{10^8} = 10^{19-8} = 10^{11}$

Écrire un nombre en écriture scientifique

$364\,000\,000 = 3,64 \times 100\,000\,000 = 3,64 \times 10^8$
$268,75 \times 10^5 = 2,6875 \times 10^2 \times 10^5 = 2,6875 \times 10^7$

On s'entraîne !

1 QUIZ

Vrai ou faux ?

	V	F
a. $1\,000\,000 = 10^7$	☐	☐
b. $10^3 \times 10^3 = 10^9$	☐	☐
c. $10^8 = 100\,000\,000$	☐	☐
d. $\dfrac{10^{21}}{10^{15}} = 10^{21-15}$	☐	☐
e. $10^5 + 10^3$ peut s'écrire sous la forme 10^n.	☐	☐

2 Préfixes

Complète le tableau suivant.

Nombre d'unités	Préfixe	Symbole	Puissance de dix
mille milliards d'unités	téra	T	....
un milliard d'unités	giga	G	....
un million d'unités	méga	M	....
.... unités	kilo	k	10^3
cent unités	hecto	h	....
dix unités	....	da	10^1

3 En entiers

Traduis les nombres suivants par des nombres entiers.

a. La vitesse de la lumière dans le vide est d'environ 3×10^5 km/s, soit .... km/s.

b. Une carte SD de 32 Go (gigaoctets) permet d'enregistrer .... octets.

4 En puissances

Calcule.

$A = 10^7 - 10^4$ $B = 10^5 + 10^3$ $C = 6{,}3 \times 10^4$

5 Quiz

Coche la bonne réponse.

a. $100\,000\,000\,000 = ...$ ☐ 10^{11} ☐ 1^{11} ☐ 10^{-11}

b. 512 mégaoctets = ...
☐ 512×10^3 octets   ☐ 512×10^6 octets
☐ 512×10^{12} octets

c. L'écriture scientifique de 8 964 est :
☐ $0{,}8964 \times 10^5$ ☐ $8{,}964 \times 10^3$ ☐ $89{,}64 \times 10^2$

d. $10^7 \times 10^9 = ...$
☐ 10^{63} ☐ 10^{16} ☐ 10^2

6 Écriture scientifique

Écris les nombres en écriture scientifique.

a. 152 000   c. $3\,260\,000 \times 10^9$

b. 12 milliards   d. $2\,560 \times 10^{15}$

e. La vitesse de la lumière est de 300 000 000 m/s, c'est-à-dire .... m/s.

7 Produits

Écris les résultats des opérations suivantes sous la forme d'un produit d'un nombre entier par une puissance de dix.

$A = 7 \times 10^9 \times 8 \times 10^{11}$ $B = \dfrac{6 \times 10^7 \times 4 \times 10^5}{8 \times 10^4}$

8 Dans l'espace

La distance Terre-Lune est environ de trois cent mille kilomètres. La distance Terre-Soleil est cinq cents fois plus grande que la distance Terre-Lune.

Calcule la distance Terre-Soleil en km en utilisant les puissances de 10.

9 Le juron préféré du capitaine

Le juron préféré du capitaine Haddock est « mille milliards de mille sabords ! ».

Écris cette expression sous la forme « .... téra sabords », puis sous la forme « 10^n sabords ».

10 CONTRÔLE EXPRESS

Écris les résultats des opérations suivantes sous la forme d'une puissance de dix.

a. $10^{12} \times 10^{15}$ b. $10^{21} \times 10^8$ c. $\dfrac{10^{25}}{10^{12}}$ d. $\dfrac{10^{56}}{10^{23}}$

[réponses manuscrites : 10^{12+15} ; 10^{21+8} ; 10^{25-12} ; 10^{56-23}]

Corrigés page 18 du Guide

5 Racine carrée d'un nombre positif

Je me demande…
Peut-on déterminer la longueur du côté d'un carré d'aire 25 cm² ? Comment procède-t-on ?

Les points clés

● La **racine carrée** d'un nombre positif N est le nombre positif dont le carré est égal à N. Elle se note $\sqrt{N}$.

$$N \geq 0 \qquad \sqrt{N} \geq 0 \qquad (\sqrt{N})^2 = \sqrt{N} \times \sqrt{N} = N \qquad \sqrt{N^2} = N$$

EXEMPLES
$(\sqrt{25})^2 = 5^2 = 25 \qquad (\sqrt{19})^2 = 19 \qquad (\sqrt{137})^2 = 137$

$\sqrt{6^2} = \sqrt{36} = 6 \qquad \sqrt{13^2} = 13 \qquad \sqrt{129^2} = 129$

Mots-Clés
● **Radical** : Le radical est le nom donné au symbole $\sqrt{\ }$.
● **Carré parfait** : Il s'agit d'un nombre dont la racine carrée est un nombre entier.

Un peu de méthode

Déterminer la racine carrée d'un nombre

Une racine carrée peut être :
- un **nombre entier**
- un **nombre décimal**
- un **nombre rationnel**, c'est-à-dire un nombre qui peut s'écrire comme le quotient de deux nombres entiers
- un **nombre irrationnel**, c'est-à-dire un nombre qui ne soit ni entier, ni décimal, ni rationnel

● Illustrons les différents cas possibles.

EXEMPLES
- $8 \times 8 = 64$, donc $\sqrt{64} = 8$, qui est un nombre entier.
- $0{,}5^2 = 0{,}25$, donc $\sqrt{0{,}25} = 0{,}5$, qui est un nombre décimal.
- $\left(\dfrac{2}{3}\right)^2 = \dfrac{4}{9}$, donc $\sqrt{\dfrac{4}{9}} = \dfrac{2}{3}$.
- $(\sqrt{2})^2 = 2$, donc la valeur exacte de la racine carrée de 2 s'écrit $\sqrt{2}$.
La calculatrice permet d'en donner une valeur approchée :
$\sqrt{2} \approx 1{,}414213562\ldots$

64 est appelé un carré parfait.

Encadrer la racine carrée d'un entier positif par deux nombres entiers

● Je cherche à encadrer la racine carrée de 132.
Je sais que $121 < 132 < 144$ et que 121 et 144 sont des carrés parfaits dont les racines respectives sont 11 et 12.
Donc je peux en déduire que $11 < \sqrt{132} < 12$.

On s'entraîne !

1 QUIZ

Vrai ou faux ?

	V	F
a. 144 est un carré parfait.	☐	☐
b. La racine carrée de 9 est 3.	☐	☐
c. Le carré de 5 est égal à 10.	☐	☐
d. $\sqrt{64} = 8$	☐	☐
e. $\sqrt{11}$ est un nombre entier.	☐	☐

2 À compléter

Complète par le nombre qui convient.

a. $\sqrt{9} = $ .... d. $\sqrt{1} = $ .... g. $\sqrt{\ldots} = 7$

b. $9 = \sqrt{\ldots}$ e. $\sqrt{\ldots} = 10$ h. $(\sqrt{12})^2 = $ ....

c. $\sqrt{0} = $ .... f. $\sqrt{64} = $ .... i. $(\sqrt{\ldots})^2 = 81$

3 Carrés parfaits

Dans la liste, entoure les carrés parfaits.

4   12   49   100   28   900   144   123   7

4 Avec la calculatrice (1)

Donne la valeur arrondie à l'unité près des nombres suivants.

a. $\sqrt{8} \approx$ .... c. $\sqrt{2} + \sqrt{3} \approx$ ....

b. $\sqrt{20} \approx$ .... d. $2 \times \sqrt{11} \approx$ ....

5 Avec la calculatrice (2)

Donne la valeur approchée au centième près des nombres suivants.

a. $\sqrt{13} \approx$ .... c. $3 \times \sqrt{5} - \sqrt{3} \approx$ ....

b. $\sqrt{107} \approx$ ....

6 Encadrement

a. Encadre les nombres suivants par les carrés parfaits les plus proches.

.... < 28 < .... < 42 < ....

.... < 12 < .... < 112 < ....

b. Déduis-en un encadrement des racines carrées des nombres suivants par des entiers.

.... < $\sqrt{28}$ < .... < $\sqrt{42}$ < ....

.... < $\sqrt{12}$ < .... < $\sqrt{112}$ < ....

7 Additions

Calcule.

$A = \sqrt{36} + \sqrt{64}$ $B = \sqrt{36 + 64}$ $C = \sqrt{36} + 64$

8 Avec des carrés parfaits

Calcule.

$A = 3 \times \sqrt{81} - \sqrt{64} + 2 \times \sqrt{36}$

$B = 5 \times \sqrt{121} - 3 \times \sqrt{49} + \sqrt{144}$

9 Géométrie

Le théorème de Pythagore permet de calculer une longueur dans un triangle rectangle (voir le chapitre 15).
Voici son énoncé : « Si un triangle est rectangle, alors le carré de la longueur de l'hypoténuse est égal à la somme des carrés des longueurs des deux autres côtés. »

Complète le calcul de la longueur AB (tu donneras une valeur arrondie au dixième).

Soit ABC triangle rectangle en C tel que BC = 5 cm et AC = 6 cm.

Le triangle ABC est rectangle en ....

D'après le théorème de Pythagore : $AB^2 = AC^2 + BC^2$.

Donc $AB^2 = $ ....^{2} + ...^{2}

$AB^2 = $ .... + ... = ...

$AB = \sqrt{\ldots}$ cm $\approx$ .... cm

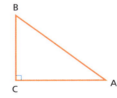

10 CONTRÔLE EXPRESS

Calcule.

$A = \sqrt{9^2}$

$B = (-\sqrt{5})^2$

$C = -\sqrt{16}$

$D = \sqrt{25 \times 4}$

$E = 4 \times \sqrt{25}$

$F = \sqrt{\dfrac{100}{4}}$

$G = \dfrac{\sqrt{100}}{2}$

Corrigés page 18 du Guide

6 Calcul littéral

Je me demande...
Comment développer une expression littérale ? Qu'est-ce que factoriser une expression ?

Les points clés

- Une expression dans laquelle un ou plusieurs nombres sont désignés par des lettres s'appelle une **expression littérale**.

- Pour **simplifier l'écriture** des expressions, on ne note pas le symbole × devant une lettre ou devant des parenthèses.
  EXEMPLES $4 \times c = 4c$ $5 \times (x+4) = 5(x+4)$ $a \times b = ab$
  $(x-7) \times (2 \times x + 3) = (x-7)(2x+3)$ $3x \times 5x = 15x^2$

- Attention ! Comme pour un nombre : $x \times x = x^2$

Un peu de méthode

Tester une égalité

1. Je calcule séparément l'expression donnée dans chaque membre de l'égalité. Pour cela, je remplace la (ou les) lettre(s) par la (les) valeur(s) donnée(s).

2. Je vérifie si les deux résultats sont égaux : si oui, l'égalité est vérifiée.

EXEMPLE -8 est-il solution de l'équation $2x + 3 = x - 5$?

$2 \times (-8) + 3 = -16 + 3 = -13$
$-8 - 5 = -13$

Avec $x = -8$, l'égalité est vérifiée.
Donc -8 est solution de l'équation.

Développer et réduire une expression littérale

1er cas : simple développement

EXEMPLES
- $5(x+8)$
Je distribue le 5 aux nombres situés dans les parenthèses.
$5(x+8) = 5x + 5 \times 8 = 5x + 40$

- $7(2x-4) = 7 \times 2x - 7 \times 4 = 14x - 28$

2e cas : double développement

EXEMPLE
$(2x+3)(x-4)$
Je distribue $2x$ et 3 aux nombres situés dans les secondes parenthèses.
$(2x+3)(x-4) = 2x \times x + 2x \times (-4) + 3x + 3 \times (-4)$
Je réduis le résultat.
$(2x+3)(x-4) = 2x^2 \; -8x + 3x \; -12$

$(2x+3)(x-4) = 2x^2 \; -5x \; -12$

Quand je développe, je transforme un produit en une somme ou une différence.

Factoriser une expression littérale

$A = 7x - 35 = 7 \times x - 7 \times 5$
7 est le facteur commun.
Je peux factoriser par 7 :
$A = 7x - 35 = 7(x - 5)$

$B = (5x-2)(3x+4) - (7x-3)(3x+4)$
$B = (3x+4)\big[(5x-2) - (7x-3)\big]$
Je peux réduire les termes entre crochets :
$B = (3x-4)\big[5x - 2 - 7x + 3\big]$
$B = (3x-4)(-2x+1)$

Quand je factorise, je transforme une somme ou une différence en un produit.

On s'entraîne !

1 QUIZ

Vrai ou faux ?

	V	F
a. On peut réduire $7a + 8b - 5c$.	☐	☐
b. $4^3 = 4 \times 4 \times 4$	☐	☐
c. $5(2x - 3) = 10x - 15$	☐	☐
d. Pour $x = 3$, on a $5x - 8 = 6$.	☐	☐
e. Le double de y s'écrit y^2.	☐	☐

2 Traduction

Recopie et complète le tableau suivant.

En français	Expression littérale
....	$5(x + 4)$
....	$7 - 2x$
Produit de la somme de 5 et x et de la différence entre 8 et le triple de x	....
Quotient de la différence entre 9 et y et de la somme de x et 8	....

3 Réduction

Relie chaque expression littérale à sa forme réduite.

- **a.** $7x + 8 - 2x + 5$ •   • $6x^2 + 5$
- **b.** $6y + 4x + 9 + 4y - x - 4$ •   • $15x - 6y + 12$
- **c.** $5 \times 3x + 12 - 3 \times 2y$ •   • $5x + 13$
- **d.** $8 + 2x \times 3x - 3$ •   • $10y + 3x + 5$

4 Sans calculatrice

On donne l'expression $A = 3x + 2x + x + 3x + x$.

Calcule la valeur de A pour $x = 861\,997{,}2005$.

5 Tester une égalité

Soit l'équation $x^2 = x + 2$.

-1 et 2 sont-ils solutions de cette équation ?

6 Astucieux

$7 \times 27 = 7 \times (30 - 3) = 7 \times 30 - 7 \times 3 = 210 - 21 = 189$

$29 \times 105 - 5 \times 29 = 29 \times (105 - 5) = 29 \times 100 = 2\,900$

Observe les deux calculs précédents, puis calcule astucieusement.

- **a.** 17×13
- **b.** 29×8
- **c.** $15 \times 81 + 15 \times 19$
- **d.** $32 \times 25 - 12 \times 25$

7 Développements

Développe et réduis les expressions suivantes.

$A = 3(2x - 8)$
$B = -5(-2y + 7)$
$C = 2(3c + 5) - 4(c + 3)$

8 Factorisations

Factorise les expressions suivantes.

$A = 15x + 25$
$B = 4x - 8$
$C = -6x + 24$
$D = 2x^2 + 4x$
$E = 6x^2 + 12x + 3$
$F = x(2x + 3) - 7(2x + 3)$

9 Géométrie littérale

ABCD est un rectangle de largeur $2x + 8$ et de longueur $4x - 5$.

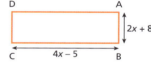

a. John pense que ce rectangle a le même périmètre qu'un triangle équilatéral de côté $4x + 2$. **A-t-il raison ?**

b. Leila pense que l'aire de ce rectangle est égale à $8x^2 + 22x - 40$. **A-t-elle raison ?**

c. Que peux-tu dire de ce rectangle si $x = 6{,}5$ cm ?

? indice

Pense à développer et réduire les expressions du périmètre et de l'aire.

10 CONTRÔLE EXPRESS

a. Réduis l'expression :
$A = 2x \times 4x - 9x + 7 - x^2 + 5x - 15$.

b. Calcule $B = 3x^2 - 5x + 2$ pour $x = -2$.

c. Développe $C = 3x(5x - 4)$.

d. Factorise $D = 3x(2y - 3) - 6(2y - 3)$.

Corrigés page 18 du Guide

7 Équation du premier degré

Je me demande...
Peut-on ajouter un même nombre aux deux membres d'une équation ?

Les points clés

● Une **équation** est une égalité dans laquelle une ou plusieurs lettres apparaissent. Cette lettre est appelée l'**inconnue**.

> EXEMPLE L'égalité $x^2 = 2x + 8$ est une équation dont l'inconnue est x.
> Résoudre cette équation, c'est déterminer toutes les valeurs de l'inconnue x pour lesquelles l'égalité est vérifiée. Ces valeurs sont les solutions de l'équation.
>
> Pour $x = 4$ $\begin{cases} x^2 = 16 \\ 2x + 8 = 8 + 8 = 16 \end{cases}$ Pour $x = 5$ $\begin{cases} x^2 = 25 \\ 2x + 8 = 10 + 8 = 18 \end{cases}$
>
> 4 est une solution de l'équation $x^2 = 2x + 8$, mais 5 ne l'est pas.

Un peu de méthode

Résoudre une équation du premier degré

Résoudre l'équation $2x + 7 = 1$.

1. Je détermine la valeur de l'inconnue.

$2x + 7 = 1$
$2x + 7 - 7 = 1 - 7$
$\quad\quad 2x = -6$
$\quad\quad \dfrac{2x}{2} = \dfrac{-6}{2}$
$\quad\quad\quad x = -3$

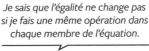
Je sais que l'égalité ne change pas si je fais une même opération dans chaque membre de l'équation.

2. Je vérifie que -3 est bien la solution de l'équation :
$2 \times (-3) + 7 = -6 + 7 = 1$. Donc -3 est la solution de l'équation.

Mettre en équation un problème

Je pense à un nombre. Ce nombre est égal au quintuple de ce nombre ajouté à 2. Quel est ce nombre ?

1. Je note x le nombre cherché.

2. Je traduis l'énoncé par une équation : $x = 5x + 2$.

3. Je résous l'équation : $5x + 2 = x$

$5x - x + 2 = x - x$ $\quad\quad\quad\quad \dfrac{4x}{4} = \dfrac{-2}{4}$
$\quad\quad 4x + 2 = 0$
$4x + 2 - 2 = 0 - 2$ $\quad\quad\quad\quad x = \dfrac{-1}{2}$
$\quad\quad\quad 4x = -2$

4. Je vérifie que $\dfrac{-1}{2}$ est le nombre cherché : $5 \times \left(-\dfrac{1}{2}\right) + 2 = \dfrac{-5}{2} + \dfrac{4}{2} = \dfrac{-1}{2}$.

5. Je conclus : le nombre cherché est $\dfrac{-1}{2}$.

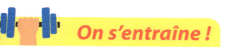

On s'entraîne !

1 QUIZ

Vrai ou faux ?

	V	F
a. -2 est solution de l'équation $x^2 = 4$.	☐	☐
b. -5 est solution de $13 = 8 - x$.	☐	☐
c. L'équation $x^2 + 3 = 6$ admet 2 comme solution.	☐	☐
d. Pour $x = 3$, on a $5x - 8 = 6$.	☐	☐
e. 9 est solution de l'équation $\dfrac{45}{x} = 5$.	☐	☐

2 Équations basiques

Résous les équations.

a. $x - 12 = 37$
b. $x + 6 = -9$
c. $-7x = 42$
d. $\dfrac{x}{6} = -4$

3 Traduction

Traduis chaque phrase par une équation, puis trouve le nombre x qui convient.

a. La somme de x et de 2 vaut 6.
b. Le triple de x vaut 33.
c. 9 retranché de x vaut 4.
d. Le quotient de x par 7 vaut 8.

4 Plusieurs étapes

Résous les équations.

a. $5x - 12 = 23$
b. $6x + 11 = 29$

5 Avec développement

Résous les équations.

a. $5(2x + 3) = 7$
b. $3(4x - 2) = x + 5$

6 Âge inconnu

Un grand-père et son petit-fils ont 56 ans à eux deux. Le grand-père a 50 ans de plus que son petit-fils.
Détermine l'âge du petit-fils.

7 Notes

La note de Paul est égale aux deux tiers de la note de Marie.
La somme des deux notes est égale à 27,5.
Trouve les notes de Marie et de Paul.

> **? indice**
> Écris x la note de Marie et exprime la note de Paul en fonction de x.

8 Nombre d'années

Un homme a 45 ans et son fils 6 ans.
Dans combien d'années l'âge du père sera-t-il le double de l'âge de son fils ?

> **? indice**
> Commence par noter x le nombre d'années cherché.

9 Géométrie littérale

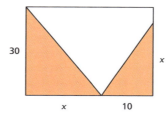

Détermine x pour que l'aire en orange soit égale à la moitié de l'aire du rectangle.

10 CONTRÔLE EXPRESS

Résous les équations.

a. $4x + 5 = 29$

b. $5 - x = -3$

c. $6x - 17 = -5$

Corrigés page 19 du Guide

8 Proportionnalité (1)

Je me demande…
Dans un tableau de proportionnalité, qu'utilise-t-on pour calculer une valeur inconnue ?

Les points clés

1 Égalité des produits en croix

- Dans un tableau de proportionnalité, les **produits en croix** sont **égaux**.
- On utilise cette propriété pour calculer une **quatrième proportionnelle**.

  EXEMPLE Dans le tableau de proportionnalité ci-dessous :

180	30
15	x

  $180 \times x = 30 \times 15$

  D'où : $x = \dfrac{30 \times 15}{180} = 2{,}5$

Mot-Clé

Quatrième proportionnelle : C'est la quatrième valeur d'un tableau de proportionnalité dont on connaît déjà trois valeurs.

2 Pourcentages et échelles

- Une situation utilisant un **pourcentage de t %** est une situation de proportionnalité où le coefficient de proportionnalité est $\dfrac{t}{100}$.

  EXEMPLE Dans une classe de 25 élèves, 60 % des élèves pratiquent un sport.

Nombre d'élèves sportifs	x	60
Nombre d'élèves	25	100

  $x = \dfrac{60}{100} \times 25 = 15$

  Ainsi, 15 élèves pratiquent un sport dans la classe.

- L'**échelle** e d'une carte est le coefficient de proportionnalité entre les longueurs sur la carte et les longueurs réelles :

  $$e = \dfrac{\text{longueur sur la carte}}{\text{longueur réelle}}$$

Attention, les longueurs doivent être exprimées dans la même unité.

Un peu de méthode

Déterminer un pourcentage

- Dans un collège de 650 élèves, 312 sont des externes.

Nombre d'externes	312	x
Nombre d'élèves	650	100

$x = \dfrac{312 \times 100}{650} = 48$.

Ainsi il y a 48 % d'externes dans ce collège.

Utiliser une échelle

- Une carte est à l'échelle $\dfrac{1}{3\,000\,000}$. On veut savoir ce que représente dans le réel 7 cm mesurés sur la carte.

Distance sur la carte (en cm)	1	7
Distance réelle (en cm)	3 000 000	x

$x = \dfrac{3\,000\,000 \times 7}{1} = 21\,000\,000$

donc 7 cm sur la carte représentent $21\,000\,000$ cm $= 210$ km en réalité.

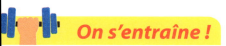

On s'entraîne !

1 QUIZ

Coche la case qui convient.

a. Dans une urne, il y a 8 boules : 5 bleues et 3 rouges. Le pourcentage de boules bleues est :
☐ 62,5 %   ☐ 5 %   ☐ 8 %

b. Dans ma trousse, 40 % de mes 15 stylos sont rouges. Le nombre de stylos rouges est :
☐ 4   ☐ 6   ☐ 15

2 Prix des légumes

Dans un supermarché, le prix des légumes est proportionnel à la masse de légumes achetée.

Complète le tableau suivant.

Masse de carottes (en kg)	2,5	4,5	....
Prix (en €)	5,25	....	21,00

3 Les océans sur Terre

Les océans recouvrent environ 70 % de la surface terrestre. La superficie totale des océans est d'environ 360,5 millions de km². **Calcule la surface de la Terre.**

Surface des océans (en millions de km²)	70	360,5
Surface de la Terre (en millions de km²)	100	....

4 Maquette

Une maquette de voiture a une longueur de 6 cm. En réalité, la voiture mesure 4,50 m de long.

a. Détermine l'échelle de cette réduction.
b. La maquette d'une caravane est accrochée derrière la maquette de la voiture et mesure 52 mm de long. **Calcule la longueur réelle** de la caravane.

5 Soldes

Pendant les soldes, un magasin fait une remise de 20 % sur tous les articles. Jérôme dispose de 200 €.

a. Il souhaiterait acheter un téléphone portable qui coûte, avant réduction, 215 €. **Peut-il se l'offrir ?**
b. Jérôme voudrait également acheter des écouteurs d'une valeur de 36 € avant réduction.
A-t-il les moyens de les acheter ?

6 Avec un tableur

Dans la ville de Tary, trois listes de candidats se sont présentées aux élections municipales.
Le tableau ci-dessous donne les résultats.

	A	B	C
1		Nombre de votes	Pourcentage obtenu
2	Liste « En avant Tary »	1 076	
3	Liste « Tary plus haut »	1 026	
4	Liste « Vivre à Tary »	393	

a. Reproduis ce tableau sur une feuille de calcul.
b. Quel est le nombre total de votes ?
c. Quelle formule dois-tu entrer dans la cellule C2 pour obtenir le pourcentage obtenu par la liste « En avant Tary » ?
d. Étire cette formule vers le bas afin d'obtenir les pourcentages obtenus par les autres listes.
e. Quelle liste a remporté les élections ? Avec quel pourcentage ? (Arrondis le résultat à 0,01 % près.)

7 Gaspillage d'eau

L'eau est précieuse et il faut essayer de ne pas la gaspiller. Une petite fuite de robinet peut entraîner des pertes d'eau importantes.

a. Un robinet goutte et perd ainsi 18 L en 4 heures. **Calcule le volume d'eau** perdu en une journée, puis en un mois (de 30 jours).
b. En France, un m³ d'eau coûte en moyenne 3,09 €. **Calcule combien coûte** la fuite du robinet pendant un mois.

 indice
1 L = 0,001 m³

8 CONTRÔLE EXPRESS

a. En 2014, 55 552 voitures électriques ont été vendues en France. Ces voitures représentaient 3,1 % du nombre total des voitures vendues. **Calcule le nombre total** de voitures vendues en France en 2014.
b. Dans un verre de jus d'orange de 125 mL, il y a 40 mg de vitamine C.
Quelle quantité de jus d'orange faut-il boire pour respecter la dose quotidienne de vitamine C conseillée (60 mg par jour) ?

Corrigés page 19 du Guide

9 Proportionnalité (2)

Je me demande...
Comment est représentée graphiquement une situation de proportionnalité ?

GESTION DE DONNÉES

Les points clés

Représentation graphique

● Une situation de proportionnalité est représentée graphiquement dans un repère par des **points alignés avec l'origine** du repère.

● Si les points ne sont pas alignés avec l'origine du repère, alors le graphique ne représente pas une situation de proportionnalité.

Mot-Clé
Origine d'un repère : Point O (0 ; 0) où les deux axes du repère se croisent.

Un peu de méthode

Reconnaître graphiquement une situation de proportionnalité

Pour déterminer si une série de points correspond à une situation de proportionnalité :
1. Je place les points dans un repère.
2. Je regarde s'ils sont tous alignés sur une même droite passant par l'origine du repère.

EXEMPLE Le tableau suivant est-il un tableau de proportionnalité ?

x	1	3	5	7
y	1,40	4,2	7	9,8

Attention !
Les deux axes doivent être gradués à partir de 0.

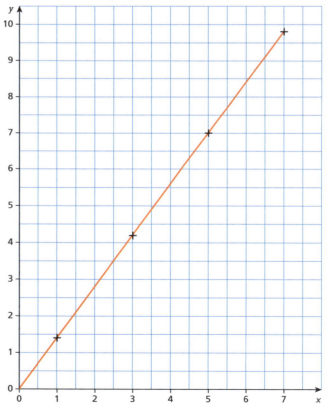

Ici, on voit que tous les points sont alignés avec l'origine du repère. Donc le graphique représente une situation de proportionnalité.

Ainsi, le tableau est un tableau de proportionnalité.

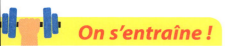

On s'entraîne !

1 QUIZ

Vrai ou faux ?

	V	F
a. Toutes les situations de proportionnalité peuvent être représentées graphiquement par des points alignés avec l'origine du repère.	☐	☐
b. Les deux axes doivent être gradués de la même manière.	☐	☐
c. Sur un graphique, une situation de proportionnalité est représentée par des points alignés de façon croissante.	☐	☐

2 Proportionnalité ?

On donne le tableau ci-dessous :

x	1	2	4,5	5,5
y	2	4	7	11

a. Représente graphiquement la situation décrite par le tableau (x en abscisse et y en ordonnée).
b. D'après le graphique, **le tableau est-il un tableau de proportionnalité** ? Justifie.

3 Location de vélos

Thomas veut louer un vélo et se renseigne auprès de trois loueurs. Le prix dépend de la durée de location du vélo. On a représenté ci-dessous les tarifs :

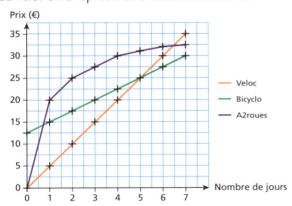

a. Pour chacun des trois loueurs, **le prix est-il proportionnel** à la durée de location ? Justifie.
b. Thomas a loué un vélo avec Veloc pour 4 jours. **Combien a-t-il payé ?**
c. Son ami Xavier a loué avec Veloc pour 11 jours. **Combien a-t-il payé ?**

4 Robes et tissu

Annie veut se fabriquer des robes. Le prix du tissu pour ses robes est proportionnel à la longueur de tissu achetée. Annie a trouvé, sur Internet, 30 mètres de tissu pour 45 €.

a. Représente graphiquement le prix du tissu en fonction de sa longueur (longueur en abscisse et prix en ordonnée).
b. Avec la précision du graphique, **lis** :
– le prix de 40 m de tissu ;
– le prix de 70 m de tissu ;
– la longueur de tissu achetée pour 90 €.
c. Retrouve les résultats de la question **b.** par le calcul.

5 Avec un tableur

On compare les tarifs, en euros, de trois opérateurs de téléphonie mobile en fonction du nombre d'heures des forfaits : la ligne 1 donne le nombre d'heures de communication.

	A	B	C	D	E
1		2	4	6	10
2	Belle télécom	10	20	30	50
3	Rouge télécom	24	28	32	40
4	Defer télécom	15	30	33	39

a. Reproduis ce tableau sur une feuille de calcul d'un tableur.
b. En utilisant l'assistant graphique, **représente**, dans un même graphique, les tarifs des trois opérateurs.
c. Pour chaque opérateur, **indique si le tarif est proportionnel au temps de communication**. Justifie la réponse.

6 CONTRÔLE EXPRESS

Dans une station essence, M. Mate prend 48 L d'essence et paye 64,80 €. Le prix d'essence est proportionnel à la quantité achetée.

a. Représente graphiquement le prix payé à cette station en fonction de la quantité d'essence achetée (quantité en abscisse et prix en ordonnée).
b. À l'aide du graphique, **donne** :
– le prix approximatif de 35 L d'essence ;
– la quantité approximative d'essence correspondant à 70 €.

Corrigés page 20 du Guide

10 Moyenne pondérée, médiane, étendue

Je me demande…
Un bulletin de notes avec des coefficients est-il une série statistique pondérée ?

Les points clés

1 Moyenne pondérée

- On considère une **série statistique pondérée** par des effectifs.

  EXEMPLE On a relevé le nombre d'enfants de 50 familles :

Nombre d'enfants	0	1	2	3	4	5
Effectif	8	11	18	8	3	2

Mot-Clé
Série statistique pondérée : Quand les valeurs du caractère ont chacune un effectif.

- Pour calculer sa **moyenne pondérée** :
  – on additionne les produits de chaque valeur par son effectif ;
  – puis on divise le résultat obtenu par l'effectif total de la série.

  EXEMPLE $M = \dfrac{0\times 8 + 1\times 11 + 2\times 18 + 3\times 8 + 4\times 3 + 5\times 2}{50} = 1{,}86$

  La moyenne pondérée de la série ci-dessus est de 1,86 enfant par famille.

2 Médiane et étendue

- La **médiane** M_e d'une série partage cette série en deux séries de même effectif.

- L'**étendue** e d'une série statistique est la différence entre la plus grande et la plus petite valeur de la série.

  EXEMPLE $e = 5 - 0 = 5$ L'étendue de la série ci-dessus est égale à 5 enfants.

Un peu de méthode

Calculer une médiane

Pour calculer la médiane d'une série statistique

si l'effectif total N est **pair**, alors je prends comme médiane la moyenne des valeurs situées aux rangs $\dfrac{N}{2}$ et $\dfrac{N}{2}+1$

si l'effectif total N est **impair**, alors je prends comme médiane la valeur située au rang $\dfrac{N+1}{2}$

EXEMPLE Dans la série ci-dessus, l'effectif total est égal à 50 : il est pair.

$\dfrac{50}{2} = 25$, donc la médiane est la moyenne des 25ᵉ et 26ᵉ valeurs.

Pour déterminer facilement la médiane, je calcule les **effectifs cumulés croissants** :

Nombre d'enfants	0	1	2	3	4	5
Effectifs	8	11	18	8	3	2
Effectifs cumulés croissants	8	19	37	45	48	50

Attention, les valeurs doivent être rangées dans l'ordre croissant.

$M_e = \dfrac{2+2}{2} = 2$

On s'entraîne !

1 QUIZ

On donne la série statistique suivante, rangée par ordre croissant : 5 ; 5 ; 9 ; 10 ; 11 ; 14 ; 14 ; 14 ; 17.

Coche la réponse qui convient.
a. L'effectif total est égal à : ☐ 17 ☐ 9 ☐ 5
b. La moyenne est égale à : ☐ 99 ☐ 11 ☐ 5
c. L'étendue est égale à : ☐ 12 ☐ 6 ☐ 7
d. La médiane est égale à : ☐ 10 ☐ 12 ☐ 11

2 Salaires

Le tableau suivant donne la répartition des salaires dans une entreprise :

Salaire (en €)	1 200	1 600	1 900	2 100	4 000
Effectif	2	3	5	3	1

a. Quel est l'effectif total de cette entreprise ?
b. Calcule le salaire moyen dans cette entreprise (arrondis à l'unité).
c. Cette moyenne reflète-t-elle bien les salaires de l'entreprise ? Pourquoi ?

? indice
c. Trouve combien de salariés gagne moins que ce salaire moyen.

3 Médiane

Détermine la médiane et l'étendue de cette série statistique : 34 ; 25 ; 78 ; 56 ; 26 ; 14 ; 45 ; 15 ; 56.

4 Avec un tableur

Voici les résultats obtenus par chaque élève à un devoir noté sur 40 :
3 ; 4 ; 5 ; 7 ; 9 ; 10 ; 11 ; 15 ; 18 ; 20 ; 24 ; 27 ; 30 ; 34 ; 36 ; 38.

a. Reproduis ce tableau sur une feuille de calcul d'un tableur en entrant toutes les notes dans la ligne 1.

	A	B	C	D	E	...
1	Note	3	4	5	7	...
2	Effectif total					
3	Moyenne					
4	Médiane					

b. Quel est l'effectif total de la série ? Entre ce nombre dans la cellule B2.
c. Quelle formule dois-tu entrer dans la cellule B3 pour calculer la moyenne de cette série ? Quelle est alors la moyenne de la série ?
d. Quelle formule dois-tu entrer dans la cellule B4 pour calculer la médiane de cette série ? Quelle est alors la médiane de la série ?
e. Interprète les résultats trouvés aux deux questions précédentes.

5 Voyage, voyage

Cléo, qui a 15 ans, décide de partir en colonie de vacances. Elle contacte deux agences qui lui donnent les renseignements suivants :
• Agence Voyo : 21 personnes, moyenne d'âge de 11,6 ans et âge médian de 17 ans.
• Agence Gogo : 21 personnes, moyenne d'âge de 11,6 ans et âge médian de 11 ans.

a. Cléo veut se retrouver avec des jeunes de son âge. **Quelle agence doit-elle choisir ?** Justifie.
b. Les tableaux ci-dessous donnent la répartition des effectifs des deux agences de voyages.
Associe chaque répartition à une agence. Justifie.

Âge	9	10	11	12	16	18
Effectif	1	3	10	5	1	1

Âge	4	5	6	17	18
Effectif	2	4	4	6	5

c. En observant les répartitions, **Cléo va-t-elle finalement choisir une autre agence ?** Justifie.

6 CONTRÔLE EXPRESS

À la sortie d'une salle de cinéma, un journal enquête auprès des spectateurs pour qu'ils donnent une note (sur 20) au film projeté.

Note	6	8	10	12	14	15	17
Effectif	1	5	7	8	12	9	8

a. **Calcule la note moyenne** obtenue par le film.
b. Le film est jugé « À voir » si au moins 50 % des spectateurs ont donné une note supérieure ou égale à 14.
Ce film peut-il être jugé « À voir » ? Justifie.

Corrigés page 21 du Guide

11 Diagrammes en bâtons et histogrammes

Je me demande...
Sur un histogramme, comment choisit-on la largeur des rectangles ?

GESTION DE DONNÉES

Les points clés

- Une série statistique peut être représentée graphiquement par un **diagramme en bâtons** ou un **histogramme**.
- Le diagramme en bâtons est utilisé pour des séries à **valeurs isolées**.
- L'histogramme est utilisé pour représenter des séries regroupées en **classes**.

Mot-Clé
Valeurs isolées : On dit que les valeurs d'une série sont isolées lorsqu'on peut les visualiser une par une.

Un peu de méthode

Construire un histogramme

On donne la série statistique suivante :

Âge	[0 ; 20[	[20 ; 40[	[40 ; 60[	[60 ; 80[	[80 ; 100[
Nombre d'habitants	340	300	580	380	80

Pour construire l'histogramme représentant cette série :

1. Je trace 2 axes gradués (âge en abscisse et nombre d'habitants en ordonnée).

2. Pour graduer les axes, je regarde l'amplitude des classes pour les abscisses, et les effectifs pour les ordonnées.

Ici, je peux prendre 2 cm pour 20 ans en abscisses et 1 cm pour 100 personnes en ordonnées.

Je construis des rectangles qui ont :
– tous la même largeur, égale à l'amplitude de la classe ;
– une hauteur égale à l'effectif de la classe.

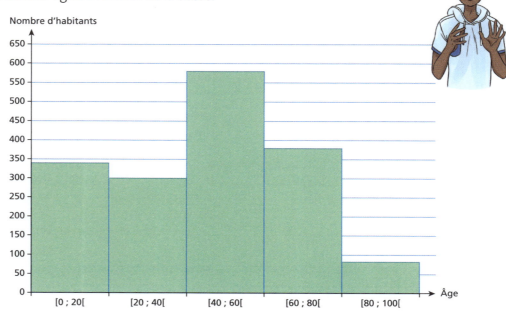

96

On s'entraîne !

1 QUIZ

On donne le diagramme en bâtons suivant.

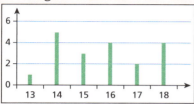

Coche la case qui convient.

a. L'effectif de la valeur 14 est :
☐ 14   ☐ 5   ☐ 1

b. L'effectif total est :
☐ 18   ☐ 14   ☐ 19

c. Le nombre de valeurs dont l'effectif est 4 est :
☐ 2   ☐ 4   ☐ 6

d. La moyenne de cette série est environ de :
☐ 15,68   ☐ 15,5   ☐ 9

2 Les 24 heures du Mans

La compétition des 24 heures du Mans-Moto a pour but de faire le plus grand nombre de tours d'un circuit pendant 24 heures.

a. Représente cette série à l'aide d'un diagramme en bâtons.

Nombre de tours	770	780	790	800	810	820
Effectif	5	4	3	5	2	1

b. Calcule le nombre moyen de tours effectués par l'une de ces motos.

3 Avec un tableur

Le tableau ci-dessous donne le nombre d'habitants de 4 villages du sud de la France :

	Enfants (− de 12 ans)	Jeunes (12 à 20 ans)	Adultes (21 à 65 ans)	Seniors (+ de 65 ans)
Val-sur-Mer	24	32	85	67
Ste-Martine	59	58	156	134
Bottenoux	87	99	213	167
Valletrou	34	28	78	105

a. Reproduis ce tableau sur une feuille de calcul d'un tableur, puis à l'aide de l'assistant graphique, construis un diagramme en bâtons permettant de comparer le nombre d'enfants de chaque village.
b. Construis un diagramme en bâtons permettant de comparer le nombre d'adultes de chaque village.

4 Établissement scolaire

Le diagramme en bâtons ci-dessous donne la répartition des classes d'un établissement scolaire en fonction du nombre d'élèves :

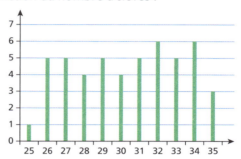

a. Construis le tableau des effectifs de cette série.
b. Calcule le nombre moyen d'élèves par classe (donne le résultat arrondi à l'unité). **Interprète** le résultat obtenu.
c. Détermine la médiane et l'étendue de cette série. **Interprète** les résultats obtenus.

5 CONTRÔLE EXPRESS

On a mesuré la vitesse de passage des voitures dans une rue limitée à 50 km/h pendant une journée.

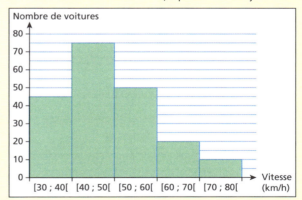

a. Calcule le nombre total de voitures qui sont passées dans cette rue.
b. Calcule le centre de chaque classe de vitesse.
c. Calcule la vitesse moyenne d'un véhicule en remplaçant chaque classe par son centre.
d. Quel pourcentage de véhicules est en excès de vitesse ?

Corrigés page 21 du Guide

Probabilités

Je me demande...
Qu'est-ce qu'un événement impossible ? un événement certain ?

GESTION DE DONNÉES

✓ Les points clés

1 Définitions

● Il y a **équiprobabilité** lorsque toutes les issues d'une expérience aléatoire ont la même probabilité.

● En situation d'équiprobabilité, la probabilité p d'un événement est :

$$p = \frac{\text{nombre d'issues favorables}}{\text{nombre d'issues possibles}}$$

C'est un nombre compris entre 0 et 1.

EXEMPLE Le lancer d'un dé équilibré est une expérience aléatoire.

La probabilité de l'événement « Tomber sur un chiffre pair » est : $p = \frac{3}{6} = \frac{1}{2}$.

En effet, les issues possibles sont les 6 nombres entre 1 et 6 ; parmi celles-ci, les issues favorables sont les 3 nombres pairs : 2, 4 et 6.

● Un événement dont la probabilité est égale à 0 est un **événement impossible**.

● Un événement dont la probabilité est égale à 1 est un **événement certain**.

Mots-Clés

● **Issue** : C'est le résultat possible d'une expérience aléatoire.

● **Événement** : C'est un ensemble d'issues d'une expérience aléatoire.

2 Lien entre fréquences et probabilités

● Si on répète un **très grand nombre de fois** la même expérience aléatoire, alors on observe que la fréquence d'un événement se rapproche d'une « fréquence théorique » qui est égale à la probabilité de l'événement.

Un peu de méthode

Calculer la probabilité d'un événement en situation d'équiprobabilité

On s'intéresse à l'expérience aléatoire : « Tirer au hasard une carte dans un jeu de 52 cartes. »

Toutes les cartes ont la même probabilité d'être tirées, il s'agit donc d'une situation d'équiprobabilité.

Commence par vérifier qu'il s'agit d'une situation d'équiprobabilité.

● Soit A l'événement « Tirer un valet ».
Je détermine la probabilité de l'événement A :
– l'événement A est composé de 4 issues (il y a 4 valets dans le jeu) ;
– il y a 52 issues à cette expérience aléatoire ;
– ainsi : $p(A) = \frac{4}{52} = \frac{1}{13}$.

● Soit B l'événement « Tirer une carte comprise entre 2 et As ».
L'événement B est un événement certain (en effet, toutes les cartes ont une valeur entre 2 et As).
Ainsi $p(B) = 1$.

98

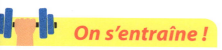

On s'entraîne !

1 QUIZ

Le jeu de la roulette comporte 37 cases numérotées de 0 à 36. Les cases sont alternativement rouges et noires sauf la case 0 qui est verte.
On fait tourner la roulette avec une bille.

Coche la case qui convient.

a. La probabilité que la bille tombe sur la case 0 est :

☐ $\frac{1}{37}$ ☐ 0   ☐ $\frac{1}{36}$

b. La probabilité que la bille tombe sur une case noire est :

☐ $\frac{18}{36}$ ☐ $\frac{18}{37}$ ☐ $\frac{1}{2}$

c. La probabilité de ne pas tomber sur la case verte est :

☐ $\frac{1}{37}$ ☐ $\frac{1}{36}$ ☐ $\frac{36}{37}$

2 Équipe de sport

Dans une équipe de sport, il y a 9 élèves dont 5 filles et 4 garçons. Dans l'équipe, il y a 6 demi-pensionnaires.
Le professeur d'EPS désigne, au hasard, un élève pour être le capitaine de l'équipe.

a. Quel est le nombre d'issues possibles ?
b. Quelle est la probabilité que le capitaine soit une fille ?
c. Quelle est la probabilité que le capitaine soit un élève demi-pensionnaire ?

3 Armoires de tee-shirts

Dans l'armoire de Vincent, il y a 4 tee-shirts rouges, 6 blancs, 7 gris et 3 noirs.
Vincent prend un tee-shirt au hasard.

a. Quel est le nombre d'issues possibles ?
b. Soit A l'événement « Le tee-shirt est blanc » et B l'événement « Le tee-shirt est rouge ».
Détermine $p(A)$ et $p(B)$.
c. Soit C l'événement « Le tee-shirt est blanc ou rouge ».
Détermine $p(C)$.

4 Des billes

Antoine, Margot et Simon ont chacun un sac contenant des billes.
Le contenu de chaque sac est le suivant :

Sac d'Antoine	Sac de Margot	Sac de Simon
5 billes bleues	10 billes bleues et 30 billes rouges	100 billes bleues et 3 billes rouges

Chacun pioche au hasard une bille dans son sac.
Qui a la probabilité la plus grande de tirer une bille bleue ?

5 Fréquences et probabilités

Un dé équilibré a 6 faces de couleurs différentes : 1 face rouge, 1 face blanche, 1 face noire, 1 face verte et 2 faces orange.

a. On lance 100 fois ce dé et on note à chaque fois la couleur de la face obtenue :

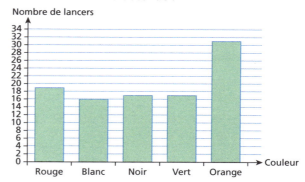

Détermine la fréquence d'apparition de la couleur blanche. **Détermine la fréquence** d'apparition de la couleur orange.
b. Quelle est la probabilité d'obtenir la couleur blanche ?
Quelle est la probabilité d'obtenir la couleur orange ?
c. Explique pourquoi il y a des écarts entre les fréquences trouvées à la question **a.** et les probabilités calculées à la question **b.**

6 CONTRÔLE EXPRESS

Un sac contient 10 boules jaunes, 6 boules rouges et 4 boules vertes. Chaque boule a la même probabilité d'être piochée.
On pioche au hasard une boule dans le sac.

a. Calcule la probabilité de piocher une boule jaune.
b. Calcule la probabilité de piocher une boule rouge ou verte.

Corrigés page 22 du Guide

13 Triangles et parallélogrammes

Je me demande…
Quelles sont les particularités des parallélogrammes ? Y en a-t-il de particuliers ?

Les points clés

1 Triangles

● Dans un triangle, la **somme des angles** est égale à 180°.

● **Cas des triangles particuliers**
Si un triangle est **rectangle**, alors ses deux angles aigus sont **complémentaires**.
Si un triangle est **isocèle**, alors ses deux angles à la base sont **égaux**.
Si un triangle est **équilatéral**, alors ses trois angles sont **égaux** et mesurent 60°.

2 Triangles égaux

● Deux triangles égaux sont deux triangles dont les côtés respectifs sont deux à deux de même longueur.

EXEMPLE Les deux triangles ABC et EFG sont tels que AB = EF ; AC = EG et BC = FG. Donc, ces deux triangles ABC et EFG sont deux triangles égaux.

● Si deux triangles sont égaux, alors leurs angles respectifs sont deux à deux de même mesure.

EXEMPLE Dans le cas des triangles égaux ABC et EFG ci-dessus, on a $\widehat{BAC} = \widehat{FEG}$; $\widehat{ABC} = \widehat{EFG}$ et $\widehat{ACB} = \widehat{EGF}$.

Mots-Clés

● **Base d'un triangle isocèle** : La base d'un triangle isocèle est le côté opposé au sommet principal (sommet où se croisent les deux côtés de même longueur).

● **Angles de sommets opposés** : Dans un quadrilatère, deux angles ayant pour sommets respectifs les extrémités d'une même diagonale sont appelés angles de sommets opposés.

3 Parallélogrammes

Si un quadrilatère est un parallélogramme
- ses côtés opposés sont **parallèles** et de **même longueur**
- ses angles de sommets opposés sont **égaux**
- ses diagonales ont le **même milieu**
- ses angles de sommets consécutifs sont **supplémentaires**
- il a un **centre de symétrie** qui est le point d'intersection de ses deux diagonales

Un peu de méthode

Démontrer l'existence d'un parallélogramme

Je peux utiliser l'une des trois propriétés suivantes.

1. Si un quadrilatère a ses **côtés opposés parallèles**, alors c'est un parallélogramme.

2. Si un quadrilatère non croisé a **deux côtés parallèles et de même longueur**, alors c'est un parallélogramme.

3. Si un quadrilatère a ses **diagonales de même milieu**, alors c'est un parallélogramme.

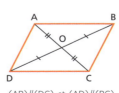

(AB)//(DC) et (AD)//(BC)
AB = DC et AD = BC

On s'entraîne !

1 QUIZ

Vrai ou faux ?

	V	F
a. Un triangle isocèle possède un axe de symétrie.	☐	☐
b. Les diagonales d'un rectangle sont des axes de symétrie.	☐	☐
c. Le losange, le rectangle et le carré sont des parallélogrammes.	☐	☐
d. Un carré est un losange.	☐	☐

2 Triangle isocèle

ABC est un triangle tel que $\widehat{ABC} = 67°$ et $\widehat{ACB} = 46°$.

Démontre que le triangle ABC est isocèle.

3 Triangle équilatéral

a. Trace un cercle de centre O et de rayon r (r est un nombre que tu choisis librement). Sur ce cercle, marque deux points distincts A et B tels que l'angle $\widehat{AOB}$ mesure 60°.

b. Démontre que le triangle OAB est un triangle équilatéral.

4 Avec les angles

ABC est un triangle tels que BC = 10 cm, $\widehat{ABC} = 50°$ et $\widehat{ACB} = 80°$.

a. Construis le triangle ABC.
b. Calcule, en justifiant, la mesure en degrés de $\widehat{BAC}$.

5 Parallélogramme

ABCD est un quadrilatère tel que AC = 12 cm et BD = 8 cm.

a. Explique comment construire ABCD de telle sorte qu'il soit un parallélogramme.
b. Existe-t-il plusieurs solutions ?

6 Rectangle

ABD est un triangle rectangle en A.

a. Explique comment construire le point C de telle sorte que le quadrilatère ABCD soit un rectangle.
b. Existe-t-il plusieurs façons de faire ?

7 Triangles égaux

MNP est un triangle tel que MN = 10 cm ; $\widehat{PMN} = 70°$ et $\widehat{PNM} = 50°$.

a. Construis un triangle MNP égal à celui de l'énoncé ci-dessus.
b. Combien mesure l'angle $\widehat{MPN}$?

8 Parallélogramme et triangles égaux

On donne la figure suivante où ABCD est un parallélogramme de centre O.

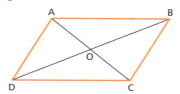

a. Démontre que les triangles OAB et OCD sont deux triangles égaux.
b. Démontre que les triangles OAD et OBC sont deux triangles égaux.

9 Propriété des angles d'un triangle

L'objectif de cet exercice est de démontrer que la somme des angles d'un triangle est égale à 180°. Dans la figure ci-dessous :
– les droites (tz) et (BC) sont parallèles ;
– les droites (tz) et (BC) sont coupées par la sécante (Cv) respectivement en A et C ;
– les droites (tz) et (BC) sont coupées par la sécante (Bu) respectivement en A et B.

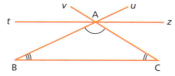

a. Montre que $\widehat{BAC} = \widehat{uAv}$.
b. Montre que $\widehat{ABC} = \widehat{uAz}$ et $\widehat{ACB} = \widehat{tAv}$.
c. Déduis-en que $\widehat{BAC} + \widehat{ABC} + \widehat{ACB} = 180°$.

10 CONTRÔLE EXPRESS

Construis un parallélogramme vérifiant les trois conditions suivantes :
– ses diagonales forment un angle de 40° ;
– une de ses diagonales mesure 9 cm ;
– l'un de ses côtés mesure 3,5 cm.

Corrigés page 22 du Guide

14 Translations

Je me demande...
Quelle est l'image d'un point, d'un segment, d'une droite par une translation ?

✓ Les points clés

1 Image d'un point par une translation

● Étant donnés deux points A et B, dire qu'un point M a pour image un point M' par la translation qui transforme A en B signifie que le quadrilatère ABM'M est un parallélogramme.

  EXEMPLE ABM'M est un parallélogramme, donc :
  M' est l'image de M par la translation qui transforme A en B ;
  M est l'image de M' par la translation qui transforme B en A.

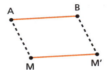

● **Cas particulier :** Si le point M **appartient à la droite** (AB), son image M' par la translation qui transforme A en B appartient aussi à la droite (AB) :
• A et B, d'une part, et M et M', d'autre part, sont dans le même sens ;
• MM' = AB.

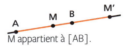
M appartient à [AB].

M n'appartient pas à [AB].

Mots-Clés

● **Direction d'une droite** : Une droite donnée représente une certaine direction ; toutes les droites parallèles à une droite donnée sont de même direction.

● **Sens d'une droite** : Une direction comporte deux sens différents (par exemple, une droite (AB) comporte le sens de A vers B et le sens de B vers A).

2 Caractérisation d'une translation

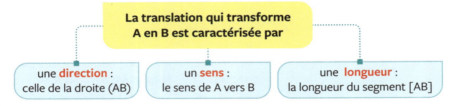

👆 Un peu de méthode

Construire l'image de M par la translation qui transforme A en B

● **À l'aide de l'équerre et de la règle graduée**

1. Je trace la droite *d* passant par le point M et parallèle à la droite (AB).

2. Sur cette droite *d*, **dans le sens de A vers B**, je marque un point M' tel que AB = MM'.

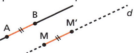

● **À l'aide du compas et de la règle**

1. Je trace un arc de cercle de centre M et de rayon AB.

2. Je trace un arc de cercle de centre B et de rayon AM, puis je nomme M' le point à l'intersection des deux arcs de cercle.

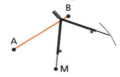

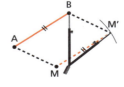

On s'entraîne !

1 QUIZ

Vrai ou faux ? Observe le parallélogramme ABCD et coche la case qui convient.

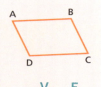

	V	F
a. La translation qui transforme A en B est la même que la translation qui transforme B en A.	☐	☐
b. La translation qui transforme A en B transforme aussi D en C.	☐	☐
c. D est l'image de B par la translation qui transforme A en C.	☐	☐

2 Translation et quadrillage

À l'aide du quadrillage, construis :

a. M' et N', images respectives de M et N par la translation qui transforme A en B ;
b. E' et F', images respectives de E et F par la translation qui transforme B en A.

3 Image d'un point par une translation

Construis D et F, images respectives de C et E par la translation qui transforme A en B.

4 Avec un logiciel de géométrie

a. Construction
Marque deux points distincts A et B.
Marque un point M n'appartenant pas à (AB).
Construis M', image de M par la translation qui transforme A en B.
Trace le quadrilatère ABM'M.
Trace [AM'] et [BM] les deux diagonales de ABM'M.
Nomme O leur point d'intersection.

b. Expérimentation
Fais afficher les longueurs AB et MM' ; OA et OM' ; OB et OM. Déplace le point A ou le point B, puis lis les mesures affichées. Répète plusieurs fois cette opération. Que constates-tu ?
Quelle conjecture peux-tu émettre sur la nature de ABM'M ?

5 Frise

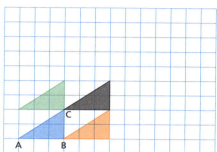

a. Observe la figure ci-dessus, puis complète les phrases suivantes.

La translation qui transforme A en B transforme le triangle bleu en le triangle ....

La translation qui transforme le triangle vert en le triangle gris est la translation qui transforme le point .... en le point ....

La translation qui transforme le triangle bleu en le triangle vert est la translation qui transforme le point .... en le point ....

La translation qui transforme A en C transforme le triangle bleu en le triangle ....

b. Continue cette frise de telle sorte qu'elle soit quatre fois plus grande.

6 CONTRÔLE EXPRESS

a. Marque A et B deux points distincts du plan.
Trace une droite d non parallèle à la droite (AB).
Marque deux points distincts E et F sur d.
Construis E' et F', images respectives de E et F par la translation qui transforme A en B.
b. Montre que les quadrilatères ABE'E et ABF'F sont des parallélogrammes.
c. Déduis-en que le quadrilatère EFF'E' est un parallélogramme et que (EF) et (E'F') sont parallèles.

Corrigés page 24 du Guide

103

15 Théorème de Pythagore

Je me demande...
Dans un triangle rectangle, qu'appelle-t-on l'hypoténuse ?

✅ Les points clés

1 Théorème de Pythagore

● Si un triangle est **rectangle**, alors le carré de la longueur de son hypoténuse est égal à la somme des carrés des longueurs des deux autres côtés.

EXEMPLE Le triangle ABC ci-contre est rectangle en A.
Son hypoténuse est le côté [BC].
D'après le théorème de Pythagore :
$BC^2 = AB^2 + AC^2 = 8^2 + 6^2 = 64 + 36 = 100$
$BC = \sqrt{100} = 10$ cm

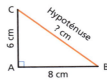

Mot-Clé
Hypoténuse :
On appelle hypoténuse le côté opposé à l'angle droit d'un triangle rectangle (le plus grand côté du triangle rectangle).

2 Réciproque du théorème de Pythagore

● Si le carré de la longueur d'un côté d'un triangle est égal à la somme des carrés des longueurs des deux autres côtés, alors ce triangle est **rectangle**.

⚙️ Un peu de méthode

Démontrer qu'un triangle donné est rectangle ou non

1. Je décris le triangle en indiquant ses 3 longueurs exprimées dans l'unité donnée.

2. Je calcule séparément : d'une part, le carré du plus grand côté ; d'autre part, la somme des carrés des deux petits côtés.

3. Je compare ces deux résultats et je conclus selon qu'ils sont égaux ou différents.

EXEMPLE 1

1. On sait que ABC est un triangle tel que AB = 12 cm, AC = 9 cm et BC = 15 cm.
On veut savoir si ce triangle ABC est rectangle ou non.
2. $BC^2 = 15^2 = 225$ et $AB^2 + AC^2 = 12^2 + 9^2 = 144 + 81 = 225$
Donc $BC^2 = AB^2 + AC^2$.
3. Or, d'après la **réciproque du théorème de Pythagore**, si le carré de la longueur d'un côté d'un triangle est égal à la somme des carrés des longueurs des deux autres côtés, alors ce triangle est rectangle.
Comme $BC^2 = AB^2 + AC^2$, on en déduit que **ABC est rectangle en A**.

EXEMPLE 2

1. On sait que ABC est un triangle tel que AB = 11 cm, AC = 7 cm et BC = 13 cm.
On veut savoir si ce triangle ABC est rectangle ou non.
2. $BC^2 = 13^2 = 169$ et $AB^2 + AC^2 = 11^2 + 7^2 = 121 + 49 = 170$
Donc $BC^2 \neq AB^2 + AC^2$.
3. Or, si ABC était un triangle rectangle, son hypoténuse serait [BC], son plus grand côté, et, d'après **le théorème de Pythagore**, on aurait alors $BC^2 = AB^2 + AC^2$.
Comme $BC^2 \neq AB^2 + AC^2$, on en déduit que **ABC n'est pas rectangle**.

On s'entraîne !

1 QUIZ

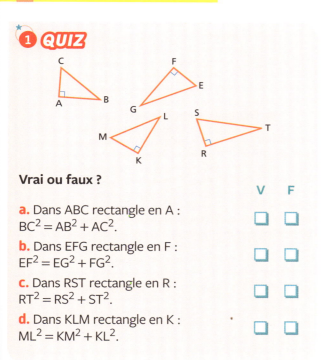

Vrai ou faux ?

	V	F
a. Dans ABC rectangle en A : $BC^2 = AB^2 + AC^2$.	☐	☐
b. Dans EFG rectangle en F : $EF^2 = EG^2 + FG^2$.	☐	☐
c. Dans RST rectangle en R : $RT^2 = RS^2 + ST^2$.	☐	☐
d. Dans KLM rectangle en K : $ML^2 = KM^2 + KL^2$.	☐	☐

2 Longueur inconnue (1)

RST est un triangle rectangle en R tel que RT = 36 cm et RS = 48 cm.

a. Dessine un schéma du triangle RST.
b. Calcule ST en indiquant la propriété utilisée.

3 Longueur inconnue (2)

IJK est un triangle rectangle en J tel que IJ = 56 cm et IK = 70 cm.

a. Dessine un schéma du triangle IJK.
b. Calcule JK en indiquant la propriété utilisée.

4 Triangle rectangle ou non ? (1)

On donne le triangle EFG tel que EF = 24 cm, FG = 18 cm et EG = 30 cm.

a. Construis ce triangle EFG à l'échelle ½.
b. EFG est-il un triangle rectangle ? Justifie.

5 Triangle rectangle ou non ? (2)

On donne le triangle MNP tel que MN = 15 cm, MP = 10 cm et NP = 11 cm.

a. Construis ce triangle MNP en vraie grandeur.
b. MNP est-il un triangle rectangle ? Justifie.

6 Escargot de Pythagore

On considère le programme de construction suivant.

> • Construire le triangle ABC rectangle en A, tel que AB = 1 cm et AC = 1 cm.
> • Construire le triangle BCD rectangle en C, tel que CD = 1 cm.
> • Construire le triangle BDE rectangle en D, tel que DE = 1 cm.
> • Construire le triangle BEF rectangle en E, tel que EF = 1 cm.
> • Construire le triangle BFG rectangle en F, tel que FG = 1 cm.
> • Etc.

a. Exécute ce programme de construction, pour continuer la figure ci-dessous où l'on a déjà construit les triangles ABC et BCD. Tu construiras 5 triangles.

b. Montre que les hypoténuses des triangles rectangles ainsi construits mesurent respectivement $\sqrt{2}$ cm ; $\sqrt{3}$ cm ; $\sqrt{4}$ cm ; $\sqrt{5}$ cm ; etc.
c. À l'aide d'une règle graduée, **donne une valeur approchée** de $\sqrt{2}$; $\sqrt{3}$ et $\sqrt{5}$, puis vérifie avec la touche $\boxed{\sqrt{}}$ de ta calculatrice.

7 Losange

ABCD est un losange de centre O : ses diagonales [AC] et [BD] mesurent respectivement 8 cm et 6 cm.

a. Quelle est la nature du triangle AOB ? Justifie.
b. Montre que le côté de ce losange ABCD mesure 5 cm. Justifie ta réponse.

8 CONTRÔLE EXPRESS

ABCD est un rectangle tel que AB = 12 cm et BC = 9 cm.

a. Dessine un schéma du rectangle ABCD.
b. Calcule la longueur de la diagonale [AC].

Corrigés page 24 du Guide

105

16 Théorème de Thalès (1)

Je me demande...
Dans quels cas peut-on utiliser le théorème de Thalès ?

Les points clés

1 Configurations de Thalès

● Triangles emboîtés : 1ᵉʳ cas

ABC et AMN sont deux triangles tels que :
M ∈ [AB], N ∈ [AC] et (MN) ∥ (BC).

● Triangles emboîtés : 2ⁿᵈ cas

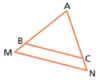

ABC et AMN sont deux triangles tels que :
M ∈ [AB), N ∈ [AC) et (MN) ∥ (BC).

2 Théorème de Thalès

● Étant donnés deux triangles ABC et AMN tels que M ∈ (AB) et N ∈ (AC), si les droites (BC) et (MN) sont parallèles, alors : $\boxed{\dfrac{AM}{AB} = \dfrac{AN}{AC} = \dfrac{MN}{BC}}$

● On utilise le théorème de Thalès :
– pour calculer une longueur inconnue dans une configuration de Thalès ;
– pour démontrer que deux droites données ne sont pas parallèles.

Un peu de méthode

Calculer des longueurs

Sur la figure ci-contre :
AB = 9 cm ; AC = 12 cm ;
AM = 3 cm ; MN = 5 cm ;
(MN) ∥ (BC).
Calculer les longueurs AN et BC.

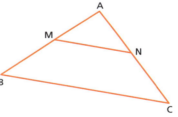

Quand tu rédiges la démonstration, pense à citer toutes les conditions du théorème.

1. Je commence par dessiner un schéma si la figure n'est pas donnée, en y reportant les longueurs connues, et je décris la configuration.
ABC et AMN sont deux triangles tels que M ∈ (AB), N ∈ (AC) et (MN) ∥ (BC).

2. J'applique le théorème de Thalès à la configuration donnée, en écrivant une égalité de trois rapports : $\dfrac{AM}{AB} = \dfrac{AN}{AC} = \dfrac{MN}{BC}$.

3. Je remplace les valeurs connues et je calcule les longueurs inconnues à l'aide de la propriété d'égalité des produits en croix : $\dfrac{3}{9} = \dfrac{AN}{12} = \dfrac{5}{BC}$

J'en déduis que 9 × AN = 3 × 12.
D'où AN = $\dfrac{3 \times 12}{9}$ = 4 cm

J'en déduis que 3 × BC = 5 × 9.
D'où BC = $\dfrac{5 \times 9}{3}$ = 15 cm

Mot-Clé
Produits en croix : On parle de produits en croix parce que, si $\dfrac{a}{b} = \dfrac{c}{d}$, alors $a \times d = b \times c$.

On s'entraîne !

1 QUIZ

Vrai ou faux ?

                          V   F

a. $\dfrac{2}{5} = \dfrac{a}{7}$ implique que $5 \times a = 2 \times 7$. ☐ ☐

b. $\dfrac{3+a}{5} = \dfrac{7}{4}$ implique $4 \times 3 + a = 5 \times 7$. ☐ ☐

c. $\dfrac{3+a}{5} = \dfrac{7}{4}$ implique $4 \times (3+a) = 5 \times 7$. ☐ ☐

d. $\dfrac{2+b}{8} = \dfrac{b-5}{6}$ implique $6 \times (2+b) = 8 \times (b-5)$. ☐ ☐

2 Produits en croix

En appliquant la propriété de l'égalité des « produits en croix », calcule le nombre inconnu x dans chacun des cas suivants.

a. $\dfrac{x}{8} = \dfrac{3}{5}$ **b.** $\dfrac{5}{6} = \dfrac{8}{x}$

c. $\dfrac{x+2}{12} = \dfrac{x-5}{3}$ **d.** $\dfrac{x-7}{4} = \dfrac{2}{5}$

3 Une propriété

On donne ci-contre le triangle GEF et les points I et K tels que I ∈ [GE] ; K ∈ [GF] et (IK)//(EF).

a. Que peux-tu dire des longueurs des côtés correspondants des triangles GEF et GIK ? Sous quel nom connaît-on cette propriété ?

b. Traduis cette propriété par une égalité de trois rapports (écritures fractionnaires), avec les lettres des deux triangles GEF et GIK.

c. On suppose que GE = 9 cm ; GI = 3 cm ; GK = 4 cm et EF = 15 cm. Calcule GF et IK.

d. Construis la figure en vraie grandeur.

4 Longueurs inconnues

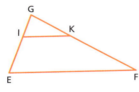

On donne ci-contre le triangle PMN et les points E et F tels que E ∈ [PM] ; F ∈ [PN] et (EF)//(MN).

a. Écris une égalité de trois rapports traduisant le théorème de Thalès dans cette configuration.

b. D'après l'égalité précédente, que peux-tu dire des longueurs des côtés correspondants des triangles PMN et PEF ?

c. On suppose que PM = 12 cm ; PE = 9 cm ; PN = 10 cm et EF = 6 cm. Calcule PF et MN.

5 Théorème de Thalès et écritures littérales

L'unité de longueur est le mètre. Soit ABC un triangle rectangle en A tel que AB = 4 et AC = 5. Soit M un point du segment [AC]. On pose AM = x. La parallèle à (AB) passant par M coupe le segment [BC] en N.

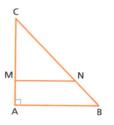

a. Entre quelles valeurs peut varier le nombre x ?
b. Exprime la longueur CM en fonction de x.
c. Montre que MN = 4 − 0,8x.
d. Montre que le triangle CMN est rectangle en M, puis exprime son aire en fonction de x.
e. Exprime en fonction de x l'aire A(x) du trapèze ABNM.
f. Si x = 2 cm, calcule de deux façons l'aire du trapèze ABNM.

6 Dans un rectangle

Soit ABCD un rectangle avec AB = 8 cm, AD = 6 cm, et AC = 10 cm.
Sur [AC] on place M tel que AM = 6 cm.

a. Construis le rectangle ABCD, puis place le point M.
b. Construis le rectangle AEMF tel que E ∈ [AB].
c. Calcule alors la longueur et la largeur du rectangle AEMF, ainsi que son périmètre.

7 CONTRÔLE EXPRESS

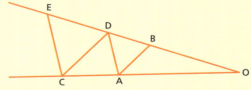

On donne la figure ci-dessus.
On donne OA = 4 cm ; OB = 5 cm ; BD = 3 cm ; (AB) // (CD) et (AD) // (CE).

Calcule AC et DE en justifiant.

Corrigés page 25 du Guide

17 Théorème de Thalès (2)

Je me demande...

Dans un triangle, comment démontrer que deux droites sont ou non parallèles ?

✓ Les points clés

Réciproque du théorème de Thalès

● Étant donnés deux triangles ABC et AMN : si les points A, B, M d'une part et les points A, C, N d'autre part sont alignés dans le même ordre et si $\dfrac{AM}{AB} = \dfrac{AN}{AC}$, alors les droites (MN) et (BC) sont parallèles.

● On applique la réciproque de Thalès pour démontrer que deux droites données sont parallèles.

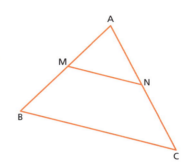

👆 Un peu de méthode

Démontrer que deux droites données sont parallèles ou non

Sur la figure ci-dessous :
M ∈ (AB), N ∈ (AC),
AB = 8 cm, AC = 12 cm, AM = 6 cm et AN = 9 cm.
Les droites (MN) et (BC) sont-elles parallèles ?

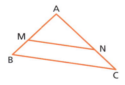

1. Je décris la configuration donnée.
AMN et ABC sont deux triangles tels que M ∈ [AB] et N ∈ [AC].

2. Je calcule séparément $\dfrac{AM}{AB}$ et $\dfrac{AN}{AC}$.

$\dfrac{AM}{AB} = \dfrac{6}{8} = \dfrac{3}{4}$

$\dfrac{AN}{AC} = \dfrac{9}{12} = \dfrac{3}{4}$

3. Je compare ces deux résultats et je conclus.

Donc, comme $\dfrac{AM}{AB} = \dfrac{AN}{AC}$, j'en déduis que les droites (MN) et (BC) sont parallèles, d'après la réciproque du théorème de Thalès.

Sur la figure ci-dessous :
M ∈ (AB), N ∈ (AC),
AB = 15 cm, AC = 10 cm, AM = 9 cm et AN = 8 cm.
Les droites (MN) et (BC) sont-elles parallèles ?

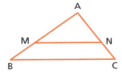

1. Je décris la configuration donnée.
AMN et ABC sont deux triangles tels que M ∈ [AB] et N ∈ [AC].

2. Je calcule séparément $\dfrac{AM}{AB}$ et $\dfrac{AN}{AC}$.

$\dfrac{AM}{AB} = \dfrac{9}{15} = \dfrac{3}{5}$

$\dfrac{AN}{AC} = \dfrac{8}{10} = \dfrac{4}{5}$

3. Je compare ces deux résultats et je conclus.

Donc, comme $\dfrac{AM}{AB} \neq \dfrac{AN}{AC}$, j'en déduis que les droites (BC) et (MN) ne sont pas parallèles, d'après le théorème de Thalès.

Si les droites ne sont pas parallèles, je cite le théorème de Thalès. Si elles le sont, je cite la réciproque.

On s'entraîne !

1 QUIZ

Dans chacune des configurations ci-dessous, si $\dfrac{AM}{AB} = \dfrac{AN}{AC}$, alors les droites (MN) et (BC) sont parallèles, d'après la réciproque du théorème de Thalès. **Vrai ou faux ?**

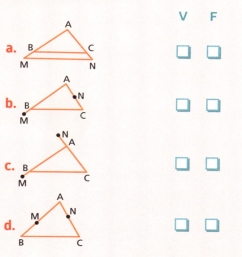

2 Parallèles

On donne la figure ci-dessous telle que AB = 7,5 cm ; AM = 3 cm ; AC = 4,5 cm et AN = 1,8 cm.

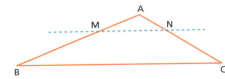

Démontre que les droites (MN) et (BC) sont parallèles.

3 Non parallèles

On donne la figure ci-dessous, telle que AB = 6 cm ; AM = 2 cm ; AC = 4,5 cm et AN = 1,8 cm.

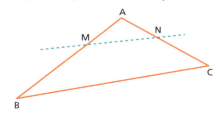

Démontre que les droites (MN) et (BC) ne sont pas parallèles.

4 Triangle et milieux

On donne ci-contre un triangle ABC.
Le point I est le milieu du côté [AB].
Le point J est le milieu du côté [AC].

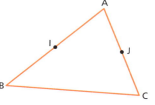

Démontre que (IJ) et (BC) sont parallèles.

5 Triangles et symétrie

On donne la figure ci-contre où les points A, E, B, M sont alignés et les points A, F, C et N sont alignés.

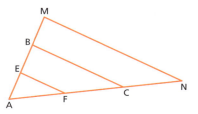

a. Sachant que B est le symétrique de A par rapport au point E, **trouve et écris la fraction** simplifiée qui représente le rapport $\dfrac{AE}{AB}$.

b. Sachant que C est le symétrique de A par rapport au point F, **trouve et écris la fraction** simplifiée qui représente le rapport $\dfrac{AF}{AC}$.

c. Que peux-tu en déduire pour les droites (EF) et (BC) ? Justifie.

d. On sait aussi que M est le symétrique de E par rapport au point B et que N est le symétrique de F par rapport au point C. **Trouve et écris la fraction** simplifiée qui représente les rapports $\dfrac{AB}{AM}$ et $\dfrac{AC}{AN}$.

e. Déduis-en, en démontrant, que les droites (BC) et (MN) sont parallèles.

f. Déduis des questions précédentes que les droites (EF) et (MN) sont parallèles.

6 CONTRÔLE EXPRESS

On donne la figure ci-contre où AMN est un triangle tel que AN = 16 cm ; AM = 12,8 cm et MN = 9,8 cm. Le point E appartient à la demi-droite [AM) et AE = 19,2 cm. Le point F appartient à la demi-droite [AN) et AF = 24 cm.

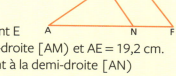

a. AMN est-il un triangle rectangle ? Justifie.
b. (MN) et (EF) sont-elles parallèles ? Justifie.

Corrigés page 26 du Guide

109

18 Cosinus d'un angle

Je me demande...
Peut-on déterminer la mesure d'un angle si l'on connaît son cosinus ?

✓ Les points clés

1 Cosinus d'un angle aigu d'un triangle rectangle

● ABC étant un triangle rectangle en A, on appelle cosinus d'un angle aigu du triangle ABC le rapport : $\dfrac{\text{côté adjacent}}{\text{hypoténuse}}$.

EXEMPLE Dans le triangle ABC ci-contre :
$\cos(\widehat{ABC}) = \dfrac{AB}{BC}$ et $\cos(\widehat{ACB}) = \dfrac{AC}{BC}$.

Mot-Clé
Angle aigu : Un angle aigu est un angle dont la mesure est comprise entre 0° et 90°.

Le cosinus est un nombre sans unité.

● Si on connaît la mesure en degrés d'un angle, on peut calculer son cosinus à l'aide d'une calculatrice, grâce à la touche $\boxed{\cos}$.

2 Propriétés du cosinus d'un angle aigu

● Le cosinus d'un angle aigu est un **nombre compris entre 0 et 1**.

● Si la mesure d'un angle aigu augmente, alors la valeur de son cosinus diminue.
EXEMPLES $\cos(0°) = 1$; $\cos(30°) \approx 0{,}87$; $\cos(60°) = 0{,}5$; $\cos(90°) = 0$.
On a : $0° < 30° < 60° < 90°$, mais $\cos(0°) > \cos(30°) > \cos(60°) > \cos(90°)$.

Un peu de méthode

Calculer la mesure d'un angle aigu d'un triangle rectangle

Soit un triangle ABC rectangle en A tel que AB = 8 cm et BC = 10 cm.
Pour trouver une valeur approchée de la mesure en degrés de l'angle $\widehat{ABC}$:

1. Je calcule le cosinus de l'angle $\widehat{ABC}$ à l'aide la formule : $\cos(\widehat{ABC}) = \dfrac{AB}{BC} = \dfrac{8}{10}$.

2. Je calcule l'angle $\widehat{ABC}$ à l'aide de la calculatrice (configurée en mode degrés) :

$\boxed{\text{Shift}}$ ou $\boxed{\text{INV}}$ ou $\boxed{2^{\text{nd}}}$ $\boxed{\cos^{-1}}\left(\dfrac{8}{10}\right)$ ou $\boxed{\text{Acs}}\left(\dfrac{8}{10}\right)$ $\boxed{\text{EXE}}$ ou $\boxed{=}$

Ou encore $\boxed{\text{Shift}}$ ou $\boxed{\text{INV}}$ ou $\boxed{2^{\text{nd}}}$ $\boxed{\text{Trig}}$ $\boxed{\cos^{-1}}\left(\dfrac{8}{10}\right)$

Donc $\widehat{ABC} \approx 36{,}9°$ au dixième près.

Calculer une longueur inconnue d'un triangle rectangle

Calcul de la longueur AB d'un côté de l'angle droit	Calcul de la longueur BC de l'hypoténuse
Soit un triangle ABC rectangle en A tel que BC = 12 cm et $\widehat{ABC} = 40°$. $\cos(\widehat{ABC}) = \dfrac{AB}{BC}$, donc $\cos(40°) = \dfrac{AB}{12}$. D'où AB = $12 \times \cos(40°) \approx 9{,}2$ cm.	Soit un triangle ABC rectangle en A tel que AB = 9 cm et $\widehat{ABC} = 50°$. $\cos(\widehat{ABC}) = \dfrac{AB}{BC}$, donc $\cos(50°) = \dfrac{9}{BC}$. D'où BC $\times \cos(50°) = 9$ et BC $= \dfrac{9}{\cos(50°)} \approx 14{,}0$ cm.

On s'entraîne !

1 QUIZ

Vrai ou faux ? Observe le triangle ABC rectangle en A ci-contre et coche la case qui convient.

	V	F
a. AB = BC × cos ($\widehat{ABC}$)	☐	☐
b. BC = AB × cos ($\widehat{ABC}$)	☐	☐
c. BC = $\dfrac{AB}{\cos(\widehat{ABC})}$	☐	☐
d. $\widehat{ACB}$ = 90° − $\widehat{ABC}$	☐	☐
e. BC = AC × cos ($\widehat{ACB}$)	☐	☐

2 Avec Pythagore

ABC est un triangle tel que AB = 8 cm, AC = 6 cm et BC = 10 cm.

a. En calculant BC^2 puis AB^2 + AC^2, **montre** que ABC est rectangle en A.
b. Construis le triangle ABC.
c. Écris sous forme fractionnaire la valeur exacte de cos ($\widehat{ABC}$).
d. Écris sous forme fractionnaire la valeur exacte de cos ($\widehat{ACB}$).

3 Avec la calculatrice

Soit un angle de mesure 60°.

a. À l'aide de la calculatrice, **calcule** cos (60°).
b. Illustre la réponse obtenue à la question précédente par la construction d'un triangle ABC, rectangle en A, tel que $\widehat{ABC}$ = 60°, sans te servir du rapporteur.

4 Formule et calculatrice

a. Construis le triangle ABC, rectangle en A, tel que AB = 7 cm et BC = 9 cm.
b. À l'aide de la formule du cosinus, **écris sous forme fractionnaire** la valeur exacte de cos ($\widehat{ABC}$).
c. À l'aide de la calculatrice, **donne une valeur approchée** de la mesure de l'angle $\widehat{ABC}$ (arrondie au dixième de degré près).

5 Calcul de longueur (1)

ABC est un triangle rectangle en A tel que $\widehat{ABC}$ = 35° et BC = 12 cm.

a. Dessine un schéma du triangle ABC.
b. Écris la formule de cos ($\widehat{ABC}$) dans le triangle ABC, rectangle en A.
c. En remplaçant par les valeurs dans la formule de cos ($\widehat{ABC}$), **calcule la longueur** AB (arrondie au dixième de cm près).

6 Calcul de longueur (2)

ABC est un triangle rectangle en A tel que AB = 11 cm et $\widehat{ABC}$ = 30°.

a. Dessine un schéma du triangle ABC.
b. Calcule la longueur BC (arrondie au dixième près).
c. Calcule la mesure en degrés de l'angle $\widehat{ACB}$. Puis **calcule la longueur** AC (arrondie au dixième près).

7 Pythagore et cosinus

ABC est un triangle rectangle en A tel que AB = 12 cm et AC = 9 cm.

a. Dessine un schéma du triangle ABC.
b. Calcule la longueur BC à l'aide du théorème de Pythagore.
c. À l'aide de la calculatrice, **donne une valeur approchée** de la mesure de l'angle $\widehat{ABC}$ (arrondie au centième de degré près).
Déduis-en une valeur approchée de l'angle $\widehat{ACB}$ (arrondie au centième de degré près).
d. Vérifie le résultat obtenu dans la question précédente en calculant la longueur BC (arrondie à l'unité près) à l'aide de cos ($\widehat{ABC}$) et de la longueur AB, ou de cos ($\widehat{ACB}$) et de la longueur AC.

8 CONTRÔLE EXPRESS

ABC est un triangle rectangle en A tel que AB = 15 cm et AC = 8 cm.

a. Dessine un schéma du triangle ABC.
b. Calcule BC à l'aide du théorème de Pythagore.
c. Calcule la valeur exacte de cos ($\widehat{ABC}$), écrite sous forme fractionnaire.
d. À l'aide de la calculatrice, **trouve une valeur approchée** de l'angle $\widehat{ABC}$, à l'unité près.
Déduis-en une valeur approchée de l'angle $\widehat{ACB}$ à l'unité près.

Corrigés page 27 du Guide

19 Parallélépipèdes et sphères

Je me demande...
Comment peut-on se repérer sur la sphère terrestre ?

Les points clés

1 Parallélépipède rectangle (ou pavé droit)

● Un **parallélépipède rectangle** est un solide délimité par deux bases rectangulaires superposables et quatre faces latérales rectangulaires.

● **Volume d'un parallélépipède rectangle** : $\boxed{V = a \times b \times c}$ où a est la longueur de la base, b la largeur de la base et c la hauteur du parallélépipède.

● La **section** d'un parallélépipède rectangle :
– par un plan parallèle à l'une de ses faces est un rectangle qui a les mêmes dimensions que cette face ;
– par un plan parallèle à l'une de ses arêtes est un rectangle dont l'une des dimensions est la longueur de cette arête.

EXEMPLES Section de ABCDEFGH par un plan parallèle :
– à la face ADHE (à gauche) ;
– à l'arête [BF] (à droite).

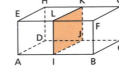 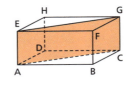

2 Sphère et boule

● La **sphère** S de centre O et de rayon R est l'ensemble des points M de l'espace tels que OM = R. La sphère pleine est appelée **boule** de centre O et de rayon R.

● **Aire d'une sphère** : $\boxed{A = 4 \times \pi \times R^2}$ et **volume d'une boule** : $\boxed{V = \dfrac{4}{3} \times \pi \times R^3}$

● La **section d'une sphère** de rayon R par un plan est un cercle de rayon r.
La **section d'une boule** de rayon R par un plan est un disque de rayon r.

EXEMPLE La section par un plan parallèle au plan de l'équateur de la sphère ci-contre (de centre O et de rayon OM) est un cercle de centre H et de rayon HB.

Mots-Clés

● **Grand cercle** : C'est un cercle tracé sur la surface d'une sphère, qui a le même centre et le même rayon que cette sphère. L'**équateur** est le grand cercle de la sphère terrestre, situé à égale distance des deux pôles.

● **Parallèle** : C'est un cercle imaginaire parallèle à l'équateur.

● **Méridien** : C'est un demi-cercle imaginaire qui joint les deux pôles terrestres (Nord et Sud).

Un peu de méthode

Repérer des points sur la sphère terrestre

Le repérage d'un point se fait grâce à deux coordonnées.

● La **latitude** : mesure en degrés de l'angle séparant un parallèle de l'équateur.

● La **longitude** : mesure en degrés de l'angle séparant un méridien du méridien de référence, qui passe par l'observatoire de Greenwich, près de Londres.

EXEMPLES Pour les points A, B et M ci-contre :
A(0° ; 0°), B(0° ; 10° O) et M (30° N ; 10° O).

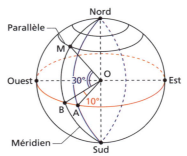

112

❶ QUIZ

Vrai ou faux ?

                                V   F

a. La latitude est la mesure en degrés de l'angle qui sépare un parallèle de l'équateur. ☐ ☐

b. La longitude est la mesure en degrés de l'angle qui sépare un méridien du méridien de Greenwich. ☐ ☐

❷ Ballon de football

Quelle surface de cuir est nécessaire (chutes non comprises) à la fabrication d'un ballon sphérique de diamètre 22 cm ? Arrondis au cm² près.

❸ Soupière

Une soupière hémisphérique a un diamètre de 30 cm.

a. Calcule le volume (en cm³) de cette soupière.
b. Quelle quantité de soupe (en L) contient-elle si on la remplit aux trois quarts ? Arrondis au dixième.

❹ Planisphère

Lorsque l'on projette la sphère terrestre sur un plan, on obtient un planisphère (voir la figure ci-dessous) :
– N, S, E et O indiquent les 4 points cardinaux ;
– la ligne horizontale rouge représente l'équateur, la ligne verticale bleue le méridien de Greenwich ;
– les lignes horizontales (parallèles) servent à mesurer la latitude (de 0° à 90° N et de 0° à 90° S) ;
– les lignes verticales (méridiens) servent à mesurer la longitude (de 0° à 180° E et de 0° à 180° O).

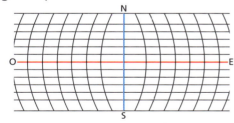

On suppose que l'écart entre 2 lignes verticales est de 20° et que l'écart entre 2 horizontales est de 10°.

Situe les points suivants sur le planisphère.
A(0° ; 20° E)   C(20° S ; 40° E) G(0° ; 0°)
B(30° N ; 20° E) D(20° S ; 60° O) H(10° N ; 20° O)

❺ Repérage

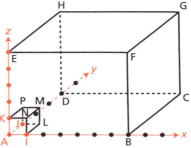

Pour se repérer dans ce parallélépipède rectangle ABCDEFGH, on gradue régulièrement :
– l'axe (Ax) contenant l'arête [AB], avec AI = 1 ;
– l'axe (Ay) contenant l'arête [AD], avec AJ = 1 ;
– l'axe (Az) contenant l'arête [AE], avec AK = 1.

On obtient ainsi un repère (A, I, J, K) permettant d'associer à un point M du parallélépipède rectangle trois nombres qui sont les coordonnées de ce point : l'abscisse x, lue sur l'axe (Ax) ; l'ordonnée y, lue sur l'axe (Ay) ; la cote z, lue sur l'axe (Az).
On note M(x ; y ; z).

À l'aide du repère (A, I, J, K), lire puis écrire les coordonnées des points A, I, J, K, B, D et E.

❻ Section d'une sphère, d'une boule

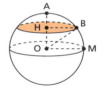

La boule ci-contre de centre O et de rayon 20 cm a été coupée par un plan parallèle à celui de l'équateur.

a. Quelle est la nature de cette section ?
b. Soit H le centre de cette section et [HB] un de ses rayons. **Calcule** HB sachant que AH = 8 cm.
c. Si on pose OB = R, AH = d et HB = r, **exprime** r en fonction de R et de d.

❼ CONTRÔLE EXPRESS

Le mille marin est la longueur d'un arc de grand cercle terrestre d'amplitude 1 minute (notée 1′).
La vitesse d'un navire en mer est exprimée en nœuds, nombre de milles marins parcourus en une heure.

a. Sachant que 1° = 60′ et que la longueur d'un grand arc de cercle terrestre est d'environ 40 000 km, **quelle est la longueur** en km d'un mille marin ? Arrondis le résultat au millième près.
b. Calcule la vitesse en km/h d'un navire qui avance à 20 nœuds. Arrondis le résultat au km/h près.

Corrigés page 28 du Guide

20 Pyramides et cônes

Je me demande…
Comment calcule-t-on le volume d'une pyramide ? d'un cône ?

✓ Les points clés

1 Pyramide

● Une **pyramide** est un solide délimité par une base polygonale (triangle, quadrilatère, pentagone…) et des faces latérales triangulaires.

● Le point d'intersection de toutes les faces latérales est le **sommet** de la pyramide. La distance qui sépare le sommet et la base est sa **hauteur**.

● Une pyramide de sommet S est dite **régulière** lorsqu'elle a pour base un polygone régulier de centre O (triangle équilatéral, carré…) et pour hauteur [SO].

● Les faces latérales d'une pyramide régulière sont des triangles isocèles tous superposables et avec chacun pour sommet principal le sommet S.

> EXEMPLE La pyramide à base carrée SABCD ci-contre est régulière.

● **Volume d'une pyramide :** $\boxed{V = \dfrac{1}{3} \times B \times h}$ où B est l'aire de la base et h la hauteur.

2 Cône de révolution

● Un **cône de révolution** est un solide délimité par une base qui est un disque et une surface latérale courbe (surface conique), dont le développement est un secteur circulaire.

● Le rayon du disque de base est le **rayon** du cône. La distance séparant le sommet et la base est la **hauteur** du cône.

● Un cône de révolution est engendré par la rotation d'un triangle rectangle autour d'un des côtés de l'angle droit.

> EXEMPLE Le cône ci-contre est engendré par la rotation du triangle AOB, rectangle en O, autour de l'axe (OA). L'hypoténuse [AB] de AOB est appelée **génératrice**.

● **Volume d'un cône :** $\boxed{V = \dfrac{1}{3} \times B \times h = \dfrac{1}{3} \times \pi \times r^2 \times h}$ où B est l'aire du disque de base (de rayon r) et h la hauteur.

3 Section d'une pyramide ou d'un cône

● La **section** d'une pyramide ou d'un cône par un plan parallèle à sa base est une **réduction** de sa base.

Mots-Clés

● **Polygone régulier :** C'est un polygone dont les côtés sont tous de même longueur et qui est inscriptible dans un cercle (triangle équilatéral, carré, pentagone régulier, hexagone régulier…).

● **Polyèdre :** C'est un solide délimité par des faces polygonales (par exemple une pyramide à base triangulaire, aussi appelé tétraèdre).

● **Secteur circulaire :** C'est une surface d'un disque, délimitée par les deux côtés d'un angle au centre et l'arc de cercle intercepté par cet angle au centre.

👆 Un peu de méthode

Construire le patron d'une pyramide ou d'un cône

● Voir les exercices 2 et 6 de la page suivante.

On s'entraîne !

1 QUIZ

Vrai ou faux ? V F

a. La base d'une pyramide régulière est un polygone régulier. ☐ ☐

b. La hauteur d'une pyramide régulière passe par le centre de sa base. ☐ ☐

c. Un cône est un polyèdre. ☐ ☐

2 Patron d'une pyramide régulière

La pyramide régulière à base carrée SABCD ci-contre est telle que AB = 6 cm et SA = 10 cm.

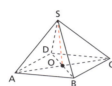

a. Construis son patron.
b. Code les longueurs égales.

3 Hauteur d'une pyramide

L'objectif de l'exercice est de calculer la longueur de la hauteur [SO] de la pyramide SABCD de l'exercice 2.

a. Pourquoi le triangle ABC est-il rectangle en B ?
b. En appliquant le théorème de Pythagore au triangle ABC, **calcule** AC (arrondie au dixième de cm).
c. Que représente le point O sur le segment [AC] ? **Déduis-en** OA (arrondie au dixième de cm).
d. Sachant que AOS est un triangle rectangle en O, **calcule** la longueur SO (arrondie au cm).

4 Volume d'une pyramide

L'objectif de l'exercice est de calculer le volume (en cm³) de la pyramide SABCD de l'exercice 2.

a. Calcule l'aire (en cm²) du carré ABCD, base de la pyramide SABCD.
b. Sachant que la hauteur [SO] de cette pyramide mesure 9 cm, **calcule son volume** (en cm³).

5 Volume d'un cône de révolution

La base d'un cône de révolution a un rayon de 9 cm. Sa hauteur mesure 12 cm.

a. Fais un dessin en perspective cavalière de ce cône.
b. Calcule l'aire de sa base, arrondie au centième de cm² (prends $\pi \approx 3{,}14$).
c. Calcule son volume, arrondi au centième de cm³.

6 Patron d'un cône de révolution

On donne ci-contre la représentation en perspective cavalière d'un cône de révolution tel que OB = 4 cm et OA = 7,5 cm.
L'objectif de l'exercice est de construire un patron de ce cône, dont voici un dessin à main levée.

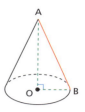

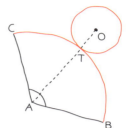

a. En raisonnant dans la représentation en perspective cavalière du cône, **calcule la longueur** AB à l'aide du théorème de Pythagore.
b. Calcule P, le périmètre du disque de base du cône arrondi au dixième de cm (prends $\pi \approx 3{,}14$).
c. Sachant que l'arc de cercle $\widehat{BC}$ a pour rayon AB et que sa longueur L est égale au périmètre du disque de base du cône, **montre** que la mesure en degrés de l'angle au centre $\widehat{BAC}$ est égale à $\dfrac{4}{8{,}5} \times 360°$.
d. Déduis-en la mesure en degrés de l'angle au centre $\widehat{BAC}$ (arrondie au degré près).
e. Construis, avec les instruments de géométrie, le patron de ce cône de révolution.

7 CONTRÔLE EXPRESS

Une pyramide SABC a pour base un triangle ABC, rectangle en A, et pour hauteur [SA].
On suppose que :
AB = 4 cm, AC = 3 cm et AS = 6 cm.

a. Dessine une représentation en perspective cavalière de cette pyramide.
b. Dessine à main levée un patron de cette pyramide, puis code les longueurs égales.
c. Construis, avec les instruments de géométrie, un patron de cette pyramide.
d. Calcule l'aire (en cm²) du triangle ABC, rectangle en A.
e. Calcule le volume (en cm³) de cette pyramide SABC.

Corrigés page 28 du Guide

21 Vitesse moyenne

Je me demande...
Quelles données doit-on connaître pour calculer une vitesse moyenne ?

Les points clés

- La vitesse moyenne v est égale au quotient d'une distance d par la durée t du trajet : $$v = \frac{d}{t}$$

- Si la distance est exprimée en kilomètres (km) et la durée en heures (h), alors la vitesse s'exprime en **km/h**. On note aussi km · h^{-1}.
Si la distance est donnée en mètres (m) et la durée en secondes (s), l'unité de la vitesse est le **m/s** ou m · s^{-1}.

  EXEMPLES
  - À la vitesse de 35 km/h, un véhicule parcourt 35 km en une heure.
  - Si un oiseau parcourt 2 m en une seconde, alors sa vitesse moyenne est de 2 m/s.

Mots-Clés

- **Mouvement uniforme** : C'est un mouvement à vitesse constante.

- **Heure décimale** : L'heure décimale est un nombre décimal exprimant une durée en heures. Par exemple, 1 h 30 min = 1,5 h.

Un peu de méthode

Déterminer la vitesse :
$$v = \frac{d}{t}$$

- Déterminer la **distance** : $d = v \times t$
- Déterminer la **durée** : $t = \frac{d}{v}$

Déterminer une vitesse moyenne

- Je connais la distance parcourue $d = 135$ km et la durée du trajet $t = 1$ h 12 min.
Je peux déterminer la vitesse moyenne v, c'est-à-dire la distance parcourue en une heure.
1 h 12 min = 72 min : je divise 72 par 60, je trouve 72 = 1,2 × 60, donc 1 h 12 min = 1,2 h.
J'applique la formule $v = \frac{d}{t} = \frac{135}{1,2} = 112,5$.
La vitesse moyenne est de 112,5 km/h.

Je dois convertir 1 h 12 min en heures décimales.

Utiliser la vitesse moyenne

- Je connais la vitesse moyenne $v = 75$ km/h et la durée du trajet $t = 2$ h 42 min.
J'écris la formule $d = v \times t$.
Je convertis 2 h 42 min en heures décimales :
2 h 42 min = 162 min et 162 = 2,7 × 60, donc 2 h 42 min = 2,7 h.
Je calcule la distance $d = 75 \times 2,7 = 202,5$ km.

- Je connais la vitesse moyenne $v = 50$ km/h et la distance parcourue $d = 180$ km.
J'écris la formule $t = \frac{d}{v}$.
Je calcule la durée $t = \frac{180}{50} = 3,6$ h.
Je convertis en heures et minutes :
3,6 × 60 = 216 min = 180 min + 36 min = 3 h 36 min.

On s'entraîne !

1 QUIZ

Vrai ou faux ?   V   F

a. 25 km/h signifie qu'on parcourt 25 km en une heure.   ☐ ☐

b. Si on parcourt 25 m en 10 s, alors $v = 25$ m/s.   ☐ ☐

c. 4,5 h = 4 h 30 min   ☐ ☐

d. 24 min = 0,4 h   ☐ ☐

e. En 3 h, à la vitesse de 15 km/h, on parcourt 55 km.   ☐ ☐

2 Vitesses

Relie les phrases aux vitesses qui conviennent.

a. 60 km en 1 h •   • $v = 120$ km/h
b. 210 km en 2 h •   • $v = 200$ km/h
c. 150 km en 1 h 30 min • • $v = 60$ km/h
d. 360 km en 3 h •   • $v = 100$ km/h
e. 700 km en 3 h 30 min • • $v = 105$ km/h

3 Heures décimales

Convertis les durées suivantes en minutes, puis en heures décimales.

a. 1 h 15 min = ... min = ... h
b. 2 h 30 min = ... min = ... h
c. 1 h 06 min = ... min = ... h
d. 3 h 42 min = ... min = ... h

4 Heures, minutes, secondes

Convertis les heures décimales suivantes en heures et minutes.

a. 1,15 h = ...   c. 0,25 h = ...
b. 2,6 h = ...   d. 0,8 h = ...

5 Course

Arthur effectue une course sur un parcours de 21 km en 1 h 12 min.
Calcule la vitesse moyenne d'Arthur.

6 Cyclisme

Un cycliste roule durant 4 h 15 min à la vitesse moyenne de 32 km/h.

Calcule la distance totale parcourue par le cycliste.

7 TGV

Le TGV Paris-Lyon parcourt les 525 km séparant ces deux villes à la vitesse moyenne de 200 km/h.

Calcule la durée du trajet. Tu exprimeras le résultat en heures, minutes et secondes.

8 Au Soleil

La vitesse de la lumière est de 300 000 km $\cdot$ s^{-1}. La distance de la Terre au Soleil est de 150 000 000 km.

Calcule le temps mis par la lumière du Soleil pour nous parvenir.

❓ **indice**
km $\cdot$ s^{-1} signifie km/s.

9 Marathon

Le marathon tronqué de Lille est effectué sur un parcours constitué de deux boucles de 21 km. Anna couvre la 1re boucle à la vitesse de 17,5 km/h et la 2de boucle en 1 h 30 min.

a. **Détermine le temps** mis par Anna pour faire la 1re boucle.
b. **Calcule la vitesse** d'Anna sur la 2de boucle.
c. **Détermine sa vitesse moyenne** sur l'ensemble des deux boucles de ce marathon. Tu donneras une valeur approchée au dixième près de cette vitesse.

10 CONTRÔLE EXPRESS

a. **Calcule la vitesse moyenne** v sachant que la durée du trajet est $t = 2$ h 30 min et que la distance parcourue est $d = 185$ km.
b. **Calcule la durée du trajet** t sachant que la vitesse moyenne est $v = 36$ km/h et que la distance parcourue est $d = 108$ km.
c. **Calcule la distance parcourue** d sachant que la durée du trajet est $t = 4$ h 15 min et que la vitesse moyenne est $v = 18$ km/h.

Corrigés page 30 du Guide

22 Grandeurs composées

Je me demande...
Qu'est-ce qu'une grandeur produit ? une grandeur quotient ?

Les points clés

● Une **grandeur produit** correspond au produit de deux grandeurs simples.
EXEMPLES
• L'**aire** d'une figure est une grandeur produit ; elle correspond au produit de deux longueurs. Si les longueurs sont exprimées en mètres, m, l'aire s'exprime en m × m = m².

• Le **volume** est aussi une grandeur produit, produit de trois longueurs. Si les longueurs sont exprimées en mètres, m, le volume s'exprime en m × m × m = m³.

● Une **grandeur quotient** correspond au quotient de deux grandeurs simples.
EXEMPLES
• La **vitesse moyenne** est une grandeur quotient, quotient d'une distance par une durée.

• Le **prix à l'unité** est aussi une grandeur quotient, quotient du prix en euros par la quantité exprimée en litres ou en kilogrammes. 5 €/kg signifie qu'un kilogramme coûte 5 € et 0,40 €/L signifie qu'un litre coûte 0,40 €.

> **Mot-clé**
> **Grandeur composée** : Une grandeur composée est définie par le quotient ou le produit de deux grandeurs simples.

Un peu de méthode

Pour convertir des unités de grandeurs composées, je dois convertir chaque unité simple constituant la grandeur composée.

Convertir des unités de grandeurs produits

● Convertir des unités d'aire et de volume.
$1\ km^2 = 1\ km \times 1\ km = 1\ 000\ m \times 1\ 000\ m = 1\ 000\ 000\ m^2$
$1\ m^3 = 1\ m \times 1\ m \times 1\ m = 0{,}1\ dam \times 0{,}1\ dam \times 0{,}1\ dam = 0{,}001\ dam^3$

Convertir des unités de grandeurs quotients

● Convertir des unités de vitesse de m/s en km/h.

$$\text{km/h} \xrightarrow{\div 3{,}6} \text{m/s} \xrightarrow{\times 3{,}6} \text{km/h}$$

$1\ m/s = \dfrac{1\ m}{1\ s} = \dfrac{3\ 600\ m}{3\ 600\ s} = \dfrac{3\ 600\ m}{1\ h} = \dfrac{3{,}6\ km}{1\ h} = 3{,}6\ km/h$

Tu rencontreras souvent des grandeurs composées dans la vie quotidienne : kWh, km/h, hab/km²...

● Convertir des masses volumiques.
$25\ g/L = \dfrac{25\ g}{1\ L} = \dfrac{25\ g}{100\ cL} = 0{,}25\ g/cL$

$25\ g/L = \dfrac{25\ g}{1\ L} = \dfrac{0{,}025\ kg}{1\ L} = 0{,}025\ kg/L$

On s'entraîne !

1 QUIZ

Vrai ou faux ?

	V	F
a. 72 km/h = 20 m/s	☐	☐
b. Un débit exprimé en L/min est une grandeur quotient.	☐	☐
c. 3 km² = 3 000 m²	☐	☐
d. La masse volumique en g/L est une grandeur produit.	☐	☐
e. 5 g/L = 0,005 g/mL	☐	☐

2 Conversions de vitesse

Convertis :

a. 72 km/h en m/s.   **b.** 50 m/s en km/h.
c. 36 m/min en km/s.

3 Géométrie

SABCD est une pyramide à base rectangulaire ABCD de dimensions 6 cm et 8 cm, et de hauteur SA = 9 cm.

a. Calcule son volume en cm³.
b. Convertis ce volume en dm³.

?indice
Relis le chapitre 20 pour le calcul du volume.

4 Rapidité

Un rhinocéros court à la vitesse de 15 m/s, un chat à la vitesse de 48 km/h.
Qui court le plus vite ?

5 Énergie

L'énergie consommée par un appareil électrique de puissance P fonctionnant pendant une durée t est E = P × t.
Si la puissance P est exprimée en watts (W) et la durée en heures (h), l'énergie sera exprimée en wattheures (Wh).

Calcule l'énergie en Wh consommée par un radiateur électrique de 1 500 W fonctionnant pendant cinq heures trois quarts.
Convertis en kWh.

6 En avion

Le trafic d'une société de transport s'obtient en multipliant la somme des distances parcourues par le nombre total de passagers. Il se mesure en kilomètres-passagers.
Sur une ligne aérienne de 850 km, il y a deux vols aller-retour par jour et les vols ont lieu tous les jours. La capacité de l'avion est de 250 sièges.

Calcule le trafic hebdomadaire de cette ligne.

?indice
Tous les sièges sont occupés à chaque vol.

7 Carburant

En Europe, la consommation en carburant d'un véhicule est usuellement exprimée en L/100 km (litres par centaine de kilomètres).

a. Calcule, en L/100 km, **la consommation** d'un véhicule ayant consommé 18,56 L pour faire 320 km.
b. Calcule le nombre de kilomètres parcourus (arrondi au dixième près) avec 1 litre de carburant. Ce nombre est la consommation en km/L.

8 Fontaine

Une fontaine coule avec un débit constant de 0,6 L/s.
Exprime, en m³, le volume d'eau qui s'écoule de cette fontaine par jour. (*Rappel* : 1 L = 1 dm³.)

9 CONTRÔLE EXPRESS

a. Calcule la vitesse moyenne d'un véhicule parcourant 132 km en 1 h 30 min.
b. Calcule la durée de fonctionnement d'un radiateur de 1 500 W si l'énergie dépensée est de 12 750 Wh.
c. Calcule la distance que peut parcourir un véhicule consommant 3 L/100 km dont le réservoir contient 15,6 L.

Corrigés page 30 du Guide

119

23 Écrire et exécuter un programme simple

ALGORITHMIQUE ET PROGRAMMATION

> **Je me demande...**
> Sur Scratch, quelle brique utilise-t-on pour insérer une condition ?

Les points clés

Mot-Clé
Instruction conditionnelle : Elle peut se traduire par : « **Si** la condition est vraie, **alors** exécute ces actions. »

→ *Scratch Offline Editor version 3.0 est téléchargeable gratuitement à l'adresse suivante :* scratch.mit.edu/scratch2download/

1 Boucles

● Une **boucle** permet de recommencer, un nombre de fois décidé à l'avance ou non, les instructions écrites dans cette boucle.

> **EXEMPLE** Dans le jeu du labyrinthe, on utilise la boucle « répéter indéfiniment » pour déplacer le lutin « chat » à chaque fois qu'une touche flèche du clavier est pressée (voir instructions ci-contre).

2 Instructions conditionnelles

● Une **instruction conditionnelle** permet de réaliser des actions quand certaines conditions sont remplies.

> **EXEMPLE** Dans le jeu du labyrinthe, on utilise une instruction « si [condition] alors [action] » pour programmer le déplacement du chat de 5 pas vers la droite si la flèche droite est pressée (voir ci-contre).

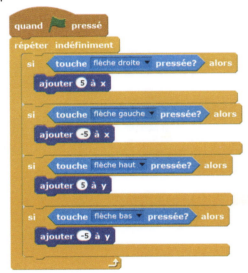

Un peu de méthode

Ajouter une condition à un programme

● Après avoir programmé les déplacements du chat (voir instructions ci-dessus), je souhaite que le chat s'arrête lorsqu'il touche un mur (segment noir). J'ajoute donc une condition quand il touche la couleur noire.
Voici le début du programme complété :

Pour changer de couleur dans la brique « couleur ... touchée ? », je clique sur le petit carré « couleur », puis sur un mur.

120

On s'entraîne !

1 QUIZ

Coche la bonne réponse.

Dans le logiciel de programmation Scratch :

a. Pour que le chat se déplace vers la gauche, l'instruction correcte est :

☐ « ajouter – 10 à x »
☐ « ajouter – 10 à y »
☐ « ajouter 10 à x »

b. Pour programmer une condition, j'utilise la brique :

☐ « répéter indéfiniment »
☐ « couleur ... touchée ? »
☐ « si ... alors ... »

2 Programmer les déplacements du chat

Voici le programme pour que le chat s'arrête dès qu'il touche un mur quelle que soit la direction. Certaines instructions manquent au programme.

```
quand [drapeau] pressé
répéter indéfiniment
    si  touche  flèche droite  pressée?  alors
        ajouter 5 à x
        si  couleur [ ] touchée?  alors
            ajouter -5 à x

    si  touche  flèche gauche  pressée?  alors
        ajouter -5 à x
        si  couleur [ ] touchée?  alors

    si  touche  flèche haut  pressée?  alors
        ajouter 5 à y
        si  couleur [ ] touchée?  alors

    si  touche  flèche bas  pressée?  alors
        ajouter -5 à y
        si  couleur [ ] touchée?  alors
            ajouter 5 à y
```

a. Trouve l'instruction manquante pour que le chat s'arrête quand il touche un mur dans son déplacement vers la gauche.

....

b. Trouve l'instruction manquante pour que le chat s'arrête quand il touche un mur dans son déplacement vers le haut.

....

c. Importe un nouveau lutin « labyrinthe » (depuis un fichier image enregistré sur ton ordinateur). Écris le programme, puis teste-le en déplaçant le chat dans le labyrinthe à l'aide des flèches du clavier.

3 Programmer le jeu du labyrinthe

Après avoir programmé les déplacements du chat dans l'exercice précédent, il s'agit dans cet exercice de programmer le début et la fin du jeu.

a. Au début du jeu, lorsqu'on clique sur le drapeau vert, le chat doit être placé à l'entrée du labyrinthe. Pour cela, il faut d'abord repérer l'entrée du labyrinthe (on suppose qu'elle est placée en haut de l'écran).
Indique les coordonnées de l'entrée de ton labyrinthe.

....

b. Quelle instruction dois-tu insérer juste après la première brique du programme (drapeau vert) pour que le chat se place à l'entrée du labyrinthe ?

....

c. À la fin du jeu, le chat dit : « Bravo ! » au joueur pour le féliciter d'être sorti du labyrinthe. (On suppose que la sortie du labyrinthe est placée en bas de l'écran.)
Voici les instructions ajoutées à la fin du programme.

```
si  ordonnée y  de  chat  < -160  alors
    dire Bravo ! pendant 2 secondes
```

À quoi correspond la valeur – 160 dans la brique verte (ce type de brique est un « opérateur ») ?

....

d. La programmation est finie, tu peux tester ton jeu !

Corrigés page 30 du Guide

MATHS

121

24 Programmer le tracé de figures

> **Je me demande...**
> Sur Scratch, quels sont les opérateurs permettant de programmer des calculs ?

✓ Les points clés

→ *Scratch Offline Editor version 3.0 est téléchargeable gratuitement à l'adresse suivante* : scratch.mit.edu/scratch2download/

Opérateurs

● Dans Scratch, un opérateur est une instruction permettant :
– de réaliser les quatre **opérations de base** (addition, soustraction, multiplication, division) ;
– de **comparer** deux nombres ;
– de calculer la **racine carrée** ou le **cosinus** d'un nombre...

● En cliquant sur la flèche à côté du mot *racine* dans la dernière brique du menu *Opérateurs*, tu as accès à d'autres fonctions mathématiques, comme le cosinus.

● On peut ainsi déterminer le tracé d'une figure par exemple.

Mot-Clé
Opérateur : Le logiciel de programmation Scratch peut effectuer des calculs grâce aux briques vertes nommées « opérateurs ».

👆 Un peu de méthode

Programmer un déplacement d'une longueur calculée

Dans un triangle EFG rectangle en G, on a EG = 20 et FG = 50.
Pour programmer un déplacement du chat de la longueur EF :

1. Dans le triangle EFG rectangle en G, [EF] est l'hypoténuse.
Donc, je calcule la longueur EF à l'aide du théorème de Pythagore :

$$EF = \sqrt{EG^2 + GF^2}$$
$$EF = \sqrt{20^2 + 50^2}$$

2. J'écris des instructions permettant de calculer la longueur EF grâce au logiciel :
– j'insère l'opérateur « racine de » ;
– dans cet opérateur, j'insère l'opérateur « ... + ... » ;
– dans ce deuxième opérateur, j'insère les deux opérateurs « 20*20 » et « 50*50 ».

Scratch n'a pas d'opérateur « carré d'un nombre ». Il faut donc écrire le calcul des deux carrés comme deux multiplications.

3. Dans une brique « avancer de ... », j'insère la suite de calculs de l'étape précédente.

122

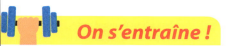

On s'entraîne !

1 QUIZ

Coche la bonne réponse.

Dans le logiciel de programmation Scratch :

a. Le calcul du cosinus est accessible dans le menu :
- ☐ *Mouvement*   ☐ *Contrôle*   ☐ *Opérateurs*

b. Pour calculer 10^4, je programme :
- ☐ 10*10*10*10   ☐ 10^4 ☐ 10^4

2 Programmer le calcul d'une longueur

On considère le triangle ABC rectangle en B tel que AB = 70 et BC = 100.

a. Quel calcul permet de déterminer la longueur AC en fonction des longueurs AB et BC ? Écris ce calcul avec les valeurs numériques correspondantes.

> **? indice**
> Tu peux t'inspirer du calcul effectué dans « Un peu de méthode » page précédente.

b. Quelle suite de calculs faut-il écrire pour que Scratch fasse ce calcul automatiquement ?

c. Fais déplacer le chat de la longueur AC calculée.

3 Programmer le calcul d'une mesure d'angle

Dans l'exercice précédent, on a calculé la longueur AC du triangle ABC rectangle en B tel que AB = 70 et BC = 100.
On souhaite tracer ce triangle à l'aide de Scratch en déplaçant le chat (avec le stylo en position d'écriture) de A à B, puis de B à C, puis de C à A. Pour cela, il faut aussi calculer de quel angle tourne le chat lorsqu'il arrive en B puis en C.

a. De quel angle le chat doit-il tourner lorsqu'il arrive en B ?

....

b. Écris cos ($\widehat{BCA}$) en fonction des longueurs du triangle.

....

c. Déduis-en la mesure de l'angle $\widehat{BCA}$ en fonction des longueurs du triangle. Tu utiliseras la fonction acos (ou $\cos^{-1}$).

....

d. Voici la suite de calculs dans Scratch permettant de calculer de quel angle tourne le chat lorsqu'il arrive en C. **Complète-la.**

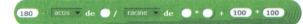

4 Programmer le tracé d'un triangle rectangle

Voici le programme du tracé du triangle ABC rectangle en B tel que AB = 70 et BC = 100.
Certaines instructions ont été effacées.

Il y a six trous à compléter. Ne mets pas d'unité : Scratch fonctionne sans unité !

À l'aide des deux exercices précédents, complète ce programme, puis teste-le pour tracer le triangle rectangle ABC.

Corrigés page 30 du Guide

Test - Bilan

On y va !

Nombres et calculs

1 $(-5) \times (-8) \times 3 \div (-6)$ est égal à :
☐ –20   ☐ 20   ☐ –80

2 Le résultat du calcul $B = \left(\dfrac{2}{3} - \dfrac{1}{6}\right) \div \dfrac{5}{6}$ est :
☐ $\dfrac{3}{5}$ ☐ $\dfrac{5}{18}$ ☐ $\dfrac{18}{30}$

3 Le calcul $\dfrac{10^5 \times 10^{-9}}{10^9}$ est égal à :
☐ 10^{-13} ☐ 10^{-8} ☐ 1

4 Le calcul $\sqrt{25} - \sqrt{16}$ est égal à :
☐ 3   ☐ 1   ☐ 9

5 La forme développée de l'expression $(2x - 5)(x + 3)$ est :
☐ $2x^2 + x - 15$ ☐ $2x^2 + 8x - 15$ ☐ $2x^2 - 2x - 2$

6 L'équation $5(2x - 3) = 13$ a pour solution :
☐ $x = -0,2$ ☐ $x = 1$ ☐ $x = 2,8$

.... /6

Gestion de données

7 Sur mon terrain de 200 m², j'ai un potager de 19 m² et une piscine de 36 m².
Quel pourcentage de mon terrain est occupé par le potager et la piscine ?
☐ 9,5 %   ☐ 55 %   ☐ 27,5 %

8 Voici une série de 7 notes :
2 ; 4 ; 6 ; 9 ; 12 ; 13 ; 17.
La médiane de cette série est :
☐ supérieure à la moyenne
☐ égale à 9, comme la moyenne
☐ inférieure à la moyenne

9 Dans un jeu de 32 cartes non truqué, la probabilité de tirer un valet est égale à :
☐ $\dfrac{1}{8}$ ☐ $\dfrac{4}{30}$ ☐ $\dfrac{1}{32}$

.... /3

Géométrie — Grandeurs et mesures

10 Si un quadrilatère a ses diagonales perpendiculaires et de même milieu, alors ce quadrilatère est un :
☐ rectangle
☐ losange
☐ carré

11 Soit un triangle ABC et O le milieu de [AC]. Le point D tel que ABCD est un parallélogramme est l'image de :
☐ B par la symétrie centrale de centre O.
☐ A par la translation qui transforme B en C.
☐ B par la symétrie axiale d'axe (AC).

12 Le théorème de Pythagore permet de :
☐ calculer une longueur inconnue d'un triangle rectangle.
☐ démontrer qu'un triangle donné est rectangle.
☐ démontrer qu'un triangle donné n'est pas rectangle.

13 Dans un triangle ABC, un point M appartient à [AB]. N est le point d'intersection de [BC] et de la droite parallèle à (AC) passant par M.
Alors le théorème de Thalès permet d'écrire :
☐ $\dfrac{BM}{BA} = \dfrac{BN}{BC}$ ☐ $\dfrac{AM}{AB} = \dfrac{AN}{AC}$ ☐ $\dfrac{AM}{AB} = \dfrac{BN}{BC}$

14 Le cosinus d'un angle aigu d'un triangle rectangle est un nombre :
☐ exprimé en degrés
☐ sans unité
☐ compris entre 0 et 1

15 Une pyramide régulière :
☐ a pour base un polygone régulier.
☐ a pour faces latérales des triangles équilatéraux.
☐ a pour faces latérales des triangles isocèles.

16 La vitesse moyenne $v = 80$ km/h est une grandeur :
☐ quotient   ☐ produit   ☐ simple

.... /7

Score total : .... /16   **CORRIGÉS P. 31 DU GUIDE**

HISTOIRE-GÉO EMC

▶ **HISTOIRE**

1. Le commerce au XVIIIe siècle — 126
2. Les traites négrières et l'esclavage — 128
3. L'Europe des Lumières au XVIIIe siècle — 130
4. La Révolution française (1789-1799) — 132
5. Consulat et Premier Empire (1799-1815) — 134
6. Les conséquences de la Révolution française — 136
7. La « révolution industrielle » (1) — 138
8. La « révolution industrielle » (2) — 140
9. Conquêtes et sociétés coloniales — 142
10. Voter en France de 1815 à 1870 — 144
11. La IIIe République en France — 146
12. Conditions féminines en France au XIXe siècle — 148

▶ **GÉOGRAPHIE**

13. Approches de la mondialisation — 150
14. L'urbanisation du monde (1) — 152
15. L'urbanisation du monde (2) — 154
16. L'intégration des villes à la mondialisation — 156
17. Les migrations transnationales — 158
18. Le tourisme international — 160
19. Mers et océans, un monde maritimisé (1) — 162
20. Mers et océans, un monde maritimisé (2) — 164
21. Les États-Unis face à la mondialisation — 166
22. L'Afrique de l'Ouest face à la mondialisation — 168

▶ **EMC**

23. L'élaboration de la loi — 170
24. Le fonctionnement de la justice — 172
25. Les droits fondamentaux — 174
26. Les libertés en tension — 176
27. Les principes de la démocratie — 178
28. L'engagement citoyen — 180

▶ **TEST – BILAN** — 182

1 Le commerce au XVIIIe siècle

Je me demande...
Qui profite du commerce international au XVIIIe siècle ? Quels produits sont échangés ?

Les points clés

1 Les domaines coloniaux

● Depuis les grandes découvertes du XVe siècle, le Portugal, l'Espagne, la France, le Royaume-Uni et les Provinces-Unies (Pays-Bas actuels) possèdent des **comptoirs** ou des **empires coloniaux** sur les autres continents. Ces puissances européennes exploitent leurs colonies avec qui elles échangent beaucoup de marchandises.

Mot-Clé
Comptoir : établissement de commerce dans un port étranger.

2 L'essor du commerce

● Au XVIIIe siècle, les Européens contrôlent le commerce à l'échelle mondiale.

● Les **ports européens de la façade atlantique** se développent d'autant plus que le **commerce triangulaire** s'intensifie (voir p. 128).

Au XVIIIe siècle déjà, la majorité des échanges se fait par bateau.

● Les pays européens importent de leurs colonies des matières premières, produits miniers (or, argent) ou agricoles (canne à sucre, tabac, café depuis l'Amérique ; épices et soieries depuis l'Asie) et exportent des produits finis (armes, vêtements, alcool...).

3 Les bourgeoisies marchandes

● Le commerce international profite aux **marchands européens** qui l'organisent.

● Des **armateurs** de la **bourgeoisie** financent les voyages et en perçoivent les bénéfices. Ils habitent souvent dans des **hôtels particuliers** des grandes villes portuaires du littoral atlantique (Nantes ou Bordeaux en France) où ils vivent de manière luxueuse.

Le document clé

L'Europe et ses colonies vers 1700

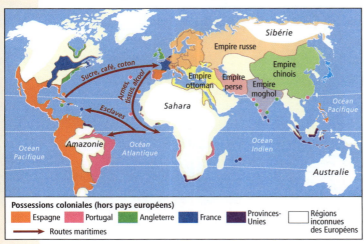

1. Expliquer. Ce planisphère donne deux informations : les territoires conquis par les Européens (couleurs) et les principales routes maritimes commerciales (flèches).

2. Conclure. Les Européens n'ont pas exploré le monde entier (l'intérieur de l'Afrique ou l'Australie leur sont inconnus) mais ils ont conquis des territoires, surtout en Amérique, sur les côtes africaines et dans le Sud-Est de l'Asie. Ils organisent un commerce par voie maritime avec ces colonies.

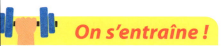

On s'entraîne !

1 QUIZ

Vrai ou faux ?

	V	F
a. Les « grandes découvertes » commencent au XVIIIe siècle.	☐	☐
b. Le XVIIIe siècle concerne les années 1801 à 1900.	☐	☐
c. L'Afrique est un continent très colonisé au XVIIIe siècle.	☐	☐
d. Une colonie est un pays indépendant.	☐	☐
e. Les Européens ont beaucoup de colonies en Amérique.	☐	☐
f. La France est le pays dont les possessions coloniales sont les plus étendues au XVIIIe s.	☐	☐
g. Les Européens font venir des épices depuis l'Asie.	☐	☐
h. Nantes et Bordeaux se situent sur le littoral méditerranéen.	☐	☐
i. Les riches marchands font partie de la bourgeoisie.	☐	☐

2 Les États européens vers 1730

Relis le cours et étudie la carte pour répondre aux questions.

a. Cite les pays qui possèdent des colonies ou des comptoirs commerciaux au XVIIIe siècle.
b. Cite trois autres puissances européennes qui n'ont pas de colonies.
c. Quel est le grand port des Provinces-Unies ? Du Royaume-Uni ?
d. Cite deux ports méditerranéens et deux ports atlantiques.
e. Quelle est la particularité du Saint Empire ?

3 CONTRÔLE EXPRESS

Relis le cours et observe le tableau pour répondre aux questions.

a. Présente le document (type, sujet, auteur, date, dimensions, lieu de conservation).
b. Situe Bordeaux et fais une recherche pour savoir par qui et dans quel but ce tableau a été commandé.
c. Décris de manière ordonnée le tableau.
d. Quels renseignements ce tableau nous donne-t-il sur Bordeaux au XVIIIe siècle ?

> **? indice**
> **c.** Tu peux décrire plan par plan, en précisant *à gauche*, *au centre*, *à droite*.

Détail de la vue d'une partie du port et de la ville de Bordeaux, prise du côté des Salinières, huile sur toile de Claude Joseph Vernet, 1758, 263 cm × 165 cm. Paris, musée national de la Marine.

Corrigés page 31 du Guide

HISTOIRE

2 Les traites négrières et l'esclavage

Je me demande...
Qu'est-ce que le commerce triangulaire ? Que font les esclaves en Amérique ?

Les points clés

1 Plusieurs traites négrières

● La **traite orientale** est pratiquée dès le VIIe siècle par les musulmans, encourageant les **traites « internes »** entre États et ethnies africains.

● La **traite occidentale**, organisée par les Européens, débute au XVe siècle. Elle touche l'Ouest et le centre de l'Afrique. Les esclaves sont essentiellement transportés vers l'Amérique où les colons développent d'immenses **plantations** nécessitant une main-d'œuvre nombreuse. Cette traite transatlantique est à son **apogée au XVIIIe siècle**.

Mot-Clé
Traite négrière : commerce des esclaves noirs capturés en Afrique.

2 La traite atlantique

● Le **commerce triangulaire** est le système commercial fondé sur l'**esclavage**, pratiqué dans l'espace atlantique à l'époque moderne.

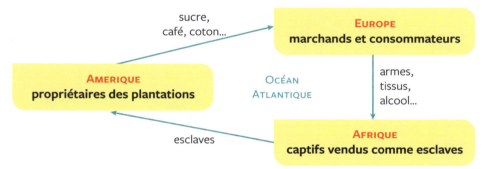

● Considérés comme des **marchandises**, les esclaves sont transportés par bateaux jusqu'en Amérique, où ils sont **vendus** à des propriétaires de plantations. Ils servent de **main-d'œuvre gratuite** et subissent violences morales et physiques.

Le document clé

Une plantation des Antilles au XVIIIe siècle

1. Expliquer. Au 1er plan, on voit un plant de canne à sucre ; au 2e plan, des pâturages et, à droite, les bâtiments où est transformée la canne en sucre ; à gauche, de petites maisons sans confort pour les esclaves. Au 3e plan, au centre, les champs de canne à sucre ; à gauche, la maison du propriétaire.

Une plantation des Antilles au XVIIIe siècle, copie colorisée d'une planche de l'*Encyclopédie*, 1751-1772.

2. Conclure. Cette représentation est idéalisée : elle insiste sur une organisation rationnelle et ne rend pas compte des dures conditions de vie des esclaves.

On s'entraîne !

1 Les traites négrières, VIIᵉ-XIXᵉ siècles

Observe la carte, puis coche les bonnes réponses.

a. La traite occidentale date :
☐ du VIIᵉ s.   ☐ du XVIᵉ s.

b. Sur quel continent se trouvent les principales régions « exportatrices » d'esclaves ?
☐ Amérique   ☐ Afrique

c. Dans quel pays sont transportés les esclaves ?
☐ Brésil   ☐ France

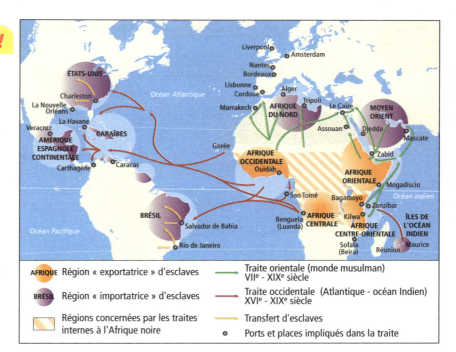

2 CONTRÔLE EXPRESS

Étudie l'illustration et le texte, puis réponds aux questions.

> Ce document représente l'arrivée des esclaves acquis par le capitaine Gaugy à bord de la *Marie Séraphique*, navire négrier nantais armé par Gruel. Au nombre de 307, ces hommes, femmes et enfants, traités à Loangue, sont amenés par les pirogues qui s'approchent du navire. Au-dessous de cette aquarelle [...] les contenus détaillés de la cale, de l'entrepont et du pont, nous renseignent sur la manière dont s'organise la traversée. L'entassement des captifs, leur position notée avec minutie jusqu'à révéler la présence de plusieurs d'entre eux enveloppés de linge, sans doute souffrants, au milieu de l'entrepont, sont autant de témoignages visuels qui confirment combien la traversée de l'Atlantique était une épreuve difficile.
>
> Texte du musée des Ducs de Bretagne, Nantes.

a. Quel est le nom du navire ?
b. Comment s'appelle le marchand qui organise la traversée ? D'où est-il originaire ?
c. Combien d'esclaves transportait ce navire ?
d. Où se tenaient les esclaves durant la traversée ? Dans quelles conditions ?
e. Où se trouvaient les marchandises ?
f. Sur quel continent sont-ils transportés ?

Plan, profil et distribution du navire la *Marie Séraphique* de Nantes [...], René Lhermitte, vers 1770, musée des Ducs de Bretagne, Nantes.

Corrigés page 31 du Guide

3 L'Europe des Lumières au XVIIIe siècle

Je me demande…
Quelles idées apparaissent au XVIIIe siècle ? Comment se diffusent-elles ?

Les points clés

1 Le siècle des Lumières

● Nourri par les **progrès scientifiques** et la **découverte du monde**, un **courant de pensée**, les Lumières, se développe dans toute l'Europe.

● Des philosophes et des savants utilisent leur **raison** (réflexion critique) pour **remettre en cause les croyances traditionnelles et le système politique et social** de leur époque. Ils veulent répandre la lumière de la connaissance.

Mot-Clé
Société d'ordres : société divisée en trois ordres (clergé, noblesse et tiers état).

2 De nouvelles idées pour progresser

des idées neuves… — **Les Lumières** — …portées par les philosophes

- remise en cause de la monarchie absolue
- contestation de la société d'ordres
- critique de l'intolérance religieuse
- défense des droits naturels (liberté et égalité en droits)

- Voltaire, *Lettres anglaises*, 1734
- Diderot (et autres), *L'Encyclopédie*, 1751-1772
- Rousseau, *Le contrat social*, 1762
- Kant, *Critique de la raison pure*, 1781

● Dans certains pays, des monarques absolus demandent conseil à des philosophes. Frédéric II reçoit **Voltaire** en Prusse et Catherine II invite **Diderot** en Russie. Mais ces « **despotes éclairés** » appliquent peu les idées des Lumières.

3 La transmission des idées

● Malgré la censure, les idées sont diffusées par les **livres**. Elles sont discutées dans les cafés, les **sociétés savantes ou littéraires**, et parfois dans les **salons** de la haute bourgeoisie ou de la noblesse. Ce sont les prémisses de la formation d'une opinion publique.

Les philosophes aident à penser le monde.

Le document clé

Les trois pouvoirs

Il y a dans chaque État trois sortes de pouvoirs : la puissance législative, la puissance exécutrice et la puissance de juger. Lorsque le pouvoir législatif est réuni au pouvoir exécutif, dans la ou les mêmes personnes, il n'y a pas de liberté : on peut craindre que le même monarque ou la même assemblée ne fasse des lois tyranniques pour les appliquer tyranniquement. Chez les Turcs, où les trois pouvoirs sont réunis sur la tête du Sultan, il règne un affreux despotisme.

Montesquieu, *De l'Esprit des lois*, 1748.

1. Expliquer. Montesquieu distingue trois pouvoirs : législatif (faire les lois), exécutif (faire appliquer les lois) et judiciaire (juger en fonction des lois). Pour éviter la tyrannie et assurer la liberté, ces trois pouvoirs doivent être exercés par des personnes différentes.

2. Conclure. Montesquieu, philosophe des Lumières, s'inspire du modèle anglais et critique la monarchie absolue où le roi concentre tous les pouvoirs. Son principe de séparation des pouvoirs est un des piliers des démocraties actuelles.

On s'entraîne !

1 QUIZ

Vrai ou faux ?

	V	F
a. Au XVIIIe siècle, la France est une monarchie absolue admirée par les philosophes des Lumières.	☐	☐
b. Voltaire, Montesquieu et Diderot sont des philosophes des Lumières.	☐	☐
c. L'*Encyclopédie* a été rédigée dans la première moitié du XVIIIe siècle.	☐	☐
d. Le courant des Lumières n'a touché que la France au XVIIIe siècle.	☐	☐
e. Les philosophes défendent les principes de liberté et d'égalité civile.	☐	☐
f. Les philosophes risquent la censure, la prison ou l'exil.	☐	☐
g. Voltaire a pris la défense du protestant Jean Calas.	☐	☐
h. Le pouvoir exécutif est celui de pouvoir exécuter une personne.	☐	☐
i. Au XVIIIe siècle, la société française est divisée en trois catégories.	☐	☐

2 L'Encyclopédie

Lis le texte, puis réponds aux questions.

> Le but d'une Encyclopédie est de rassembler les connaissances éparses sur la surface de la Terre ; d'en exposer le système général aux hommes avec qui nous vivons, et de les transmettre aux hommes qui viendront après nous ; afin que les travaux des siècles passés n'aient pas été des travaux inutiles pour les siècles qui succéderont ; que nos neveux, devenus plus instruits, deviennent en même temps plus vertueux et plus heureux, et que nous ne mourions pas sans avoir bien mérité du genre humain.
>
> *Encyclopédie* de Diderot et d'Alembert, 1751-1772, article « Encyclopédie ».

a. Quand a été rédigée l'*Encyclopédie* ?
b. Qui sont les deux directeurs de l'*Encyclopédie* ?
c. Quels sont les deux objectifs de l'*Encyclopédie* ?
d. Qu'est-ce qui permet aux hommes d'être plus heureux selon le texte ?

3 CONTRÔLE EXPRESS

Observe le tableau et lis le texte, puis réponds aux questions.

La famille Calas implorant Voltaire, École française, XVIIIe siècle.

> Voltaire a critiqué à plusieurs reprises l'organisation politique, sociale et religieuse de la France. Ses engagements lui ont valu deux séjours à la Bastille et un exil en Angleterre. À partir de 1758, il s'installe à Ferney, près de la frontière suisse, où il combat l'intolérance religieuse et l'injustice.
> En 1762, le protestant Jean Calas est accusé du meurtre de son fils retrouvé pendu dans la cave de la maison. Reconnu coupable, il est exécuté par le supplice de la roue. La famille Calas rend alors visite à Voltaire pour qu'il défende la mémoire de Jean Calas. En 1763, Voltaire publie un *Traité sur la tolérance* qui démontre l'innocence de Jean Calas, condamné en raison de sa religion. Voltaire obtient ainsi sa réhabilitation en 1765.

a. Où se déroule la scène représentée sur le tableau ? Où se situe Voltaire ?
b. Pour quelle raison la famille Calas vient-elle l'implorer ?
c. Pourquoi Jean Calas a-t-il été condamné ? Qu'obtient finalement Voltaire ?
d. D'après le texte, qu'est-ce qui montre que Voltaire prend des risques pour défendre ses idées ?

? indice
> **c.** Les philosophes des Lumières critiquent la société d'ordres.

Corrigés page 31 du Guide

HISTOIRE

131

La Révolution française (1789-1799)

Je me demande...
Pourquoi parle-t-on de « révolution » en 1789 ? Quand est proclamée la République ?

Les points clés

1 La fin de la monarchie absolue

● En 1789, les états généraux se déclarent **Assemblée nationale**. Les députés votent la *Déclaration des droits de l'homme et du citoyen* (DDHC) qui garantit des libertés aux citoyens et la **souveraineté nationale**.

● En 1791, la **Constitution** officialise une **monarchie limitée** : Louis XVI conserve le pouvoir exécutif ; l'Assemblée, élue au **suffrage censitaire** (réservé aux citoyens riches), fait les lois. Le 21 septembre 1792 est proclamée la Ire **République**.

● Les Français deviennent des **citoyens** participant aux choix politiques. Les **clubs** (associations politiques) et les **journaux** se multiplient.

2 Des bouleversements économiques et sociaux

● En août 1789, l'Assemblée vote l'**abolition des privilèges** puis la DDHC assure l'**égalité des citoyens** devant la loi, les impôts et les emplois. Elle proclame la **liberté de conscience** : chacun choisit et exerce librement sa religion.

● L'assemblée reconnaît l'importance de la **propriété privée**. Les péages sont supprimés pour favoriser la **liberté des échanges**. Une loi **supprime les corporations** (associations de métiers). En revanche, le droit de grève est interdit pour les artisans.

Mots-Clés

● **Constitution** : fixe l'organisation des pouvoirs et le fonctionnement du gouvernement d'un pays.

● **Révolution** : changement radical et transformations très profondes obtenus généralement par la lutte.

● **Souveraineté nationale** : le pouvoir vient des citoyens qui élisent des représentants.

Le document clé

Frise chronologique de la Révolution française

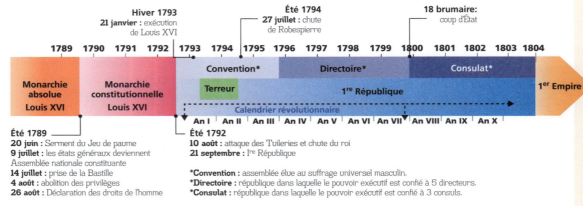

1. Expliquer. La frise donne deux indications : les différents régimes politiques (couleurs) et les principaux événements (points).

2. Conclure. La Révolution s'effectue sur une longue période et connaît une succession de régimes politiques. Après l'échec de la monarchie constitutionnelle, la République est proclamée. Elle change le calendrier pour montrer sa volonté de tourner la page avec l'Ancien Régime (monarchie absolue et société d'ordres).

On s'entraîne !

1 QUIZ

Relie chaque événement à la date correspondante.

a. Prise de la Bastille •   • 26 août 1789
b. Fin de la Terreur •   • 21 sept. 1792
c. Prise des Tuileries •   • 14 juil. 1789
d. DDHC •   • 27 juil. 1794
e. Ire République proclamée • • 10 août 1792

2 La prise de la Bastille

Étudie les documents, puis réponds aux questions.

Comme les états généraux dépassent le cadre fixé par le roi en voulant rédiger une constitution, Louis XVI fait venir des troupes autour de Paris puis renvoie Necker, ministre favorable aux réformes. Inquiets, les Parisiens décident de s'armer. Le 14 juillet 1789, ils s'emparent de fusils et de canons aux Invalides puis, pour trouver de la poudre, prennent d'assaut la Bastille, forteresse à l'est de Paris qui sert de garnison et de prison royale. Informé, Louis XVI éloigne les soldats et rappelle Necker. Dès le 15 juillet, la Bastille est démolie. Les blocs de pierre sont réutilisés pour d'autres constructions mais certains sont sculptés à l'image de la forteresse, puis vendus et envoyés dans les départements pour commémorer l'événement.

Miniature sculptée dans une pierre de la Bastille, musée Carnavalet, Paris.

a. Que représente la miniature ? Décris-la.
b. Pourquoi a-t-on réalisé cette sculpture ? Quel matériau a été utilisé ?
c. Quelles sont les deux raisons qui poussent les Parisiens à s'armer ?
d. Pourquoi attaquent-ils la Bastille ?

3 CONTRÔLE EXPRESS

Lis le texte et étudie le tableau pour répondre aux questions.

Pour résoudre une crise financière (déficit budgétaire et forte dette), Louis XVI convoque en 1789 les états généraux. À cette occasion, les Français rédigent des cahiers de doléances où ils expriment leur volonté de changements. Comme le roi n'annonce aucune réforme, les représentants du tiers état, rejoints par quelques membres du clergé, se déclarent Assemblée nationale le 17 juin 1789. Puis ils se réunissent le 20 juin 1789 dans la salle du Jeu de paume (ancêtre du tennis). Ils prêtent serment de ne pas se séparer avant de donner une constitution à la France.

Esquisse du Serment du Jeu de paume, Jacques-Louis David, 1791, Musée national du château de Versailles.

a. Pourquoi Louis XVI réunit-il les états généraux en 1789 ?
b. Quand a lieu le serment du jeu de Paume ?
c. Qu'est-ce qui montre que les députés prêtent serment sur l'esquisse ?
d. Comment David a-t-il montré l'enthousiasme et le souffle de changement sur son esquisse ?
e. Que jurent les députés réunis ?

? indice

États généraux : assemblée représentant les trois ordres du royaume (clergé, noblesse et tiers état), qui donne des avis au roi.

Corrigés page 32 du Guide

5 Consulat et Premier Empire (1799-1815)

Je me demande…
Comment Napoléon Bonaparte dirige-t-il la France ? Quelles réformes a-t-il initiées ?

Les points clés

1 Du Consulat à l'Empire

● Napoléon Bonaparte prend le pouvoir par un **coup d'État** le 18 brumaire an VIII (9 novembre 1799). Il instaure le **Consulat**, régime autoritaire dans lequel, en tant que Premier consul, il concentre les pouvoirs et limite les libertés.

● Pour renforcer son pouvoir et créer un **régime héréditaire**, Bonaparte se fait sacrer **empereur des Français** en 1804 et règne jusqu'à sa défaite à Waterloo en 1815.

Mot-clé
Coup d'État : prise du pouvoir de façon illégale, souvent par la force.

2 Les réformes napoléoniennes

● Durant son règne, Napoléon restaure un **ordre monarchique**, tout en défendant certains **acquis de la Révolution** comme l'égalité devant la loi ou la propriété. Dans tout l'Empire, il réforme la société en s'appuyant sur des « **masses de granit** », image désignant des bases solides.

Des réformes pour…

- **renforcer l'économie**
  - fondation de la Banque de France (1800)
  - instauration du franc germinal (1803)

- **rétablir l'ordre social**
  - signature du Concordat avec le pape (1801)
  - rédaction du code civil (1804)
  - propagande dynastique (par ex. le sacre en 1804)

- **fonder une élite au service de l'État**
  - création des préfets (1800)
  - création des lycées (1802)
  - création de la Légion d'honneur (1802)

Un préfet représente l'État dans chaque département.

Le document clé

Un franc germinal

1. Expliquer. Le franc germinal est une pièce de cinq grammes en argent. Cette pièce comporte deux faces : le droit (face noble) avec le profil de Napoléon Bonaparte et l'inscription « Bonaparte, Premier consul », et le revers avec la valeur faciale (1 franc), la date (an XI) et la mention « République française ».

2. Conclure. Bonaparte crée, en 1803, une monnaie stable et forte pour favoriser les échanges et le développement économique. Cette pièce montre aussi l'aspect autoritaire du régime : bien que le Consulat soit une République, Bonaparte est représenté de profil à la manière des rois.

Un franc germinal, an XI (1803).

On s'entraîne !

1 QUIZ

Vrai ou faux ?

	V	F		V	F
a. Napoléon Bonaparte prend le pouvoir en 1789.	☐	☐	**e.** Napoléon devient empereur en 1804.	☐	☐
b. Napoléon Bonaparte prend le pouvoir par la force.	☐	☐	**f.** Napoléon remporte la bataille de Waterloo.	☐	☐
c. Le Consulat est une monarchie.	☐	☐	**g.** L'Empire se termine en 1815.	☐	☐
d. Napoléon a créé le code civil.	☐	☐	**h.** La Légion d'honneur et les préfets existent encore aujourd'hui.	☐	☐

2 La Légion d'honneur

Lis le texte et observe la photographie, puis réponds aux questions.

> **Article 1.** Sont membres de la Légion d'honneur tous les militaires qui ont reçu les Armes d'honneur. Pourront y être nommés les militaires qui ont rendu des services majeurs à l'État dans la guerre de la liberté ; les citoyens qui, par leur savoir, leurs talents, leurs vertus, ont contribué à établir les principes de la République, ou faire aimer et respecter la justice ou l'administration publique.
>
> Extrait de la loi du 29 floréal an X (19 mai 1802).

La médaille de la Légion d'honneur avec le profil de Napoléon.

a. Quand a été créée la Légion d'honneur ? À quoi sert-elle ?
b. À quel régime politique fait référence le mot « République » dans le texte ?
c. Quelles personnes peuvent recevoir la Légion d'honneur ?
d. Qui figure au centre de la médaille ? La médaille date-t-elle de la même année que le texte ?

3 CONTRÔLE EXPRESS

Étudie le tableau et le texte pour répondre aux questions.

> Napoléon Bonaparte est sacré « empereur des Français » par le pape le 2 décembre 1804, dans la cathédrale Notre-Dame de Paris. Il règne sous le nom de Napoléon Ier.

a. Présente le document.
b. Où et quand Napoléon est-il sacré empereur des Français ? Quel était le régime politique auparavant ?
c. Quels insignes du pouvoir sont représentés ?
d. Quels sont les éléments du tableau qui rappellent ou s'éloignent de la monarchie absolue de Louis XVI ?
e. Que cherche à montrer Napoléon avec ce tableau ?

 indice
> **c.** Certains insignes sont hérités ou inspirés de la monarchie capétienne.

Napoléon Ier en costume du Sacre, François Gérard, 1805, musée national du Château de Fontainebleau.

Corrigés page 32 du Guide

6 Les conséquences de la Révolution française

Je me demande...
Quand et comment s'achève la période révolutionnaire ? Quelles conséquences en Europe ?

Les points clés

1 Révolution, Empire et guerre

- À partir de 1792, la France est souvent en guerre. Dans les territoires conquis ou les pays dominés, la France **diffuse les principes révolutionnaires** (égalité en droits). Sa domination est mal acceptée et les peuples refusent d'être dirigés par un pays étranger : la guerre contribue à forger des **identités nationales**.

- Napoléon mène des **guerres** contre ses voisins pour **agrandir les territoires de l'Empire**.

Mot-clé
Sentiment national : appartenir à un peuple partageant une langue, une histoire, une religion...

| 1805 Victoire d'Austerlitz | 1811 Apogée de l'Empire | 1815 Défaite de Waterloo et abdication |

2 Le congrès de Vienne (1815)

- Après les défaites de Napoléon, les pays européens se réunissent à Vienne. Le **Royaume-Uni**, la **Russie**, l'**Autriche** et la **Prusse** imposent leurs décisions.

- La France retrouve ses **frontières de 1789**. Prusse, Autriche et Russie s'agrandissent et le Royaume-Uni assure ses colonies et ses routes maritimes. Les **monarchies absolues** dominent, à quelques exceptions (Royaume-Uni, France...).

- Alors que les guerres de la Révolution ont contribué à susciter des **sentiments nationaux**, les peuples ne sont pas pris en compte : les Polonais sont partagés entre la Prusse, la Russie et l'Autriche, l'**Italie** est morcelée en sept pays sous influence autrichienne, l'**Allemagne** en 38 États.

Le document clé

La Marseillaise

Premier couplet
Allons enfants de la Patrie,
Le jour de gloire est arrivé !
Contre nous de la tyrannie,
L'étendard sanglant est levé, *(bis)*
Entendez-vous dans les campagnes
Mugir ces féroces soldats ?
Ils viennent jusque dans vos bras
Égorger vos fils, vos compagnes !

Refrain
Aux armes, citoyens,
Formez vos bataillons !
Marchons, marchons !
Qu'un sang impur abreuve nos sillons !

Chant de guerre pour l'armée du Rhin (devenu *La Marseillaise*), Rouget de Lisle, 1792.

1. Expliquer. Ces paroles encouragent les citoyens français (« enfants de la Patrie ») à prendre les armes pour défendre leur liberté et leur pays envahi par de « féroces soldats » combattant pour les tyrans (rois européens).

La période révolutionnaire est marquée par les guerres.

2. Conclure. Il s'agit d'un chant révolutionnaire (défense de la liberté) et patriotique (défense du pays) adopté comme hymne national en 1795 puis définitivement à partir de 1879.

On s'entraîne !

1 QUIZ

Coche la (ou les) bonne(s) réponse(s).

a. En 1791, avec la monarchie constitutionnelle,
☐ les pouvoirs sont séparés entre le roi et l'Assemblée nationale.
☐ tous les citoyens votent.

b. Napoléon Bonaparte :
☐ prend le pouvoir légalement en 1799.
☐ devient empereur en 1804.
☐ restreint la plupart des libertés.

c. Les guerres de la Révolution :
☐ suscitent des sentiments nationaux.
☐ diffusent des principes de la Révolution.
☐ permettent à la France de s'agrandir.

d. En 1815 :
☐ le congrès de Valence se réunit.
☐ la France retrouve ses frontières de 1789.

? indice
Relis les chapitres 4, 5 et 6.

2 L'Europe en 1815

Étudie la carte, puis réponds aux questions.

a. Où se déroule le congrès chargé de réorganiser l'Europe en 1815 ?
b. Qui participe à ce congrès ? Qui décide ?
c. Complète le tableau suivant.

Pays	Territoires gagnés en 1815
………………………	Rhénanie, Saxe, Posnanie
Russie	………………………
………………………	Tyrol, Lombardie, Vénétie, Dalmatie
France	………………………

d. Comment s'appelle l'ensemble qui regroupe les trente-huit États allemands ?

3 CONTRÔLE EXPRESS

Observe le tableau, puis réponds aux questions.

En 1808, Napoléon a contraint le roi espagnol à abdiquer pour le remplacer par son frère Joseph. Les Espagnols, conscients de leur identité, se soulèvent contre cette domination étrangère. Le 2 mai 1808, les cavaliers français (cuirassiers et mamelouks) sont attaqués par les Madrilènes.

Dos de Mayo, Francisco de Goya, 1814, musée du Prado, Madrid.

a. Où et quand se déroule la scène ? Pourquoi ?
b. Pourquoi les Espagnols se sont-ils révoltés ?
c. Décris la scène. Comment Goya a-t-il rendu la violence des combats ?
d. Fais une recherche sur le tableau *Tres de Mayo* de Goya. Que représente-t-il ?
e. Comment ce tableau entretient-il l'idée d'un sentiment national espagnol ?

Corrigés page 32 du Guide

7 La « révolution industrielle » (1)

Je me demande...
Quelle est alors la principale source d'énergie ? Que produit-on dans les usines ?

Les points clés

1 L'industrialisation

● L'industrialisation est un phénomène favorable au **développement économique**.

Innovations techniques
Ex. : machine à vapeur de James Watt (1769) → Production améliorée :
● efficacité
● rapidité
● coûts réduits
→ Croissance économique
→ Baisse des prix

2 Les rythmes et les lieux

● Au début du XIXe siècle (phase 1), l'industrialisation concerne surtout la **production de coton**, la **sidérurgie**, la **métallurgie** et les **transports** (navires à vapeur, chemin de fer). Elle repose sur l'extraction du **charbon**, ressource énergétique qui permet de faire fonctionner les **machines à vapeur**.

● Dans les années 1880 (phase 2), l'industrie utilise de nouvelles sources d'énergie (**électricité**, **pétrole**) et touche d'autres secteurs de production comme la **chimie** ou l'**automobile**. L'organisation évolue vers un travail à la chaîne (fordisme, taylorisme).

Henry Ford voulait construire une voiture pour le plus grand nombre !

● L'industrialisation concerne d'abord le **Royaume-Uni** puis l'**Europe du Nord-Ouest** et les **États-Unis**. Les usines se concentrent dans certaines régions (Nord et Est en France). Elles s'installent à proximité des **villes**, des **mines** de charbon et de fer, ou de **cours d'eau**, qui favorisent les échanges.

Le document clé

Les grands pays industriels

1. Expliquer. En 1870, le Royaume-Uni domine avec plus d'un tiers de la production industrielle mondiale. Au début du XXe siècle, les États-Unis sont passés en tête. La part du Royaume-Uni a régressé mais celle de la France a sensiblement augmenté.

2. Conclure. Le Royaume-Uni, berceau de l'industrialisation, connaît une avance confortable, mais est dépassé à la fin du XIXe siècle. Les États-Unis s'imposent comme 1re puissance industrielle dès le début du XXe siècle.

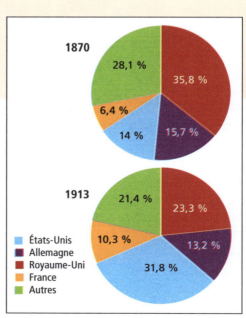

La part des pays dans la production industrielle mondiale, en 1870 et 1913.

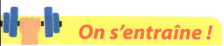

On s'entraîne !

1 QUIZ

Vrai ou faux ?

	V	F
a. La machine à vapeur a été inventée par James Volt à la fin du XVIIIe siècle.	☐	☐
b. L'industrie est apparue aux États-Unis.	☐	☐
c. La première énergie pour faire fonctionner les machines est le charbon.	☐	☐
d. L'électricité apparaît au début du XIXe siècle.	☐	☐
e. Au XIXe siècle apparaissent de nouveaux moyens de transport comme le train et la voiture.	☐	☐
f. La 2e phase de l'industrialisation concerne l'automobile et la chimie.	☐	☐
g. Le pétrole est utilisé dans la 1re phase de l'industrialisation.	☐	☐
h. L'industrialisation s'accompagne de la construction d'usines abritant des machines.	☐	☐
i. En 1913, la France est la première puissance industrielle du monde.	☐	☐

2 Charbon et chemin de fer

Étudie le tableau, lis le texte, puis réponds aux questions.

Les Docks de Cardiff, Lionel Walden, huile sur toile. Paris, musée d'Orsay, 1894.

> Dans le sud-ouest du Royaume-Uni, le pays de Galles possède de nombreuses mines de charbon. Le charbon est transporté par train vers le port de Cardiff pour être exporté. Grâce à cette activité, la population de Cardiff passe de 20 000 habitants en 1851 à 129 000 en 1891.

a. Présente le document.
b. Dans quel pays se trouve Cardiff ?
c. Décris les différents plans du tableau.
d. Comment évolue la population de la ville ?
e. Quelle source d'énergie est utilisée par les trains ? Que peuvent-ils transporter ?

3 CONTRÔLE EXPRESS

Étudie la carte, puis réponds aux questions.

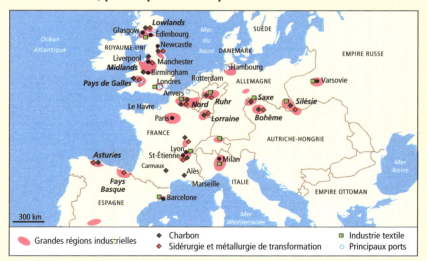

L'Europe industrielle à la fin du XIXe siècle.

a. Dans quel pays débute l'industrialisation ?

b. Cite deux pays qui s'industrialisent à la fin du XIXe siècle.

c. Qu'est-ce que la sidérurgie ?

d. Pourquoi les industries se développent-elles souvent près des mines de charbon ?

HISTOIRE

Corrigés page 32 du Guide

139

8 La « révolution industrielle » (2)

Je me demande...
Quels changements connaît la société au XIXe siècle ?

Les points clés

1 Une forte croissance démographique

- Les **taux de natalité** sont **élevés** alors que les taux de mortalité baissent (**progrès dans l'alimentation, la médecine**...), d'où une forte augmentation de la population européenne, de la consommation et une **émigration vers d'autres continents**.

Mot-clé
Prolétaire : ouvrier ou paysan qui ne possède comme richesse que sa force de travail vendue au patron contre un salaire.

2 Deux courants idéologiques

- Le libéralisme s'impose comme **idéologie** dominante, mais fait l'objet de remises en cause.

Le libéralisme	Le socialisme
• Attaché aux **libertés**, il prône le libre-échange économique et une faible intervention de l'État. • Références : certains penseurs des Lumières et leurs disciples, tel Adam Smith.	• Attaché à l'**égalité**, il prône une intervention de l'État pour réduire les inégalités et protéger les travailleurs. • Références : Marx et Engels, *Le Manifeste du Parti communiste* (1848).

3 Recompositions sociales

- La **bourgeoisie** investit dans les entreprises, la finance, le grand commerce. D'autres classes sociales apparaissent : les **ouvriers** ont des **conditions de vie et de travail difficiles**. Les **classes « moyennes »** se développent (fonctionnaires, petits marchands...). Le nombre de **paysans** diminue.

- Des **crises économiques** surviennent à plusieurs reprises au XIXe siècle, qui entraînent parfois des crises politiques. En **1848**, une **vague de révolutions** touche de nombreux pays européens : les peuples réclament un État (**mouvement national**) et davantage de libertés (**mouvement libéral**).

- L'**Église catholique** imprègne encore fortement la société. Condamnant le libéralisme et le marxisme, elle défend un **engagement social** pour aider ceux qui souffrent.

Le document clé

Le développement des villes

1. Expliquer. Dans les quatre pays, le nombre de personnes vivant en ville augmente. Le Royaume-Uni et l'Allemagne sont plus urbanisés que la France et la Russie.

2. Conclure. Il y a un lien entre urbanisation et industrialisation, car les usines s'installent généralement à proximité des villes qui fournissent de la main-d'œuvre et sont des marchés de consommation. En Russie, pays encore faiblement industrialisé au début du XXe siècle, le monde rural domine nettement.

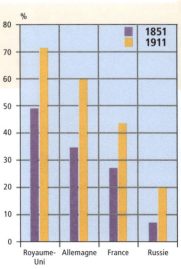

Le taux d'urbanisation en Europe.

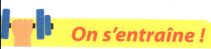

On s'entraîne !

1 QUIZ

Vrai ou faux ?

	V	F
a. L'industrialisation entraîne le développement des villes.	☐	☐
b. Karl Marx défend le libéralisme.	☐	☐
c. Une vague de révolutions touche l'Europe en 1868.	☐	☐
d. Karl Marx publie le *Manifeste du Parti communiste* en 1848.	☐	☐
e. Le libéralisme souhaite une forte intervention de l'État dans l'économie.	☐	☐
f. Le socialisme veut réduire les inégalités sociales.	☐	☐

2 Un entrepreneur français

Lis le texte, puis réponds aux questions.

Le Creusot et Eugène Schneider (1805-1875)

Le Creusot est une ville située dans le bassin houiller [...] en Bourgogne. Le charbon y fut exploité dès le Moyen Âge pour les besoins locaux. Dans les années 1780, une société est fondée [...]. En 1836, l'entreprise de sidérurgie du Creusot fut rachetée par les frères lorrains Adolphe et Eugène Schneider, le maître de forges Boigues (membre de leur famille) et le banquier Seillière chez qui ils avaient travaillé.

Dans les années 1850-1860, Eugène Schneider fit du Creusot une usine gigantesque, tout en étendant son pouvoir sur le monde des affaires, de la finance et de la politique. Le poids économique du Creusot était considérable. Il produisait plus de 130 000 tonnes de fonte, presque autant de fer, plus de 100 locomotives par an.

Dès 1870, il installa des convertisseurs Bessemer pour produire de l'acier. Il se tourna aussi vers la production de canons. Dans cette entreprise travaillaient 15 550 ouvriers. La ville grandit à l'ombre de l'usine : 6 000 habitants en 1846, 16 000 en 1860, 25 000 en 1875. [...] Patron de choc, Eugène Schneider réprima durement les deux grèves de 1850 et 1870 : l'armée rétablit l'ordre, les meneurs furent condamnés à des peines de prison et de nombreux grévistes furent licenciés. À la mort d'Eugène, son fils, son petit-fils et son arrière-petit-fils lui succédèrent.

Patrick Verley, *La Révolution industrielle*, Éditions Gallimard, 1997.

a. Que produit l'entreprise d'Eugène Schneider ? Grâce à quelle source d'énergie ?
b. Quelle est la taille de l'entreprise ? Justifie.
c. Comment évolue la ville du Creusot ?
d. Comment les ouvriers tentent-ils d'améliorer leurs conditions de travail ?
e. À quelle catégorie sociale appartient Eugène Schneider ?

? indice
c. Appuie-toi sur des chiffres précis.

3 CONTRÔLE EXPRESS

Réponds aux questions à l'aide du schéma.

Karl Marx est un philosophe allemand qui observe le monde issu de l'industrialisation et les inégalités qu'il engendre. Dans le *Manifeste du Parti communiste*, il dénonce le système capitaliste, encourage les prolétaires à se révolter pour mettre en place un système communiste.

Situation observée par Marx :
Système capitaliste et lutte des classes

| Prolétaires (ouvriers, paysans) exploités | CONTRE | Capitalistes (bourgeois, propriétaires, banquiers) exploiteurs |

Marx propose :
Les prolétaires prennent le pouvoir par une révolution.

↓

Dictature du prolétariat :
Les prolétaires exercent le pouvoir et confisquent les usines, les commerces, les banques…
La bourgeoisie disparaît.

↓

Instauration d'un État communiste :
Fin de la propriété privée.
Partage des profits à égalité entre tous.
Disparition des classes sociales.

Mise en place d'un système communiste selon Karl Marx.

a. Qu'est-ce que la lutte des classes ?
b. Qui sont les prolétaires ?
c. Comment doivent-ils prendre le pouvoir ?
d. Sur quoi repose le système communiste ?

Corrigés page 33 du Guide

9 Conquêtes et sociétés coloniales

Je me demande...
Comment se déroulent les conquêtes ? À quoi servent les colonies pour les pays européens ?

Les points clés

1 Les raisons de la colonisation

- **économiques** : réserve de matières premières et débouché pour les produits industriels
- **démographiques** : donner des terres aux Européens dont le nombre augmente
- **politiques** : accroître la puissance et le prestige
- **religieux** : christianiser de nouvelles populations
- **sociaux** : apporter la civilisation et le progrès à des populations jugées inférieures

→ **Motifs**

2 La conquête coloniale

● Les Européens se partagent **l'Afrique et une partie de l'Asie** au cours du XIXe siècle. Leur **avance technique** dans les transports et les armements explique une **conquête rapide**.

● En 1914, le **Royaume-Uni** possède le premier empire colonial (plus de 30 millions de km^2 et 400 millions d'habitants) et la **France** le deuxième (10 millions de km^2 et 48 millions d'habitants).

3 Le système colonial

● Les métropoles **dominent et exploitent les colonies** et leurs populations (travail forcé). Parallèlement, les Européens étendent la **médecine** pour soigner leur main-d'œuvre et développent les **transports** pour le commerce. Les enseignants et les missionnaires européens **imposent leurs modèles culturels** (langue, histoire, religion).

● Dans les colonies, il y a **une ségrégation et de fortes inégalités** entre les populations locales et les colons européens, qui disposent de droits et de revenus supérieurs.

Mot-Clé
Ségrégation : fait de vivre séparément, de se côtoyer sans se mélanger.

Le document clé

Une conquête française

Conquête de l'Annam et du Tonkin
Les villages brûlaient et on se réjouissait de voir tous ces incendies. [...] Puis on vit les fuyards se massacrer à moitié roussis à la sortie de leur village. Alors la grande tuerie commença. On tira des salves et c'était un plaisir de voir ces gerbes de balles s'abattre sur eux [...]. C'était une espèce d'arrosage qui les couchait tous. [...] Quand on arrive avec une poignée d'hommes pour imposer sa loi à tout un pays immense, il faut faire beaucoup de morts, jeter beaucoup de terreur sous peine de succomber soi-même.
Pierre Loti, *Le Figaro*, 17 octobre 1883.

1. Expliquer. Pierre Loti, officier de Marine et écrivain, participe en 1883 à la conquête de l'Indochine (Asie). Il rend compte d'une conquête violente (incendies, tuerie) par des Français peu nombreux, mais disposant d'un armement techniquement avancé (armes à feu).

2. Conclure. Ce témoignage ne cherche pas à masquer la brutalité des colonisateurs qui s'imposent par la force. Cet article vaudra à son auteur des ennuis avec le gouvernement de Jules Ferry, promoteur de l'expansion en Indochine.

On s'entraîne !

1 QUIZ

Coche la (ou les) bonne(s) réponse(s).

a. Un pays qui possède des colonies s'appelle :
☐ une mégalopole.
☐ une métropole.
☐ une mégapole.

b. Les Européens construisent des routes dans leurs colonies pour :
☐ acheminer les produits vers l'Europe.
☐ améliorer la vie des colons.
☐ occuper les colons.

c. Dans les colonies, les Européens imposent :
☐ leurs langues.
☐ la religion chrétienne.
☐ le port de l'uniforme.

d. Les principaux pays colonisateurs au XIXe s. sont :
☐ l'Espagne et le Royaume-Uni.
☐ le Royaume-Uni et la France.
☐ la France et l'Espagne.

2 L'influence européenne dans les colonies

Étudie la photographie ci-dessous, puis réponds aux questions.

Travaux de broderie à l'école des Sœurs de Saint-Joseph de Cluny à Brazzaville, Congo, début du XXe siècle.

a. Quand a été prise cette photographie ? dans quelle colonie ?
b. À quel pays appartient cette colonie ?
c. Quel lieu et quelle activité sont représentés sur la photographie ? Qui enseigne ?
d. Quels objectifs de la colonisation illustre cette photographie ?

3 CONTRÔLE EXPRESS

Étudie le planisphère et relis le cours, puis réponds aux questions.

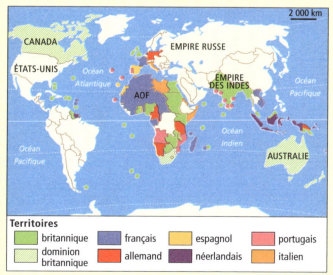

Territoires
☐ britannique ☐ français ☐ espagnol ☐ portugais
☐ dominion britannique ☐ allemand ☐ néerlandais ☐ italien

L'Europe et ses colonies en 1914.

? indice
AOF signifie Afrique occidentale française.

a. Quels sont les deux continents les plus colonisés en 1914 ?

b. Quel continent n'est presque plus colonisé ?

c. Quels sont les pays européens qui possèdent des colonies en Afrique ? Cite les deux pays qui en ont le plus.

d. Cite deux colonies allemandes et deux colonies italiennes. Pourquoi ces deux pays ont-ils peu de colonies ?

Corrigés page 33 du Guide

HISTOIRE

143

10 Voter en France de 1815 à 1870

Je me demande...
Quelles sont les conditions pour pouvoir voter en 1815 ? en 1848 ?

Les points clés

1 Un suffrage censitaire (1815-1848)

● Sous la **monarchie constitutionnelle** instaurée en 1815, la loi soumet le **droit de vote et d'éligibilité** à des **conditions de sexe** (être un homme), d'**âge** (au moins 30 ans pour voter, 40 ans pour être élu) et de **richesse** (payer plus de 300 francs d'impôt pour voter et plus de 1 000 francs pour être élu). En 1820, le **double vote** permet aux citoyens les plus riches de voter deux fois.

● Après la Révolution des « **Trois Glorieuses** » (1830), le montant d'impôt et l'âge sont abaissés, ce qui permet de doubler le nombre de votants. Le double vote est supprimé. Un fort courant républicain et une crise économique déclenchent la **révolution de 1848**, à l'issue de laquelle la IIe République est proclamée.

2 Un suffrage universel (1848-1870)

● La IIe République abolit l'esclavage et instaure le **suffrage universel masculin**. Tous les hommes, âgés d'au moins 21 ans, peuvent élire leurs **députés** et le **président de la République**. Le vote devient **secret**.

● Le 10 décembre, Louis-Napoléon Bonaparte est élu président de la République mais, en décembre 1851, il organise un **coup d'État** pour rester au pouvoir.

● En décembre 1852, Bonaparte rétablit l'Empire et devient Napoléon III. Le suffrage reste universel masculin mais **les plébiscites et les élections sont très encadrés**. Le gouvernement favorise des **candidats officiels**. En 1870, après la **défaite de Sedan**, Napoléon III abdique.

Mots-clés
● **Plébiscite** : vote de la population qui répond à une question par oui ou par non.
● **Droit d'éligibilité** : droit d'être élu.

Au XIXe siècle, les Français s'habituent peu à peu au vote !

HISTOIRE

Le document clé

Une gravure de 1848

1. Décrire et expliquer. La révolution de février 1848 a établi la IIe République. Un homme, vêtu comme un ouvrier, repousse d'une main son fusil. De l'autre main, il introduit un bulletin de vote dans une urne qui rappelle l'Antiquité.

2. Conclure. La gravure évoque l'instauration du suffrage universel masculin. Tous les hommes, sans condition de richesse, ont le droit de voter. Ils doivent abandonner la violence et les combats pour faire confiance aux représentants élus par les citoyens. C'est la démocratie.

Le vote ou le fusil, Bosredon, 1848.
« Ça, c'est pour l'ennemi du dehors ; pour le dedans, voici comme l'on combat loyalement les adversaires... » Paris, BnF.

On s'entraîne !

1 QUIZ

Coche la (ou les) bonne(s) réponse(s).

a. Pour voter sous la monarchie constitutionnelle, il faut :
- ☐ être une femme.
- ☐ être riche.
- ☐ avoir au moins 20 ans.

b. Pour voter sous la IIe République, il faut :
- ☐ être un homme.
- ☐ être riche.
- ☐ avoir au moins 21 ans.

c. Le premier président de la République est élu directement par les citoyens en :
- ☐ 1815.
- ☐ 1830.
- ☐ 1848.

d. Sous le Second Empire, le droit de vote est :
- ☐ accordé à tous les hommes.
- ☐ accordé aux citoyens les plus riches.
- ☐ très surveillé par le gouvernement.

e. De 1820 à 1830, le double vote permet :
- ☐ à deux personnes de voter une fois.
- ☐ à une personne de voter deux fois.

2 Monarchies et républiques

Complète les dates et la légende de la frise.

? indice Les couleurs désignent les types de régime.

Frise : Ier Empire — Monarchies constitutionnelles — 1830 — IIe République — 1852 — 2nd Empire — IIIe République

★ ....
▬ (orange) ....
▬ (bleu) ....

▨ Suffrage ....
▥ Suffrage ....

3 CONTRÔLE EXPRESS

Lis le texte puis réponds aux questions.

> Nous devions aller voter ensemble au bourg de Saint-Pierre, éloigné d'une lieue de notre village [Tocqueville, dans la Manche]. Le matin de l'élection, tous les électeurs, c'est-à-dire toute la population mâle au-dessus de vingt ans, se réunirent devant l'église. Tous ces hommes se mirent à la file deux par deux, suivant l'ordre alphabétique. Je voulus marcher au rang que m'assignait mon nom, car je savais que dans les pays et dans les temps démocratiques, il faut se faire mettre à la tête du peuple et ne pas s'y mettre soi-même. Au bout de la longue file venaient sur des chevaux de bât ou dans des charrettes, des infirmes ou des malades qui avaient voulu nous suivre ; nous ne laissions derrière nous que les enfants et les femmes ; nous étions en tout cent soixante-dix. [...] Je dis quelques mots que la circonstance m'inspira. Je rappelai à ces braves gens la gravité et l'importance de l'acte qu'ils allaient faire ; je leur recommandai de ne point se laisser accoster ni détourner par les gens, qui, à notre arrivée au bourg, pourraient chercher à les tromper ; mais de marcher sans se désunir et de rester ensemble, chacun à son rang, jusqu'à ce qu'on eût voté.
>
> TOCQUEVILLE Alexis Clérel, *Souvenirs de 1848*.

a. En quelle année ont lieu les élections évoquées dans ce texte ?

b. Quel régime politique a été instauré cette année-là ? Après quel événement ?

c. D'où sont originaires les habitants qui vont voter ? Où vont-ils voter ?

d. Comment appelle-t-on ce type de suffrage ?

e. Dans quel ordre les gens doivent-ils voter ?

Corrigés page 33 du Guide

11 La IIIe République en France

Je me demande...
Quand et comment s'implante la Troisième République ? Que change-t-elle ?

Les points clés

Mot-Clé
Antisémitisme : attitude de ceux qui sont contre les Juifs.

1 La mise en place de la IIIe République

● La République est proclamée le **4 septembre 1870**. Le gouvernement s'installe à Versailles et engage des négociations avec les Prussiens. Refusant la défaite, les Parisiens se révoltent et forment la **Commune**, qui s'achève par une sévère répression en mai 1871. La paix est finalement signée avec l'Allemagne, mais le pays reste **divisé entre monarchistes et républicains**, et ces derniers s'imposent progressivement.

2 Les réformes menées par la IIIe République

● Pour s'enraciner, le régime républicain doit **gagner la confiance des élites conservatrices**. Ainsi, **la République assure l'ordre** avant tout et réforme progressivement. Peu à peu sont réaffirmés les **principes républicains** : liberté, égalité, fraternité.

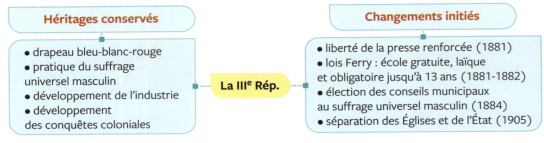

Héritages conservés
- drapeau bleu-blanc-rouge
- pratique du suffrage universel masculin
- développement de l'industrie
- développement des conquêtes coloniales

La IIIe Rép.

Changements initiés
- liberté de la presse renforcée (1881)
- lois Ferry : école gratuite, laïque et obligatoire jusqu'à 13 ans (1881-1882)
- élection des conseils municipaux au suffrage universel masculin (1884)
- séparation des Églises et de l'État (1905)

3 Une République secouée par des « affaires »

● La IIIe République résiste à plusieurs **crises** comme l'**affaire Dreyfus**. En 1894, un officier juif, Alfred Dreyfus, accusé de trahison, est condamné sur de fausses preuves. L'**opinion publique** informée par la **presse** se divise. Des **intellectuels** comme Zola animent le débat, qui révèle l'**antisémitisme**. Dreyfus est reconnu innocent en 1906.

Le document clé

Un régime parlementaire

1. Expliquer. Le Parlement, appelé « Assemblée nationale » (députés et sénateurs), a le pouvoir législatif. Président de la République et gouvernement, dirigé par le président du Conseil, ont le pouvoir exécutif. Les citoyens élisent leurs représentants, directement (députés) ou indirectement (sénateurs, président de la République).

2. Conclure. La IIIe République est un régime parlementaire : le Parlement joue un rôle central et peut renverser le gouvernement par un vote. Le président de la République n'utilise pas ses pouvoirs (droit de dissolution) et joue un rôle honorifique.

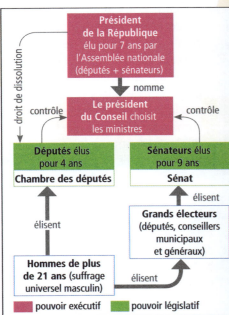

La IIIe Rép. selon les lois constitutionnelles de 1875.

On s'entraîne !

1 QUIZ

Coche la bonne réponse.

a. Quel événement a donné naissance au second Empire ?
☐ Une défaite militaire
☐ Une révolution
☐ Une victoire militaire
☐ Un coup d'État

b. Quelles sont les deux grandes mesures de la IIe République ?
☐ Le suffrage universel et la séparation des Églises et de l'État
☐ L'abolition de l'esclavage et l'école gratuite et obligatoire
☐ L'abolition de l'esclavage et le suffrage universel

c. Quand se déroule l'affaire Dreyfus ?
☐ En 1871
☐ De 1894 à 1906
☐ De 1906 à 1913

d. Un régime parlementaire, c'est un régime :
☐ sans gouvernement.
☐ où le parlement peut renverser le gouvernement.
☐ où les ministres sont élus.

2 Quelques dates clés du XIXe siècle

Relie chaque événement à la date correspondante.

a. Lois Ferry
b. Fin de la Commune de Paris
c. Napoléon III proclamé empereur
d. Révolution des « Trois Glorieuses »
e. Défaite de Sedan face aux Prussiens

• 1er sept. 1870
• 2 déc. 1852
• juillet 1830
• 1881-1882
• mai 1871

indice
Commence par classer les événements dans l'ordre chronologique.

3 Un événement majeur de la IIIe République

Lis le cours et étudie le document pour répondre aux questions.

La Une de *L'Aurore*, 13 janvier 1898.

a. Qui a écrit cet article ? dans quel journal ? en quelle année ?
b. À qui est adressé l'article ?
c. Fais une recherche pour savoir pourquoi l'auteur a rédigé cet article.

4 CONTRÔLE EXPRESS

Observe le document et réponds aux questions.

Affiche électorale pour les élections législatives du 2 février 1879.
Arrondissement de Pontivy, anonyme, 1879. Paris, musée d'Histoire contemporaine, BDIC.

a. Qui élit-on lors des élections législatives ?
b. Qui peut voter pour les élections de 1879 ?
c. Quelle est la tendance politique de chaque candidat ?
d. Qu'est-ce qui permet de les distinguer sur l'image ?
e. D'après toi, lequel des deux candidats a fait réaliser cette affiche ? Justifie ta réponse.

Corrigés page 33 du Guide

12 Conditions féminines en France au XIXᵉ siècle

Je me demande...
Comment évolue la condition des femmes ? Quels rôles jouent-elles ?

Les points clés

1 Inégalités politique et civile

● Dès 1789, la femme est **exclue du suffrage et de la vie politique**, contrainte à se consacrer à son foyer et considérée comme influençable dans ses choix. À la fin du XIXᵉ siècle apparaissent les mouvements de **suffragettes**. Des associations féminines réclament le droit de vote et un projet de loi est déposé en 1914.

● Avec le **code civil** (1804), la femme est une **mineure sur le plan juridique**. Elle est placée sous l'autorité de son père, puis de son mari, dont l'autorisation est nécessaire pour ouvrir un livret de caisse d'épargne, toucher un salaire, adhérer à un syndicat...

Mot-clé
Suffragette : militante du suffrage (droit de vote) pour les femmes.

Les femmes françaises n'ont le droit de voter qu'à partir de 1944 !

2 Des conditions sociales variées

● Les femmes sont généralement mariées. Elles s'occupent des **tâches domestiques et des enfants**. Les femmes célibataires sont peu nombreuses et mal considérées.

● Dans la **bourgeoisie**, souvent aidées de personnel, elles peuvent se consacrer à la vie sociale et s'occuper d'**associations** ou d'**œuvres de bienfaisance**.

● Les femmes des **milieux modestes** travaillent. À la **campagne**, elles s'occupent de traire les animaux, cultiver le potager, ramasser le bois, participer à la moisson. En **ville**, elles travaillent dans l'atelier familial ou à domicile, souvent dans le textile. Dans la deuxième moitié du XIXᵉ siècle, elles sont de plus en plus nombreuses dans les **usines** où elles occupent des emplois peu qualifiés et mal payés.

● Peu syndiquées, elles participent pourtant aux **grèves** et aux **manifestations**. Elles sont souvent à l'origine de mouvements sociaux quand les prix augmentent et menacent l'équilibre du budget du foyer.

Le document clé

Une affiche publicitaire

1. Décrire et expliquer. L'affiche représente une femme souriante, vêtue de couleurs vives. Ses cheveux sont détachés et sa taille marquée, critères de beauté de l'époque. La femme utilise le savon dont l'affiche fait la publicité.

2. Conclure. Avec l'industrialisation, la société de consommation apparaît. L'image de la femme, associant beauté et joie de vivre, est très souvent utilisée sur les affiches publicitaires de la fin du XIXᵉ siècle. La consommatrice utilise le produit auquel elle confère une vision positive.

Chéret, 1891.

HISTOIRE

148

On s'entraîne !

1 QUIZ

Vrai ou faux ?

	V	F
a. Les femmes obtiennent le droit de voter en 1848 en France.	☐	☐
b. Le code civil place la femme sous la dépendance de son mari.	☐	☐
c. La plupart des femmes vivent dans la bourgeoisie.	☐	☐
d. Les femmes n'ont pas le droit de travailler au XIXe siècle.	☐	☐
e. Une suffragette est une femme qui réclame le droit de voter.	☐	☐
f. Au XIXe siècle, il est mal vu d'être mère de famille.	☐	☐

2 Portrait de famille

Observe le tableau pour répondre aux questions.

La famille Bellelli, Edgar Degas (1834-1917), 1858. Huile sur toile. Paris, musée d'Orsay.

a. Présente le document (nature, auteur, date, sujet, lieu de conservation).
b. Selon toi, à quelle catégorie sociale appartient cette famille ? Quels éléments le prouvent ?
c. Quelle impression se dégage de la mère de famille ?
d. Fais une recherche sur le site du musée pour trouver d'autres œuvres de ce peintre. Comment a-t-il représenté d'autres femmes du XIXe siècle ?

3 CONTRÔLE EXPRESS

Lis le texte puis réponds aux questions.

Émile Zola écrit une série de livres dont l'histoire se déroule sous le Second Empire. Il s'attache à décrire précisément la société de cette époque. Dans L'Assommoir, *il raconte la vie de Gervaise Coupeau. Venue s'installer à Paris, elle doit travailler car son mari est blessé.*

Le travail de blanchisseuse

Clémence achevait de plisser au fer sa trente-cinquième chemise d'homme. L'ouvrage débordait ; on avait calculé qu'il faudrait veiller jusqu'à onze heures, en se dépêchant. Tout l'atelier, maintenant, n'ayant plus de distraction, bûchait ferme, tapait dur. Les bras nus allaient, venaient, éclairaient de leurs taches roses la blancheur des linges. On avait encore empli de coke la mécanique, et comme le soleil, glissant entre les draps, frappait en plein sur le fourneau, on voyait la grosse chaleur monter dans le rayon, une flamme invisible dont le frisson secouait l'air. L'étouffement devenait tel, sous les jupes et les nappes séchant au plafond, que ce louchon d'Augustine, à bout de salive, laissait passer un coin de langue au bord des lèvres. Ça sentait la fonte surchauffée, l'eau d'amidon aigrie, le roussi des fers, une fadeur tiède de baignoire où les quatre ouvrières, se démanchant les épaules, mettaient l'odeur plus rude de leurs chignons et de leurs nuques trempées [...]. Et, par moments, au milieu du bruit des fers et du tisonnier grattant la mécanique, un ronflement de Coupeau roulait, avec la régularité d'un tic-tac énorme d'horloge, réglant la grosse besogne de l'atelier.

Émile Zola, *L'Assommoir*, chapitre V, 1877.

a. En t'aidant du chapitre 11, indique quel rôle Émile Zola a joué dans l'affaire Dreyfus.
b. Souligne les passages qui montrent que Gervaise s'occupe d'une blanchisserie, établissement chargé de laver et de repasser le linge.
c. Montre, avec un passage du texte, que cet extrait se situe au début du roman, quand la blanchisserie fonctionne bien.
d. Quel type de femmes Zola décrit-il dans ce roman ? Qu'est-ce qu'il nous apprend sur leurs conditions de vie ?

HISTOIRE

Corrigés page 33 du Guide

149

13 Approches de la mondialisation

La **mondialisation** est la mise en relation des différentes régions du monde grâce à des **échanges** de marchandises, capitaux (argent), d'informations et d'hommes.
Pour l'illustrer, cette double page présente cinq planisphères en lien avec les chapitres 14 à 19.

1 Population urbaine

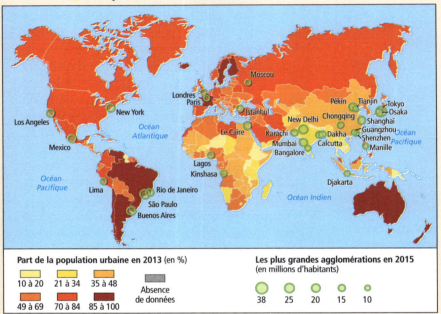

- Le planisphère présente à la fois les plus grandes **agglomérations** mondiales (une ville et ses banlieues) avec les cercles mais aussi la part de la **population urbaine** (qui vit en ville) dans chaque pays avec les couleurs.
- Les pays du Nord (développés) sont plus **urbanisés**, ainsi que ceux d'Amérique du Sud. En revanche, les pays du Sud (en développement), d'Afrique (notamment subsaharienne) et d'Asie du Sud, ont souvent une forte **population rurale** (qui vit à la campagne).

2 Flux migratoires

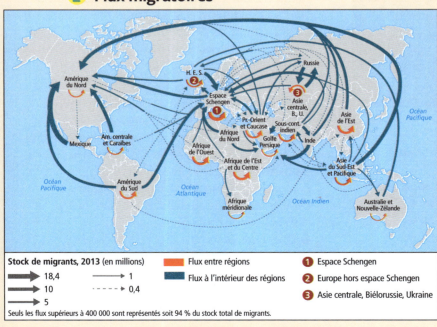

- Les flèches représentent les **déplacements de migrants**. Ces flux en augmentation s'expliquent par les progrès dans les moyens de transport et les inégalités de développement entre les pays.
- Les **migrations** d'un pays du Sud vers un autre pays du Sud sont aujourd'hui les plus nombreuses. Ils représentent 37 % des migrations, devant celles d'un pays du Sud vers un pays du Nord (35 % des cas) et d'un pays du Nord vers un pays du Nord (23 % des cas).

3 Tourisme

● En 2017, l'Europe est le continent le plus visité grâce à de bonnes **infrastructures** et un **patrimoine naturel et culturel** riche. Elle a attiré 671 millions de personnes, soit près d'un touriste sur deux.

● Le tourisme international génère d'importants **revenus** qui participent aux développements économiques des pays. Les recettes liées à cette activité représentent, en 2017, 1 245 milliards de dollars (la moitié pour l'Europe).

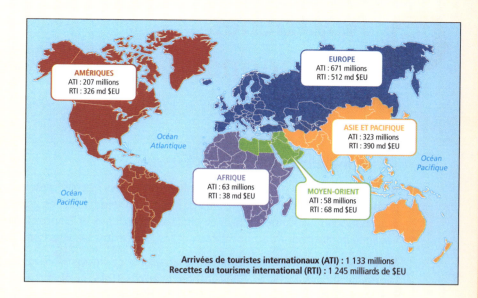

Arrivées de touristes internationaux (ATI) : 1 133 millions
Recettes du tourisme international (RTI) : 1 245 milliards de $EU

4 Flux de conteneurs

● Ce planisphère à projection polaire représente les flux (échanges) de **conteneurs** entre les différentes régions du monde ainsi que les principaux **ports**. Les conteneurs permettent de transporter les produits fabriqués en usine par différents moyens de transport, dont les navires.

● Les trois pôles majeurs du commerce mondial (la **Triade**) sont l'Amérique du Nord, l'Europe et l'Asie-Pacifique.

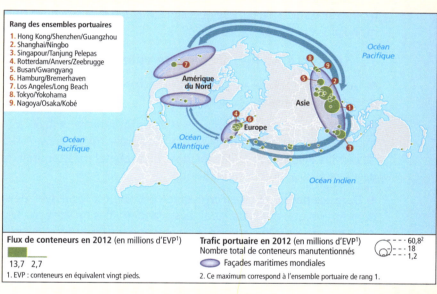

5 Lieux de pouvoir

● Ce planisphère est aussi une projection polaire. Dans les lieux de pouvoir sont prises des décisions ayant une **influence** sur un espace plus ou moins important. Ces décisions peuvent être d'ordre politique ou économique.

● Aujourd'hui, les centres de décision se regroupent dans les grandes villes (**métropoles**). Les **mégapoles** sont de vastes espaces urbains qui regroupent plusieurs grandes villes.

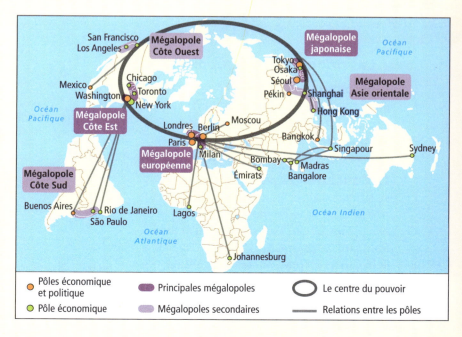

14 L'urbanisation du monde (1)

Je me demande…
Comment les villes participent-elles à la mondialisation ? Quelles sont les plus influentes ?

Les points clés

1 Mondialisation et urbanisation

● On observe une **première mondialisation aux XVe et XVIe siècles** avec les grandes découvertes des Européens. Elle s'appuie déjà sur les grandes villes marchandes (Lisbonne, Venise et plus tard Bordeaux et Nantes). Mais les voyages sont encore peu nombreux et les liens entre les villes peu intenses.

● **Au XIXe siècle**, avec les **nouveaux transports** et l'**industrialisation**, la mondialisation s'accélère. Elle s'intensifie **après 1945**, concentre les hommes et les activités dans les villes. En 2007, la **population urbaine est devenue majoritaire** sur la Terre. Elle devrait représenter les 2/3 de la population mondiale vers 2050.

2 Un système hiérarchisé de villes

● La mondialisation s'appuie sur les **métropoles**, situées surtout dans les pays développés de la **Triade**.

● Certaines d'entre elles sont des « **villes mondiales** ». Trois jouent un rôle exceptionnel dans la mondialisation : Londres, Tokyo, New-York, qui sont des « **villes globales** ». Elles forment un **archipel mégapolitain mondial** participant à la direction du monde.

● **Dans les pays du Sud**, la croissance urbaine est forte avec développement démographique et exode rural. Les grandes villes ne sont pas toutes des métropoles. On parle alors de **mégapoles**, comme en Afrique (Lagos au Nigeria, Le Caire en Égypte) ou en Amérique du Sud (Bogota en Colombie).

Mots-Clés

● **Mégapole** : ville qui dépasse 5 millions d'habitants.

● **Métropole** : grande ville peuplée ayant des fonctions de commandement et une influence sur un territoire plus ou moins vaste.

● **FTN** : Firme transnationale, entreprise implantée dans plusieurs régions du monde.

L'aire urbaine de Paris compte plus de 12 millions d'habitants.

Le document clé

Les principales métropoles

1. Expliquer. Ce planisphère est une projection polaire (pôle Nord). Il représente les 20 principales métropoles en fonction de leur population et de leur influence dans le monde.

2. Conclure. Les principales métropoles se situent dans la Triade (les trois grands pôles du commerce mondial : Amérique du Nord, Europe de l'Ouest, Asie-Pacifique). Parmi les 20 premières, il n'y en a qu'une seule dans un pays du Sud (Argentine) et deux dans un pays émergent (Chine). Tokyo, capitale du Japon, est la métropole la plus peuplée (37 millions d'habitants).

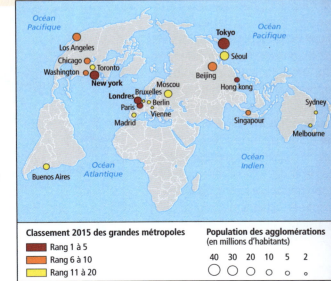

On s'entraîne !

1 QUIZ

Vrai ou faux ?

		V	F
a.	La mondialisation entraîne la croissance des villes.	☐	☐
b.	La mondialisation a débuté à la fin du XXe siècle.	☐	☐
c.	Une grande ville est forcément une métropole.	☐	☐
d.	Aujourd'hui dans le monde, les gens habitent plus en ville qu'à la campagne.	☐	☐
e.	Tokyo est la ville la plus peuplée du monde.	☐	☐

2 Paris, une métropole mondiale

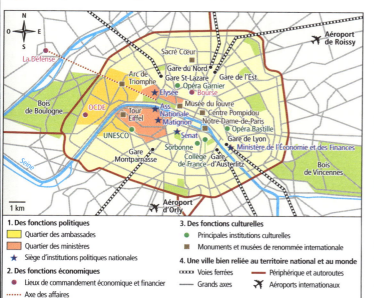

Étudie le document ci-contre et réponds aux questions.

a. Cite deux lieux où sont prises des décisions économiques à Paris.

....

b. Cite deux lieux où sont prises des décisions politiques à Paris.

....

c. Cite un lieu qui montre que Paris a une influence culturelle dans le monde.

....

d. Qu'est-ce qui permet de relier Paris aux autres métropoles ?

....

3 CONTRÔLE EXPRESS

Lis ce texte puis réponds aux questions.

> Mégapole de 22 millions d'habitants [...], [New York] domine la « mégalopolis » nord-américaine ou espace urbanisé s'étendant sur 1 000 km [avec] sept métropoles millionnaires, qui forment un chapelet de 55 millions d'habitants [...]. La ville de New York est le siège du pouvoir politique international avec l'ONU, le nœud de la finance internationale (Wall street), des flux d'Internet et des télécommunications les plus denses, du trafic aérien (JFK, La Guardia, Newark) et portuaire (premier port de la façade atlantique) [...], le lieu stratégique pour les sociétés financières [...]. C'est le siège indispensable pour les entreprises innovantes, pour les activités de haute valeur ajoutée, pour de nombreux sièges sociaux (25 des 500 plus grandes FTN). C'est la ville des mouvements culturels (mode, marché de l'art, expositions internationales...), des grands médias et télévisions [...].
>
> A. Ciattoni, *Géographie et géopolitique de la mondialisation*, Hatier, Paris, 2011, p. 151.

a. Où se situe New York ?
b. Combien d'habitants compte-t-elle en 2011 ?
c. Qu'est-ce que la mégalopolis ?

d. Souligne les éléments qui montrent que New York est un centre de décision politique (en rouge), économique (en vert) et culturel (en bleu).
e. Qu'est-ce qui fait de New York une ville mondiale ?

Corrigés page 34 du Guide

15 L'urbanisation du monde (2)

Je me demande…
À quoi ressemblent les grandes villes de nos jours ? Qu'est-ce qu'un CBD ?

Les points clés

1 L'étalement urbain

● Dans toutes métropoles, on peut distinguer un **centre** concentrant les **fonctions de commandement**, et des **périphéries** plus ou moins dynamiques et connectées.

Le centre
- centre historique : lieux du pouvoir politique et les lieux culturels (monuments, musées…)
- quartier d'affaires (CBD : *central business district*) : tours et gratte-ciel avec les sièges des FTN, banques, assurances… (fonction économique)

Les périphéries (autour du centre)
- logements : maisons, lotissements, immeubles
- activités commerciales : centres commerciaux
- activités industrielles : usines
- activités de haute technologie : technopoles

Moyens de transports reliant les périphéries entre elles et avec le centre : routes, autoroutes, voies ferrées (train, métro, tram)…

2 La ségrégation sociospatiale

● Les métropoles occupent de vastes espaces et abritent des populations aux niveaux de vie très inégaux. On observe une **séparation dans l'espace** des habitants en fonction de leurs revenus, avec des villes (ou quartiers) riches ou pauvres.

● Dans les métropoles des **États-Unis**, le centre est généralement occupé par le CBD et des quartiers dégradés (ghettos) où se regroupent les minorités ethniques

● En **Europe**, les populations moins aisées se concentrent dans les périphéries (logements sociaux). Dans les **pays du Sud**, des quartiers d'habitats très précaires (bidonvilles) côtoient des quartiers très aisés.

Le document clé

Manhattan, centre de New York

1. Expliquer. Cette photographie représente le CBD de New York, ville mondiale. Il est constitué de gratte-ciel qui forment la *skyline* (ligne du ciel). La tour qui dépasse, le *One World Trade Center* (541 mètres) est l'une des plus hautes tours du monde. Elle remplace les tours jumelles qui ont été détruites lors des attentats du 11 septembre 2001.

2. Conclure. Les CBD sont à la fois le cœur et la vitrine de la mondialisation. Ils sont aussi un symbole, visé par le terrorisme, montrant la domination des métropoles qui rivalisent pour construire la tour la plus élevée.

On s'entraîne !

1 QUIZ

Coche la bonne réponse.

a. Un ensemble urbain formé de plusieurs villes est appelé une :
☐ mégapole   ☐ mégalopole   ☐ métropole

b. Les métropoles ont tendance à :
☐ diminuer en nombre.
☐ prendre moins d'importance.
☐ s'étaler dans l'espace.

c. Dans les métropoles européennes, les quartiers défavorisés se situent :
☐ dans le centre.   ☐ dans le CBD.
☐ dans les périphéries.

d. La Triade est constituée de trois pôles :
☐ Amérique du Nord, Europe et Asie-Pacifique.
☐ Amérique du Nord, Europe et Afrique du Nord.
☐ Amérique du Nord, Amérique du Sud et Asie de l'Ouest.

2 Une banlieue dans la métropole parisienne

Observe le document puis réponds aux questions.

Des lotissements à Bussy-Saint-Georges (Seine-et-Marne).

a. De quel type de document s'agit-il ?
....

b. Que représente la photographie ?
....

c. Quelle est l'activité principale de cet espace ?
....

d. Que recherchent les habitants ?
....

? indice
Bussy-Saint-Georges est une commune de plus de 27 000 habitants, située à une trentaine de kilomètres à l'Est de Paris.

3 CONTRÔLE EXPRESS

Observe la photo pour répondre aux questions.

a. Situe São Paulo sur un atlas.
b. Décris la moitié gauche de la photographie.
c. Comment appelle-t-on ce type de quartier ? Quelle population y vit ?
d. Décris la moitié droite de la photographie.
e. De quel type de quartier s'agit-il ? Quelle population y vit ?
f. Qu'est-ce qui sépare les deux espaces sur la photographie ?
g. Comment appelle-t-on ce phénomène en géographie ?

À São Paulo, la favela (Paraisópolis) jouxte un quartier riche (Morumbi).

Corrigés page 34 du Guide

16 L'intégration des villes à la mondialisation

Je me demande...
Comment sont reliées les villes dans la mondialisation ? Lesquelles restent à l'écart ?

Les points clés

1 La mise en réseau des villes

● Les métropoles sont de plus en plus connectées entre elles à l'échelle mondiale par des **flux croissants** de marchandises, capitaux, informations ou personnes.

● Elles possèdent des **réseaux Internet** et jouissent d'une **grande accessibilité** grâce à des réseaux de transports denses et efficaces. Beaucoup d'entre elles sont situées sur le **littoral**.

● Jouant le **rôle d'interfaces**, elles mettent en relation à **différentes échelles** des villes du même pays, de pays voisins ou d'autres régions du monde.

Mot-Clé
Interface : zone de contact entre deux espaces différents.

Une ville peut être peuplée mais pauvre.

2 Des villes plus ou moins connectées

● **Les métropoles des pays du Nord** sont les mieux connectées aux réseaux de la mondialisation (voir carte 5 p. 151). New York possède trois aéroports internationaux et le premier port de la façade atlantique.

● Dans **les pays du Sud**, les métropoles, moins connectées, jouent le rôle de villes-relais de la mondialisation (Shanghai en Chine, Rio de Janeiro au Brésil, Mumbai et Dehli en Inde, Johannesburg en Afrique du Sud).

● Certaines villes **n'arrivent plus à participer à la mondialisation** et sont en déclin (*shrinking cities*). Elles sont touchées par une baisse de la population et des activités économiques, et par une augmentation de la pauvreté et des friches. Le phénomène a d'abord touché de grandes villes industrielles américaines et concerne désormais des villes européennes et des pays émergents.

Le document clé

La ville de Detroit aux États-Unis

1. Expliquer. Detroit est située au Nord-Est des États-Unis. La photographie représente au premier plan une maison abandonnée et des terrains en friche. Au deuxième plan, on aperçoit les tours du centre-ville de Detroit.

2. Conclure. Autrefois, la ville industrielle, spécialisée dans l'automobile, comptait près de deux millions d'habitants. Aujourd'hui, les usines ont fermé. La population est estimée à 680 000 habitants avec un taux de chômage proche de 40 %.

Ville de Detroit (Michigan), le 19 juillet 2013.

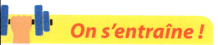

On s'entraîne !

1 QUIZ

Vrai ou faux ?

	V	F
a. Les flux commerciaux sont des échanges de marchandises.	☐	☐
b. Les métropoles sont souvent situées sur le littoral.	☐	☐
c. Les métropoles du Sud sont mieux reliées aux réseaux de la mondialisation que celles du Nord.	☐	☐
d. New York est une ville-relais de la mondialisation.	☐	☐
e. Les *shrinking cities* connaissent une forte croissance démographique.	☐	☐

2 Les grandes métropoles dans le monde

À partir de la carte 5 p. 151, réponds aux questions suivantes.

a. Quelles sont les trois principales mégalopoles dans le monde ?

b. Cite une métropole pour chacune de ces mégalopoles.

c. Où se situent la plupart des grandes métropoles ?

d. Cite deux métropoles africaines et deux sud-américaines.

e. Quelles sont les trois métropoles chinoises ?

3 CONTRÔLE EXPRESS

Étudie cette infographie pour répondre aux questions.

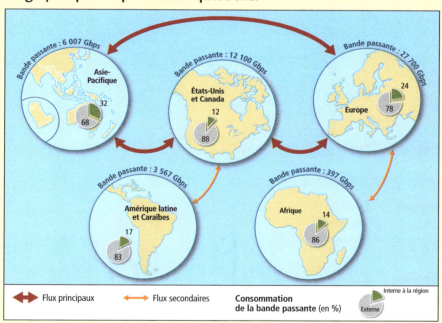

Réseau Internet et métropoles.

a. Quelles sont les trois régions du monde qui ont la bande passante la plus importante ?
b. Entre quelles régions du monde les flux d'informations sont-ils les plus importants ?
c. Pour chaque région, cite deux métropoles importantes qui concentrent les flux.
d. Quelles sont les régions du monde le plus à l'écart des échanges d'informations ?

? indice

a. La bande passante mesure le débit d'informations possible sur Internet en gigabits par seconde (Gbps).

Corrigés page 34 du Guide

17 Les migrations transnationales

Je me demande...
Comment expliquer les migrations dans le monde ?
Quelles sont leurs conséquences ?

Les points clés

1 L'augmentation du nombre de migrants

- Les migrants transnationaux **quittent leur pays pour s'installer dans un autre**. Depuis plus de 40 ans, leur nombre est en forte augmentation, près de **270 millions** aujourd'hui contre 150 millions en 2000 et 77 millions en 1975.

- Les migrations sont **légales** (titre de séjour) ou **illégales** (« sans-papiers »).

2 Les causes et les conséquences des flux migratoires

Causes possibles
- trouver de meilleures conditions de vie
- faire des études ou trouver du travail
- fuir la guerre ou la dictature
- fuir une catastrophe naturelle ou les effets du changement climatique

→ **Migrations** →

Conséquences pour les pays de départ (émigration)
- argent envoyé par les émigrés
- ouverture sur le reste du monde
- départ de personnes qualifiées

Conséquences pour les pays d'accueil (immigration)
- main-d'œuvre employée pour des tâches peu payées (restauration, bâtiment, nettoyage...)
- vieillissement de la population ralenti par l'arrivée de personnes jeunes

Le document clé

Les immigrés d'Afrique en France

1. Expliquer. Un immigré fait le grand écart entre deux chaises, l'une représentant la France et l'autre l'Afrique.

2. Conclure. Le dessinateur a voulu souligner le lien de la France avec ses anciennes colonies. La proximité géographique, l'usage de la langue française et la pauvreté expliquent l'émigration vers la France. Le dessin montre aussi le sentiment de déracinement éprouvé par les immigrés, qui parfois ne se sentent ni d'un pays, ni de l'autre.

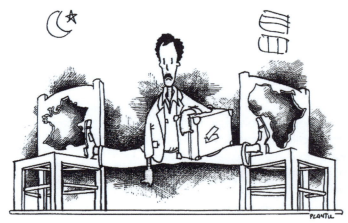

Plantu, « Entre deux chaises », *Le Monde*, 1985, Musée national de l'histoire et des cultures de l'immigration.

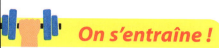

On s'entraîne !

1 QUIZ

Coche la (ou les) bonne(s) réponse(s).

a. Les migrants se dirigent majoritairement des pays du Sud vers :
☐ les pays du Nord.   ☐ les pays du Sud.

b. Aujourd'hui, dans le monde, les migrants sont :
☐ 270 millions.
☐ 700 millions.

c. Le nombre de migrants dans le monde :
☐ diminue.   ☐ augmente.

d. Les migrations ont comme conséquences pour les pays d'accueil :
☐ de fournir une main-d'œuvre manquante.
☐ de compenser le vieillissement de la population.

e. Un pays d'immigration est un pays :
☐ d'accueil.   ☐ de départ.

2 Les flux migratoires

Étudie le planisphère 2 p. 150 et réponds aux questions.

a. Comment sont représentés les flux migratoires ?

b. Quelles sont les principales régions d'émigration ?

c. De quel type de pays s'agit-il ?

d. Cite trois pays d'immigration du Nord.

e. Cite deux exemples de flux Sud-Sud et deux exemples de flux Sud-Nord.

f. Quel type de population est concerné par les flux Nord-Nord ?

> **? indice**
> Les pays d'immigration sont les pays d'accueil, les pays d'émigration sont les pays de départ.

3 CONTRÔLE EXPRESS

Observe les documents puis réponds aux questions.

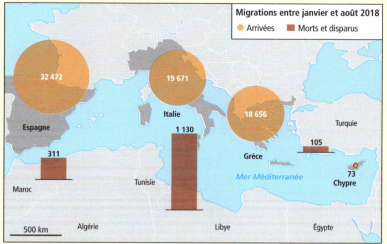

Migrations clandestines vers l'Europe par la mer.   Source : UNHCR, OIM.

Migrations entre 2014 et 2018

	Arrivées	Morts et disparus
2014	216 054	3 538
2015	1 015 078	3 771
2016	172 301	5 096
2017	172 301	3 139
2018	117 350	2 299

a. Par quel moyen certains migrants cherchent-ils à venir clandestinement en Europe ? Quels risques prennent-ils ?
b. Combien de migrants l'Italie a-t-elle ainsi recueillis entre janvier et août 2018 ?
c. En quelle année le nombre de migrants a-t-il été le plus important ?
d. Quels sont les autres pays concernés par le phénomène ? Comment l'expliquer ?

Corrigés page 34 du Guide

18 Le tourisme international

Je me demande...
D'où viennent majoritairement les touristes ?
Quels pays visitent-ils ?

Les points clés

1 Un phénomène en pleine croissance

● Avec l'**élévation des niveaux de vie et la modernisation des moyens de transport** (57 % des touristes utilisent l'avion), les touristes internationaux représentent un mouvement massif de population. Selon l'**OMT**, en 2017, **1,3 milliard de personnes** ont voyagé à l'étranger (+ 6,6 % par rapport à 2016).

La majorité des touristes…

- **sont originaires des pays riches** (France, États-Unis…)
  car ils doivent disposer :
  • de temps
  • d'argent
  • éventuellement de visas (autorisations)

- **visitent des pays riches** (France, États-Unis…)
  car ils sont attirés par :
  • des atouts naturels et/ou historiques
  • des infrastructures de transport et d'accueil (aéroports, hôtels…)
  • la sécurité et la stabilité politique

2 Les conséquences du tourisme international

● Le tourisme génère des emplois (près de 300 millions d'ici 2017) et représente un **secteur important de l'économie** (+ 1,3 milliard de dollars en 2017). Pour certains pays en développement, il est parfois la principale **source de revenus**.

● Mais le tourisme de masse peut **ne profiter qu'à une partie** d'un pays et **nuire à l'environnement** : pollution, surconsommation des ressources en eau/énergie, destruction de richesses naturelles, dégradation des paysages… L'OMT a décidé que 2017 serait l'année du **tourisme durable**, conjuguant création de richesses, participation au bien-être de tous et respect de l'environnement.

Le document clé

Les 10 pays les plus visités au monde

1. Expliquer. Le tableau mentionne les dix pays comptant la plus forte fréquentation de touristes internationaux en 2017. La France est la destination qui attire le plus d'étrangers avec 86,9 millions de touristes internationaux en 2017.

2. Conclure. La plupart des grandes destinations touristiques mondiales sont des pays européens et des pays développés possédant les infrastructures nécessaires pour accueillir les touristes.

La France est le pays le plus visité au monde !

Pays	Arrivées de touristes internationaux (en millions) en 2017
1. France	86,9
2. Espagne	81,8
3. États-Unis	75,9
4. Chine	60,9
5. Italie	58,3
6. Mexique	39,3
7. Royaume-Uni	37,7
8. Turquie	37,6
9. Allemagne	37,5
10. Thaïlande	35,4

Source : ONU, Organisation mondiale du tourisme.

On s'entraîne !

1 QUIZ

Coche la (ou les) bonne(s) réponse(s).

a. Les mobilités transnationales concernent :
☐ les migrants. ☐ les touristes internationaux.

b. Les mobilités transnationales sont :
☐ en augmentation. ☐ en diminution.

c. Dans le monde, le nombre de personnes qui se sont installées dans un autre pays que le leur est :
☐ 270 millions. ☐ 1,3 milliard.

d. Le tourisme international est un secteur économique :
☐ important. ☐ peu important.

e. Le tourisme peut avoir des conséquences négatives :
☐ sur l'économie. ☐ sur l'environnement.

f. Parmi ces pays, lesquels figurent parmi les dix premières destinations touristiques ?
☐ France ☐ États-Unis ☐ Mali
☐ Japon ☐ Chine ☐ Australie

2 De plus en plus de touristes internationaux

Étudie le document et réponds aux questions.

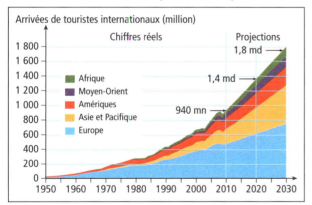

Arrivées de touristes internationaux (1950-2030)

a. Quelle est la nature (type) du document ?
b. En 2010, combien y avait-il de touristes internationaux ?
c. Comment a évolué le nombre de touristes de 1975 à 2010 ?
d. D'après les projections (prévisions), comment doit évoluer le nombre de touristes jusqu'en 2030 ?
e. En 2030, quelles seront les deux régions du monde les plus visitées ?

3 CONTRÔLE EXPRESS

Lis le texte pour répondre aux questions.

Malmö, l'écologie à la suédoise

Ancien pôle industriel du sud de la Suède, Malmö est considérée aujourd'hui comme l'une des villes les plus « vertes » d'Europe. [...] « Une ville de la connaissance » et en harmonie avec l'environnement. [...]

[...] « Si vous aviez visité Malmö à la fin des années 1980, vous auriez ressenti l'onde de choc provoquée par le licenciement de milliers d'ouvriers du chantier naval de Kockum [...] », lit-on sur le site « Visit Sweden ». [...]

Mais à partir des années 1990, suite à la fin de l'âge d'or industriel, cette troisième ville de Suède (après Stockholm et Göteborg) traverse avec ses 300 000 habitants une période de grands changements. En 1995, démarre la construction du pont de l'Øresund. [...]

En 1998, c'est l'université de Malmö qui voit le jour [...].

Enfin, le quartier de Västra Hamnen devient le « BO—01 » [...] proposant aux Suédois et aux Européens un « quartier modèle », 100 % vert. Les usines désaffectées, les hangars et les espaces industriels laissent leur place à des pistes cyclables [...], un système de collecte d'eaux pluviales, des espaces verts (installés même sur les toits), un gratte-ciel moderne [...], des panneaux solaires et photovoltaïques qui alimentent les maisons ou encore un système de tri sélectif qui permet de produire du gaz naturel à partir des déchets organiques des ménages.

Source : site touteleurope.eu, 24 novembre 2015.

a. Localise et situe la ville de Malmö.
b. Quelle ancienne activité économique dominait à Malmö ?
c. Souligne dans le texte les passages qui montrent que la ville a développé d'autres activités. Lesquelles ?
d. Relève dans le texte les aménagements réalisés pour favoriser ces activités.
e. Pourquoi peut-on parler d'un tourisme durable ?

Corrigés page 35 du Guide

19 Mers et océans, un monde maritimisé (1)

Je me demande...
Comment sont transportées les marchandises à travers le monde ?

Les points clés

1 Le rôle croissant des littoraux

● La mondialisation a accentué la **concentration** des hommes et des activités sur les villes des littoraux. Les ports sont des **interfaces** qui importent et exportent des produits. Ils mettent en relation leur **arrière-pays** avec le reste du monde grâce à des réseaux de communication (terrestre, ferroviaire, fluvial).

Mers et océans couvrent les trois quarts de la planète.

● Les **quatre principales façades maritimes** sont des espaces dynamiques au plan économique : façade pacifique de l'Asie (Chine, Japon), façades pacifique (Los Angeles) et atlantique (New York) des États-Unis, et façade de l'Europe du Nord-Ouest (Pays-Bas, Belgique…).

● Les **plus grands ports mondiaux** pour le trafic de **conteneurs** sont asiatiques : Shanghai, Singapour et Shenzen (près de Hong-Kong).

● D'immenses **zones industrialo-portuaires** (ZIP) sont des **lieux d'échanges** (bassins, entrepôts, grues) et de **production** (chantiers navals, industries).

2 Des échanges en hausse mais inégaux

● Les transports maritimes assurent **80 %** **des échanges internationaux**, en forte hausse depuis 1950. C'est le **moyen le moins cher** sur de très longues distances. Les produits manufacturés sont transportés par **conteneurs**.

● Le commerce mondial est **dominé** par les **pays riches de la Triade**, l'**Asie-Pacifique** et le **Moyen-Orient** (pétrole). L'essentiel des **flux** se fait **entre pays du Nord**. Les pays du Sud (pauvres) y participent faiblement.

Mot-Clé
Conteneur : grande caisse métallique et standardisée qui permet de transporter diverses marchandises.

Le document clé

Le port de Yangshan à Shanghai

Port en eau profonde de Yangshan, dans la zone de libre-échange de Shanghai.

1. Expliquer.
Cette photographie aérienne vue oblique représente une partie de l'immense ZIP du plus grand port de la planète, Shanghai (Chine), sur le littoral Pacifique. On voit un terminal à conteneurs avec au centre, la zone de stockage et à gauche, les quais et les imposantes grues qui permettent de (dé)charger les marchandises. Au fond, un pont de 32 km relie le terminal à la terre ferme.

2. Conclure. Comme le trafic maritime se développe, on gagne de l'espace sur la mer. Le port de Yangshan a ouvert en 2004. Son trafic est de 40 millions de conteneurs en 2017.

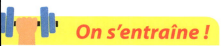

On s'entraîne !

① QUIZ

Vrai ou faux ?

	V	F
a. Les échanges internationaux augmentent.	☐	☐
b. La population vit de moins en moins sur le littoral.	☐	☐
c. Le Nord-Ouest de l'Europe est une grande façade maritime.	☐	☐
d. Shanghai est l'un des premiers ports mondiaux.	☐	☐
e. Les ports sont des lieux de production et d'échanges.	☐	☐
f. Un port a peu de liens avec son arrière-pays.	☐	☐
g. Shanghai se situe sur le littoral de l'océan Atlantique.	☐	☐
h. Une ZIP est une zone immergée d'un port.	☐	☐
i. Une interface est un espace qui met en relation deux autres espaces.	☐	☐
j. La Chine appartient à la façade maritime de l'Asie-Pacifique.	☐	☐

② Le port de Rotterdam

Étudie le croquis, puis réponds aux questions.

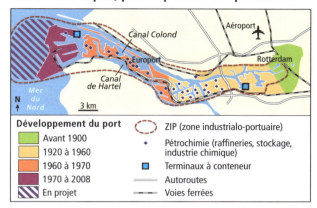

a. Situe Rotterdam. Dans quel pays se trouve cette ville, sur quel littoral et au débouché de quel fleuve ?

....

b. Dans quelle direction s'est étendu le port de Rotterdam de 1920 à nos jours ?

....

c. Quels moyens de transport relient le port de Rotterdam au reste du pays et de l'Europe ?

....

d. Quelle matière première le port de Rotterdam importe-t-il ?

....

③ CONTRÔLE EXPRESS

Les grandes voies maritimes mondiales.

Étudie le planisphère pour répondre aux questions.

a. Cite trois grands ports mondiaux.
b. Quelles sont les quatre grandes façades maritimes qui concentrent les principaux ports ?
c. Quels océans relie le canal de Panama ? Entre quelles mers se situe le canal de Suez ?
d. Repasse en rouge et décris précisément le trajet d'un navire reliant Rotterdam à Singapour.
e. À l'aide d'un atlas, entoure et numérote sur la carte les détroits suivants : ❶ Gibraltar, ❷ Ormuz, ❸ Malacca.

Corrigés page 35 du Guide

GÉOGRAPHIE

20 Mers et océans, un monde maritimisé (2)

Je me demande...
Quels problèmes provoque l'exploitation des océans ? Qu'est-ce qu'une ZEE ?

Les points clés

1 La pêche, une exploitation trop intensive

● En 2016, la **production de la pêche s'élève à 90,9 millions de tonnes.** Cinq pays (Chine, Indonésie, États-Unis, Russie, Pérou) pêchent près de 40 % des ressources mondiales.

● La quantité de poisson pêchée a fortement augmenté au cours du XXe siècle en raison de **l'augmentation de la population** et de **la modernisation des techniques** (navires plus gros).

● La **FAO** tente d'imposer **une pêche responsable et durable** permettant exploitation, préservation et restauration des ressources. Des plans d'action doivent permettre de concilier **niveau de vie correct** pour les pêcheurs, **alimentation suffisante** pour tous et **renouvellement des espèces**.

2 Des conflits et des problèmes environnementaux

● Mers et océans sont souvent des enjeux importants entre États. Chaque pays possède une **ZEE,** contenant des ressources halieutiques (poisson) ou énergétiques (hydrocarbures). La délimitation des ZEE est souvent **source de conflits** entre États.

● Transport maritime et exploitation des **ressources offshore** font peser d'importants **risques technologiques** sur les mers, océans et littoraux. Les activités humaines provoquent de la pollution (eaux usées, produits chimiques, matières plastiques).

● Les océans sont aussi un **régulateur climatique** car, en stockant la chaleur, ils freinent le réchauffement de la planète. Mais l'**élévation de la température des eaux marines** entraîne une modification des écosystèmes.

Mots-Clés
● **FAO** : institution des Nations-Unies pour l'alimentation et l'agriculture.
● **ZEE** : Zone économique exclusive, espace qui s'étend à 200 miles marins (370,4 km) à partir du littoral.
● **Offshore** : activité loin de côtes, en mer (ou sous la mer).

Le document clé

La pêche dans le monde

1. Expliquer. Le graphique montre une évolution des stocks mondiaux de poissons entre 1974 à 2015 (axe horizontal). Les espèces de poissons sont réparties en trois catégories (axe vertical). Les espèces sous-exploitées tendent à diminuer, tandis que les espèces surexploitées augmentent fortement ; la catégorie intermédiaire reste stable.

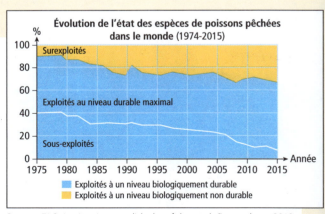

Source : FAO, La situation mondiale des pêches et de l'aquaculture, 2018.

2. Conclure. On constate que de plus en plus d'espèces de poissons sont surexploitées et risquent donc de disparaître (plus de 30 %). En plus d'affecter la biodiversité, cela peut diminuer les stocks de poissons à pêcher.

On s'entraîne !

1 QUIZ

Coche la réponse correcte.

a. En raison de l'augmentation de la taille des navires, les stocks de poissons :
☐ augmentent.   ☐ baissent.

b. L'institution des Nations Unies pour l'alimentation et l'agriculture est :
☐ l'IAA.   ☐ la FAO.

c. Le sigle ZEE signifie :
☐ Zone économique européenne.
☐ Zone économique exclusive.

d. À partir du littoral, une ZEE s'étend à :
☐ 10,5 km.   ☐ 120 km.   ☐ 370,4 km.

e. Les activités offshores se situent :
☐ près des côtes.   ☐ loin des côtes.

f. Les océans ont, sur le climat, un effet :
☐ régulateur.   ☐ inexistant.

g. Dans le monde, la surpêche :
☐ augmente.   ☐ diminue.

2 La consommation de poisson

Observe le graphique, puis réponds aux questions.

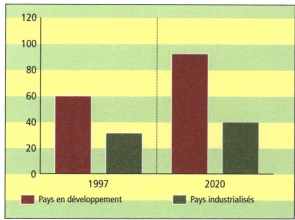

Estimation de la consommation mondiale de poisson (en millions de tonnes).

a. En 1997, quelle est la consommation mondiale de poisson ?
b. Globalement, entre 1997 et 2020, comment devrait évoluer la consommation de poisson ?
c. Dans quelle partie du monde cette évolution est-elle la plus forte ? Justifie ta réponse en citant les chiffres.
d. Comment s'explique cette évolution ?

3 CONTRÔLE EXPRESS

Étudie le document pour répondre aux questions.

Dessin illustrant les tensions dans l'océan glacial Arctique, Kal, *The Economist*, mars 2012.

a. De quel type de document s'agit-il ?
b. Quelle région est représentée sur le document ? Qu'est-ce qui le montre ?
c. Par quel problème est affectée cette région ?
d. Qu'est-ce qui montre que cette région, non exploitée jusque-là, possède des ressources ?
e. Que représentent les cinq sous-marins ? Que veulent-ils ?

Corrigés page 35 du Guide

21 Les États-Unis face à la mondialisation

Je me demande...
Comment se manifestent la puissance et l'influence des États-Unis ?

Les points clés

1 La première puissance économique mondiale

● Peuplés de **329 millions d'habitants**, les États-Unis ont le **plus fort PIB mondial** (plus de 15 000 milliards de dollars).

Les États-Unis, une puissance...

militaire
- 1er budget militaire du monde (649 milliards de $)
- *leader* de l'alliance militaire de l'Atlantique nord (OTAN)
- dispose de l'arme nucléaire
- fort interventionnisme militaire (« gendarme du monde »)

économique
- 1er pays investisseur et pour l'accès aux investissements
- attractivité pour les investisseurs (universités, sécurité intérieure)
- nombreuses FTN (Apple, Microsoft, General Electric...)

culturelle
- *american way of life* (mode de vie américain)
- industries culturelles exportant leurs produits dans le monde (musique, séries, cinéma)

2 L'organisation du territoire américain

● La mondialisation renforçant le rôle des **métropoles et des littoraux**, le **Nord-Est des États-Unis** est le territoire le plus **dynamique**. La **Megalopolis** contient les **grandes métropoles**, centres de décision politique (Washington) et économique (New York). Elle s'ouvre sur le monde par la **façade atlantique**.

● La **ceinture périphérique** (*Sun Belt*) détient des densités de population importantes, des **industries de haute technologie**, de la **recherche** (*Silicon Valley*) et des **activités culturelles** (Hollywood à Los Angeles). Ouverte sur le Mexique, le Canada et le monde (façades atlantique et pacifique), elle **attire hommes et investissements**.

Mot-Clé
PIB (Produit intérieur brut) : ensemble des richesses produites par les entreprises d'un pays.

Le document clé

L'organisation de l'espace des États-Unis

1. Expliquer. La légende comprend quatre parties : les espaces (couleurs), les villes importantes (points), les flux (flèches) et les réseaux de transport.

2. Conclure. Le Nord-Est et la Sun Belt, espaces dynamiques, comportent le plus grand nombre de métropoles et sont très bien reliés au reste du monde. Ils témoignent de la métropolisation et de la littoralisation des activités.

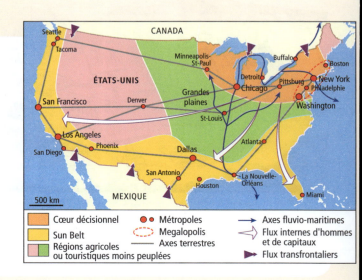

On s'entraîne !

❶ QUIZ

Coche la (ou les) bonne(s) réponse(s).

a. Les États-Unis sont la 1re puissance :
- ☐ commerciale.
- ☐ militaire.
- ☐ agricole.

b. Les États-Unis sont un pays :
- ☐ émergent.
- ☐ d'émigration.
- ☐ d'immigration.

c. Les Grandes Plaines :
- ☐ se situent à l'ouest des États-Unis.
- ☐ sont un vaste territoire agricole.
- ☐ sont très peuplées.

d. La Sun Belt :
- ☐ attire les hommes.
- ☐ est un vaste territoire agricole.
- ☐ est dominée par les activités de haute technologie.

e. La Megalopolis :
- ☐ abrite New York et Washington.
- ☐ se situe au nord-ouest des États-Unis.
- ☐ est un vaste ensemble de villes.

f. Les États-Unis comptent environ :
- ☐ 32,5 millions d'habitants.
- ☐ 132,5 millions d'habitants.
- ☐ 329 millions d'habitants.

❷ Un paysage des Grandes Plaines

Étudie la photographie et sa légende, puis réponds aux questions.

Les Grandes Plaines s'étendent sur la moitié Est des États-Unis. Elles sont traversées par le Mississipi et ses affluents.

a. Qu'est-ce qu'une plaine ?
b. Où se situent les Grandes Plaines ?
c. D'après la photographie, quelle doit être la densité de population dans les Grandes Plaines ?
d. Quelle activité économique y est pratiquée ? Décris de quelle manière, en faisant une recherche personnelle.

❓ **indice**

d. Si peu de gens habitent sur place, c'est sans doute parce que, pour le travail, des machines sont utilisées.

❸ CONTRÔLE EXPRESS

Observe la photo et réponds aux questions.

Photographie aérienne de Los Angeles.

a. Présente le document (nature, sujet, date).
b. Localise et situe Los Angeles.
c. À quel type d'espace appartient Los Angeles ?
d. Pourquoi est-ce une ville mondiale ?
e. Décris la photographie et réalise un croquis.

Corrigés page 36 du Guide

22 L'Afrique de l'Ouest face à la mondialisation

Je me demande…
Comment les pays africains se développent-ils ?
Quelles sont les limites de ce développement ?

Les points clés

1 Une région en développement économique

● La région regroupe **quinze pays** et fait partie d'un **foyer de peuplement** secondaire (golfe de Guinée). La population se concentre dans les villes littorales.

● Si les pays ont encore de **faibles PIB**, ils connaissent une **forte croissance économique**. Ils exportent des **ressources énergétiques** (pétrole), **minières** (or) ou **agricoles**. Les échanges s'effectuent à partir des **ports de la façade atlantique**.

● Ces pays reçoivent des **investissements étrangers** pour se développer et moderniser leurs infrastructures. Des **FTN** sont présentes pour acheter et exploiter les richesses du sous-sol (Areva l'uranium, Arcelor Mittal le fer).

2 Des fragilités nombreuses

● La **part de l'industrie** est encore **faible** par rapport à celle de l'agriculture et les **échanges commerciaux sont déséquilibrés** puisque les pays importent des produits manufacturés.

● Ces pays sont aussi touchés par de **fortes inégalités sociales** et un **faible développement** qui entraînent des **migrations vers l'Europe**. L'éducation est peu accessible et l'espérance de vie souvent faible en raison de l'insécurité alimentaire, du manque d'accès à la santé ou à l'eau potable.

● Ces pays sont touchés par des phénomènes qui freinent leur développement ou empêchent les investissements étrangers : **épidémies** (Ebola), **désordres politiques**, **organisations criminelles**.

> **Mot-Clé**
> **Foyer de peuplement** : région du monde qui concentre un grand nombre d'habitants.

Le document clé

Le port de Lomé au Togo

Un troisième quai dans le port de Lomé, capitale du Togo.

1. Expliquer. Le Togo est un petit pays ayant une ouverture sur l'océan Atlantique. Fin 2014, un troisième quai est construit dans le port de Lomé avec les investissements d'une entreprise française, permettant d'augmenter le nombre de navires.

2. Conclure. Le port de Lomé est essentiel puisqu'il réalise 80 % des échanges du pays. Son développement nécessite des investissements étrangers qui favorisent l'intégration du Togo dans la mondialisation.

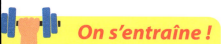

On s'entraîne !

1 QUIZ

Vrai ou faux ?

	V	F
a. Les pays d'Afrique de l'Ouest ont un PIB élevé.	☐	☐
b. Les FTN exploitent les richesses des sous-sols.	☐	☐
c. Les échanges avec le reste du monde se font principalement par avion.	☐	☐

2 Comparer les niveaux de richesse

En France, le PIB/hab. est de 38 500 $ et l'espérance de vie des femmes est de 85 ans. Qu'en est-il en Afrique de l'Ouest ?

Étudie ces données puis réponds aux questions.

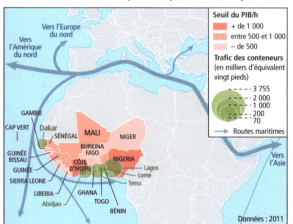

Niveaux de richesse en Afrique de l'Ouest.

Pays	Espérance de vie des femmes (2018)	Pays	Espérance de vie des femmes (2018)
Cap Vert	76 ans	Burkina Faso	62 ans
Sénégal	70 ans	Guinée	62 ans
Ghana	65 ans	Guinée Bissau	60 ans
Liberia	65 ans	Mali	60 ans
Niger	64 ans	Côte-d'Ivoire	59 ans
Gambie	63 ans	Nigeria	56 ans
Bénin	63 ans	Sierra Leone	55 ans
Togo	62 ans		

a. Quels États sont enclavés (sans accès à la mer) ?
b. Quels sont les pays les plus riches de la région ? ceux qui ont la plus faible espérance de vie ?
c. Compare avec la France.

3 CONTRÔLE EXPRESS

Lis le texte et réponds aux questions.

Projet du quartier EAC à Lagos.

Lagos la mégalo

Vue du dixième étage d'un immeuble du quartier de Victoria Island, Lagos, mégalopole de 20 millions d'habitants, a presque l'air d'une ville normale. [...] Le directeur général de cette grande entreprise de construction s'est installé dans la capitale économique du Nigeria. [...]
À l'horizon, sur une gigantesque étendue de sable de 1 000 hectares, des tractopelles s'activent comme des fourmis. Gabi Massoud planche sur EAC, le nouvel eldorado de l'architecture en Afrique. Cette ville nouvelle [...] accueillera dans les prochaines années 250 000 résidents et 150 000 visiteurs, des hôtels de luxe, une marina, un centre commercial de haut standing avec les plus grandes marques mondiales, une avenue aussi grande que les Champs-Elysées et des tours aussi hautes qu'à Manhattan.
Ce quartier, entièrement privatisé, a été construit sur des terres arrachées à l'océan. Pour qu'EAC sorte des eaux, il a fallu [...] dresser une muraille de 8 kilomètres au large, déverser 100 000 blocs de ciment brise-lames de 5 tonnes chacun, puis ensabler la zone pendant près de sept ans [...]. Tout cela pour augmenter la superficie de Lagos, la désengorger et la protéger de la montée de la mer, conséquence du réchauffement climatique.

D'après un extrait de « Lagos la mégalo »,
Sophie Bouillon, 30 juin 2014, *Libération*, 1er juillet 2014.

a. Localise et situe Lagos.
b. Combien d'habitants la ville compte-t-elle ?
c. Comment appelle-t-on ce type de ville ?
d. Quel est le nom du nouveau quartier construit ?
e. À quel type de population est-il destiné ?
Souligne les passages du texte qui le montrent.
f. Où et comment a été construit ce quartier ?

? indices

a. La carte de l'exercice 2 te renseignera sur l'emplacement de Lagos.
b. Lagos est la ville la plus peuplée du continent africain.

Corrigés page 36 du Guide

GÉOGRAPHIE

23 L'élaboration de la loi

Je me demande...
À quoi servent les lois ?
Quelles sont les étapes de leur élaboration ?

L'exemple qui fait réfléchir

Quelles sont les étapes de l'adoption de la loi sur le renseignement ?

En fin d'après-midi, l'Assemblée nationale s'est massivement prononcée en faveur du projet de loi relatif au renseignement, qui a suscité de vifs débats ces dernières semaines [...]. 438 députés ont voté *pour* ce 5 mai 2015, tandis que 86 se sont exprimés *contre* et que 42 se sont abstenus. Le texte va être maintenant examiné par le Sénat, puis par le Conseil constitutionnel saisi par 75 députés.

Afin d'assurer la sécurité du territoire, notamment contre les menaces terroristes, le gouvernement souhaite avec ce texte renforcer les moyens d'action des services spécialisés. Le projet de loi porte sur les [...] techniques permettant de recueillir des renseignements, par exemple en accédant aux données de connexion des citoyens.

Extraits de www.lemondeinformatique.fr. DR

1. Le gouvernement dépose le **projet de loi** le 19 mars 2015.

2. Après son examen par une **commission parlementaire**, le texte fait la **navette** entre les deux assemblées du Parlement.

3. Cette loi est adoptée par l'**Assemblée nationale** le 5 mai puis par le **Sénat** le 9 juin.

4. Elle est validée par le **Conseil constitutionnel** le 23 juillet et promulguée par le président de la République le 24 juillet 2015.

Les points clés

1 La nécessité de la loi

● La loi est le **fondement** de la vie en société. En donnant un **cadre juridique** et des règles communes à tous les individus, elle évite le règne de la « loi du plus fort ».

- **imposer des obligations** — Ex. : l'interdiction de fumer dans les lieux publics
- **mettre en œuvre des politiques** — Ex. : la loi sur le renseignement
- **résoudre des conflits** — Ex. : entre deux individus qui réclament le même bien
- **reconnaître et protéger des droits** — Ex. : la loi sur le mariage pour tous

Des lois pour...

2 Le parcours parlementaire

● En France, **dans le cadre de la démocratie représentative**, ce sont les représentants élus par les citoyens qui sont chargés d'élaborer les lois. Les parlementaires (577 députés et 348 sénateurs) proposent, débattent, modifient et votent les lois. Le **gouvernement** peut aussi déposer des projets de loi au Parlement. Parfois, les électeurs peuvent voter directement la loi dans le cadre du **référendum**.

3 La promulgation de la loi

● Après le vote d'une loi, le Conseil constitutionnel vérifie qu'elle respecte les règles de la **Constitution** et le Conseil d'État vérifie qu'elle est conforme aux **traités internationaux** signés par la France. Le président de la République peut ensuite **promulguer la loi**.

On s'entraîne !

1 QUIZ

Complète ce schéma à l'aide du cours.

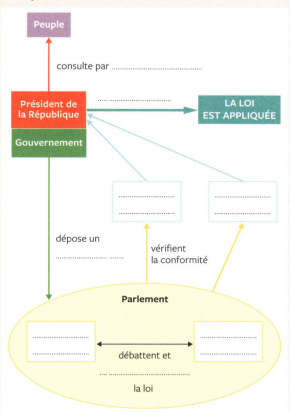

2 La loi sur le mariage pour tous

Utilise la frise chronologique située en bas de page pour répondre aux questions.

a. Retrace sur le schéma de l'exercice 1 le parcours de l'élaboration de la loi sur le mariage pour tous.
b. Quelle étape n'est pas évoquée dans cette frise chronologique ?
c. Comment des citoyens ont-ils participé aux débats ?

3 CONTRÔLE EXPRESS

Lis le texte et réponds aux questions.

Le travail d'un député

En 2012, L. Grandguillaume est élu député et intègre la commission des finances, de l'économie générale et du contrôle budgétaire.

[...] le député socialiste Laurent Grandguillaume (Côte d'Or) partage ses semaines entre Paris et sa circonscription — en général 3 jours/4 jours. Ce jeudi 14 novembre, il est 16 h 34 quand il arrive en gare de Dijon. [...] Premier stop : Agrosup, une école d'ingénieurs dijonnaise qui a invité le jeune député de 35 ans à venir présenter son métier aux étudiants. Le voilà donc qui explique à une vingtaine d'élèves comment se déroulent ses mardis et mercredis à Paris, ce qu'il y fait, les amendements et les idées qu'il a réussi, ou non, à faire passer. [...] Une heure d'échanges, il est 18 h 45 et il est déjà en retard [...], il doit urgemment répondre à un journaliste sur son pré-rapport sur l'auto-entrepreneuriat. [...] 21 h 30, fin de la journée — *« et encore, c'est tôt »*. Rendez-vous le lendemain, 8 heures, à sa permanence parlementaire, dans le centre-ville. [...] Les rendez-vous défilent et ne se ressemblent pas. C'est d'abord un couple de commerçants menacés d'expropriation qui vient voir le député. [...] Le rythme ne faiblira pas ou presque pendant le week-end. [...]

Extraits de http://parlement.blog.lemonde.fr

a. Quels éléments du travail parlementaire de ce député apparaissent ici ?
b. Quelles sont les activités du député lorsqu'il est dans sa circonscription ?
c. Souligne deux extraits qui montrent que les députés ont des emplois du temps chargés.

? indice

La circonscription électorale est la portion du territoire qui a élu le représentant.

L'élaboration de la loi sur le mariage pour tous

Corrigés page 36 du Guide

24 Le fonctionnement de la justice

Je me demande…
Comment est organisée la justice en France ? Quels sont ses principes et ses acteurs ?

L'exemple qui fait réfléchir

Comment les établissements scolaires appliquent-ils les principes de la justice ?

Les sanctions disciplinaires sont prononcées par le chef d'établissement ou par le conseil de discipline [...]. Elles concernent les atteintes aux personnes et aux biens et tous les manquements graves ou répétés aux obligations des élèves. [...]
Les sanctions peuvent faire l'objet d'un recours par les responsables légaux de l'élève devant les tribunaux administratifs. [...]
[La commission éducative] a pour mission d'examiner la situation d'un élève dont le comportement est inadapté aux règles de vie dans l'établissement ou qui ne répond pas à ses obligations scolaires. La finalité est d'amener les élèves à s'interroger sur le sens de leur conduite, aux conséquences de leurs actes pour eux-mêmes et autrui.

Extraits du règlement intérieur du collège Gérard-Philipe à Fontaine (Isère). DR

- Appliquer les principes de la justice dans un collège est indispensable pour sanctionner les **comportements inadaptés** aux règles de la vie collective.
- Le principe de la **voie de recours** pour contester une procédure disciplinaire est ici rappelé.
- La finalité est **pédagogique** : amener l'élève à s'interroger sur ses actes.

Les points clés

1 Les fonctions de la justice

● La justice **protège** les libertés, les intérêts et la sécurité de chacun ; elle **punit** ceux qui ne respectent pas les règles (justice pénale) ; elle **tranche** les litiges entre les personnes (justice civile) ou entre un particulier et une administration (justice administrative).

2 Les principes du système judiciaire

3 L'organisation de la justice

● Il existe de **nombreux tribunaux** :
– le **tribunal de police** exerce la justice pénale pour les infractions les moins graves ;
– le **tribunal correctionnel** juge les délits (peines allant jusqu'à 10 ans de prison) ;
– la **cour d'assises** juge les crimes (peut condamner à la prison à perpétuité) ;
– la **cour d'appel** rejuge une affaire quand l'une des parties conteste la décision de justice ;
– le **tribunal de grande instance** juge les affaires civiles ;
– le **tribunal des prud'hommes** juge les affaires opposant salariés et employeurs ;
– le **tribunal administratif** juge les affaires mettant en cause l'État.

On s'entraîne !

1 QUIZ

Relie les noms des acteurs de la justice au rôle qu'ils jouent.

a. Assister et défendre les intérêts de ses clients.

b. Initier les poursuites judiciaires et défendre les intérêts de la société.

c. Garantir le respect de la procédure.

d. Dire le droit et prononcer le jugement.

e. Exécuter les décisions de justice.

- juge
- avocat
- huissier
- greffier
- procureur

2 L'organisation de la justice

Étudie ce schéma et réponds aux questions.

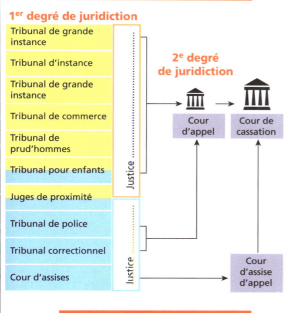

D'après www.vos-droits.justice.gouv.fr

a. Inscris les termes « civile », « pénale » et « administratif » en face des tribunaux concernés.
b. Quels tribunaux réexaminent les affaires jugées par une juridiction du premier degré ?
c. Quelle est la juridiction la plus élevée de l'ordre judiciaire ?

3 CONTRÔLE EXPRESS

Lis ce texte et réponds aux questions.

Un jugement au tribunal correctionnel

Mardi dernier, trois hommes âgés de 19, 23 et 37 ans étaient jugés en comparution immédiate devant le tribunal correctionnel d'Albi pour « vol avec violence ». Les faits remontaient au jeudi 22 novembre : un artisan boucher, se rendant compte du vol des clés du contacteur commandant la grille de sécurité de son commerce, s'était lancé à la poursuite de trois individus. Il les avait rattrapés dans la rue mais au moins deux d'entre eux l'avaient frappé, le troisième lui dérobant son téléphone portable. [...] Le tribunal avait prononcé des peines d'un an de prison dont six mois ferme à l'encontre de Daniel, 37 ans et Carl, 23 ans, maintenus en détention, alors qu'Alexandre, 19 ans, condamné à un an dont huit mois assortis d'un sursis et mise à l'épreuve, ressortait libre puisque la partie ferme pourra être aménagée. Malgré tout, ce jugement était très en deçà des réquisitions de la procureur [...]. Les propos, rapportés dans nos colonnes, d'une avocate de la défense semblaient mettre en doute la probité des policiers. Autant de raisons qui ont conduit le parquet à faire appel du jugement. Un second procès sera donc organisé.

D'après un article de La Dépêche du Midi

a. De quel délit sont accusés les trois hommes ? Par quel tribunal sont-ils jugés ?
b. À quelles peines sont-ils condamnés ?
c. Pourquoi les trois hommes ont-ils été condamnés à des peines différentes ?
d. Les principes de la justice sont-ils respectés ? Justifie ta réponse.
e. Quel tribunal réexaminera cette affaire en appel ?

? indice

e. N'hésite pas à t'aider du schéma de l'exercice 2.

Corrigés page 37 du Guide

173

25 Les droits fondamentaux

Je me demande...
Quels sont mes droits, en tant qu'être humain ? en tant qu'enfant ?

L'exemple qui fait réfléchir

De quels droits sont privés les enfants-soldats ?

- Ce film canadien, sorti en 2012, raconte le parcours d'une adolescente africaine recrutée par un groupe armé rebelle et forcée de combattre le pouvoir en place.
- Les enfants-soldats mis en scène dans le film sont privés de droits fondamentaux, tels que la **liberté** ou le **droit à la vie**, mais aussi de droits propres aux enfants comme le **droit à l'instruction**.

Les points clés

1 Les droits de l'homme

- En 1789, les révolutionnaires français adoptent la **Déclaration des droits de l'homme et du citoyen** qui affirme l'existence de droits naturels comme la **liberté** et l'**égalité**. Ces droits sont déclarés **universels** (ils concernent tous les êtres humains) et **inaliénables** (ils ne peuvent être contestés).

- En 1948, la **Déclaration universelle des droits de l'homme** est adoptée par les pays membres de l'ONU (Organisation des Nations unies) et doit être appliquée dans le monde entier. Elle réaffirme ces droits fondamentaux et en ajoute d'autres comme le **droit à la vie**.

- Néanmoins, il reste encore d'importants progrès à faire pour que les droits de l'homme soient respectés partout dans le monde.

2 Le statut de l'enfant

- Le regard que les sociétés portent sur les enfants a évolué au cours de l'histoire. Ils sont aujourd'hui reconnus comme des êtres humains particuliers avec des **droits spécifiques** (à la protection, à l'instruction ou à l'accès aux soins...). Ces droits ont été consacrés en 1959, avec l'adoption par l'ONU de la **Déclaration des droits de l'enfant**.

- Les enfants ont aussi un **statut juridique particulier**. Leurs droits évoluent en fonction de leur âge. En France, un enfant possède des droits dès sa naissance (le droit de recevoir un héritage) puis en obtient d'autres en fonction de son âge (le droit de travailler en tant qu'apprenti à partir de 15 ans).

Tous les enfants du monde ne vont pas à l'école ! Certains sont livrés à eux-mêmes, d'autres sont obligés de travailler ou embrigadés pour être soldats...

On s'entraîne !

1 QUIZ

Coche la (ou les) bonne(s) réponse(s).

a. Les droits de l'homme :
- ☐ peuvent être enlevés à une personne.
- ☐ sont reconnus dans le monde depuis 1948.
- ☐ sont aujourd'hui appliqués partout dans le monde.

b. Les êtres humains ont des droits comme :
- ☐ la liberté.
- ☐ le droit au travail.
- ☐ le droit à la vie.

c. Les enfants ont :
- ☐ des droits spécifiques.
- ☐ un statut juridique particulier.
- ☐ toujours les mêmes droits quel que soit leur âge.

2 Les droits et devoirs des enfants dans le Code civil français

Lis ces articles, puis réponds aux questions.

Article 371
L'enfant, à tout âge, doit honneur et respect à ses père et mère.

Article 371-1
L'autorité parentale est un ensemble de droits et de devoirs ayant pour finalité l'intérêt de l'enfant.
Elle appartient aux parents jusqu'à la majorité ou l'émancipation de l'enfant pour le protéger dans sa sécurité, sa santé et sa moralité, pour assurer son éducation et permettre son développement, dans le respect dû à sa personne.
Les parents associent l'enfant aux décisions qui le concernent, selon son âge et son degré de maturité.

Extraits du Code civil français.

a. Qu'est-ce que l'autorité parentale ?
b. Quels sont les devoirs des parents envers leurs enfants ?
c. Quels sont les devoirs des enfants envers leurs parents ?

3 CONTRÔLE EXPRESS

Lis ces articles, puis réponds aux questions.

La Déclaration universelle des droits de l'homme

Article 1er
Tous les êtres humains naissent libres et égaux en dignité et en droits. Ils sont doués de raison et de conscience et doivent agir les uns envers les autres dans un esprit de fraternité.

Article 2
1. Chacun peut se prévaloir de tous les droits et de toutes les libertés proclamés dans la présente Déclaration, sans distinction aucune, notamment de race, de couleur, de sexe, de langue, de religion, d'opinion politique ou de toute autre opinion, d'origine nationale ou sociale, de fortune, de naissance ou de toute autre situation.

Article 3
Tout individu a droit à la vie, à la liberté et à la sûreté de sa personne.

Article 26
1. Toute personne a droit à l'éducation. [...]
2. L'éducation doit viser au plein épanouissement de la personnalité humaine et au renforcement du respect des droits de l'homme et des libertés fondamentales. [...]

Extraits de la Déclaration universelle des droits de l'homme, 1948.

a. Quand cette déclaration a-t-elle été adoptée ? Par quelle organisation ?

b. Entoure les droits cités dans cet extrait.

c. Écris quelques lignes pour dénoncer la situation des enfants-soldats en citant ces droits.

d. Explique comment l'article 2 insiste sur la dimension universelle des droits de l'homme.

Corrigés page 37 du Guide

26 Les libertés en tension

Je me demande...
Quelles sont nos libertés individuelles et collectives ? Quelles sont leurs limites ?

L'exemple qui fait réfléchir

Comment des salariés peuvent-ils exprimer leur mécontentement ?

Manifestation de cheminots à Lille le 17 juin 2014.

- En vertu de la liberté syndicale et du **droit de manifestation**, des agents de la SNCF défilent contre un projet de réforme.
- Dans le secteur ferroviaire, le **droit de grève** est limité par le service minimum : pour permettre aux autres citoyens de se déplacer, 50 % des trains doivent toujours circuler.
- Est-ce une limite de la **liberté d'expression** des cheminots ? Ou la possibilité donnée aux usagers d'exercer eux aussi l'une de leurs libertés, celle de se déplacer ?

Les points clés

En démocratie, les citoyens bénéficient de libertés et de droits fondamentaux. Mais pour rendre possible la vie en société, il faut des lois et des règles.

1 Les libertés fondamentales

Les libertés individuelles (que chacun exerce séparément)
- **liberté de conscience** : le droit de suivre les idées que l'on juge bonnes, ce qui inclut la liberté de croyance
- **liberté d'expression** : le droit d'exprimer ses opinions

Les libertés collectives (que l'on exerce en société)
- **liberté d'association** : le droit de créer et de faire partie d'une association
- **liberté de réunion** : le droit de se réunir

À partir de 16 ans, tu peux créer une association !

2 Les libertés face aux exigences sociales

● Dans une société démocratique, les citoyens sont égaux devant la loi : ils ont tous les mêmes droits et les mêmes devoirs. Mais le bon fonctionnement d'une collectivité nécessite des règles qui fixent parfois des **limites aux libertés**, la liberté des uns s'arrêtant là où commence celle des autres.

● En ce qui concerne la liberté d'expression, chacun peut s'exprimer, mais il est **interdit de diffamer** (accusation malveillante qui porte atteinte à la réputation de quelqu'un), d'**inciter à la haine**, ou encore de **porter atteinte à la vie privée ou au droit à l'image**, que ce soit dans un journal ou sur un réseau social.

On s'entraîne !

❶ QUIZ

Complète la grille.

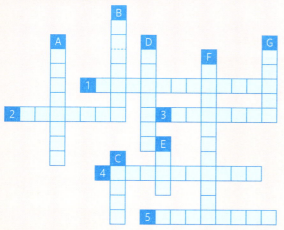

Horizontalement
1. Type de liberté que l'on peut exercer seul.
2. Principe instituant la séparation des institutions religieuses et de l'État.
3. Terme de la devise républicaine au nom duquel on fixe des limites aux libertés.
4. Régime politique dans lequel les libertés fondamentales sont garanties.
5. Réseau informatique mondial dans lequel certaines libertés peuvent être exercées.

Verticalement
A. Type d'organisation créée pour défendre les intérêts professionnels de ses membres.
B. Journal quotidien national le plus vendu en France en 2020.
C. Sigle désignant un texte fondamental rédigé en 1789.
D. Avis que l'on peut partager dans le cadre de la liberté d'expression.
E. Règle votée par le Parlement.
F. Type d'aide apportée par des associations comme Médecins sans frontières.
G. Action collective et revendicative qui consiste à cesser le travail.

❷ Encadrer la liberté d'expression

Lis attentivement ces descriptifs de différentes situations et réponds aux questions.

Situations	Qualifications
1. Le 15 octobre 2010, le parfumeur Jean-Paul Guerlain s'exprime sur France 2 : « Pour une fois, je me suis mis à travailler comme un nègre. Je ne sais pas si les nègres ont toujours tellement travaillé, mais enfin... »	....
2. En août 2013, un internaute publie sur Twitter un hashtag commençant par : « #BrûlonsLesGays »	....
3. Le 5 août 2014, l'animateur de télévision Patrick Sébastien dit à une journaliste de *La Montagne* : « Tu es une enfoirée. »	....
4. En janvier 2014, le magazine *Closer* publie des photos volées du président de la République F. Hollande avec l'actrice Julie Gayet.	....

a. Choisis le terme le plus adapté pour qualifier chacune de ces situations : insulte • atteinte à la vie privée • racisme • homophobie
b. Réagis à l'une de ces situations et rédige quelques lignes pour expliquer pourquoi la liberté d'expression doit avoir des limites.

❸ CONTRÔLE EXPRESS

Lis les dispositions de ce règlement intérieur de collège et réponds aux questions.

> • Les élèves disposent de droits et de libertés :
> — la liberté d'information ;
> — la liberté d'expression (exercée individuellement ou collectivement) ;
> — la liberté de réunion.
> • Les élèves doivent respecter des obligations :
> — respecter l'ensemble des personnes de la communauté éducative ;
> — être assidus aux enseignements (obligatoires comme facultatifs) ;
> — être ponctuels et respecter les horaires de l'établissement ;
> — ne pas porter de signes ou de tenues qui manifestent ostensiblement une appartenance religieuse.

a. Quelles libertés fondamentales sont garanties dans le collège ? Quelles limites sont fixées ?
b. Explique en quoi ces limites permettent d'assurer l'égalité entre les élèves.
c. Lis dans ton carnet de correspondance le règlement intérieur de ton collège pour y repérer quels sont tes droits et tes devoirs.

Corrigés page 37 du Guide

27 Les principes de la démocratie

Je me demande...
À quoi reconnaît-on un État démocratique ? Quels sont les différents types de démocratie ?

L'exemple qui fait réfléchir

Simone Veil, l'exemple d'une femme engagée

Simone Veil lors des élections européennes de 1979.

- En France, les femmes ont obtenu le **droit de vote et d'éligibilité** en 1944. Dans les années qui suivent, elles s'engagent plus librement dans la vie sociale et politique, telle Simone Veil (1927-2017).

- Rescapée du camp d'Auschwitz, cette dernière devient magistrate et défend l'extension du rôle et des droits des femmes dans la société. Nommée ministre de la Santé, elle fait adopter en 1975 la **loi autorisant l'IVG** (Interruption Volontaire de Grossesse).

- Afin de lui rendre hommage, sa dépouille est conservée au **Panthéon** depuis 2018.

Les points clés

1 Reconnaître un État démocratique

- Dans une démocratie, le peuple exerce la **souveraineté** par le suffrage universel. Selon le **principe d'égalité**, aucune distinction ne peut être faite entre les citoyens. La **constitution** reconnaît des droits aux citoyens (la liberté d'expression).

- Pour éviter une concentration des fonctions entre les mains de quelques personnes, les **pouvoirs législatif** (faire les lois), **exécutif** (appliquer les lois) et **judiciaire** (contrôler l'application des lois) sont **séparés**.

- Le **peuple** est **consulté** lors d'élections respectant la règle de la majorité et lors de référendums. **Toutes les opinions** doivent être **représentées** grâce à la pluralité des partis politiques.

Mot-clé
Souveraineté : droit absolu d'exercer une autorité sur un pays ou sur un peuple.

2 Différents types de démocratie

- Il existe plusieurs types de démocratie. Les **démocraties directes** (lorsque le peuple exerce directement le pouvoir politique) ont aujourd'hui disparu au profit de **démocraties représentatives**. Les citoyens jouent un rôle important dans le débat démocratique mais les décisions sont prises par des **représentants élus** à qui ils délèguent leurs pouvoirs.

- On parle de **démocraties participatives** lorsque des dispositifs sont mis en place pour renforcer le rôle des citoyens dans la prise de décision (les référendums).

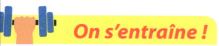

On s'entraîne !

1 QUIZ

Complète la grille à l'aide des définitions.

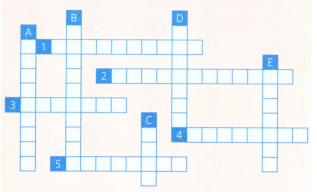

Horizontalement
1. Forme de l'État démocratique en France.
2. Loi fondamentale fixant l'organisation et le fonctionnement de l'État.
3. Cité grecque considérée comme le berceau de la démocratie.
4. Choix, désignation d'une ou plusieurs personnes par un vote.
5. Principe démocratique selon lequel le plus grand nombre de suffrages remporte la décision.

Verticalement
A. Chef d'État disposant d'un pouvoir absolu et sans contrôle.
B. Consultation directe du peuple.
C. Femme à l'origine de la loi autorisant l'IVG.
D. Institution indépendante dans une démocratie chargée d'exercer le pouvoir judiciaire.
E. Avis, jugement personnel.

2 Différents modes de scrutin

Aide-toi d'Internet (en particulier du site www.vie-publique.fr) pour compléter le tableau suivant.

Mode de scrutin	Définition	Exemple
Scrutin majoritaire		
Scrutin proportionnel		
Scrutin mixte		

3 CONTRÔLE EXPRESS

Réponds aux questions à l'aide de ces extraits de la Constitution française.

> **Extraits de la Constitution de la Vᵉ République (1958)**
> **Article premier :** La France est une République indivisible, laïque, démocratique et sociale. Elle assure l'égalité devant la loi de tous les citoyens sans distinction d'origine, de race ou de religion. Elle respecte toutes les croyances. [...]
> **Art. 3 :** La souveraineté nationale appartient au peuple qui l'exerce par ses représentants et par la voie du référendum. Aucune section du peuple ni aucun individu ne peut s'en attribuer l'exercice. Le suffrage peut être direct ou indirect dans les conditions prévues par la Constitution. Il est toujours universel, égal et secret. [...]
> **Art. 4 :** Les partis et groupements politiques concourent à l'expression du suffrage. Ils se forment et exercent leur activité librement. Ils doivent respecter les principes de la souveraineté nationale et de la démocratie. [...] La loi garantit les expressions pluralistes des opinions et la participation équitable des partis et groupements politiques à la vie démocratique de la Nation.
> **Art. 20 :** Le Gouvernement détermine et conduit la politique de la nation. [...]
> **Art. 24 :** Le Parlement vote la loi. Il contrôle l'action du Gouvernement. Il évalue les politiques publiques. Il comprend l'Assemblée nationale et le Sénat. Les députés à l'Assemblée nationale, dont le nombre ne peut excéder cinq cent soixante-dix-sept, sont élus au suffrage direct. [...]
> **Art. 64 :** Le Président de la République est garant de l'indépendance de l'autorité judiciaire. [...]

a. À la lecture de ces articles, cite les principes démocratiques qui sont respectés en France.
b. Qualifierais-tu la France d'État démocratique ? Si oui, de quel type de démocratie s'agit-il ?

? indice
Au quotidien, les citoyens français n'exercent pas directement leur pouvoir politique.

Corrigés page 37 du Guide

EMC

179

28 L'engagement citoyen

Je me demande…
Comment peut-on s'engager pour agir dans la société ? Dans quelle structure ?

L'exemple qui fait réfléchir

Pourquoi et comment s'impliquer dans une association ?

« Je milite à Greenpeace parce que je suis d'accord avec l'objectif de l'organisation qui est la protection de l'environnement et avec le principe de non-violence dont dépendent ses actions », explique Solen, 20 ans. Cet étudiant avoue passer ses week-ends, ses soirées, voire une partie de ses nuits, à sa nouvelle activité. Les militants se rassemblent dans un petit local aux murs recouverts d'affiches Greenpeace, pour discuter des sujets d'actualité liés aux océans, aux OGM (organismes génétiquement modifiés), au nucléaire et au changement climatique.
« L'objet de ces réunions est de s'informer afin d'être capable d'argumenter et de convaincre lorsque nous allons à la rencontre du public », ajoute Solen.

Extrait du site www.cidj.com

- Greenpeace est une **organisation non gouvernementale** (ONG), ce qui signifie qu'elle ne dépend pas d'un État et qu'elle fonctionne de manière autonome.
- Solen est l'un des **militants** de l'**association**. Il partage ses valeurs, ses objectifs (protéger l'environnement) et ses modes d'action (la non-violence).
- L'**engagement** de Solen est **bénévole** et occupe une partie de son temps libre.

Les points clés

Mon club de foot est sans doute une association loi de 1901 !

1 La diversité des engagements

● Depuis la loi de 1901, les **associations** doivent être composées d'au moins deux personnes, y compris mineures, et avoir des statuts déposés en préfecture. Les associations sont à **but non lucratif**, c'est-à-dire que leur but ne doit pas être l'enrichissement personnel de leurs membres.

● La France compte 1,3 million d'associations qui regroupent 13 millions de **bénévoles** et 1,8 million de **salariés**. Leur variété est infinie, depuis une minuscule association de quartier à une ONG présente dans différents pays comme Greenpeace.

● Les citoyens peuvent aussi s'engager dans des **syndicats** ou dans des **partis politiques**. Il existe aujourd'hui plus de soixante-dix partis nationaux et plusieurs centaines de micro-partis impliqués uniquement dans la vie politique locale.

2 L'implication des citoyens

● Le degré d'implication dépend de la **disponibilité** et de la **motivation** de chacun.

sympathisants : approuvent les idées
donateurs : donnent de l'argent
adhérents : deviennent membres
militants : agissent de manière active

Associations, syndicats, partis politiques

180

On s'entraîne !

1 QUIZ

Vrai ou faux ?

	V	F
a. Toutes les associations sont reconnues d'utilité publique.	☐	☐
b. Une association peut ne regrouper que deux personnes.	☐	☐
c. L'engagement citoyen nécessite d'y consacrer du temps.	☐	☐
d. On peut être forcé d'adhérer à un parti politique.	☐	☐
e. Certaines associations permettent à leurs membres de gagner beaucoup d'argent.	☐	☐
f. Les associations, les syndicats et les partis politiques ne comptent que des bénévoles.	☐	☐

2 La variété du monde associatif

Complète ce tableau en respectant les consignes.

Nom de l'association	But de cette association	Exemple d'action
1. Association française pour la percussion		
2. Association des bibliothécaires de France		
3. ASCUL Tennis Lyon		
4. Ligue pour la protection des oiseaux (LPO)		
5. La Croix-Rouge française		
6. Mouvement chrétien des retraités (MCR)		

a. Retrouve quel est le but de chacune de ces associations.
b. Grâce à son nom et à son but, indique pour chaque association quel peut être un exemple de ses actions.
c. Cherche les noms et les actions de trois associations implantées dans ta commune.

3 CONTRÔLE EXPRESS

Observe l'affiche puis réponds aux questions.

Affiche diffusée en mai 2019 pour appeler à faire grève et manifester.

a. Quel syndicat est à l'origine de cette affiche ? Réalise une recherche Internet pour le présenter en quelques lignes (nom du secrétaire général, nombre d'adhérents...).
b. Quel message ce syndicat veut-il faire passer ? Comment ce message est-il illustré par le dessin au centre de l'affiche ?
c. Explique quelles actions organise ce syndicat. Cite d'autres actions collectives que peut préconiser un syndicat.

? indice

b. Le 27 mars 2019, le gouvernement dépose un projet de loi pour transformer la fonction publique (temps de travail des fonctionnaires, etc).

Corrigés page 38 du Guide

Test – Bilan

On y va !

Histoire

1 Quel est le continent le plus colonisé par les Européens au XVIIIe siècle ?
☐ l'Afrique ☐ l'Asie ☐ l'Amérique

2 Comment le XVIIIe siècle est-il surnommé ?
☐ le siècle des philosophes
☐ le siècle des Lumières
☐ le siècle des Temps modernes

3 Quand débute la Révolution française ?
☐ en 1776 ☐ en 1789 ☐ en 1792

4 Durant quelle période Napoléon Bonaparte dirige-t-il la France ?
☐ 1799-1815 ☐ 1799-1804 ☐ 1804-1815

5 Quels avantages représente l'industrialisation au XIXe siècle ?
☐ Elle permet de produire plus grâce aux machines dans les usines.
☐ Elle permet de produire plus vite grâce aux machines dans les usines.
☐ Elle permet de produire moins cher grâce aux machines dans les usines.

6 Quand le suffrage devient-il définitivement universel pour les hommes en France ?
☐ 1789 ☐ 1848 ☐ 1870

......../6

Géographie

7 Qu'est-ce qu'une métropole ?
☐ une ville qui a de l'influence
☐ une ville qui est un centre de décisions
☐ une ville peuplée de plusieurs millions d'habitants

8 Où se dirigent majoritairement les migrants transnationaux ?
☐ vers une autre région de leur pays
☐ vers les pays du Nord
☐ vers les pays du Sud

9 Quel est le continent le plus visité par les touristes internationaux ?
☐ l'Afrique ☐ l'Asie ☐ l'Europe

10 Qu'est-ce qu'une interface ?
☐ une zone de contact entre deux espaces
☐ un espace enclavé
☐ une ville qui se rétrécit

11 Comment s'appelle la zone maritime qui appartient exclusivement à un État ?
☐ la ZIP ☐ la ZEE ☐ la ZUP

12 Quelle est la première puissance économique mondiale ?
☐ la Chine ☐ les États-Unis ☐ le Japon

13 Comment évolue l'économie des pays d'Afrique de l'Ouest ?
☐ Elle augmente. ☐ Elle stagne. ☐ Elle diminue.

......../7

EMC

14 À quoi servent les lois ?
☐ empêcher les gens de faire ce qu'ils veulent
☐ résoudre des conflits
☐ protéger des droits

15 Qu'est-ce que la présomption d'innocence ?
☐ le droit à un avocat
☐ la possibilité d'être rejugé
☐ le fait d'être considéré comme innocent jusqu'au verdict

16 Pourquoi y a-t-il des limites à nos libertés ?
☐ pour protéger les libertés des autres
☐ pour le bon fonctionnement de la collectivité
☐ pour nous agacer

17 Comment les citoyens participent-ils à la vie démocratique ?
☐ en votant
☐ en s'abstenant lors des élections
☐ en participant aux débats

......../4

Score total : ..../17 **CORRIGÉS P. 38 DU GUIDE**

SCIENCES DE LA VIE ET DE LA TERRE

▶ LA PLANÈTE TERRE, L'ENVIRONNEMENT ET L'ACTION HUMAINE

1. Les risques météorologiques et géologiques   184
2. L'eau et le sol : des ressources naturelles   186
3. Les activités humaines et les écosystèmes   188

▶ LE VIVANT ET SON ÉVOLUTION

4. Les végétaux chlorophylliens   190
5. La reproduction sexuée des plantes à fleurs   192
6. La diversité génétique   194

▶ LE CORPS HUMAIN ET LA SANTÉ

7. Les systèmes nerveux et cardiovasculaire   196
8. L'équilibre alimentaire et le microbiote   198
9. Le monde bactérien et l'organisme   200
10. La capacité de transmettre la vie   202

▶ TEST – BILAN   204

1 Les risques météorologiques et géologiques

Je me demande...
Comment se manifeste l'activité de la Terre ? L'homme peut-il se protéger des risques ?

Les points clés

1 Les phénomènes météorologiques et géologiques

- La Terre est une planète active. Elle est formée d'enveloppes externes : l'**atmosphère** et l'**hydrosphère**. Celles-ci sont animées de vents et de courants océaniques, mis en mouvement selon la position géographique des terres et des mers.

- La **météorologie** étudie les phénomènes atmosphériques. Des relevés réguliers (température, pression atmosphérique, pluviométrie, force du vent) sont effectués dans les stations météorologiques et par satellite (Météosat).

- La Terre a aussi une activité interne. La majorité des **séismes** et des **éruptions volcaniques** se produisent aux limites des plaques tectoniques. Les failles et les volcans actifs sont ainsi bien identifiés et surveillés.

La force d'un séisme est évaluée par sa magnitude.

2 La gestion des risques

- Un **aléa** est la probabilité de survenue **d'un phénomène naturel**. Des **relevés de terrain** permettent dans certains cas de **prévoir** la survenue d'un phénomène naturel et d'**alerter les populations** en cas de danger. **Des mesures de prévention** permettent également de limiter les risques quand la prévision est impossible.

Gérer les risques météorologiques et géologiques

Relevés de terrain	Mesures de prévision	Mesures de prévention
• stations météorologiques et sismiques • observatoires volcaniques • balises satellites sur la mer	• informer (cartes de vigilances météo, sirènes, etc.) • évacuer (en cas de tempête, d'éruption, etc.)	• éducation (panneaux, entraînements, etc.) • constructions aux normes parasismiques

Le document clé

Tsunamis : un système d'alerte dans le Pacifique

- Un tsunami est une **série de vagues destructrices**, pouvant atteindre les côtes. Ces vagues sont créées par le déplacement de terrains sous la mer (séisme sous-marin).

- Depuis le tsunami meurtrier survenu le 26 décembre 2004 en Indonésie, des **dispositifs d'alerte** internationaux ont été mis en place pour limiter les risques.

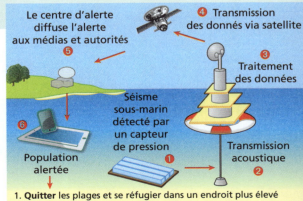

- Le centre d'alerte diffuse l'alerte aux médias et autorités ❺
- ❹ Transmission des données via satellite
- ❸ Traitement des données
- Séisme sous-marin détecté par un capteur de pression
- ❻ Population alertée
- Transmission acoustique ❷

1. **Quitter** les plages et se réfugier dans un endroit plus élevé
2. **Rester** à l'écart des rivières qui se jettent dans l'océan
3. **Attendre** la levée de l'alerte : il peut y avoir plusieurs raz-de-marée

On s'entraîne !

1 QUIZ

Vrai ou faux ?

	V	F
a. L'atmosphère est animée de vents.	☐	☐
b. La météorologie étudie les phénomènes géologiques.	☐	☐
c. La magnitude d'un séisme permet d'évaluer sa force.	☐	☐
d. La surveillance des failles par satellite GPS permet de prévoir un séisme.	☐	☐

2 Alerte tsunami

Utilise le document clé page précédente pour répondre aux questions.

a. Comment fonctionne le dispositif d'alerte ?
b. Que faut-il faire en cas d'alerte au tsunami ?

3 Plan d'évacuation à La Réunion

Le piton de la Fournaise est un volcan actif situé sur l'île de La Réunion.
Un observatoire volcanique surveille son activité. En cas de crise éruptive, le plan ORSEC-Éruption volcanique est déclenché.

Niveau d'alerte	Activité volcanique	Plan ORSEC
Préalerte	Sismicité anormale Déformation du volcan	L'observatoire alerte les autorités.
Niveau 1	Éruption imminente	Cellule de crise activée et mobilisation des services
Niveau 2	Éruption dans l'enclos*	
Niveau 3	Éruption hors enclos : risque pour les habitations des alentours	Préparation de l'évacuation Secours et sauvetage Soins médicaux et entraide
Niveau 4	Observation de l'extension des coulées Menace directe sur les populations	Préparation de l'évacuation Évacuation

* L'enclos Fouqué, profond de 100 à 400 m, est la partie haute du piton de la Fournaise.

Explique les moyens déployés pour limiter les risques volcaniques à La Réunion.

4 Les tornades, phénomène spectaculaire

Une tornade est un tourbillon de vents très violents (jusqu'à 700 km/h), qui prend naissance à la base des nuages d'orage. Les tornades sont destructrices et causent 300 à 400 morts par an. Aux États-Unis, deux chaînes de montagnes, les Rocheuses et les Appalaches, créent un entonnoir où l'air froid rencontre l'air chaud et humide du golfe du Mexique, ce qui génère d'énormes orages. La zone des grandes plaines, entre ces deux chaînes, est nommée « Allée des tornades ».

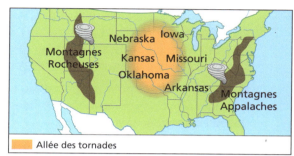

Allée des tornades

a. **Explique ce qu'est une tornade** et pourquoi elle peut causer des dégâts.
b. Repère le Kansas sur la carte, puis **explique pourquoi il y a beaucoup de tornades** à cet endroit.

5 CONTRÔLE EXPRESS

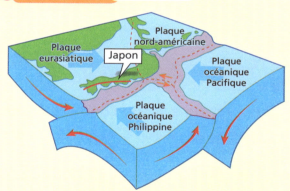

La vulnérabilité d'une société est liée à sa capacité à faire face à un aléa. Ainsi, tous les ans au Japon depuis le séisme du 1er septembre 1923 à Kantô, la population réalise un exercice d'entraînement dont le scénario est la survenue d'un séisme de forte magnitude.

a. **À l'aide du schéma**, nomme les plaques tectoniques qui s'affrontent au Japon.
b. **À l'aide du texte**, discute de la vulnérabilité du Japon face aux risques sismiques.

Corrigés page 38 du Guide

2 L'eau et le sol : des ressources naturelles

Je me demande...
Pourquoi l'eau et le sol sont-ils des ressources précieuses ? Comment les préserver ?

Les points clés

L'eau et les sols sont des **ressources naturelles vitales** pour les êtres vivants, **mais limitées**. Leur répartition est inégale sur Terre.

1 L'exploitation de l'eau

● L'**eau douce** disponible utilisée par l'homme provient des lacs, des rivières et des nappes phréatiques (dans le sol). Ces réservoirs représentent **1 % de l'eau terrestre**. La croissance démographique mondiale et le développement s'accompagnent d'une augmentation croissante des besoins en eau.

● Près de 70 % des prélèvements d'eau sont destinés à l'**agriculture** ; le reste répond aux besoins domestiques et industriels. Selon l'ONU, une « crise de l'eau » s'annoncerait dès 2030.

Mot-Clé

Eau douce : eau provenant des précipitations et des réservoirs terrestres, peu salée et donc buvable.

2 L'exploitation du sol

● Le sol est une pellicule mince située en surface des continents. Seulement **20 % des sols sont cultivables** pour nourrir 7,7 milliards d'humains, le reste des terres étant trop aride, montagneux ou occupé par d'autres milieux naturels.

● La **pollution** et la **dégradation du sol** entraînent la disparition des êtres vivants qu'il abrite. Or, ils sont indispensables à l'aération du sol et au recyclage de la matière qui rendent la terre fertile.

Le sol abrite vers de terre, insectes, champignons, bactéries.

Le document clé

Vers une gestion durable des ressources naturelles

● Face aux **effets néfastes** de l'exploitation de l'eau et du sol par l'homme, il faut adopter de nouvelles pratiques.

● Seule une **gestion durable** de ces ressources peut les préserver et éviter de porter atteinte aux générations futures ou d'engendrer des conflits entre les pays.

	Effets néfastes	Gestion durable
Agriculture intensive (surexploitation des sols, utilisation massive de pesticides et d'engrais, irrigation trop abondante)	● Pollution de l'eau ● Désertification des sols ● Érosion et disparition de la faune du sol	● Pratique d'une agriculture raisonnée respectueuse des sols ● Utilisation modérée de pesticides et d'engrais
Déforestation	● Érosion des sols	● Maintien du couvert végétal ● Reforestation
Surexploitation des réservoirs d'eau (réponse aux besoins agricoles, industriels et domestiques)	● Épuisement des nappes phréatiques ● Tarissement des lacs, des mers intérieures	● Réutilisation des eaux usées non potables ● Recueil des eaux de ruissellement ● Dessalement de l'eau de mer

On s'entraîne !

1 QUIZ

Vrai ou faux ?

	V	F
a. Les ressources en eau douce représentent 10 % de l'eau terrestre.	☐	☐
b. L'accès à l'eau peut entraîner des conflits entre les pays.	☐	☐
c. Les sols sont des ressources renouvelables à l'échelle humaine.	☐	☐

2 La fragilité du sol

Complète avec les mots ou expressions suivants :
disparition des êtres vivants ● dépôts de sel
● érosion ● irrigation ● intensive ● surface

Le sol est une pellicule d'épaisseur variable située en .... des continents. L'agriculture .... entraîne une dégradation de 35 % des sols cultivés à cause de l'........................ ou de la ....
Un sol cultivable doit contenir assez d'eau pour les plantes, sinon il doit être irrigué. Cependant, une .... trop importante peut entraîner des .... après évaporation.

3 Dessaler de l'eau de mer

Une usine de dessalement

Près de 40 % des populations vivant à proximité des côtes, la fabrication d'eau douce à partir d'eau de mer est une solution intéressante. Deux litres d'eau de mer peuvent fournir un litre d'eau déminéralisée, qui doit être traitée pour devenir potable, et un litre d'eau très salée (ou saumure), qui ne doit pas être rejetée car elle pourrait nuire aux écosystèmes.

Donne les avantages et les inconvénients de l'utilisation de l'eau de mer comme source d'eau douce.

4 Lutter contre la désertification

L'avancée du désert de Gobi menace le nord-ouest de la Chine depuis 1950. L'utilisation excessive des ressources en eau douce et la surexploitation des prairies ont transformé la steppe en désert. La déforestation entraîne de grandes tempêtes de sable.
Pour lutter contre ces phénomènes, la Chine a entrepris un vaste programme de reforestation : une « grande muraille verte » formée de 4 500 km d'arbres pour stabiliser les dunes, reformer un sol et faire une barrière aux tempêtes. Ce programme parvient à limiter la désertification, mais les paysans doivent abandonner leurs terres car les arbres puisent l'eau des nappes phréatiques.

a. Explique l'origine de cette désertification.
b. Trouve les points positifs et négatifs du programme entrepris pour lutter contre elle.

5 CONTRÔLE EXPRESS

Dans les années 1960, l'URSS a détourné les fleuves Amou-Daria et Sy-Daria qui alimentaient la mer d'Aral pour irriguer les cultures de coton. L'augmentation de la salinité a entraîné la disparition de la vie marine. Les tempêtes de sable ont emporté le sel sur les régions voisines, ce qui a accentué la désertification.

Mer d'Aral en 1989 — *Mer d'Aral en 2014*

La photo satellite prise en 2014 indique en gris la bordure de la mer d'Aral en 1960.

a. Compare les deux photos satellite.
b. Indique les causes de cette catastrophe écologique.

? indice
b. L'homme a causé cette catastrophe.

Corrigés page 39 du Guide

3 Les activités humaines et les écosystèmes

Je me demande...
Comment l'homme perturbe-t-il les écosystèmes ? Comment préserver la biodiversité ?

Les points clés

Sur Terre, la température, l'éclairement, l'humidité varient. Ces variations définissent des milieux de vie (désert, forêt tropicale...). Dans ces milieux, l'association des êtres vivants et de leur environnement forme un **écosystème**.

1 Les effets négatifs de l'activité humaine

● Les **prélèvements directs** dans la nature par la chasse, la pêche et la déforestation perturbent les chaînes alimentaires et font diminuer la biodiversité.

● Les **pratiques agricoles et industrielles** génèrent des pollutions parfois persistantes de l'eau, de l'air et des sols, ce qui dégrade le milieu.

2 La préservation des écosystèmes : une nécessité

● Au niveau mondial, la **Convention sur la diversité biologique** a été signée par plus de 190 pays qui s'engagent à lutter pour la préservation de la biodiversité.

● En Europe, de nombreux programmes de sauvegarde sont mis en place. La création d'**espaces protégés** (conservatoires de la biodiversité, parcs naturels...) permet de préserver les écosystèmes localement. Les sites Natura 2000 (plus de 1 700 en France) protègent ainsi les espèces terrestres et marines.

● Les solutions pour une **gestion durable des écosystèmes** sont l'adoption de pratiques plus respectueuses des milieux, comme l'agriculture raisonnée et la dépollution des sites dégradés. Un **changement des comportements individuels** de consommation est aussi nécessaire.

> **Mot-Clé**
> **Biodiversité** : ensemble des espèces vivantes de la Terre.

Depuis 2016, les sacs plastiques à usage unique sont interdits en France !

Le document clé

Activités humaines et écosystèmes : le schéma-bilan

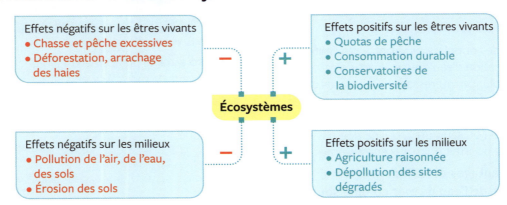

On s'entraîne !

1 QUIZ

Coche la (ou les) bonne(s) réponse(s).

a. La biodiversité :
☐ est l'ensemble des espèces vivant sur Terre.
☐ n'est pas affectée par les activités humaines.
☐ est en danger.

b. Des mesures permettent de préserver les écosystèmes :
☐ instaurer des quotas de pêche.
☐ créer des réserves naturelles.
☐ limiter la déforestation.

c. Les sites Natura 2000 :
☐ sont des sites naturels terrestres protégés.
☐ sont des sites naturels marins protégés.
☐ existent seulement en France.

2 Réhabilitation d'un site pollué

Avant de construire un nouveau quartier en bord de Loire, une ville a dû procéder à la dépollution d'un terrain correspondant à une ancienne décharge. Le site contenait des déchets ménagers non décomposés, du verre, des hydrocarbures, de l'arsenic.
La solution retenue a été le décapage des terres contaminées. Selon leur niveau de contamination, elles ont été réutilisées sur le site ou évacuées vers un centre de traitement.

D'après www.paysdelaloire.ademe.fr

a. Cite l'origine de la pollution du site.
b. Explique les mesures prises pour réhabiliter le site.

3 L'impact de la culture du palmier à huile

Lis le texte et observe la photo, puis réponds aux questions.

Nos besoins en huile de palme sont de plus en plus importants. Issue du palmier à huile, cette huile est utilisée dans l'alimentation, les cosmétiques et comme biocarburant. En Indonésie, la déforestation pour cultiver cette huile menace les orangs-outans et les tigres de Sumatra.
Le défi actuel est de développer une culture du palmier à huile durable et respectueuse de la biodiversité sans destruction des forêts naturelles, d'éviter les feux, de préserver les sols et de limiter la pollution par les herbicides sans nuire au développement économique des pays producteurs.

Forêt tropicale

Monoculture du palmier à huile

a. Précise les usages de l'huile de palme.
b. Explique l'impact de l'exploitation du palmier à huile à partir du texte et de la photo.

 indice

> **b.** Demande-toi pourquoi certaines espèces sont menacées.

4 CONTRÔLE EXPRESS

Les haies sont des milieux abritant de nombreuses espèces d'insectes, d'oiseaux et de mammifères. Leur arrachage pour l'agriculture intensive provoque un ruissellement des eaux de pluie, qui ne sont plus retenues, et un ravinement des sols (érosion par les eaux de pluie qui s'écoulent).

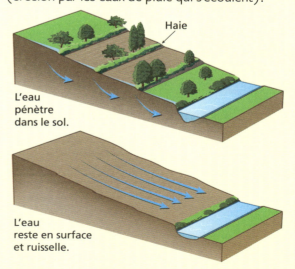

Haie

L'eau pénètre dans le sol.

L'eau reste en surface et ruisselle.

Explique les conséquences de l'arrachage des haies sur les êtres vivants et les sols.

Corrigés page 39 du Guide

4 Les végétaux chlorophylliens

Je me demande…
Comment les végétaux verts produisent-ils de la matière organique ?

✓ Les points clés

Tous les êtres vivants sont constitués de matière organique. Les végétaux verts sont dits **autotrophes** car ils fabriquent leur propre matière à partir d'éléments minéraux. Ce sont les premiers maillons des réseaux alimentaires.

1 La photosynthèse

- La synthèse de matière organique a lieu au niveau des **feuilles**.

- Celles-ci possèdent des structures appelées stomates (voir le document clé), qui assurent les échanges gazeux avec le milieu extérieur. Les plantes utilisent le dioxyde de carbone (CO_2) de l'air **pour fabriquer de la matière organique** et rejettent du dioxygène (O_2).

- Cette réaction est la photosynthèse, possible **grâce à l'énergie lumineuse** du soleil, captée par la chlorophylle, un pigment vert contenu dans les chloroplastes.

En captant le CO_2 les plantes vertes limitent le réchauffement climatique !

$$CO_2 + eau \xrightarrow{lumière} \text{matière organique} + O_2$$

2 Le transport de la sève

- L'eau et les sels minéraux sont puisés dans le sol grâce aux poils absorbants des racines. Ils forment la **sève brute** transportée jusqu'aux feuilles dans les vaisseaux du **xylème**. Le moteur de ce transport est l'élimination d'eau au niveau des stomates (transpiration).

- La matière organique fabriquée par la plante est véhiculée dans tout l'organisme. Elle est transportée sous forme de **sève élaborée** dans des vaisseaux particuliers : les tubes criblés du **phloème**.

Le document clé

Les stomates et la photosynthèse

- Les stomates sont des **ouvertures** naturelles, visibles au microscope électronique à balayage (MEB). Ils se trouvent sur la **face inférieure des feuilles** d'un végétal chlorophyllien, et interviennent dans la photosynthèse et la transpiration.

LE VIVANT ET SON ÉVOLUTION

On s'entraîne !

1 QUIZ

Vrai ou faux ?

	V	F
a. Pour fabriquer leur matière organique, les végétaux utilisent l'énergie lumineuse.	☐	☐
b. La sève brute est transportée dans les vaisseaux du phloème.	☐	☐
c. Les végétaux utilisent du dioxygène pour fabriquer leur matière organique.	☐	☐
d. Eau et sels minéraux forment la sève brute.	☐	☐

2 Retrouver l'intrus

Entoure l'intrus dans chaque série de mots.

a. sève brute • sels minéraux • eau • matière organique
b. lumière • stomates • racines • feuilles

3 Sève brute ou sève élaborée ?

Complète les cases vides du tableau suivant.

Type de sève		
Quantité d'eau	99 %	80 %
Quantité de nitrates (sels minéraux)	12 mol/mL	0 mol/mL
Quantité de glucides (matière organique)	traces	18 %
Vaisseaux conducteurs		

4 Lumière et obscurité

Obscurité (12 h)

Lumière (12 h)

Début de l'expérience

Feuilles placées à l'obscurité

Feuilles placées à la lumière

Résultats après coloration à l'eau iodée

On place une plante pendant 12 heures à l'obscurité et une autre plante pendant 12 heures à la lumière. On leur prélève des feuilles que l'on décolore pour enlever la chlorophylle, puis on plonge ces feuilles dans de l'eau iodée.

? indice

L'eau iodée est un colorant jaune qui devient violet-noir en présence d'amidon (matière organique).

a. Que constates-tu pour les feuilles placées à l'obscurité ? Pour les feuilles placées à la lumière ?
b. Quelle relation cette expérience permet-elle d'établir entre lumière et production de matière organique par un végétal chlorophyllien ?

5 CONTRÔLE EXPRESS

On applique un papier imprégné de chlorure de cobalt sur la face supérieure d'une feuille de végétal chlorophyllien et un autre sur la face inférieure de la feuille. Le chlorure de cobalt, bleu lorsqu'il est sec, devient rose quand il est humidifié.

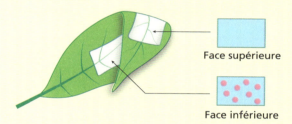
Face supérieure
Face inférieure

a. Pourquoi observe-t-on des points roses sur le papier appliqué sur la face inférieure de la feuille ?

b. Quelle information cette expérience donne-t-elle sur l'emplacement des stomates ?

c. Si on réalise la même expérience en plaçant la feuille à l'obscurité, on n'observe l'apparition d'aucun point rose. **Explique pourquoi.**

? indice

c. Demande-toi comment sont les stomates dans l'obscurité.

Corrigés page 39 du Guide

191

5 La reproduction sexuée des plantes à fleurs

Je me demande...
Quel est le rôle des fleurs dans la reproduction des plantes ?

Les points clés

1 La fleur, organe de reproduction

● Chez les **angiospermes** (plantes à fleurs), la fleur est l'organe permettant la reproduction sexuée.

● Souvent, la fleur est **hermaphrodite** et contient les organes mâles, les étamines, et l'organe femelle, le pistil. Les étamines produisent les gamètes mâles contenus dans le pollen et le pistil produit les gamètes femelles : les ovules.

Les fleurs ne sont pas seulement belles, elles ont une fonction essentielle !

2 De la fleur à la graine

● On nomme **pollinisation** le transport des grains de pollen des étamines jusqu'à la partie terminale du pistil, le stigmate. Elle est assurée essentiellement par les insectes ou le vent.

Autopollinisation	Grain de pollen déposé sur le pistil d'une **fleur d'un même individu**
Pollinisation croisée	Grain de pollen déposé sur le pistil d'une **fleur d'un autre individu**

● Lorsque le pollen et le stigmate sont compatibles (car ils proviennent de la même espèce), un tube pollinique se forme pour atteindre l'ovule. Chez les plantes à fleurs, il y a une **double fécondation** : il faut deux grains de pollen pour féconder un ovule. Puis, le pistil grossit et se transforme en fruit ; l'ovule devient la graine.

● Les graines vont alors être transportées par divers **facteurs de dispersion** : le vent, l'eau ou encore les animaux dans leur tube digestif ou sur leurs poils.

Le document clé

De la pollinisation à la fécondation

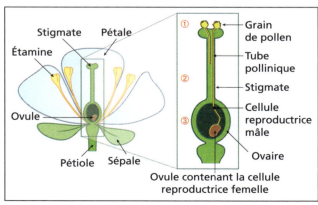

Coupe longitudinale de fleur

1. Pollinisation : c'est le dépôt du grain de pollen sur le pistil.

2. Germination du grain de pollen : c'est le développement du tube pollinique en direction des ovules.

3. Fécondation : c'est la rencontre du gamète mâle contenu dans le grain de pollen et du gamète femelle contenu dans l'ovaire.

LE VIVANT ET SON ÉVOLUTION

On s'entraîne !

1 QUIZ

Vrai ou faux ?

	V	F
a. La plupart des plantes sont hermaphrodites.	☐	☐
b. Le pollen est indispensable à la formation des graines.	☐	☐
c. Seuls les insectes interviennent dans la pollinisation.	☐	☐

2 À chaque mot sa définition

Relie chaque mot à sa définition.

- Partie de la plante contenant les graines ● ● Ovule
- Prolongement tubulaire d'un grain de pollen ● ● Pistil
- Partie de la fleur contenant les ovules ● ● Angiosperme
- Plante à fleurs ● ● Fruit
- Future graine après fécondation ● ● Tube pollinique

3 La dispersion des graines

Pour chaque fruit, indique quel est le facteur de dispersion et explique ta réponse.

Fruit de la lampourde

Fruit du pissenlit

? indice
Observe bien la forme de chaque fruit.

4 Une expérience de pollinisation

On dépose des grains de pollen sur un milieu de culture au centre de trois boîtes de Pétri différentes :
– 1re : le pistil d'une plante de même espèce.
– 2e : le pistil d'une plante d'espèce différente.
– 3e : une solution contenant la substance attractive produite par un ovule d'une plante de même espèce.

Voici les résultats obtenus dans chaque boîte après plusieurs heures à 25 °C :

Résultat de la boîte 2

Résultat des boîtes 1 et 3

a. Compare les résultats et indique pour chaque boîte s'il y a ou non présence de tubes polliniques.
b. Pourquoi les grains de pollen n'ont-ils pas germé dans la boîte 2 ?
c. En utilisant les résultats de la boîte 3, **explique ce qui favorise le rapprochement des cellules reproductrices chez les plantes à fleurs.**

5 CONTRÔLE EXPRESS

Lis le texte puis réponds aux questions.

> La gousse de vanille est le fruit du vanillier. Jusqu'au XIXe siècle, cette plante n'était cultivée qu'au Mexique car, pour obtenir des gousses, il fallait l'intervention d'une abeille appelée Mélipora seulement présente dans ce pays. Sur l'île de la Réunion, on cherchait à développer la culture de la vanille depuis de nombreuses années sans y parvenir. Un enfant eut un jour l'idée de mettre en contact étamine et pistil de façon manuelle et il obtint des gousses. Cette méthode est encore employée aujourd'hui.

a. Comment la pollinisation naturelle est-elle possible au Mexique ?
b. Quel geste faut-il accomplir aujourd'hui pour obtenir des gousses de vanille ?
c. Explique de quelle façon la mise en relation du pistil et de l'étamine de la fleur de vanille permet d'obtenir des gousses.

? indice
c. Relis le document clé p. 192.

Corrigés page 39 du Guide

6 La diversité génétique

Je me demande…
Pourquoi chaque individu est-il différent des autres ? Qu'est-ce qu'un gène ?

Les points clés

1 Les chromosomes, supports du programme génétique

● Un individu possède les **caractères communs** à son espèce, avec des variations individuelles qui font de lui une personne unique. Certains de ces caractères peuvent également être modifiés par l'action de l'environnement.

● Les caractères dits héréditaires d'un individu, car hérités de ses parents, sont inscrits dans un **programme génétique**. Celui-ci est porté par les chromosomes, des filaments présents dans le noyau de chaque cellule.

● L'espèce humaine possède **23 paires de chromosomes**. Seule la 23ᵉ paire diffère selon le sexe de l'individu :
– l'homme possède un chromosome Y et un chromosome X ;
– la femme possède deux chromosomes X.

● L'ensemble des caractères d'un individu constitue son **phénotype** ; l'ensemble de ses chromosomes son **caryotype**.

> **Mot-Clé**
> **Caractère héréditaire :** se dit d'un caractère qui se transmet de génération en génération.

Les êtres vivants sont tous différents ! Cette diversité est inscrite dans les gènes.

2 Les gènes, unités d'information génétique

● Chaque chromosome est divisé en unités d'information : les **gènes**. Chaque gène détermine un caractère héréditaire précis. Sur chaque chromosome d'une même paire, les gènes occupent la même position.

● Un gène existe sous différentes versions appelées **allèles**. Pour un gène donné, les deux chromosomes d'une même paire portent soit deux allèles identiques, soit deux allèles différents.

● Les allèles dominants s'expriment toujours alors que les allèles récessifs ne s'expriment que lorsqu'ils sont seuls. L'ensemble des allèles d'un individu constitue le **génotype**.

Le document clé

Déterminer un génotype ou un phénotype

Paire de chromosomes n° 9					
Génotype	[AA]	[AO]	[AB]	[BB]	[BO]	[OO]
Phénotype (groupe sanguin)	A	A	AB	B	B	O

■ Allèle A dominant ■ Allèle B dominant ■ Allèle O récessif

Le gène du groupe sanguin est porté par la paire de chromosomes n° 9. Il existe **4 groupes sanguins différents** : A, B, AB et O, mais seulement 3 allèles différents : A et B (dominants), et O (récessif).

1. Je construis un tableau où je schématise les paires de chromosomes pour découvrir les **génotypes** possibles.

2. Je détermine pour chaque combinaison d'allèles le **groupe sanguin** correspondant.

On s'entraîne !

1 QUIZ

Vrai ou faux ?

	V	F
a. Le caryotype humain contient 23 chromosomes.	☐	☐
b. Sur une paire de chromosomes, les deux allèles du même gène peuvent être différents.	☐	☐
c. Tous les allèles d'un individu s'expriment.	☐	☐
d. La couleur des yeux appartient au phénotype d'un individu.	☐	☐

2 Caractères héréditaires ou non ?

Souligne en vert les caractères héréditaires et en rouge ceux modifiés par l'environnement :
longueur des cheveux • bronzage • forme des oreilles • groupe sanguin • épaisseur des lèvres • couleur des yeux • cicatrices • forme du menton • musculature • couleur naturelle de la peau.

3 Le sexe d'un individu

Voici le caryotype d'un individu.

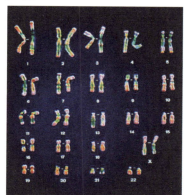

a. L'individu appartient-il à l'espèce humaine ? Explique pourquoi.

b. Trouve le sexe de l'individu. Justifie ta réponse.

? indice

Fais attention au nombre de paires de chromosomes, et en particulier à la 23ᵉ paire.

4 Le daltonisme

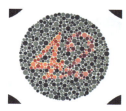

Le daltonisme est une anomalie génétique qui entraîne un déficit dans la vision des couleurs. Le gène responsable est porté par le chromosome X. Il existe deux versions de ce gène : l'allèle « N » (vision normale) dominant et l'allèle « d » (daltonisme) récessif.

a. Combien d'allèles du gène impliqué dans le daltonisme un garçon possède-t-il ?

b. Quel est le génotype d'un garçon atteint de daltonisme ?

c. Quel est le génotype d'une fille atteinte de daltonisme ?

d. Quels sont les génotypes possibles pour une fille non atteinte ? Explique ta réponse.

5 CONTRÔLE EXPRESS

La mucoviscidose est une maladie génétique entraînant de graves difficultés respiratoires. Elle est due à la présence d'un allèle anormal récessif (noté « m^- ») porté par un gène de la paire de chromosomes n° 7. L'allèle normal est noté « M^+ ».

a. Complète le tableau en indiquant le phénotype des individus A, B et C.

	Individu A	Individu B	Individu C
Génotype (paire de chromosomes n° 7)	M^+ ▯▯ m^-	M^+ ▯▯ M^+	m^- ▯▯ m^-
Phénotype (malade ou non)			

b. Les individus de génotype [M^+m^-] sont appelés « porteurs sains ». Explique pourquoi.

Corrigés page 39 du Guide

7 Les systèmes nerveux et cardiovasculaire

Je me demande...
Comment l'organisme répond-il aux besoins des muscles lors d'un effort ?

Les points clés

1 Réaction de l'organisme pendant l'effort

● Lors d'un effort physique, l'énergie nécessaire au travail musculaire est apportée par la réaction chimique entre les **nutriments** et le **dioxygène** (O_2) transportés par le sang jusqu'aux cellules musculaires.

Mot-clé
Recrutement capillaire : ouverture pendant l'effort de capillaires qui sont normalement fermés au repos.

Effort physique → Le système nerveux autonome :
● accélère la fréquence respiratoire
● accélère la fréquence cardiaque
● augmente le flux sanguin (recrutement capillaire...)
→ augmentation de la capacité des organes

● Fréquence cardiaque et volume d'O_2 consommé augmentent alors jusqu'à une **valeur maximale** : 200 battements/min et 3 L/min environ selon les individus (sportifs ou sédentaires).

L'échauffement permet de préparer le corps à l'effort.

2 Préserver sa santé

● Une **visite médicale** est obligatoire avant de pratiquer un sport. Le médecin vérifie la fréquence cardiaque et s'assure de l'absence de contre-indications.

● Les performances d'un individu dépendent de son âge, son sexe, sa masse et peuvent s'améliorer par l'**entraînement** (endurance).

● Cependant, l'organisme a des limites. L'emploi de **produits dopants** pour les dépasser peut avoir de graves conséquences sur la santé.

Le document clé

Le contrôle nerveux de l'activité cardiaque

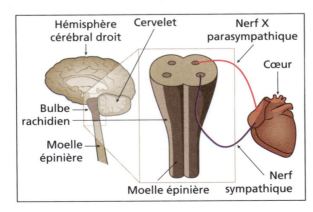

1. Expliquer. Des fibres nerveuses issues du **bulbe rachidien** dans le cerveau sont reliées au cœur. Un cœur isolé bat spontanément à une fréquence d'environ 100 battements/min. Quand le corps est au repos, le **nerf X ou parasympathique** diminue cette fréquence cardiaque à 70 battements/min (effet freinateur). Pendant l'effort, c'est le **nerf sympathique** qui augmente la fréquence cardiaque jusqu'à 200 battements/min (effet accélérateur).

2. Conclure. La fréquence cardiaque est donc contrôlée par le système nerveux autonome.

On s'entraîne !

1 QUIZ

Vrai ou faux ?

	V	F
a. Au cours d'un effort, les besoins du muscle en dioxygène et en nutriments diminuent.	☐	☐
b. La fréquence cardiaque augmente lors d'un effort.	☐	☐
c. Le volume d'O_2 maximum consommé par les muscles lors de l'effort varie selon que l'on est sportif ou non.	☐	☐

2 Le rôle du système nerveux

Complète le texte avec les mots ou expressions suivants :
bulbe rachidien • cœur • X (parasympathique) • sympathique • système nerveux autonome

Le .... relie le
.... au ....
Le nerf .... a un effet accélérateur sur la fréquence cardiaque tandis que le nerf .... a un effet freinateur.

3 Santé et prévention

Certains sportifs prennent des doses très élevées de stéroïdes anabolisants. Ces produits dopants augmentent la masse musculaire et les performances mais sont nocifs pour la santé.

Recherche les effets secondaires dangereux de ces produits.

4 L'approvisionnement en sang des muscles

Dans la circulation pulmonaire, le cœur et les poumons sont disposés en série. Dans la circulation générale, les organes sont disposés en parallèle. Le débit cardiaque total est la somme des débits qui traversent chaque organe. Au repos, environ 10 % des capillaires sanguins qui irriguent les muscles sont ouverts. Pendant l'effort, ils sont tous ouverts pour les muscles actifs.

La circulation sanguine

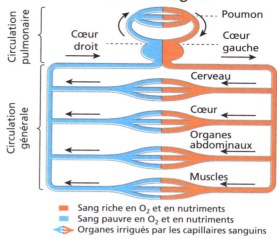

- ■ Sang riche en O_2 et en nutriments
- ■ Sang pauvre en O_2 et en nutriments
- ⬌ Organes irrigués par les capillaires sanguins

	Débit cardiaque (% du débit total)	
	Au repos	À l'effort
Poumons	100	100
Cerveau	14	5
Cœur	5	7
Organes abdominaux	58	4
Muscles	23	84

a. Compare le pourcentage du débit cardiaque dans les muscles au repos et pendant l'effort.
b. Explique la variation de ce pourcentage.

5 CONTRÔLE EXPRESS

Lors d'une greffe du cœur, les communications sanguines sont rétablies mais pas les liaisons nerveuses. Lorsqu'on mesure la fréquence cardiaque pendant l'effort chez un homme non greffé du cœur et chez un homme greffé, on obtient les résultats suivants :

	Fréquence cardiaque (battements/min)	
	Homme non greffé	Homme greffé
Repos	70	95
Activité	100	95

Propose une explication aux différences de fréquence cardiaque constatées entre ces deux hommes.

? indice

Le système nerveux de l'homme greffé ne peut pas remplir sa fonction.

Corrigés page 40 du Guide

8 L'équilibre alimentaire et le microbiote

Je me demande…
Quels sont les aliments nécessaires pour être en bonne santé ?

Les points clés

1 L'importance d'une alimentation équilibrée

● Les aliments que nous mangeons permettent au corps de satisfaire les besoins liés à son fonctionnement et de se maintenir en bonne santé.

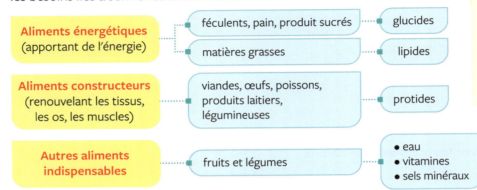

Mots-Clés

● **Carence** : absence d'un nutriment nécessaire au bon fonctionnement du corps.

● **Alimentation équilibrée** : alimentation répondant à tous les besoins sans excès.

2 L'importance du microbiote

● Le microbiote est l'ensemble des bactéries présentes dans le corps. Celles présentes dans l'intestin aident notamment à digérer les sucres et les fibres végétales.

● Une flore intestinale pauvre ou déséquilibrée favorise le stockage des graisses et les maladies inflammatoires de l'intestin.

Le document clé

L'indice de masse corporelle (IMC)

● Une personne de **corpulence normale** (IMC entre 18,5 et 24,9) a des apports alimentaires équilibrés correspondant aux besoins de son organisme.

● Une personne **maigre** (IMC inférieur à 18,5) présente des apports alimentaires inférieurs aux besoins de son organisme. Cela peut entraîner des carences.

● Un individu est en **surpoids** si son IMC est supérieur à 24,9 ou **obèse** s'il est supérieur à 29,9. Ses apports alimentaires sont supérieurs aux besoins de son organisme, ce qui entraîne une augmentation de la masse et des risques de maladie cardio-vasculaire.

$$\text{IMC} = \frac{\text{masse en kg}}{\text{taille} \times \text{taille en m}} = \frac{\text{masse en kg}}{\text{taille}^2 \text{ en m}}$$

LE CORPS HUMAIN ET LA SANTÉ

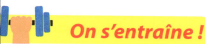

On s'entraîne !

1 QUIZ

Vrai ou faux ?

	V	F
a. Les aliments fournissent de l'énergie.	☐	☐
b. Les aliments constructeurs sont les lipides et les glucides.	☐	☐
c. La flore intestinale fait partie du microbiote.	☐	☐
d. La flore intestinale favorise la digestion des fibres alimentaires.	☐	☐
e. Un indice de masse corporelle de 27 correspond à une corpulence normale.	☐	☐

2 Bien faire son marché

Complète la troisième colonne à l'aide de tes connaissances.

Catégorie	Rôle	Aliments
protides	croissance, entretien	
glucides	énergie	
lipides	énergie	
fibres	favoriser le transit	
vitamines et sels minéraux	apporter des éléments non synthétisés pour les réactions chimiques	
boissons	réhydratation	

3 Les régimes alimentaires

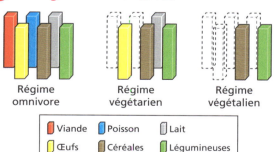

Régime omnivore — Régime végétarien — Régime végétalien

■ Viande ■ Poisson ■ Lait
■ Œufs ■ Céréales ■ Légumineuses

a. À l'aide du document, **explique** en quoi consistent respectivement un régime végétarien et un régime végétalien.
b. **Trouve un avantage et un risque** pour la santé lors d'un régime végétalien.

4 Maladie cœliaque et flore intestinale

La maladie cœliaque se manifeste chez l'enfant par des diarrhées et des maux de ventre s'il mange des bouillies à base de céréales. Après analyse, on constate que la paroi de son intestin est anormale, et que sa flore intestinale est déséquilibrée avec une augmentation des bactéries à Gram-positif. Un régime strict sans gluten (sans céréales) est prescrit.

a. Explique les symptômes de la maladie cœliaque.
b. Établis le lien entre cette maladie et le microbiote.

? indice
> **b.** Demande-toi ce que provoque cette maladie au niveau de l'intestin.

5 CONTRÔLE EXPRESS

a. Utilise la notion d'indice de masse corporelle (IMC) pour caractériser l'obésité.

? indice
> Tu peux t'aider du document clé page précédente.

b. À l'aide de tes connaissances, **indique une cause d'obésité**.

Des chercheurs ont observé que les individus obèses ne possèdent pas la même flore intestinale que les autres. Chez la souris, la présence dans l'intestin de certaines bactéries (comme *Methanobrevibacter smithii*) occasionne une augmentation de 50 % de la masse graisseuse.

c. À l'aide du texte précédent, **explique la découverte faite** sur le rôle de certaines bactéries dans l'obésité.

Corrigés page 40 du Guide

9 Le monde bactérien et l'organisme

Je me demande...
Les bactéries sont-elles dangereuses ou bénéfiques pour l'organisme ?

Les points clés

1 L'ubiquité du monde bactérien

- Les bactéries sont des **micro-organismes** (mesurant quelques dixièmes de micromètres) et des **procaryotes** (dénués de noyau).

- Les bactéries sont présentes sur Terre depuis – 3,5 Ga et leur nombre est estimé à 10^{30}. Elles occupent **tous les milieux**, même les plus hostiles (volcans, lacs acides, salés ou glacés) et sont aussi les hôtes des êtres vivants.

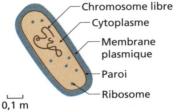

Cellule procaryote (bactérie) — Chromosome libre, Cytoplasme, Membrane plasmique, Paroi, Ribosome. 0,1 m

2 Se protéger des bactéries pathogènes

- Certaines bactéries nous sont favorables, constituant notre **microbiote**, mais d'autres dites pathogènes peuvent déclencher des maladies.

- Elles nous **contaminent** en pénétrant dans le corps de façon directe par contact avec la peau, ou de façon indirecte par l'air, l'eau ou les aliments.

- Si elles se multiplient, c'est l'**infection**, qui provoque des symptômes et parfois la mort si elle est généralisée dans le sang (septicémie).

- Les **mesures d'hygiène** permettent d'éviter la contamination. Quand on procède à la destruction préventive des bactéries, par la chaleur sur les instruments chirurgicaux par exemple, on parle d'**asepsie**.

- Des **produits antiseptiques** sont utilisés pour détruire les bactéries sur une plaie (désinfection).

Il faut se laver les mains régulièrement pour se protéger des bactéries !

Le document clé

La flore microbienne hébergée ou microbiote

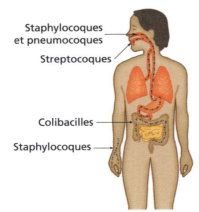

Staphylocoques et pneumocoques — Streptocoques — Colibacilles — Staphylocoques

- Notre corps abrite de **très nombreuses bactéries** (10^9) qui sont transmises par la mère lors de la naissance et dont l'action est bénéfique.

- La **flore cutanée** protège la peau de l'invasion de bactéries pathogènes comme les staphylocoques dorés.

- La **flore intestinale** aide à la digestion et l'assimilation des sucres et des fibres végétales. Elle protège aussi l'intestin des bactéries pathogènes.

On s'entraîne !

1 QUIZ

Vrai ou faux ?

	V	F
a. Les bactéries sont présentes seulement chez les êtres vivants.	☐	☐
b. Les bactéries possèdent un noyau.	☐	☐
c. La flore cutanée nous protège de l'invasion de certaines bactéries.	☐	☐
d. Des produits antiseptiques peuvent empêcher le développement des bactéries.	☐	☐
e. L'asepsie est la destruction des micro-organismes par la chaleur.	☐	☐

2 Asepsie et antisepsie

Explique, à l'aide de tes connaissances, la différence entre l'asepsie et l'antisepsie.

3 Santé et prévention

① Frotter les ongles et les bouts des doigts.

② Frotter la paume des mains.

③ Frotter entre les doigts.

④ Frotter l'extérieur des mains.

a. Explique l'intérêt du lavage des mains pour limiter les risques d'infection.

? indice
Pense à tout ce qui peut entrer en contact avec tes mains durant la journée.

b. Observe les différentes étapes du document, et compare-les à la façon dont tu te laves les mains.

4 Infection par des staphylocoques

On observe au microscope électronique à balayage (MEB, grossissement × 65 000) une goutte du sang d'un patient qui souffre d'une blessure au genou suite à une grave chute à moto.

a. Identifie sur la photo suivante, obtenue lors de l'observation, les globules rouges et les staphylocoques.

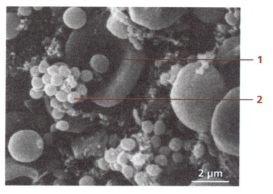

b. Propose une explication à la présence de bactéries dans le sang du patient.

5 CONTRÔLE EXPRESS

Lis le texte puis réponds aux questions.

> Certaines bactéries présentes chez les bovins, comme *E. coli* entérohémorragique (ECEH), peuvent provoquer de graves diarrhées sanglantes parfois mortelles chez l'Homme. La bactérie se transmet par des graines germées ou des aliments crus contaminés (viande hachée crue ou mal cuite, lait cru, légumes crus). Les mesures de prévention à prendre sont de cuire les aliments à une température d'au moins 70 °C. Il faut aussi veiller à laver soigneusement les fruits et les légumes, et à les éplucher s'ils sont mangés crus. Il est fortement recommandé de se laver régulièrement les mains, en particulier avant de préparer des aliments ou de les consommer.
> D'après l'OMS (Organisation mondiale de la santé).

a. Explique l'origine des infections par les bactéries ECEH.
b. Propose des solutions pour éviter la contamination.

Corrigés page 40 du Guide

201

10 La capacité de transmettre la vie

Je me demande...
Qu'est-ce qui change dans le fonctionnement du corps à la puberté ?

Les points clés

1 Le déclenchement de la puberté

Mot-clé
Hormone : substance produite par un organe, libérée dans le sang et agissant sur le fonctionnement d'autres organes appelés cibles.

● À l'**adolescence**, entre 11 et 15 ans en moyenne, apparaissent des changements du corps, que l'on appelle **puberté**. Ils sont dus aux **hormones** produites par le cerveau, libérées dans le sang et qui vont agir sur les **ovaires** et les **testicules** (organes cibles).

● En produisant à leur tour des **hormones sexuelles** les ovaires et les testicules vont donner à l'adolescent la capacité de se reproduire (caractères sexuels primaires) et un aspect féminin ou masculin (caractères sexuels secondaires).

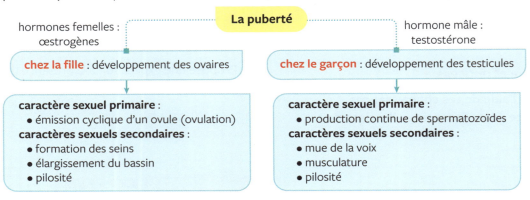

2 Des organes reproducteurs fonctionnels

● L'apparition des **règles** chez la fille et des **éjaculations** chez le garçon sont les signes du fonctionnement des appareils reproducteurs.

● Les testicules produisent les **gamètes mâles** (spermatozoïdes) de façon **continue**, de la puberté à la fin de la vie. Les ovaires produisent les **gamètes femelles** (ovules) de façon **cyclique**, de la puberté à la ménopause, vers 50 ans.

Le document clé

Les cycles de l'ovaire et de l'utérus

● À chaque cycle d'environ 28 jours, l'ovaire et l'utérus se préparent à une grossesse sous l'action des **hormones ovariennes**.

● Au 14ᵉ jour, un **pic d'œstrogènes** déclenche l'expulsion de l'ovule contenu dans un follicule de l'un des ovaires (ovulation). La muqueuse utérine devient épaisse et riche en vaisseaux sanguins pour accueillir l'embryon en cas de fécondation et de grossesse.

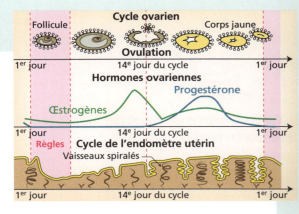

● Si l'ovule n'est pas fécondé, **le taux des hormones chute** en fin de cycle et la paroi de l'utérus est éliminée en produisant des saignements : ce sont les menstruations (règles).

On s'entraîne !

❶ QUIZ

Vrai ou faux ?

	V	F
a. La puberté se situe en moyenne entre 11 et 50 ans.	☐	☐
b. Une hormone produite par le cerveau déclenche la puberté.	☐	☐
c. Les règles et les éjaculations sont les signes qu'on peut avoir un enfant.	☐	☐
d. L'ovulation est déclenchée par une chute des hormones ovariennes.	☐	☐

❷ Les hormones sexuelles

Trouve l'hormone correspondante.

a. Cette hormone produite par les testicules à partir de la puberté provoque la masculinisation du corps et la production de spermatozoïdes : ....

b. Ces hormones produites par les ovaires à partir de la puberté provoquent la féminisation du corps et la production d'ovules : ....

❸ La production des gamètes

Compare la production des cellules reproductrices (gamètes) chez l'homme et chez la femme.

....
....
....

❹ Le retard pubertaire

Chez certains enfants, la puberté ne se déclenche pas : testicules ou ovaires ne se développent pas.

a. Propose une explication à ce retard pubertaire.
b. À ton avis, quel traitement pourrait-on proposer pour aider à déclencher la puberté ?

> **❓ indice**
> Retrouve les substances qui provoquent l'apparition des caractères sexuels.

❺ Hormones et grossesse

Le graphique ci-dessous représente les taux d'hormones au cours d'une grossesse.

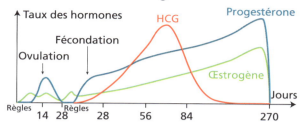

a. Décris les changements observés dans les taux d'hormones ovariennes par rapport à un cycle sans fécondation.
b. La HCG est une hormone produite par l'embryon. **Explique l'intérêt** de détecter cette hormone dans les tests de grossesse.

❻ CONTRÔLE EXPRESS

Replace ces trois photos de la muqueuse utérine dans l'ordre chronologique du cycle. Justifie ton choix.

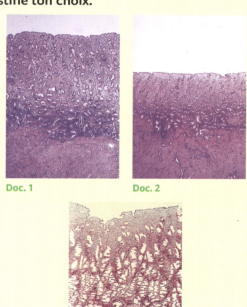

Doc. 1   Doc. 2

Doc. 3

....
....

Corrigés page 40 du Guide

Test – Bilan

On y va !

La planète Terre, l'environnement et l'action humaine

1 On peut prévoir :
☐ la météo à court terme grâce aux stations météorologiques et aux satellites.
☐ une éruption volcanique en surveillant la déformation d'un volcan.
☐ un séisme grâce à la surveillance des failles actives.

2 Les ressources en eau douce et les sols :
☐ sont exploités par l'homme pour ses propres besoins.
☐ sont des ressources renouvelables à l'échelle d'une vie humaine.
☐ doivent être préservés et nécessitent une gestion durable.

3 Les activités humaines :
☐ comme la pêche perturbent les écosystèmes, ce qui entraîne une augmentation de la biodiversité.
☐ comme la création de sites protégés préservent la biodiversité.
☐ comme la déforestation sont respectueuses de la biodiversité.

……… /3

Le vivant et son évolution

4 Les plantes utilisent le dioxyde de carbone de l'air pour :
☐ fabriquer de la lumière.
☐ fabriquer de la matière organique et du dioxygène.
☐ fabriquer de la sève brute.

5 Un grain de pollen :
☐ est déposé sur le pistil d'une autre fleur.
☐ se transforme en fruit.
☐ entraîne la formation du tube pollinique.

6 Les gènes :
☐ sont différents sur les chromosomes d'une même paire.
☐ sont à la même position sur chacun des chromosomes d'une même paire.
☐ ne sont présents que dans une seule version par cellule.

……… /3

Le corps humain et la santé

7 Lors d'un effort :
☐ les fréquences cardiaque et respiratoire augmentent.
☐ le nerf X augmente la fréquence cardiaque.
☐ l'utilisation de produits dopants est sans conséquences sur la santé.

8 Les individus :
☐ ont besoin de glucides, de lipides et de protides pour être en bonne santé.
☐ hébergent un microbiome qui n'intervient pas dans la digestion.
☐ ont des apports alimentaires équilibrés quand leur IMC se situe entre 18,5 et 24,9.

9 Les bactéries sont :
☐ des micro-organismes présents dans tous les milieux.
☐ appelées « flore microbienne hébergée » quand elles ont contaminé le corps humain.
☐ éliminées temporairement par un lavage correct des mains.

10 À partir de la puberté :
☐ les organes reproducteurs deviennent fonctionnels.
☐ la production d'ovules est continue chez la femme jusqu'à la fin de la vie.
☐ la chute des hormones ovariennes en fin de cycle déclenche les règles.

……… /4

Score total : ……… /10 — CORRIGÉS P. 41 DU GUIDE

PHYSIQUE-CHIMIE TECHNOLOGIE

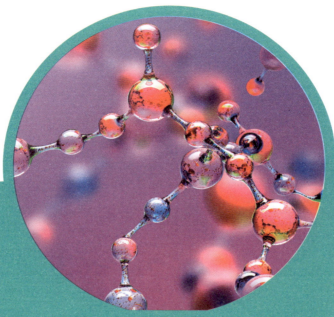

▶ ORGANISATION ET TRANSFORMATIONS DE LA MATIÈRE

1. Les atomes et les molécules — 206
2. L'identification des espèces chimiques — 208
3. La modélisation d'une réaction chimique — 210
4. Le caractère acide ou basique d'une solution — 212
5. L'Univers et le Système solaire — 214

▶ MOUVEMENT ET INTERACTION

6. La relation entre distance, vitesse et durée — 216
7. La notion de force — 218

▶ DES SIGNAUX POUR OBSERVER ET POUR COMMUNIQUER

8. Les signaux lumineux et sonores — 220

▶ L'ÉNERGIE ET SES CONVERSIONS

9. La relation entre tension et intensité — 222
10. La tension alternative et la tension continue — 224
11. La puissance nominale d'un appareil électrique — 226
12. Les dangers de l'électricité — 228

▶ TECHNOLOGIE

13. Les énergies renouvelables — 230
14. La révolution du code-barres — 232
15. Le service de garantie — 234

▶ TEST – BILAN — 236

1 Les atomes et les molécules

Je me demande...
Quelle est la différence entre un atome et une molécule ?

✓ Les points clés

1 Les atomes

- Le philosophe grec Leucippe et son disciple Démocrite pensaient, il y a près de vingt-cinq siècles, que la matière était constituée de **particules insécables** : les atomes (*atomos*). On sait aujourd'hui que les atomes sont constitués de particules encore plus petites...

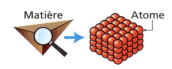

- Le diamètre d'un atome est d'environ $d = 10^{-10}$ m (soit 10 millions de fois plus petit que le millimètre).

- Chaque atome est modélisé par une sphère de couleur et représenté par un **symbole**. Ce symbole est souvent la première lettre du nom de l'atome écrite en majuscule, parfois suivie d'une lettre en minuscule.

Atome	Hydrogène	Carbone	Oxygène	Azote	Soufre	Chlore
Symbole	H	C	O	N	S	Cl
Représentation	⚪	⚫	🔴	🔵	🟡	🟢

2 Les molécules

- Les assemblages d'atomes constituent des **molécules**.

- Les molécules sont représentées par des **formules** utilisant les symboles des atomes. Si la molécule contient plusieurs atomes identiques, leur nombre est indiqué en indice du symbole de l'atome.

L'eau contient 2 atomes d'hydrogène et 1 atome d'oxygène ; sa formule chimique est H_2O.

Nom	Formule	Modèle
Eau	H_2O	
Dioxygène	O_2	
Dioxyde de carbone	CO_2	
Méthane	CH_4	

⚙ Un peu de méthode

Représenter les molécules de l'air

- L'air est un mélange gazeux, composé d'environ 80 % de diazote (N_2) et 20 % de dioxygène (O_2).

- Pour 10 molécules au total, il faut donc représenter 8 molécules de N_2 et 2 molécules de O_2 (80 % = 80/100 mais aussi 8/10).

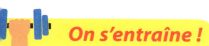

On s'entraîne !

1 QUIZ

**Atomes (A) ou molécules (M) ?
Coche la bonne case.**

	A	M
Dioxygène	☐	☐
Azote	☐	☐
Oxygène	☐	☐
Eau	☐	☐
Carbone	☐	☐
Dioxyde de carbone	☐	☐

2 Nom et formule chimique

Complète le tableau.

Nom	Formule chimique
Dioxygène	....
....	CO_2
Eau	....

? indice
Le dioxygène comporte un seul type d'atome.

3 Questions pour un champion

Je suis un composé chimique constitué uniquement d'atomes de carbone et d'atomes d'hydrogène. Mon « petit frère » est le méthane. Lorsqu'on me représente, on dessine 3 boules noires et 8 blanches.

Je suis le ....

4 Planète inconnue

On a déterminé la composition chimique de l'atmosphère d'une exoplanète.

Complète le schéma suivant.

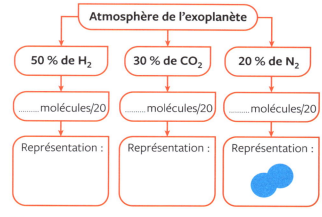

? indice
Observe le tableau de la page précédente pour la représentation des atomes composant chaque molécule.

5 CONTRÔLE EXPRESS

Complète le tableau et colorie les atomes de chaque molécule en respectant le code couleur.

	Dioxygène	Diazote	Eau	Dioxyde de carbone	Méthane
Schéma	⊘⊘	⊘⊘	⊘∘	⊘⊘⊘	∘∘∘∘
Carbone	....	....	....	....	....
Hydrogène	....	....	....	....	....
Oxygène	....	....	....	....	....
Azote	....	....	....	....	....
Formule	....	....	....	....	....

Corrigés page 41 du Guide

2 L'identification des espèces chimiques

Je me demande...
Quelles sont les techniques d'identification des espèces chimiques disponibles au laboratoire ?

Les points clés

Mot-Clé
Espèce chimique : ensemble de molécules identiques.

1 Méthodes et procédés physiques

● Une simple comparaison des mesures obtenues avec celles d'une **base de données** permet parfois d'identifier et de confirmer la nature de l'espèce chimique.

Mesurer :
- la **masse volumique**
- la **température de changement d'état** (ébullition, fusion...)
- la **solubilité** dans le solvant

Il faut allier savoir et savoir-faire !

2 Tests chimiques

● Un test chimique permet d'identifier sans hésiter une espèce donnée lors d'une analyse chimique. Lorsque le test est négatif, il confirme son absence.

Nom	Formule	Réactif	Résultat observé
Dioxyde de carbone	CO_2	Eau de chaux	Trouble blanc
Eau	H_2O	Sulfate de cuivre anhydre	Devient bleu
Dioxygène	O_2	Bûchette incandescente	Combustion plus vive
Dihydrogène	H_2	Flamme au-dessus du tube	Détonation

3 Chromatographie

● La chromatographie est une méthode de **séparation** et d'**identification** des espèces chimiques constituant un **mélange**.

● Les différents composants de l'échantillon ont des **vitesses de déplacement** différentes qui permettent de les séparer et de les identifier (souvent par comparaison avec des substances déjà connues).

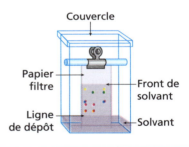

Couvercle
Papier filtre
Ligne de dépôt
Front de solvant
Solvant

Un peu de méthode

Comprendre la technique de la récupération d'un gaz

● Avant de pouvoir identifier un gaz (O_2, CO_2, H_2, etc.), tu dois être capable d'isoler ce gaz. Il existe une technique simple appelée **récupération d'un gaz par déplacement d'eau** :
– un tube à dégagement conduit le gaz dans un tube à essai rempli d'eau ;
– le gaz, plus léger que l'eau, va progressivement déplacer l'eau du tube et prendre sa place.

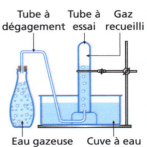

Tube à dégagement Tube à essai Gaz recueilli
Eau gazeuse Cuve à eau

ORGANISATION ET TRANSFORMATIONS DE LA MATIÈRE

On s'entraîne !

1 QUIZ

Relie chaque espèce chimique au test qui permet de l'identifier.

- dioxyde de carbone
- dioxygène
- eau
- dihydrogène

- sulfate de cuivre anhydre
- eau de chaux
- buchette incandescente
- flamme au-dessus d'un tube

2 Gaz et réactif

Relie chaque test au bon résultat.

- Eau de chaux
- Bûchette incandescente
- Sulfate de cuivre anhydre
- Flamme au-dessus du tube

- Devient bleu
- Trouble blanc
- Détonation
- Combustion vive

3 Présence d'eau dans les liquides

Ninon a réalisé correctement le test d'identification de l'eau à l'aide du sulfate de cuivre sur deux produits.

Liquide testé	Eau écarlate	Encre bleue
Couleur obtenue	Gris	Bleue

a. Que peux-tu déduire du test sur l'eau écarlate ?

b. Trouves-tu logique le nom de ce produit ?

c. Ninon a un doute concernant la présence d'eau dans l'encre. Qu'en penses-tu ?

? indice
b. Un liquide ne contient pas toujours de l'eau.

4 Proposer un protocole

Propose un protocole expérimental permettant :

a. de capter le gaz présent dans une boisson gazeuse.

b. de vérifier la présence de dioxyde de carbone dans ce gaz.

? indices
a. Pour ton dispositif de récupération du gaz, tu auras notamment besoin d'un tube à dégagement.
b. Pour la vérification de l'identité du gaz, tu devras utiliser le bon réactif.

5 CONTRÔLE EXPRESS

Voici les résultats d'une séance de TP consacrée à la récupération du gaz contenu dans un briquet.

Masse de gaz récupérée	0,9 g
Volume de gaz récupéré	370 mL

Quelle est la nature du gaz ?
Données :

Gaz	Propane	Butane
Masse volumique ρ (g/L)	1,85	2,50

? indice
La formule pour calculer une masse volumique est $\rho = \dfrac{m}{v}$, avec la masse en g et le volume en mL.

Corrigés page 41 du Guide

3 La modélisation d'une réaction chimique

Je me demande...
Comment expliquer ce qui se passe lors d'une réaction chimique ?

Les points clés

1 Réaction chimique : réactifs et produits

● Une **réaction chimique** est une transformation de la matière au cours de laquelle des espèces sont consommées (les **réactifs**) et d'autres espèces sont formées (les **produits**). Si la réaction dégage de la chaleur, c'est une réaction **exothermique**.

> EXEMPLE La combustion du carbone dans le dioxygène se poursuit tant qu'il reste du carbone et du dioxygène dans le système. L'état final est atteint lorsque l'un des réactifs a totalement « disparu ». Lorsqu'il reste du dioxygène en excès, la combustion est qualifiée de **combustion complète**.

2 Équation-bilan équilibrée

● Une réaction chimique entre deux réactifs se déroule toujours dans des proportions et des quantités bien déterminées. Il est donc nécessaire de connaître les règles permettant d'équilibrer l'**équation-bilan** de la réaction.

> EXEMPLE La combustion complète du carbone :

Système chimique	État initial : réactifs	État final : produits
Espèces chimiques	Carbone : C Dioxygène : O_2 (en excès)	Dioxyde de carbone : CO_2 Dioxygène : O_2 (restant)
Température	Température : 20 °C	Température > 20 °C

Mot-Clé
Équation-bilan : écriture qui modélise la transformation de molécules et d'atomes lors d'une réaction.

● Au cours de la réaction chimique, l'organisation des atomes a été modifiée, mais les atomes de carbone et d'oxygène restent présents (en espèce et en nombre).

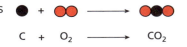

3 Conservation de la masse et de la matière

● Un principe fondamental de toute transformation chimique est la **conservation de la masse**, ou principe de Lavoisier : la masse des réactifs qui disparaissent est égale à la masse des produits qui se forment.

Comme l'a énoncé Lavoisier : « Rien ne se perd, rien ne se crée, tout se transforme. »

Un peu de méthode

Équilibrer l'équation chimique de la combustion du méthane

Vérifier que tous les atomes présents dans les réactifs se retrouvent en nombre dans les produits. Équilibrer dans l'ordre : C, puis H et enfin O.

1. Il y a un C de chaque côté.

2. On ajoute une molécule d'eau pour équilibrer les H : 4 de chaque côté.

3. On ajoute une molécule de O_2 pour équilibrer les O : 4 de chaque côté.

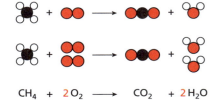

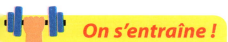

On s'entraîne !

1 QUIZ

Vrai ou faux ?

Lors d'une combustion : V F

a. Les produits se forment à partir des réactifs. ☐ ☐

b. Les molécules des réactifs et les molécules des produits sont les mêmes. ☐ ☐

c. Les atomes présents au départ se retrouvent tous à la fin. ☐ ☐

d. La masse se conserve. ☐ ☐

e. L'un des produits est toujours le dioxygène ☐ ☐

2 Combustion du méthane

Place les espèces chimiques suivantes dans le tableau :

méthane • eau • dioxyde de carbone • dioxygène.

Réactifs	Produits

? indice

Relis la méthode de la page précédente.

3 Lavoisier

À partir de l'exemple de la combustion du méthane, explique pourquoi Lavoisier avait raison de dire : « Rien ne se perd, rien ne se crée, tout se transforme. »

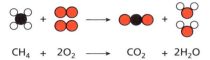

$CH_4 + 2O_2 \longrightarrow CO_2 + 2H_2O$

Pour détailler ton observation, compte les atomes et les molécules à l'aide des tableaux suivants.

	réactif	produit
Atome de C		
Atome de H		
Atome de O		

	réactif	produit
Molécule de méthane		
Molécule de dioxygène		
Molécule de dioxyde de carbone		
Molécule d'eau		

4 Conservation de la masse

Lors de la combustion complète de 11 grammes de carbone, 8 grammes de dioxygène vont être consommés et...

Peux-tu terminer le texte ?

5 CONTRÔLE EXPRESS

J'ai commencé à équilibrer les atomes de carbone.
Il reste encore à équilibrer les atomes d'hydrogène, puis les atomes d'oxygène.

Complète le tableau de la combustion du propane.

	Réactifs	→	Produits	
Nom	Propane +	→	Dioxyde de carbone	+
Formules chimiques	C_3H_8 +	→	CO_2	+
Schémas	+	→		+
Équation équilibrée	C_3H_8 +	→	3 CO_2	+

Corrigés page 41 du Guide

4 Le caractère acide ou basique d'une solution

Je me demande...
Comment peut-on vérifier si un liquide est acide ?

Les points clés

1 Acide ou basique : mesure de pH

- Le **pH** est une mesure de l'**acidité** d'une solution.

- Pour déterminer le pH d'une solution, on utilise soit du **papier pH** (mesure rapide mais peu précise), soit un **pH-mètre** (mesure très précise).

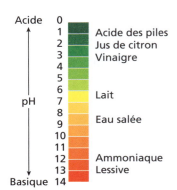

- Une solution est :
– **acide** lorsque son **pH < 7**
  EXEMPLE acide chlorhydrique ;
– **basique** lorsque son **pH > 7**
  EXEMPLE soude ;
– **neutre** lorsque son **pH = 7**
  EXEMPLE eau pure.

2 Les dangers des acides et des bases

- Les **pictogrammes de sécurité** signalent les dangers des produits. Par exemple, les solutions acides présentent le pictogramme ci-contre qui signale un produit **corrosif**. Les produits basiques (comme les produits ménagers) sont tout autant dangereux.

Mot-Clé
Corrosif : qui a la propriété de brûler ou d'attaquer certaines matières.

- La **dilution** permet de rendre une solution moins dangereuse, car elle diminue la force des acides et des bases. L'ajout de solvant diminue la concentration de la solution.

Il faut lire les étiquettes des produits et prendre les précautions adaptées (gants, lunettes, blouse).

- Attention : **il ne faut jamais verser d'eau sur un acide**. La réaction est très exothermique avec un risque de projection d'acide.

Un peu de méthode

Connaître les effets d'une dilution sur le pH d'une solution

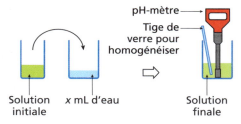

- Si on dilue une solution acide (on ajoute de l'eau), son acidité diminue, c'est-à-dire que son pH augmente mais il reste inférieur à 7.

- Si on dilue une solution basique, sa basicité diminue, c'est-à-dire que son pH diminue mais il reste supérieur à 7.

On s'entraîne !

1 QUIZ

Complète le schéma avec les termes suivants :
acide • basique • neutre.

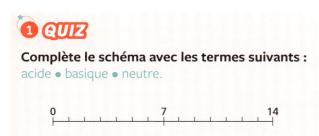

2 Classement

Voici des mesures de pH relevés lors d'une séance de TP.

Produit	pH
Soude (diluée)	11
Produit lessive	10
Eau de javel	9,7
Lait	6,7
Jus d'orange	4
Cola	2,5
Jus de citron	1,8

a. Quel est le point commun entre les produits alimentaires ?
b. Pourquoi est-ce dangereux d'avaler des produits ménagers ?

> **? indice**
> Le pH de l'estomac est compris entre 1,5 et 5.

3 Dans les choux

Observe cette expérience et réponds aux questions.
On extrait une substance colorée du chou rouge en le faisant bouillir et on en verse quelques gouttes dans différents produits.

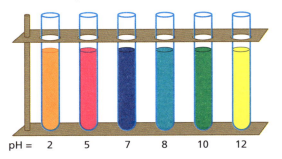

On dit que le jus de chou rouge est un « indicateur coloré ».

a. Le jus de chou rouge est-il un bon indicateur de pH ? Permet-il une mesure suffisamment précise du pH ?
b. Quels sont les autres dispositifs qui permettent de mesurer le pH ?

4 Effet de la dilution sur une solution basique

On souhaite diluer de la soude (basique) pour diminuer sa concentration.

Comment vas-tu réaliser cette dilution ?

....
....
....
....
....
....
....

> **? indice**
> Prends en compte le risque lié à la manipulation de la soude.

5 CONTRÔLE EXPRESS

Aide ton camarade à réaliser cette expérience.
Ton camarade a procédé à des dilutions d'un acide concentré et a effectué ensuite des mesures de pH.

Tube	A	B	C
pH	3,6	4,1	5,4

a. L'acidité se trouve concentrée dans le tube :
☐ A   ☐ B   ☐ C

b. Si l'on dilue la solution du tube A, la valeur du pH va :
☐ augmenter   ☐ diminuer

c. Si l'on continuait de diluer, le pH tendrait vers quelle valeur ?

....

Corrigés page 42 du Guide

213

5 L'Univers et le Système solaire

Je me demande…
Comment l'Univers est-il né ? De quoi notre Système solaire est-il composé ?

Les points clés

1 Organisation de la matière dans l'Univers

● Le « **big bang** » désigne l'instant, il y a environ **13,8 milliards d'années**, où l'Univers était extrêmement dense et chaud. Puis l'Univers s'est **dilaté très rapidement** (expansion) et s'est **refroidi**, ce qui a permis la formation d'éléments chimiques légers tels que l'hydrogène et l'hélium.

● Sous l'effet de la **gravitation**, ces éléments forment de grands nuages (nébuleuses), qui se réchauffent et déclenchent des réactions nucléaires : ainsi naissent les premières **étoiles**. Au cœur de ces étoiles, des éléments comme le carbone, l'oxygène et le fer se forment et enrichissent les nuages de gaz interstellaires, qui donnent naissance à d'autres astres.

2 Système solaire et Voie lactée

● La Terre est **en orbite** autour du Soleil avec 7 autres **planètes** et leurs **satellites**, des **astéroïdes**, des **comètes** et des **planètes naines** (comme Pluton).

● Les **comètes** sont des débris contenant de la glace d'eau, résidus de la nébuleuse ayant donné naissance au Système solaire. Les étoiles filantes sont de petits débris rocheux appelés **météorites** qui tombent sur la Terre.

● Le **Système solaire** s'étend sur **une année-lumière** (al). Il fait partie de la **Voie lactée**, galaxie spirale qui regroupe plusieurs centaines de milliards d'étoiles et qui s'étend sur 100 000 al.

3 Amas et superamas

● La structure de l'Univers est une **structure lacunaire** où les éléments sont séparés par de **grands vides**.

● Les galaxies se regroupent en **amas** de galaxies. Les amas s'organisent autour d'immenses structures appelées **superamas**.

Mots-Clés
● **Étoile** : corps céleste gazeux qui produit sa propre lumière par réaction de fusion nucléaire.
● **Planète** : objet en orbite autour d'une étoile.

Un peu de méthode

Exprimer un résultat avec les unités de distance adaptées

● L'**unité astronomique (ua)** est utilisée pour exprimer les distances dans les systèmes planétaires. Elle correspond à la distance entre la Terre et le Soleil : 1 ua ≈ 150 millions de kilomètres.

● L'**année-lumière (al)** correspond à la distance parcourue par la lumière en une année :

1 al = 300 000 × 60 × 60 × 24 × 365 = 9 460 200 000 000 km
         ↑   ↑   ↑   ↑   ↑
    vitesse   nombre de nombre de   nombre   nombre
  de la lumière   sec/min   min/heure d'heures/jour de jours/an

ORGANISATION ET TRANSFORMATIONS DE LA MATIÈRE

On s'entraîne !

1 QUIZ

Coche la bonne réponse.

a. Quel objet est le plus petit ?
- ☐ amas
- ☐ étoile
- ☐ galaxie

b. Quel objet est le plus grand ?
- ☐ système planétaire
- ☐ galaxie
- ☐ Univers

2 Vocabulaire extraterrestre

Attribue les mots suivants à leurs définitions :

comète • astéroïde • étoile filante • météorite • météoroïdes

Définition	Mot
Gros morceau de roche provenant d'une zone située entre les orbites de Mars et Jupiter.	
Gros morceau de glace ayant une trajectoire très particulière.	
Débris spatial de petite taille pouvant provenir d'un astéroïde ou d'une comète.	
Débris spatial qui entre dans l'atmosphère terrestre.	
Débris spatial atteignant la surface terrestre après avoir traversé l'atmosphère.	

3 Système solaire

a. Relie chaque objet à ce qui le caractérise.

- satellite •   • gravite autour d'une étoile
- planète •   • gravite autour d'une planète
- étoile •   • produit sa propre lumière

b. Rappelle la manière dont s'est formé le Système solaire.

4 La surface lunaire

Pourquoi la surface de la Lune a-t-elle cet aspect ?

5 De la Terre à la Lune

Un des principes de calcul de la distance Terre-Lune est la mesure de la durée d'aller-retour d'une impulsion laser émise du sol terrestre vers un réflecteur lunaire. La valeur moyenne de cette durée est 2,56 s. **Calcule la distance moyenne entre la Terre et la Lune.**

? indice
Vitesse de la lumière ≈ 300 000 km/s.

6 CONTRÔLE EXPRESS

L'étoile la plus proche du Soleil est Proxima du Centaure située à 4,2 années-lumière.

a. À quelle distance, en kilomètres, se trouve-t-elle de notre Soleil ?

b. Combien de temps mettrait une sonde spatiale se déplaçant à une vitesse de 20 km/s pour parcourir cette distance ?

? indice
b. La formule utile est $t = \dfrac{d}{v}$.

Corrigés page 42 du Guide

6 La relation entre distance, vitesse et durée

Je me demande…
Comment se calcule une vitesse moyenne ? Comment déterminer la durée d'un trajet ?

Les points clés

Un mouvement est défini par une trajectoire, des distances, des vitesses. Quelle relation existe-t-il entre la distance, le temps et la vitesse moyenne d'un mobile ?

1 Relation entre vitesse, distance et durée

● Par exemple : on relève dans un tableau la distance parcourue par un véhicule en fonction du temps.

Durée (h)	0,5	1	2	4
Distance (km)	60	120	240	480

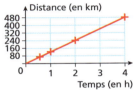

Si on reporte sur un graphique les données précédentes, les points sont alignés. On en déduit que le temps et la distance parcourue sont **proportionnels**. Le véhicule se déplace à **vitesse constante** et le mouvement est **uniforme**. Si on note v la vitesse constante, d la distance parcourue et t le temps, on obtient la relation suivante : $\boxed{v = \dfrac{d}{t}}$

● Dans une situation de **vitesse moyenne** (ou constante), la relation mathématique entre la distance parcourue d, la vitesse moyenne v et la durée Δt s'écrit :

$$\boxed{v = \dfrac{d}{\Delta t}} \quad \text{ou} \quad \boxed{d = v \times \Delta t} \quad \text{ou} \quad \boxed{\Delta t = \dfrac{d}{v}}$$

Mots-Clés
● **Mouvement uniforme** : mouvement d'un objet qui se déplace à vitesse constante.
● **Grandeurs proportionnelles** : grandeurs qui évoluent de la même manière.

2 Diagrammes vitesse-temps

● Outre la trajectoire, il est possible de représenter graphiquement l'évolution du mouvement sous deux formes : le diagramme distance-temps et le diagramme vitesse-temps. Ces diagrammes (ou chronogrammes) dépendent du référentiel choisi.

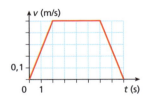

● Sur le diagramme ci-contre, on observe que la vitesse de l'objet a augmenté (mouvement accéléré), puis que l'objet s'est déplacé à vitesse constante pour enfin ralentir.

Un peu de méthode

Convertir les unités de vitesse

Il est souvent nécessaire de convertir les unités de vitesse.

EXEMPLE $30 \text{ km/h} = \dfrac{30 \text{ km}}{1 \text{ h}} = \dfrac{30\,000 \text{ m}}{3\,600 \text{ s}} \approx 8,3 \text{ m/s}.$

En résumé : $\text{vitesse en m/s} = \dfrac{\text{vitesse en km/h}}{3,6}$

ou vitesse en km/h = 3,6 × vitesse en m/s.

Si l'on exprime souvent la vitesse en km/h, l'unité de vitesse officielle du Système international est le m/s !

MOUVEMENT ET INTERACTION

On s'entraîne !

1 QUIZ

Coche la bonne réponse.

a. 20 cm =   ☐ 2 000 m   ☐ 2 m   ☐ 0,2 m

b. 850 m =   ☐ 8 500 km   ☐ 8,5 km   ☐ 0,850 km

c. 45 min =   ☐ 0,45 h   ☐ 0,75 h   ☐ 0,90 h

d. 1,5 h =   ☐ 60,5 min   ☐ 90 min   ☐ 150 min

2 Calcul de vitesse moyenne

Voici un enregistrement de la distance parcourue par un coureur à pied en fonction du temps.

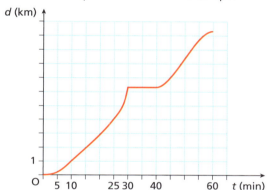

a. Quelle est sa vitesse moyenne (en km/h) sur les 25 premières minutes ?

b. Que s'est-il passé entre les 30e et 40e minutes ?

c. Quelle est sa vitesse moyenne (en km/h) sur les 45 premières minutes ?

3 Avions de chasse

La vitesse des avions est souvent exprimée en mach. Un avion qui vole à mach 1 se déplace à la vitesse du son (340 m/s).
Un avion de chasse vole à la vitesse de mach 2.
Quelle est sa vitesse en km/h ?

4 Ça roule !

Une voiture parcourt 80 km en 1 h 15 min.
On désigne par t la durée en heures et d la distance parcourue en km.

a. **Quelle est la vitesse** moyenne de cette voiture ?

b. **Combien de temps** mettra-t-elle pour parcourir 224 km à la même vitesse moyenne ?

c. **Quelle distance** pourra-t-elle parcourir en roulant 2 heures et 45 min à la même vitesse ?

5 CONTRÔLE EXPRESS

Le temps de réaction est la durée qui s'écoule entre le moment où vous voyez un danger et le moment où vous appuyez sur la pédale de frein.

Pour une personne vigilante, il est d'environ 1 seconde (une personne très fatiguée, en état d'ivresse ou sous l'emprise de stupéfiants aura évidemment besoin de plus de temps pour réagir).

Un véhicule roule à 60 km/h.

Quelle distance, en mètres, parcourt le conducteur si son temps de réaction est de 1 seconde ?

? indice

Tu dois penser à faire une conversion.

Corrigés page 42 du Guide

7 La notion de force

Je me demande...
Comment schématiser une force ?
Peut-on la mesurer ?

Les points clés

Pour expliquer un mouvement ou un équilibre, la notion de **force** est essentielle.

1 Notion de force

- son **intensité**
- son **sens**
- sa **direction**
- son **point d'application**

Une force est caractérisée par

Mots-Clés
- **Force** : interaction entre deux systèmes.
- **Centre de gravité** : point par lequel un corps tient en équilibre.

● Tirer sur une corde équivaut à exercer une **force de contact**. Un aimant qui attire un objet métallique sans contact exerce, lui, une **force à distance**.

2 Mesure et représentation d'une force

● L'appareil de mesure de l'intensité d'une force s'appelle un **dynamomètre**. On déduit la valeur de la force par mesure de l'allongement d'un ressort étalonné.

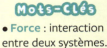
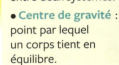

Support — Valeur du poids P — Objet de masse m

● L'intensité d'une force $\vec{F}$ est notée F et s'exprime **en newtons** (N).

● Pour étudier un système, il est utile de représenter les forces sur un schéma. Pour la direction et le sens, on trace un segment fléché. Sa longueur correspond à l'intensité de la force et son point de départ est son point d'application.

Intensité — Direction — Sens — Point d'application

3 Équilibre et mouvement

● Un objet en équilibre est un objet dont le mouvement n'est pas modifié :
– s'il est immobile, il reste immobile ;
– s'il est en mouvement, la direction, le sens et la vitesse du mouvement restent identiques.

Un peu de méthode

Étudier un système

Fil — $\vec{T}$ — G — Objet — $\vec{P}$

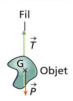

$\vec{R}$ — G — Objet — Support — $\vec{P}$

● Pour étudier un système, tu dois faire l'**inventaire des forces extérieures** appliquées au système :

– le **poids** est la force verticale exercée par la Terre sur l'objet dont le point d'application est le centre de gravité G de l'objet ;

– l'objet est en contact avec le sol ou avec le fil. Il y a donc une seconde force présente qui s'oppose à la première : la **réaction du sol** sur l'objet ou la **tension** exercée par le fil sur l'objet.

Il ne faut pas confondre le poids et la masse !

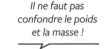

MOUVEMENT ET INTERACTION

On s'entraîne !

1 QUIZ

**Force de contact (C) ou force à distance (D) ?
Coche la bonne case pour chaque système.**

	C	D
a. Aimant-Bille	☐	☐
b. Livre-Table	☐	☐
c. Terre-Lune	☐	☐
d. Raquette-Balle	☐	☐

2 Que la force soit avec toi !

Rappelle les quatre éléments qui définissent une force. Complète le schéma.

3 La mécanique du vol

Un avion en vol est soumis à quatre forces :
– son poids, qui l'attire vers le sol ;
– la poussée des réacteurs qui permet son déplacement ;
– la portance des ailes qui permet de prendre de l'altitude ;
– la traînée qui s'oppose au mouvement.

Peux-tu les représenter sur le schéma ?

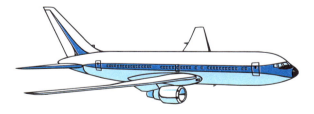

? indice

Chaque force peut être représentée par une flèche orientée dans un sens spécifique.

4 Représentation d'une force

Représente la force exercée par la perceuse sur le mur.

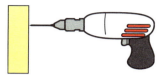

Échelle : 0,5 cm pour 100 N.
Point d'application : point de contact perceuse/mur.
Direction : horizontale.
Sens : vers la gauche.
Valeur : 400 N.

5 CONTRÔLE EXPRESS

Un enfant saute sur un trampoline élastique (ou *bungy*). Il est attaché par la taille à deux élastiques qui sont eux-mêmes reliés à un portique.

a. Fais l'inventaire des forces extérieures appliquées à l'enfant.

....
....
....
....

? indice

Il y a 3 forces qui s'appliquent à l'enfant suspendu au-dessus du trampoline.

b. Représente-les sur un schéma (sans tenir compte de leurs intensités).

Corrigés page 42 du Guide

8 Les signaux lumineux et sonores

Je me demande...
Quelles sont les différences entre la lumière et le son ?

Les points clés

1 Signaux lumineux

- Les **ondes lumineuses** se propagent **dans tout milieu matériel** (solide, liquide ou gazeux) ainsi que **dans le vide** (lumière des étoiles).

- La **vitesse de propagation** des ondes électromagnétiques varie en fonction du milieu dans lequel elles se propagent. Elle se calcule avec la formule :

$$v = \frac{c}{n}$$ avec c, la **vitesse de la lumière** dans le vide ($\approx$ 300 000 km/s) ;
n, l'**indice de réfraction** caractéristique du milieu traversé.

- Le **spectre** des ondes électromagnétiques regroupe différents types de rayons utilisés pour des applications précises : imagerie médicale, etc.

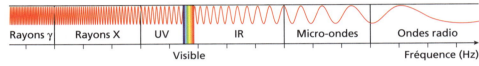

Rayons γ | Rayons X | UV | Visible | IR | Micro-ondes | Ondes radio → Fréquence (Hz)

2 Signaux sonores

- Le **son** ne se transmet que dans un **milieu élastique** (par vibration des atomes) et à une vitesse d'environ **340 m/s** dans l'air. Il peut être **réfléchi** ou **réfracté**, comme la lumière.

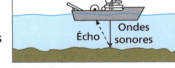

Principe du sonar.

- Le **spectre** des ondes sonores (ou acoustiques) se décompose en trois grands domaines selon la fréquence : **infrasons**, **sons audibles** et **ultrasons**.

- Le son se propage **dans toutes les directions** et s'atténue avec la distance en raison de la dispersion de l'énergie acoustique et de son absorption par le milieu (principe de l'échographie ou du sonar). Le **niveau sonore** dépend de l'amplitude de la vibration sonore et s'exprime **en décibels** (dB). Il se mesure avec un **sonomètre**.

Wi-fi, four à micro-ondes... les ondes électromagnétiques font partie du quotidien !

Mots-Clés
- **Spectre** : répartition des ondes en fonction de leur fréquence.
- **Réfraction** : phénomène de déviation d'une onde lorsque l'onde change de milieu de propagation.
- **Fréquence** : nombre d'oscillations par seconde.

Un peu de méthode

Comprendre les notions de fréquence et d'amplitude d'une onde

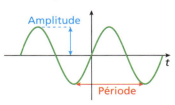

- La **fréquence d'une onde** est le nombre de fois que cette oscillation se répète en une seconde. L'unité de fréquence est le **hertz** (Hz).

- L'**amplitude** est la valeur maximale du signal. La puissance acoustique, l'intensité et le niveau sonore dépendent de cette amplitude.

On s'entraîne !

1 QUIZ

Relie chaque mot à l'une des définitions.

réflexion • • onde atténuée lors de sa propagation dans un milieu.

réfraction • • onde qui change de direction en rencontrant un nouveau milieu.

absorption • • onde légèrement déviée lorsqu'elle arrive dans un nouveau milieu.

2 Écho et radar

Coche les bonnes cases pour comparer ces deux types d'ondes.

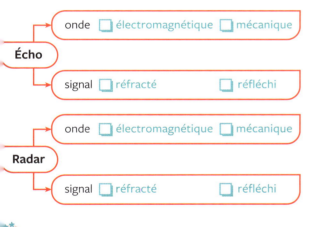

3 Échographie et radiographie

Décris la différence entre une radiographie et une échographie.

? indice

Demande-toi quel type de signal est utilisé dans chaque cas.

4 La la la la la la la la

Pour accorder son instrument, un musicien utilise un diapason. L'enregistrement du son produit par le diapason est le suivant :

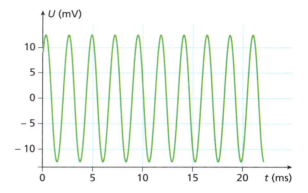

Peux-tu t'assurer que le diapason émet bien la note La_3 dont la fréquence est de 440 Hz ?

? indice

Pour calculer la fréquence, $f = \dfrac{1}{t}$ avec t la période du signal (en seconde).

5 CONTRÔLE EXPRESS

La vitesse du son est de 340 m/s. Un violent orage provoque simultanément un éclair et un coup de tonnerre à 3 km d'un promeneur.

a. Au bout de combien de temps le promeneur voit-il l'éclair ?

b. Au bout de combien de temps le promeneur entend-il le tonnerre ?

Corrigés page 43 du Guide

9 La relation entre tension et intensité

Je me demande…
Existe-t-il un lien entre les volts et les ampères ?

Les points clés

Il est possible de mesurer deux grandeurs électriques : la tension électrique avec un voltmètre et l'intensité du courant avec un ampèremètre. On va essayer maintenant de comprendre la relation qui existe entre ces mesures.

1 Montage expérimental et mesures pour deux dipôles

● La **caractéristique** d'un dipôle est la **représentation graphique** des variations de la tension aux bornes de ce dipôle en fonction de celles de l'intensité du courant qui le traverse.

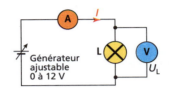

● Pour obtenir la caractéristique d'un dipôle, on réalise un montage composé d'un **générateur variable** dont on peut faire varier manuellement la tension, d'un **voltmètre**, et d'un **ampèremètre**. À chaque variation de la tension aux bornes du générateur, on note :
– la valeur U lue sur le voltmètre ;
– la valeur associée I lue sur l'ampèremètre.

U (V)	0				
I (A)	0				

2 Représentation graphique

● On obtient donc une série de couples de valeurs (intensité, tension) qui sont les coordonnées des points de la caractéristique.

● Sur un graphique, les intensités sont portées en abscisses (axe horizontal) et les tensions en ordonnées (axe vertical). Ici, U_{AB} représente la caractéristique d'une résistance et U_{BC} celle d'une lampe.

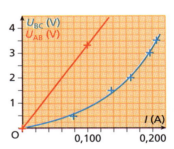

Un peu de méthode

Appliquer la loi d'Ohm et calculer une résistance

● La caractéristique d'une **résistance** est une droite qui passe par l'origine.

La résistance est un dipôle qui transforme l'énergie électrique qu'il reçoit en chaleur.

● La tension aux bornes de la résistance est proportionnelle à l'intensité du courant qu'elle reçoit. Le coefficient de proportionnalité correspond à la valeur R de la résistance. On définit alors la **loi d'Ohm** qui lie l'intensité du courant traversant la résistance à la tension entre ses bornes par la formule :

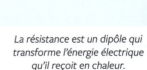

$U = R \times I$ avec R, valeur de la résistance **en Ω (ohms)**.

● Un **conducteur** ou **dipôle ohmique** est un récepteur passif. Toute l'énergie électrique qu'il reçoit est transformée en énergie thermique (chaleur) par **effet Joule**.

On s'entraîne !

1 QUIZ

Relie chaque objet au graphique qui peut le représenter.

lampe   résistance

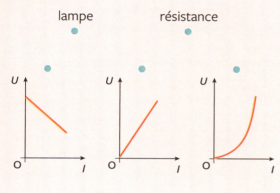

2 Lecture graphique

Un élève a effectué des mesures et a ensuite tracé la caractéristique suivante. On suppose que le générateur est variable.

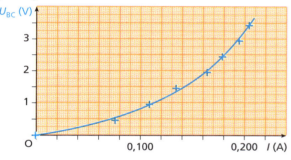

a. Sur le schéma du montage, peux-tu indiquer la position du voltmètre et de l'ampèremètre ?

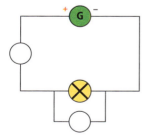

b. Confirmes-tu qu'il s'agit bien d'une lampe et non pas d'une résistance ?
c. Si cette lampe est soumise à une tension de 2,5 volts, quelle est l'intensité qui la traverse ?
d. On souhaite que l'intensité du courant passant dans la lampe soit de 0,14 A. Quelle tension doit délivrer le générateur ?

3 Tâche complexe

On dispose d'un générateur G de tension constante 3 V, d'un conducteur ohmique R de résistance inconnue et d'une lampe L dont la caractéristique est tracée ci-dessous. Les dipôles sont en série.

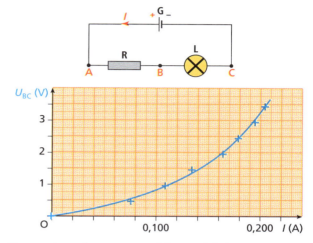

Un ampèremètre a mesuré l'intensité du courant qui circule dans la lampe : $I_L = 0,075$ A.

Quelle est la valeur de la résistance ?

4 CONTRÔLE EXPRESS

Des camarades ont tracé soigneusement la caractéristique d'une résistance.

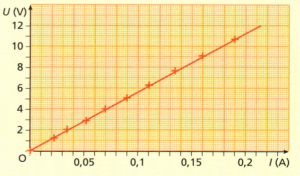

a. Quels sont les éléments qui te confirment que cette caractéristique est bien celle d'une résistance ?

b. Détermine la valeur de la résistance de ce dipôle en expliquant bien ta méthode et tes calculs.

Corrigés page 43 du Guide

10 La tension alternative et la tension continue

Je me demande...
Quelle est la différence entre la tension du secteur et celle d'une pile ?

Les points clés

1 Tension continue, tension variable

Deux familles de générateurs

Un générateur de **tension continue** délivre une tension stable au cours du temps (pile, batterie...).

Un générateur de **tension variable** délivre une tension qui varie au cours du temps (elle peut être périodique et/ou alternative).

2 Caractéristique d'une tension périodique alternative

- Deux grandeurs caractérisent ce type de signal :
  - l'**amplitude** U_{max} correspondant à la valeur maximale du signal en volts ;
  - la **période** T correspondant à la durée en secondes d'un cycle (entre deux points identiques).

- Deux autres grandeurs peuvent être calculées :
  - la **fréquence** f (en hertz, symbole Hz) correspondant au nombre de cycles par seconde, obtenue par la formule : $f = \dfrac{1}{T}$
  - la **tension efficace** U_{eff} (en volts).

- Pour une tension alternative sinusoïdale, la formule de calcul est : $U_{eff} = \dfrac{U_{max}}{\sqrt{2}}$

3 Visualisation des signaux avec l'oscilloscope

- Un **oscilloscope** permet de visualiser les variations de signaux au cours du temps. Il se branche **en dérivation** aux bornes du dipôle (comme un voltmètre).

- La courbe obtenue sur l'écran est appelée **oscillogramme**.

Un peu de méthode

Calculer la période et l'amplitude d'une tension sur un oscillogramme

- Amplitude : U_{max} = 3 carreaux × 0,2 volt/carreau = 0,6 volt.

- Période : T = 6 carreaux × 0,5 ms/carreau = 3 ms = 0,003 s.

On s'entraîne !

1 QUIZ

Voici trois oscillogrammes de tensions variables.
Relie chaque graphique au type de tension représenté.

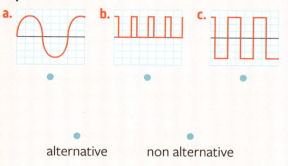

2 Étude d'un oscillogramme

Sur cet oscillogramme d'un signal périodique alternatif, **représente** :
a. en vert, l'amplitude du signal ;
b. en bleu, une période du signal.

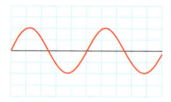

3 Électrocardiogramme

Voici un signal électrique enregistré lors d'un électrocardiogramme.

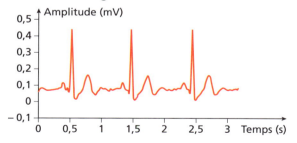

a. Peux-tu calculer la fréquence cardiaque de cette personne ?

b. À combien de pulsations/minute bat donc son cœur ?

4 Tension de secteur

La tension de secteur est le nom de la tension présente aux bornes d'une prise électrique. En France, elle présente les caractéristiques suivantes :

Tension de secteur	Alternative-Sinusoïdale	$T = 20$ ms	$U_{eff} = 230$ V

La tension de secteur est très dangereuse car elle peut provoquer des électrisations ou des électrocutions (voir le chapitre 12 sur les dangers).

Peux-tu calculer la fréquence f de cette tension et son amplitude U_{max} ?

....
....
....
....
....

5 CONTRÔLE EXPRESS

Voici un oscillogramme bi-courbe.

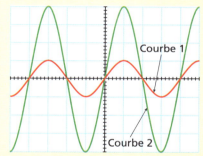

Les réglages de l'oscillogramme sont les suivants :
vertical : 2 V/carreau ; horizontal : 0,5 s/carreau.

Détermine l'amplitude U_{max} et la période T de chaque courbe.

....
....
....
....

? indice

Fais attention à l'échelle représentée sur chaque axe.

Corrigés page 43 du Guide

11 La puissance nominale d'un appareil électrique

Je me demande...
À quoi correspond le nombre de watts d'un appareil électrique ?

Les points clés

Sur la plaque signalétique des appareils électriques, les constructeurs indiquent souvent une valeur en watts : il s'agit de la **puissance nominale**, c'est-à-dire la puissance électrique que l'appareil doit recevoir pour fonctionner normalement.

Mot-Clé
Dipôle ohmique : dipôle transformant l'énergie électrique reçue en énergie thermique.

1 Puissance nominale

● La **puissance électrique**, notée P, est une grandeur physique qui s'exprime **en watts (W)** dans le Système international.

● La **puissance nominale** d'un appareil électrique est la puissance électrique qu'il reçoit lorsqu'il est soumis à sa tension nominale. Les puissances nominales des appareils domestiques peuvent varier de quelques watts à plusieurs kilowatts (kW). Les appareils électriques qui chauffent et/ou qui ont un moteur ont une puissance nominale élevée.

Appareil	Ordinateur portable	Réfrigérateur	Téléviseur plasma	Radiateur électrique	Lave-linge
Puissance nominale (W)	30	210	250	1 600	2 900

2 Formule liant P, U et I

● Pour un **dipôle ohmique**, la puissance électrique reçue est donnée par la relation : $P = U \times I$ avec P en watts (W), U en volts (V) et I en ampères (A).

● Lorsque les appareils sont alimentés par une tension alternative sinusoïdale (par exemple la tension de secteur), U et I correspondent alors à leurs **grandeurs efficaces** (U_{eff} et I_{eff}).

Un peu de méthode

Calculer l'intensité efficace d'un appareil électrique

Tes parents ont acheté un nouvel appareil électroménager. Il y est inscrit : $P = 2,2$ kW. Quelle est l'intensité efficace qui traverse cet appareil ?

Données connues :
● la puissance $P = 2,2$ kW $= 2\,200$ W, car 1 kW $= 1\,000$ W ;
● tu sais que cet appareil doit être branché sur le secteur : $U_{eff} = 230$ V.

En France, pour les appareils électriques branchés sur le secteur, la tension efficace U_{eff} est de 230 V.

Exploitation de la formule :
1. Tu connais la formule $P = U_{eff} \times I_{eff}$ et tu cherches la valeur I_{eff} ; donc la formule devient : $I_{eff} = \dfrac{P}{U_{eff}}$;

2. L'application numérique donne : $I_{eff} = \dfrac{2\,200}{230} \approx 9,6$ A ;
l'intensité efficace qui traverse cet appareil, lorsqu'il fonctionne, est de 9,6 A.

L'ÉNERGIE ET SES CONVERSIONS

On s'entraîne !

1 QUIZ

Relie chaque grandeur à son unité.

- tension • • ampère
- intensité • • watt
- puissance • • volt

2 Lampe de laboratoire

Tu souhaites vérifier les informations indiquées sur les lampes du laboratoire : 0,6 W et 6 V.

Comment peux-tu vérifier, par la mesure ou le calcul, ces deux informations ?

3 Petites économies

Voici deux questions repérées sur un forum en ligne.
Peux-tu trouver des solutions ?

a. J'aimerais changer des ampoules classiques (90 W) par des ampoules basse consommation (15 W). Éclairent-elles de la même façon ?

b. À la maison, je laisse toujours mes appareils en veille. J'ai entendu dire qu'ils consommaient du courant, c'est vrai ?

4 Électroménager

Un vendeur a mélangé trois étiquettes d'appareils électroménagers affichant les puissances suivantes : 280 W ; 1 600 W ; 2,9 kW.

Peux-tu aider le vendeur à replacer les étiquettes ?

5 Multiprise

Tu viens d'acheter une multiprise pour brancher différents appareils. Voici les informations :
– nombre de prises : 4 ;
– interrupteur : oui ;
– longueur du câble : 1,5 m ;
– puissance : 3 000 W max.

Cette multiprise est utilisée dans une cuisine, où elle sert à brancher un réfrigérateur (300 W), un four micro-ondes (900 W) et un four électrique (1,7 kW).

a. Quelle est la puissance totale demandée par les appareils lorsqu'ils sont en fonctionnement ?

b. De temps en temps, une petite cafetière électrique (600 W) est également branchée sur la multiprise. **Est-ce une bonne idée ?**

? indice
Demande-toi si l'installation présente un danger.

6 CONTRÔLE EXPRESS

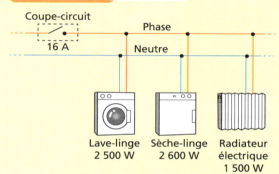

Voici le schéma d'une installation électrique dont les appareils sont branchés sur le secteur (U_{eff} = 230 V). Un coupe-circuit se déclenche automatiquement pour protéger l'installation électrique lorsque le courant dépasse les 16 ampères.

Peux-tu vérifier si les appareils vont pouvoir fonctionner en même temps ?

Corrigés page 44 du Guide

12 Les dangers de l'électricité

Je me demande...
Est-ce dangereux de toucher une prise électrique ? Comment se protéger ?

Les points clés

Mots-Clés
- **Prise de terre** : fil reliant l'appareil à la terre.
- **Disjoncteur** : dispositif permettant de couper l'alimentation électrique.

1 Danger pour les personnes

● Une personne est **électrisée** lorsqu'un courant électrique lui traverse le corps. L'**électrisation** peut provoquer des effets allant de simples picotements à des brûlures de peau, une paralysie respiratoire ou un arrêt cardiaque. On dit **électrocution** lorsque ce courant provoque la mort de la personne.

● Le courant délivré *via* les prises électriques arrive par le **fil de phase**, traverse l'appareil électrique puis repart par le **fil neutre**. Le troisième fil, appelé **prise de terre** (symbole ⏚), relie l'appareil à la terre.

● Deux situations de danger possibles :
– contact avec le **fil neutre** et le **fil de phase** (image de gauche) ;
– contact avec le **fil de phase** et le **sol** (image de droite).

● Une **prise de terre** associée à un **disjoncteur différentiel** assure la protection des personnes. Lors d'un faux contact à l'intérieur de l'appareil, la prise de terre provoque un courant de fuite. Le disjoncteur différentiel détecte instantanément cette anomalie et coupe l'alimentation de l'appareil défectueux.

2 Dangers pour les installations

| La surcharge = trop d'appareils fonctionnent en même temps | **Deux dangers pour les installations électriques** | Le court-circuit = surintensité souvent due à un faux contact |

● Les **fusibles** et le **disjoncteur à maximum de courant** protègent les installations de ces surintensités.

En France, environ 25 % des incendies sont d'origine électrique.

Un peu de méthode

Comprendre le rôle de la prise de terre

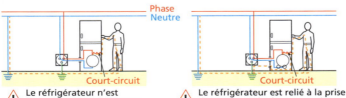

⚠ Le réfrigérateur n'est pas relié à la prise de terre.

⚠ Le réfrigérateur est relié à la prise de terre mais le danger persiste.

Le réfrigérateur est relié à la prise de terre et le circuit est équipé d'un disjoncteur différentiel qui détecte la fuite de courant.

228

 **On s'entraîne !**

1 QUIZ

Y a-t-il un danger potentiel ?

	Oui	Non
a. Manipuler un appareil électrique en présence d'eau.	☐	☐
b. Dénuder des fils électriques reliés au secteur.	☐	☐
c. Ne pas couper le courant avant de changer une ampoule.	☐	☐
d. Enfoncer un objet dans une prise électrique.	☐	☐
e. Démonter un appareil électrique en fonctionnement.	☐	☐

2 Protection des enfants

Il existe des dispositifs de cache-prises pour protéger les jeunes enfants du risque d'électrisation.

Peux-tu décrire les situations de danger potentiel que représentent les prises électriques ?

Clipsez le cache-prise

Impossible de le retirer sans la clé

....
....

3 Article de journal

Un banal problème électrique a provoqué un court-circuit puis un incendie dans un immeuble de la rue Ampère, lundi soir. L'occupant du logement en feu a pu s'échapper, mais il a été intoxiqué par les fumées, comme six autres voisins.

• **Quelle est la cause** de cet incendie ?

....
....

• **Peux-tu proposer une solution** pour éviter ce genre d'accident grave ?

....
....

4 Le bon diamètre

Dans une cuisine, le circuit alimentant une cuisinière électrique doit supporter une intensité de 26 A. La ligne peut être protégée par un coupe-circuit à fusible ou par un disjoncteur.

Section des conducteurs	Courant maximal autorisé par le dispositif de protection	
Cuivre	Fusible	Disjoncteur
1,5 mm^2	10 A	16 A
2,5 mm^2	16 A	20 A
6 mm^2	32 A	30 A

Que proposes-tu comme solutions possibles ?

....
....
....

5 CONTRÔLE EXPRESS

Dans un exercice du chapitre précédent, les trois appareils du schéma ci-dessous ne pouvaient pas fonctionner en même temps car leur puissance totale est de 6,6 kW.

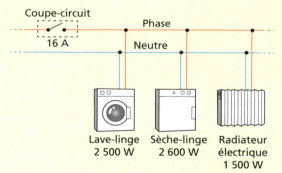

a. Dans ces conditions, **quelle est l'intensité** dans le circuit principal ?

....
....

b. **Que faut-il changer** dans cette installation électrique ?

....
....

? indice
Tu peux t'aider des données de l'exercice 4.

Corrigés page 44 du Guide

229

13 Les énergies renouvelables

> **Je me demande...**
> Qu'est-ce qu'une énergie renouvelable ? Comment la produit-on ?

Le problème

- L'énergie électrique qui alimente un appareil est souvent issue d'autres énergies qui ont été transformées (gaz, charbon, nucléaire...).
- Dans la production d'énergie mondiale, la part des **énergies renouvelables** (solaire, éolien, hydroélectricité...) ne cesse d'augmenter. Quelles sont les principales caractéristiques de ces énergies renouvelables ?

Mots-Clés
- **Énergie primaire** : énergie disponible dans la nature, avant transformation.
- **Énergie secondaire** : énergie issue de la transformation d'une énergie primaire.

Les documents

Des sources d'énergie renouvelables ou non

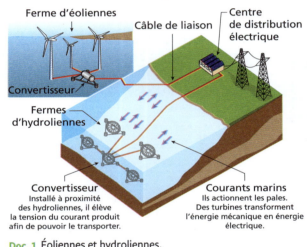

Doc. 1 Éoliennes et hydroliennes.

Doc. 2 Récupération de la chaleur humaine dans la gare ferroviaire de Stockholm (Suède).

Type d'énergie	Origine	Qualification écologique
Biomasse	Matière organique	Renouvelable
Biocarburant	Carburant issu de végétaux	Renouvelable
Chimique	Réactions chimiques	Selon les réactifs
Électrique	Excitation électronique	Selon le type d'excitation
Éolien	Vent	Renouvelable
Fossile	Décomposition de matière organique (charbon, pétrole, gaz)	Non renouvelable
Hydraulique	Mouvement de l'eau (cours d'eau, marée...)	Renouvelable
Mécanique	Mouvement	Selon l'origine du mouvement
Musculaire	Muscle, alimentation	Renouvelable
Nucléaire	Fissions des noyaux atomiques	Non renouvelable
Solaire	Soleil	Renouvelable
Géothermie	Chaleur de la Terre	Renouvelable

Doc. 3 Nature des énergies les plus communes.

On s'entraîne !

1 QUIZ

Observe le document 1 et coche les bonnes réponses.

a. Quels types de production d'énergie observe-t-on ?
- ☐ des éoliennes
- ☐ un moulin à vent
- ☐ des panneaux solaires
- ☐ des hydroliennes

b. Les sources d'énergie utilisées sont :
- ☐ le vent
- ☐ les courants marins
- ☐ le Soleil
- ☐ la biomasse

2 Un transfert d'énergie dans une gare

Observe le document 2 et lis le texte suivant pour compléter les phrases à l'aide des termes de la liste suivante :
transférée • renouvelable • perdue

> Les 250 000 voyageurs qui passent chaque jour par la gare ferroviaire de Stockholm (Suède) dégagent une chaleur humaine qui peut atteindre 35 °C sous la grande verrière. Cette chaleur est récupérée à travers un réseau de ventilation et d'échangeurs de chaleur, puis redistribuée dans le système de chauffage des immeubles voisins.

a. La chaleur humaine dégagée par les usagers de la gare est une énergie ....

b. Grâce à un circuit de transport d'énergie, cette chaleur est .... pour chauffer les immeubles voisins de la gare.

c. Au cours du transport, une partie de cette chaleur est ....

3 La chaîne d'énergie d'une ferme d'hydroliennes

Complète les phrases à l'aide des documents 1 et 3, et des mots clés de la page précédente.

a. Dans une ferme d'hydroliennes les courants marins sont la source d'énergie ....

b. La rotation des pales de l'hydrolienne actionne la turbine d'un alternateur, ce qui permet la .... de l'énergie .... en énergie ....

c. Cette énergie .... est ensuite acheminée jusqu'aux côtes par un câble électrique, pour y être utilisée.

4 Énergie primaire et énergie renouvelable

Complète les phrases à l'aide des termes de la liste suivante :
transformations • renouvelable • primaire • secondaire

a. Il n'existe pas de relation directe entre énergie renouvelable et énergie ....

b. En effet, cette dernière est issue d'une ou plusieurs .... énergétiques.

c. À l'inverse, l'énergie .... est une énergie directement disponible dans la nature, avant transformation.

d. Elle permet de qualifier écologiquement l'énergie de .... ou non.

? indice
Le charbon est une source d'énergie primaire non renouvelable, à partir de laquelle on peut produire une énergie secondaire : de l'électricité.

5 CONTRÔLE EXPRESS

Coche les bonnes réponses.

a. Une énergie renouvelable est une énergie
☐ inépuisable   ☐ limitée dans le temps.

b. La qualification écologique en énergie renouvelable ou non est uniquement liée à la nature de l'énergie ☐ primaire   ☐ secondaire.

c. Les transformations d'énergies primaires en énergies secondaires (comme la transformation de charbon en électricité) ☐ consomment ☐ produisent de l'énergie.

d. Ces ☐ gains   ☐ pertes d'énergie sont du(e)s essentiellement à un dégagement de chaleur au cours de la transformation et du transport.

Corrigés page 44 du Guide

14 La révolution du code-barres

Je me demande...
À quoi sert un code-barres ?
Quelles informations code-t-il ?

Le problème

● À partir des années 1970, l'étiqueteuse de prix du commerçant a été remplacée par la flasheuse, et l'étiquette par le code-barres. On peut véritablement parler de révolution du **traitement de l'information**.

● Quel est le principe d'un code-barres ? Quels **types d'informations** peuvent être codés de cette manière tout en respectant un cadre légal ?

Les documents

Codage et décodage

Doc. 1 Imprimante codeuse dans un entrepôt de marchandises.

Doc. 2 Utilisation d'un lecteur de code-barres dans un commerce.

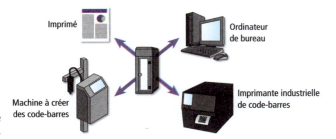

Doc. 3 Un logiciel de codage transmet les informations encodées.

Les principales fonctions des codes-barres

● Ils renferment les **informations** encodées par les logiciels de codage, comme le prix d'un produit, respectant ainsi les **obligations légales** d'information du consommateur.

● Ils réduisent les **coûts** d'emballage.

● Ils assurent le suivi de tous types de produits (aliments, vêtements, lettres et colis postaux, bagages et cartes d'embarquement sur les lignes aériennes...) : c'est la **traçabilité**.

● Ils facilitent la **gestion** des inventaires, la facturation et la comptabilité.

● Ils permettent l'**identification** d'objets ou de personnes, ainsi que l'**indexation** de documents (archives, bibliothèques...).

Mots-Clés

● **Codage** : opération définissant une correspondance entre des informations et leur représentation par des caractères ou des symboles faciles à transmettre.

● **Traçabilité** : possibilité de suivre la composition, la localisation ou l'évolution d'un produit.

On s'entraîne !

1 QUIZ

Coche la ou les bonnes réponses.

a. Sur le document 1, l'imprimante codeuse sert :
☐ à créer un code-barres sur l'étiquette.
☐ à lire le code-barres de l'étiquette.

b. Sur le document 2, l'utilisateur « flashe » le code-barres du produit pour :
☐ connaître le prix du produit.
☐ graver un élément sur l'emballage.
☐ s'informer de données complémentaires non visibles sur l'emballage.

2 Codage et décodage

Un logiciel de codage permet de définir une correspondance entre des informations et leur représentation par des caractères ou des symboles faciles à transmettre.
Ainsi, le code EAN 13 (à 13 chiffres) est utilisé pour étiqueter l'ensemble des produits de grande consommation avec un code-barres.
Lorsqu'on « flashe » le code-barres avec un lecteur, un rayon laser permet de déchiffrer les zones claires et sombres du code-barres pour obtenir des informations sur le produit.
En magasin, le prix n'apparaît plus directement sur le produit mais sur son rayonnage et peut aussi être lu en scannant l'article à une borne.

a. Lis le texte et indique l'information encodée dans le cas cité.

b. Recherche sur Internet deux autres exemples d'usage de codes-barres et indique dans chaque cas les informations encodées.

3 Informer le consommateur sur le prix d'un produit

Complète le texte à l'aide des documents de la page précédente.

Chaque produit doit afficher des .... obligatoires pour le consommateur du point de vue ....

Ainsi, le consommateur doit être informé du prix de vente avant son acte d'achat.

Le code-barres permet au vendeur de réaliser d'importantes .... Le prix d'un produit peut évoluer sans modifier son ....

Il suffit de modifier cette .... dans le logiciel pour le code-barres concerné.

4 Assurer le suivi des produits

Complète le texte à l'aide des documents de la page précédente.

Le code-barres permet de garantir à la fois une .... des produits et une fiabilité d'............................ qui limitent l'erreur humaine et optimisent le travail de gestion des produits. Ainsi, en cas de problème de qualité de production (exemple de conserves cuisinées avariées), les logiciels de codage pourront .... les lots de produits fabriqués et indiquer les lieux où ils ont été distribués.

5 CONTRÔLE EXPRESS

Coche les bonnes réponses.

a. Des informations sont disponibles grâce à un
☐ étiquetage ☐ codage dont le support est un code-barres pour un élément particulier : un produit, un colis...

b. Des données relatives à ☐ l'évolution ☐ la légalité de l'élément considéré (prix, localisation...) peuvent être actualisées à tout moment.

c. Elles sont complétées à volonté de sorte qu'elles restituent une qualité d'information la plus ☐ fiable ☐ variable possible.

d. Lors d'un achat, le consommateur ne peut donc pas être trompé par un manque d'☐ information ☐ innovation.

e. L'usage du code-barres permet au fabricant et au distributeur du produit non seulement de respecter un cadre légal, mais aussi de réaliser des ☐ dépenses ☐ économies importantes.

Corrigés page 44 du Guide

15 Le service de garantie

Je me demande...
Comment fonctionne un service de garantie qui satisfait à la fois fabricant et consommateur ?

Le problème

- En acquérant un produit neuf, l'utilisateur souhaite que le **cycle de vie** de son équipement soit le plus long possible. Grâce au **service de garantie**, il peut, pendant une durée définie, faire remplacer le produit acheté (ou une partie de ce produit) à l'identique en cas de dysfonctionnement.

- Mais la plupart des biens d'équipements sont prévus pour **durer un certain temps** ou **être utilisés un nombre limité de fois**. Comment les fabricants s'adaptent-ils pour offrir le meilleur service de garantie pendant le cycle de vie prévu d'un produit ?

Les documents

Fiabilité et durabilité

Motivations des utilisateurs en quête de garantie (notion de fiabilité)	Motivations des fabricants pour maîtriser la durée de vie fonctionnelle (notion de durabilité)
• Utiliser un objet technique qui fonctionne dans une période de temps prévue, sans tomber en panne. • Acheter un produit neuf prêt à l'emploi et durable. • Échanger l'objet technique en cas de défaillance.	• Éviter les retours de l'objet technique pendant la période de garantie à cause d'un dysfonctionnement (coût élevé). • Dimensionner les spécifications de l'objet technique pour qu'il fonctionne normalement dans la période de temps où il sera utilisé et pas davantage (choix des composants, exemple des objets consommables mono-utilisation comme les cartouches d'encre pour imprimantes).

Doc. 1 Équilibre entre la garantie et la durée de vie fonctionnelle.

Mots-Clés

- **Durabilité** : durée de vie d'un produit dans des conditions données.
- **Fiabilité** : aptitude d'un produit à rester fonctionnel dans des conditions données et une durée impartie.

La garantie rassure et protège le consommateur.

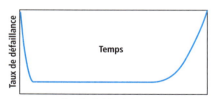

Doc. 2 Courbe de fiabilité d'un objet technique.

- Un objet technique est fiable lorsqu'il remplit sa fonction. En début d'utilisation (de vie), les défaillances peuvent être importantes (erreurs de production, de qualité des composants, de mise au point...).

- En fin de vie, le produit est usé et remplit de plus en plus mal sa fonction, à l'image d'une vieille voiture qui tombe tout le temps en panne (taux de défaillance élevé).

La garantie d'une voiture

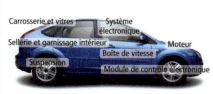

- Voiture (objet technique) = 7 ans ou 100 000 km.
- Moteur = 7 ans ou 180 000 km.
- Peinture et anticorrosion = 7 ans.
- Climatisation = 5 ans.
- Durée d'utilisation maximale préconisée = 8 ans.

Doc. 3 Exemple de garanties constructeur par blocs fonctionnels pour un véhicule automobile.

On s'entraîne !

① QUIZ

Coche la (ou les) bonne(s) réponse(s).

a. Sur le document 2, qui représente une courbe en forme de baignoire, on remarque que :
☐ le taux de défaillance est élevé en fin de vie.
☐ le taux de défaillance est toujours faible.
☐ le taux de défaillance est élevé en début de vie.
☐ le taux de défaillance est faible en fin de vie.

b. En étudiant le document 3, on voit que :
☐ certains composants ont la même garantie.
☐ la voiture est garantie 7 ans sans condition.
☐ certains blocs fonctionnels de la voiture sont garantis au-delà de 7 ans.

② Définir

Associe chaque mot de la liste suivante à sa définition : durabilité • fiabilité • défaillance

a. Événement qui empêche le fonctionnement d'un objet technique dans des conditions définies : ....

b. Aptitude d'un objet technique à remplir une fonction donnée sans tomber en panne dans des conditions données : ....

c. Temps pendant lequel un objet technique fonctionne dans des conditions données : ....

③ Durabilité et fiabilité

Relie les éléments entre eux d'après le document 3 et indique s'il s'agit de durabilité (D) ou de fiabilité (F).

Pièce ou caractéristique	Garantie
Moteur •	• 100 000 km (....)
Peinture et anticorrosion •	• 180 000 km (....)
Climatisation •	• 7 ans (....)
Utilisation maximale •	• 5 ans (....)
Voiture •	• 8 ans (....)

④ Garantie ou hors garantie ?

Place sur le schéma les éléments suivants. Entoure en vert les pièces garanties, en bleu celles qui ne le sont pas : moteur • essuie-glace • filtre à air • radiateur • ampoule de phare • rétroviseur

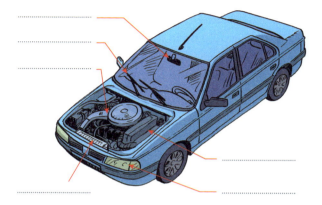

⑤ Pour aller plus loin

Cherche sur Internet les caractéristiques des garanties suivantes et leurs conditions d'application.

a. Garantie de conformité :
☐ légale ☐ contractuelle

b. Garantie des vices cachés :
☐ légale ☐ contractuelle

c. Garantie commerciale :
☐ légale ☐ contractuelle

⑥ CONTRÔLE EXPRESS

Complète la conclusion avec les mots : période • besoins • cycle de vie • durabilité • garantie

Pour compenser l'usure, le monde du commerce s'est doté du service de .... qui permet un remplacement à l'identique en cas de dysfonctionnement sur une .... d'utilisation donnée.
Optimiser la .... et la fiabilité permet aux constructeurs/fabricants d'adapter le .... de leurs produits pour répondre aux .... des utilisateurs, tout en proposant leurs produits au meilleur coût.

Corrigés page 44 du Guide

Test – Bilan

Organisation et transformations de la matière

1 a. La formule de la molécule d'eau est :
☐ H₂O ☐ O₂ ☐ CO₂
b. La couleur associée à l'atome d'oxygène est le :
☐ bleu ☐ blanc ☐ rouge

2 a. Pour mettre en évidence la présence de CO₂, on utilise :
☐ de l'eau de chaux ☐ une flamme
b. Le sulfate de cuivre anhydre devient bleu en présence :
☐ de dioxyde de carbone ☐ d'eau

3 a. Les espèces présentes au départ d'une réaction sont :
☐ les produits ☐ les réactifs
b. L'équation-bilan suivante est-elle équilibrée ?
C₂H₆ + 5 O₂ → 2 CO₂ + 3 H₂O
☐ oui ☐ non

4 a. Une solution de pH = 4 est :
☐ acide ☐ neutre ☐ basique
b. Si je dilue une solution basique, son pH va :
☐ se rapprocher de 14 ☐ se rapprocher de 7
☐ se rapprocher de 0
......../8

Mouvement et interaction

5 a. Le Système solaire est composé de :
☐ planètes ☐ satellites ☐ astéroïdes
☐ comètes ☐ planètes naines
b. La Lune gravite :
☐ autour du Soleil ☐ autour de la Terre

6 Si je me déplace à une vitesse constante de 54 km/h, je parcours 9 km :
☐ en 6 minutes ☐ en 10 minutes

7 a. Pour mesurer l'intensité d'une force, on utilise un :
☐ dynamomètre ☐ newtonmètre

b. La force exercée par le fil sur l'objet est :
☐ verticale et dirigée vers le haut
☐ verticale et dirigée vers le bas
......../5

Des signaux pour observer et pour communiquer

8 a. La vitesse de la lumière, dans le vide, est approximativement de :
☐ 340 m/s ☐ 300 000 km/s
b. Une onde, lorsqu'elle rencontre un nouveau milieu, peut :
☐ s'atténuer ☐ être réfractée ☐ être réfléchie
......../2

L'énergie et ses conversions

9 a. La loi d'Ohm se traduit par :
☐ $U = R \times I$ ☐ $R = U \times I$
b. Une résistance transforme l'énergie électrique :
☐ en énergie thermique ☐ en énergie lumineuse

10 a. Sur cet oscillogramme, la tension est :
☐ périodique ☐ alternative
b. La période du signal est de : ☐ 0,4 ms ☐ 0,2 ms

11 La formule de calcul de la puissance P s'écrit :
☐ $P = U \times I$ ☐ $P = \dfrac{U}{I}$

12 a. Il y a danger d'électrisation lorsque tu es en contact :
☐ avec le fil neutre et le fil de phase
☐ avec le fil de phase et le sol
b. Pour protéger sa maison des surintensités, on peut installer :
☐ des fusibles
☐ des disjoncteurs à maximum de courant
......../7

Score total : ..../22 **CORRIGÉS P. 45 DU GUIDE**

ANGLAIS

1. Le groupe nominal — 238
2. La quantité — 240
3. L'adjectif, les adverbes de manière — 242
4. Les mots interrogatifs — 244
5. Les temps du passé — 246
6. L'expression du futur — 248
7. L'expression de la condition — 250
8. Les auxiliaires modaux — 252
9. La possession — 254
10. Le passif — 256
11. Les propositions relatives — 258
12. Le gérondif — 260

▶ TEST – BILAN — 262

1 Le groupe nominal

Je me demande…
Qu'est-ce qui forme un groupe nominal ?

Les points clés

1 Dénombrables et indénombrables

● Les noms **dénombrables** désignent ce que l'on peut compter : a bike, a door.
On peut les mettre au **pluriel**.

● Les noms **indénombrables** désignent ce que l'on ne peut pas compter. Ils ne peuvent ni s'utiliser avec l'article indéfini *a/an*, ni se mettre au pluriel : water.

2 La formation du pluriel des noms

● En général, on forme le pluriel des noms (dénombrables) **en ajoutant un** -s : bikes.

● Mais il existe des **cas particuliers**.

Pluriel des noms : cas particuliers

Pluriel en -es
- les noms terminés par -*ch, -s, -sh, -x* :
  coaches, buses, brushes, boxes
- certains noms terminés par -*o* :
  potatoes, tomatoes, mais kilos, pianos

Pluriel en -ves
les noms terminés par -*f, -fe* :
a shelf → shelves ; a wife → wives

Pluriel en -ies
les noms terminés par une consonne + -*y* :
babies, countries, parties

Pluriels irréguliers
a man → men ; a woman → women ;
a child → children ; a mouse → mice ;
a foot → feet ; a tooth → teeth

3 Les articles : cas particuliers

● L'article indéfini *a/an* s'emploie en particulier devant un **nom de métier**.
   She's an architect. Elle est architecte.

● On omet l'article défini *the* devant les **aliments**, les **couleurs**, les **repas** sauf quand ces noms sont déterminés par un **complément** ou un **contexte**.
   He likes Ø red wine. The wine we drank in France was excellent.

4 Les pronoms personnels

Pronoms personnels sujets	I, you, he, she, it, we, you, they
Pronoms personnels compléments	me, you, him, her, it, us, you, them

● Les pronoms personnels compléments se placent toujours **après le verbe**.
   I called her. Je l'ai appelée.

mini·dico
● **cross (to)**: traverser
● **famous**: célèbre
● **hole**: trou
● **wake up (to)**: se réveiller

Les expressions clés

Pour présenter quelqu'un
- Johanna meets Ben.
- Johanna, this is Ben.
- I'd like you to meet Ben.
- Have you met Ben?
- You haven't met Ben, have you?
- I don't think you know Ben.

On s'entraîne !

1 QUIZ

Relie ces phrases à l'article qui convient.

a. .... baker wakes up earlier than a teacher.
b. I didn't like .... tea I had this morning.
c. .... tea is my favourite drink.
d. He wants to be .... actor.
e. .... robots will probably replace .... men in 2050.

- a
- an
- the
- Ø (absence d'article)

2 Les noms

Trouve les noms anglais correspondant à ces dessins et indique s'ils sont dénombrables ou indénombrables.

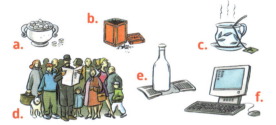

a. b. c. d. e. f.

3 Les pronoms personnels

Remplace les mots en bleu par des pronoms.

a. Mary and Brenda will send the telegram soon.
b. Peter and I have a date with Diana.
c. Her dog must see the vet.
d. You and Janet are my best friends.
e. Tom and Leo love their cousins.

4 Présenter quelqu'un

Samantha présente Sandra à Sydney.
Que dit-elle ?

5 Vocabulaire

Réponds aux questions suivantes en t'aidant du vocabulaire.

a. James is my mother's husband but he isn't my father. Who is he?
....

b. Who is Edward whose daughter I've just married?
....
....
....

6 CONTRÔLE EXPRESS

Mets les verbes entre parenthèses au singulier ou au pluriel.

a. His pyjamas .... (be) clean.
b. The police .... (look for) fingerprints in the room.
c. There .... (be) too many people here.
d. The news .... (be) bad today.
e. My trousers .... (have) a hole in the back.

? indice

Les groupes nominaux *his pyjamas* et *the police* s'accordent au pluriel.

Vocabulaire | Family and home (Famille et foyer)

- **father-in-law**: beau-père (par mariage)
- **stepfather**: beau-père (par remariage de sa mère)
- **elder**: aîné (**eldest** si plus de deux enfants)
- **godfather, godmother**: parrain, marraine
- **only child**: enfant unique
- **twins**: jumelles, jumeaux
- **get married (to)**: se marier
- **marry (to)**: épouser
- **do the dishes (to)**: faire la vaisselle
- **do the washing (to)**: faire la lessive
- **do the housework (to)**: faire le ménage

Corrigés page 45 du Guide

2 La quantité

Je me demande...
Quels sont les différents quantifieurs ?

Les points clés

1 Les quantifieurs

● Ils expriment une **quantité** plus ou moins grande.

Quantité non définie	
Phrase affirmative	*some* : I have some stamps. J'ai des timbres.
Phrase interrogative	*any* : Do you have any stamps? As-tu des timbres ? *some* (réponse connue ou offre) : Would you like some orange juice?
Phrase négative	*any* : There aren't any people there. Il n'y a personne ici.
Grande quantité	
Dénombrables	**Indénombrables**
many flowers (beaucoup de fleurs), many people	much money (beaucoup d'argent)
a lot of presents (beaucoup de cadeaux)	a lot of water (beaucoup d'eau)
Trop grande quantité	
too many cars (trop de voitures)	too much oil (trop d'huile)
so many things (tellement de choses)	so much time (tellement de temps)
Faible quantité	
a few patients (quelques malades)	a little tea (un peu de thé)
Quantité insuffisante	
few taxis (peu de taxis)	little sugar (peu de sucre)
Quantité suffisante	
enough money / tall enough [*enough* se place après l'adjectif]	
Totalité	
all + indénombrable ou dénombrable : all my time (tout mon temps), all my friends	
every + nom au singulier : I see her every day. Je la vois chaque jour.	

2 Les composés de *some, any, no*

● *Somebody* (quelqu'un), *anybody*, *nobody* concernent les **personnes**.
● *Something* (quelque chose), *anything*, *nothing* concernent les **choses**.
● *Somewhere* (quelque part), *anywhere*, *nowhere* concernent les **lieux**.

mini•dico
● **cheap**: bon marché
● **lift (to)**: soulever
● **nowadays**: de nos jours

Les expressions clés

Pour exprimer l'accord

- I agree with Jennifer.
- I share her point of view.
- I'm of the same opinion.
- I think she's (quite) right.
- That's true.
- Of course! / Definitely! / Absolutely!

Pour exprimer le désaccord

- I think she's wrong.
- I can't admit it.
- I don't agree / I disagree with her.
- I can't say I share her point of view.
- I see things rather differently myself.
- Not at all!

On s'entraîne !

① QUIZ

Relie ces phrases au bon quantifieur.

a. He's drunk; he's had .... beer.
b. I must go to bed early, I'm .... tired.
c. I won't go shopping with you, there are .... people.
d. Don't drive .... quickly.
e. She has .... work.

- too many
- too
- too much

? indice

Beer et *work* sont des indénombrables.

② Les composés de some, any, no

Complète ce dialogue avec *someone*, *no one*, *something*, *anything*, *nothing* et *everything*.

– Edward, there's .... in the shop. Would you help him, please?

– Yes, Sir... Can I help you?

– I'm looking for .... for my wife. Do you have .... cheap? .... is so expensive nowadays!

– Actually .... is cheap in this shop. I'm afraid .... can help you here.

③ Exprimer le désaccord 🎧

The teacher has lost the pupil's test. He asks her to do it again but she doesn't want to.

The girl doesn't agree with the teacher's decision.

How will she express her disagreement?

④ Vocabulaire

Quel sport pratiquent-ils ? Relie les étiquettes aux personnages.

KEVIN · KAMPBELL · KATHLEEN · KEITH · KATE

SKATING · ARCHERY · RIDING · HIKING · CLIMBING

⑤ CONTRÔLE EXPRESS

Place *enough* au bon endroit dans chaque phrase.

a. He isn't old to vote.
b. I don't have money, I can't buy the book.
c. Are you strong to lift this shelf?
d. We have bought drinks for the party.
e. If you're not prepared, you lose.

Vocabulaire | *Leisure* (Loisirs)

- **pastime**: passe-temps
- **spare / free time**: temps libre
- **archery**: tir à l'arc
- **hiking**: randonnée
- **climbing**: escalade
- **skating**: patinage
- **horse riding**: équitation
- **tournament**: tournoi
- **team**: équipe
- **relax (to)**: se détendre
- **listen to music (to)**: écouter de la musique
- **listen to the radio (to)**: écouter la radio
- **practise (to)**: s'entraîner

Corrigés page 45 du Guide

3 L'adjectif, les adverbes de manière

Je me demande... Comment exprimer un jugement ou un sentiment ?

✓ Les points clés

1 L'adjectif

- L'adjectif est **invariable** qu'il soit épithète ou attribut.
- Certains adjectifs ne s'emploient **que comme attributs** :
  awake, afraid, asleep, ill...
  My sister is awake. [~~my awake sister~~] Ma sœur est réveillée.
- Les **participes passés** et **présents** peuvent être employés comme adjectifs.
  interested/interesting ; amused/amusing ; bored/boring ; tired/tiring

mini·dico
- careful : prudent
- roof : toit
- the Earth : la Terre
- weak : faible, fragile
- worse : pire

2 Les comparatifs et le superlatif

- Règles générales

	Adjectif court	Adjectif long
Comparatif de supériorité (plus... que)	adjectif + -er + than John is stronger than Bill.	more + adjectif + than A moped is more expensive than a bike.
Comparatif d'égalité (aussi... que)	as + adjectif + as I'm as tired as Brian. She is as intelligent as her sister.	
Comparatif d'infériorité (moins... que)	less + adjectif + than The film is less interesting than the book.	
Superlatif de supériorité (le plus...)	the + adjectif + -est Helen is the tallest.	the most + adjectif This chair is the most comfortable.

- Quelques irréguliers

Adjectif	Comparatif	Superlatif
good	better	the best
bad	worse	the worst

Adjectif	Comparatif	Superlatif
far	farther	the farthest
little	less	the least

3 Les adverbes de manière

- Ils se forment **en ajoutant -ly** à l'adjectif ou au nom.
  friend → friendly ; careful → carefully ; happy → happily (Ici, le *y* se change en *i*.)

Les expressions clés

Pour exprimer la surprise
- How surprised she was!
- What a surprise!
- It was such a surprise!
- It's so surprising / amazing!
- It's incredible!
- It's unbelievable!

Pour exprimer l'admiration
- What a nice dinner! What music!
- It was such an incredible concert!
- How great the singers were!
- Wonderful! Terrific!
- It was so beautiful!
- It's the tallest boy I have ever seen!

On s'entraîne !

1 QUIZ

Relie ces adjectifs à leur contraire.

- a. careful
- b. friendless
- c. sunny
- d. happy
- e. comfortable
- f. weak
- g. light
- h. high

- sad
- strong
- careless
- heavy / dark
- friendly
- low
- cloudy
- uncomfortable

2 Les adjectifs

Complète chaque phrase avec un adjectif.

a. There is a lot of wind today; it's ....

b. There's a lot of rain in autumn; autumn is a .... season.

c. There are a lot of clouds in the sky; it is ....

d. There's a lot of fog in London; London is a .... city.

e. It's a .... day; the sun is shining.

3 Les adverbes

Donne les adverbes correspondant à ces adjectifs.

- a. careful ....
- b. busy ....
- c. immediate ....
- d. fast ....
- e. good ....
- f. heavy ....
- g. sick ....
- h. general ....
- i. comfortable ....
- j. bad ....

4 Expression

An astronaut is watching the Earth, he is telling all the beautiful things he can see and feel.

Express surprise and admiration.

5 Vocabulaire

Mets le signe +, −, ou Ø à côté de chaque adjectif selon qu'il exprime **un sentiment positif (+), négatif (−) ou de peur (Ø).**

- a. annoyed
- b. scared
- c. delighted
- d. worried
- e. angry
- f. pleased
- g. upset
- h. disappointed
- i. satisfied
- j. terrified

6 CONTRÔLE EXPRESS

Here's the Ross Family.
Compare ce que tu vois en utilisant les comparatifs et le superlatif.

Vocabulaire *Feelings* (Sentiments)

- pleased : content
- satisfied : satisfait
- delighted : ravi
- angry : en colère
- annoyed : fâché

- upset : contrarié
- disappointed : déçu
- terrified : terrifié
- scared : effrayé
- worried : inquiet

- burst out laughing (to) : éclater de rire
- burst into tears (to) : éclater en sanglots
- surprised : étonné

Corrigés page 45 du Guide

4 Les mots interrogatifs

Je me demande...
Comment formuler une question précise ?

Les points clés

1 L'ordre des mots

● Lorsque l'on pose une question avec un mot interrogatif, l'ordre des mots est :

> mot interrogatif + auxiliaire + sujet + base verbale ?

mini•dico
● **kitten**: chaton
● **scarf**: écharpe
● **twice**: deux fois

● Mais lorsque le mot interrogatif est sujet, il n'y a ni inversion, ni auxiliaire.

2 Wh- questions

● Le mot interrogatif interroge sur...

... l'objet, l'activité	what	What is this? What do you do?
... la personne	who	Who helped Matthew? (sujet) Who did she marry? (complément)
... le possesseur	whose	Whose camera is it?
... le lieu	where	Where will you meet?
... la cause	why	Why did you take it?
... le moment	when	When are you leaving?
... le but	what... for	What did you call him for?

What is your favourite hobby?

● Attention à ne pas oublier de rejeter la **préposition en fin de question** si elle accompagne le pronom interrogatif. What is she looking at?

3 Questions avec *how*

● Employé **seul ou avec un autre mot**, *how* permet d'interroger sur...

... la manière	how	How do you plant these roses?
... la quantité ... le prix	how much	How much money do you need? How much are the gloves?
... le nombre	how many	How many people will come?
... la distance	how far	How far is your school?
... l'âge	how old	How old is your girlfriend?
... la fréquence	how often	How often do you see her?
... la durée	how long	How long does it take?

How are you today?

● *How* peut être **combiné à des adjectifs**. How interesting was the lesson?

Les expressions clés

Pour exprimer la probabilité

- Daniel may / might visit me.
- He could be in Paris soon.
- Perhaps / Maybe he will come.
- I suppose / think / guess he's busy.
- He could be here for my birthday.
- Daniel must have moved to Miami.
- He has probably lost my number.
- He is likely / unlikely to come.

On s'entraîne !

1 QUIZ

Relie la réponse à la question associée.

a. Security guard.
b. In 1980.
c. In London.
d. Twice a week.
e. For 5 years.

- How often does he travel?
- How long has he been working for Safety?
- What does he do?
- Where does he live?
- When was he born?

2 Poser des questions

Observe ce dessin et pose des questions en utilisant les mots interrogatifs suivants.

how long • how wide • how far • how high • how hot

3 Questions-réponses

Trouve les questions correspondant aux réponses données.

a. He came by plane.
b. It cost 50 dollars.
c. We'll stay five days.
d. I've been living here since 1999.
e. It depends on the price.

4 Probabilité

What are these women saying? **Express probability using can('t), could(n't), may, might.**

5 Vocabulaire

Utilise les verbes du Vocabulaire pour compléter les phrases suivantes.

a. Whenever he hears a noise my dog .... like crazy.

b. Our apple tree will soon ....

c. Don't be afraid, my kitten doesn't .... You can play with him.

d. What's this strange noise? It's my cat, he .... when he's happy.

e. Look at my arm, your cat .... me.

6 CONTRÔLE EXPRESS

Sur quoi interrogent ces mots interrogatifs ?

a. How often
b. Which
c. Whose
d. What for
e. How many
f. How long

- l'appartenance
- le but
- la durée
- le choix
- la fréquence
- le nombre

Vocabulaire | *Animals and plants* (Animaux et plantes)

- bark (to): aboyer
- bite (to): mordre
- scratch (to): griffer
- miaow (to): miauler
- purr (to): ronronner
- pet: animal domestique
- wild animal: animal sauvage
- bloom (to): éclore, fleurir
- thorn: épine
- bud: bourgeon
- trunk: tronc
- root: racine
- branch: branche
- flower: fleur
- seed: graine

Corrigés page 45 du Guide

5 Les temps du passé

Je me demande...
Quels temps utiliser pour parler du passé ?

Les points clés

1 Le prétérit simple

Le prétérit simple
- Pour raconter des **faits passés** sans lien avec le présent.
- L'action est souvent datée par des **marqueurs de temps** (ago, last, in + date, yesterday, when + passé, etc.).

- On ajoute **-ed** aux verbes réguliers à toutes les personnes.
- Il existe aussi des verbes irréguliers : see → saw • eat → ate.

- On utilise **did** aux formes interrogative et négative.
  Did you speak to him? No, I didn't.

2 Le prétérit en *was/were* + V-*ing* et *used to*

● Il exprime l'idée qu'une **action était en cours** à un certain moment du passé.

● En opposition avec le **prétérit simple**, il exprime l'idée qu'une action était en train de se dérouler quand quelque chose s'est produit.

> They were sleeping when the phone rang.

● *Used to* + BV sert à parler d'une **action que l'on faisait autrefois** et que l'on ne fait plus.

> I used to read for hours when I was young.
> Je lisais pendant des heures quand j'étais jeune.

mini•dico
- **hitch-hike (to)** : faire du stop
- **rather** : plutôt
- **upset** : contrarié

3 Le *present perfect*

● Formation : **have** ou **has** + participe passé

Le participe passé des verbes **réguliers** se forme en ajoutant **-ed** à la base verbale : liked. Pour les verbes **irréguliers**, il faut les apprendre par cœur : see → seen • eat → eaten.

● Le *present perfect* exprime le **résultat dans le présent** d'une action passée.

> He has worked too much. [Result: he is tired now.]

● Il s'utilise avec les adverbes *already* (déjà), *not... yet* (pas encore), *ever* (toujours), *never* (jamais). I have already talked to her. He hasn't called yet.

● Employé avec *for* (+ durée) et *since* (+ point de départ de l'action), il sert à parler d'une action qui a **démarré dans le passé** et qui **continue dans le présent**.

> I have known Paul for a long time. Je connais Paul depuis longtemps.
> He has worked here since 1985. Il travaille ici depuis 1985.

Les expressions clés

Pour exprimer le reproche
- Why did you do it?
- She reproached me with doing it.
- He shouldn't eat so much.
- Can't / Couldn't you be more patient?
- I wish you were nicer.
- How stupid of you to do it!

ANGLAIS

On s'entraîne !

1 QUIZ

Relie la réponse à l'amorce de sa question.

a. They left two days ago.
b. We drank two bottles of wine.
c. Allison bought nice shoes.
d. I saw Ben last night.

- How many?
- When?
- Who?
- What?

2 Used to

Qu'avait l'habitude de faire cet homme lorsqu'il avait 20 ans ? Utilise le vocabulaire suivant : *go to discos, hitch-hike…*

3 Le prétérit

Shakespeare was a famous playwright (*dramaturge*), poet, actor and director. He wrote comic, tragic and historical plays.

Write about Shakespeare's life and work using *write, be born, die, get married…*

1564: born • 1582: married Anne Hathaway; 3 children • 1588-1592: lived in London, actor, performances • 1592: *Richard III* • 1594: *Romeo and Juliet* • 1600-1606: the "Sonnets" • 1601: *Hamlet* • 1605: *Macbeth* • 1606: *King Lear* • 1616: died in Stratford-upon-Avon

4 Exprimer le reproche

A child comes back home quite late. His mother is waiting for him. She is rather angry and upset.

Express reproach.

5 Vocabulaire

Les mots en bleu ont été mélangés. **Remets-les dans la bonne phrase.**

a. As you are going to Greece and you are planning to come back, you'd better buy a single ticket.
b. If you are staying in London I advise you to get a return ticket.
c. There's too much snow, the plane can't take off; it has been delayed.
d. Our flight is late, it will only take off in 2 hours; it has been cancelled.

6 CONTRÔLE EXPRESS

Observe les illustrations, puis complète les phrases.

a. She was driving when ....
b. While I .... my mobile phone ....
c. We .... when ....
d. While .... a burglar ....

? indice
entrer par effraction : to break into

Vocabulaire | *Travels and tourism* (Voyages et tourisme)

- go abroad (to) : partir à l'étranger
- customs : la douane
- delayed : retardé
- cancelled : annulé
- flight : vol
- return ticket : aller-retour
- single ticket : aller simple
- check in (to) : enregistrer ses bagages
- go sightseeing (to) : faire du tourisme

Corrigés page 46 du Guide

6 L'expression du futur

Je me demande…
Comment choisir la bonne forme du futur ?

Les points clés

Le futur s'exprime de différentes manières.

1 *Be going to* + base verbale

● *Be* se conjugue au présent ; *going to* et la base verbale sont invariables. Cette expression sert à exprimer le **futur proche,** ce qu'on a l'intention de faire ou la prédiction d'un événement.

They're going to stay with us. It's going to rain.

2 *Be* + verbe + *-ing*

● Le présent continu sert à parler d'une **action prévue** et décidée à l'avance. La phrase doit contenir un complément de sens futur (*tomorrow, next*). Le sujet est un être animé.

The neighbours are coming for dinner **next Monday**.

3 *Will* + base verbale

● Cette forme sert à faire une simple **projection dans l'avenir**. C'est l'expression du futur la plus employée.

I will do it before Friday. Je le ferai avant vendredi.
He will certainly call you. Il t'appellera sûrement.

● À la forme négative, on a *will not* (*won't*). I won't be late.

● Dans les **subordonnées temporelles** introduites par les conjonctions *when, as soon as, while, until,* le verbe est au **présent** (alors qu'il est au futur en français). Le verbe de la proposition principale est au futur.

I'll tell her [principale] **as soon as** I see her [subordonnée].
Je lui dirai dès que je la verrai.

> **mini•dico**
> ● **housework**: ménage
> ● **spacesuit**: combinaison spatiale
> ● **succeed (to)**: réussir

Les expressions clés

Parler d'un auteur et de son œuvre

1. J'identifie l'auteur.
the author : l'auteur ● the writer : l'écrivain ● the poet : le poète ● the playwright : l'auteur dramatique ● the critic : le critique ● the journalist : le journaliste

2. J'identifie son œuvre.
a novel : un roman ● a short story : une nouvelle ● a play : une pièce de théâtre ● a criticism : une critique ● a poem : un poème ● a newspaper : un journal

3. J'exprime les intentions de l'auteur.
The author describes, denounces, insists on, underlines (*souligne*), examines, considers, comments on (upon), questions (*remet en question*)…

4. Je parle des idées de l'auteur.
The text deals with (*traite*), is about, raises the problem of (*soulève*)…

On s'entraîne !

❶ QUIZ

Relie ces phrases au verbe qui convient.

a. When .... you be back?
b. We'll have dinner when you .... back home.
c. She .... get a car as soon as she .... 18.
d. Look! It .... going to snow.
e. They .... probably call us.

- is
- are
- will

? indice

Dans les phrases **b.** et **c.**, les subordonnées sont introduites par *when* et *as soon as*.

❷ Projection dans le futur 🎧

What will life be like in 2050?
Useful vocabulary: *do the housework, wear spacesuits…*

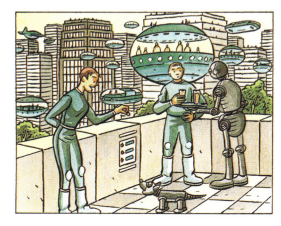

In 2050, we will…

❸ L'auteur et son œuvre

Relie le mot anglais à sa traduction française.

a. a playwright • • un écrivain
b. a short story • • un auteur dramatique
c. a novel • • un journal
d. a newspaper • • une nouvelle
e. a writer • • un roman

❹ Vocabulaire

Écris ce que tu vois en t'aidant du Vocabulaire.

❺ CONTRÔLE EXPRESS

Complète les phrases avec un verbe au présent ou au futur.

a. I .... (see) you when I .... (have) more time.
b. As soon as they .... (be) back, we .... (go) to the restaurant.
c. Samantha .... (have) a car when she .... (succeed) her exams.
d. When he .... (be) 18, he .... (be able) to vote.

Vocabulaire | *Music* (La musique)

- **composer**: compositeur
- **conductor**: chef d'orchestre
- **band**: groupe
- **songwriter**: parolier
- **string instruments**: instruments à cordes
- **grand piano**: piano à queue
- **cello**: violoncelle
- **drums**: batterie
- **keyboard**: clavier
- **loudspeaker**: haut-parleur
- **headphones**: écouteurs
- **chorus**: refrain
- **choir**: chœur, chorale
- **play the piano (to)**: jouer du piano
- **play an instrument (to)**: jouer d'un instrument
- **musician**: musicien
- **singer**: chanteur
- **dancer**: danseur

Corrigés page 46 du Guide

7 L'expression de la condition

Je me demande...
Comment exprimer une condition, une hypothèse, un souhait ?

Les points clés

1 *Would* + base verbale

- *Would* permet d'exprimer la **condition**.
    > If I had more time, I would drive you to the station.
    > Si j'avais plus de temps, je t'accompagnerais en voiture à la gare.

- *Would like to* + base verbale sert à exprimer le **souhait**, le **désir**.
    > I would like to live in Montreal. J'aimerais vivre à Montréal.

- *Would* + base verbale a donc les mêmes valeurs que notre **conditionnel présent**. La forme contractée de l'auxiliaire est '*d*.
    > I'd see her if she wanted. Je la verrais si elle voulait.

mini•dico
- **abroad**: à l'étranger
- **advice**: des conseils
- **income**: revenu

2 Concordance des temps avec *if*

- *If* + **présent** + **futur** (dans la principale)

If exprime une **hypothèse réalisable**.
> If I come earlier, I will make dinner.
> Si je rentre plus tôt, je préparerai le dîner.

- *If* + **prétérit** + **conditionnel présent** (dans la principale)

If exprime une **situation imaginaire**. Le prétérit n'exprime pas ici le passé mais le **non réel**.
> If I had more time, I'd go with you.
> Si j'avais plus de temps, j'irais avec toi.
> If I were younger, I would be a model.
> Si j'étais plus jeune, je serais mannequin.

*Pour conjuguer **be** au prétérit du non-réel, on a **were** à toutes les personnes.*

3 *I wish* + prétérit

- *I wish* exprime le **souhait**. L'expression suivie d'un verbe au **prétérit** fait référence à une **situation hypothétique**.
    > I wish I had a new bike. Si seulement j'avais un nouveau vélo !

*If she **were** a teacher, the students would love her.*

Les expressions clés

Pour exprimer la condition, le conseil, le souhait
- If you sleep now you'll get up earlier.
- If she had money she would buy you a computer.
- If I were you I wouldn't lie (*mentir*) to them.
- We'll go to the country unless (*à moins que*) it rains.
- Come with me otherwise (*autrement*) / if not you'll stay alone.
- You look tired, you should / ought to see a doctor.
- You'd better hurry up if you want to catch your train.

On s'entraîne !

1 QUIZ

Coche la bonne réponse.

a. I wish I ....
- ☐ will sleep more.
- ☐ could sleep more.

b. If I have more time I ....
- ☐ 'll play tennis.
- ☐ played tennis.

c. I would eat more if I ....
- ☐ were hungry.
- ☐ am being hungry.

d. He told me he ....
- ☐ would post the letter.
- ☐ 'll post the letter.

2 Vocabulaire

Describe this man.

....
....
....
....
....

3 Conseiller

Nadia wants to improve her English.

Give her some advice using *should(n't)*, *ought to*, *you'd better*, *if I were you...*

4 Exprimer la condition

William Bilton our new president!

Complete the candidate's speech.
Useful vocabulary: *to widen* (élargir), *to reduce, to build, to knock down* (démolir), *taxes*.

If I were elected president, I would ....

❓ indice
Attention à la concordance des temps dans les phrases exprimant la condition.

5 CONTRÔLE EXPRESS

Complète les phrases suivantes avec un verbe conjugué au temps qui convient.

a. If the weather .... (be) fine, we'll go for a picnic.

b. If I go to New York I .... (visit) the Metropolitan Museum of Art.

c. If she were older, she .... (drive) her father's car.

d. We would go to the concert if we .... (can) get cheap tickets.

e. If I .... (be) you I wouldn't go abroad.

❓ indice
Attention à la forme de *be* au prétérit du non-réel.

Vocabulaire | *Physical description* (La description physique)

- **grown-up**: adulte
- **teenager**: adolescent
- **elderly people**: personnes âgées
- **attractive**: séduisant(e)
- **good-looking**: beau, belle
- **handsome**: beau
- **pretty**: jolie
- **ugly**: laid(e)
- **bald**: chauve
- **freckles**: taches de rousseur
- **moustache**: moustache
- **beard**: barbe
- **clean-shaven**: rasé de près
- **wrinkle**: ride

Corrigés page 46 du Guide

8 Les auxiliaires modaux

Je me demande...
Quels sont les différents modaux ?
Quand les emploie-t-on ?

Les points clés

1 Règles générales

● Ils ont la **même forme** à toutes les personnes, sont **suivis de la base verbale** du verbe employé, n'ont **pas d'infinitif** et se conjuguent **sans auxiliaire**.

● Ils ne peuvent pas se conjuguer à tous les temps : ils ont donc des **équivalents**.

mini•dico
● **break into (to)** : entrer par effraction
● **stay (to)** : rester
● **truck** : camion

2 Emploi

Auxiliaire modal	Notions	Exemples
can / could	● capacité physique et intellectuelle ● permission ● demande polie	I can touch my toes. Can you speak italian? Can I go out tonight? Could you help me, please?
can't	● interdiction ● impossibilité	We can't swim here. She can't be an actress.
must	● obligation ● déduction	You must keep the secret. He must be a good player.
mustn't	● interdiction	You mustn't tell anyone.
may / might	● probabilité ● permission	It may / might snow. May I come in?
needn't	● absence d'obligation	I needn't (don't have to) hurry, I have time.

3 Les équivalents

● Au passé et au futur, les modaux prennent une autre forme mais gardent le **même sens**.

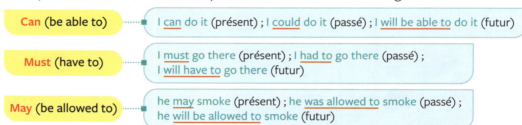

- **Can (be able to)** → I can do it (présent) ; I could do it (passé) ; I will be able to do it (futur)
- **Must (have to)** → I must go there (présent) ; I had to go there (passé) ; I will have to go there (futur)
- **May (be allowed to)** → he may smoke (présent) ; he was allowed to smoke (passé) ; he will be allowed to smoke (futur)

Les expressions clés

Pour exprimer la permission

● May / Can I come in?
● Do you mind if I take your car?
Est-ce que ça vous dérange si...
● He allowed me to drive his car.
Il m'a autorisé...
● He let me drive his car.
Il m'a laissé...

Pour exprimer l'interdiction

● You can't sit on this chair.
● You aren't allowed to use this telephone.
● It's forbidden to speak to the actress.
● Don't touch the flowers!
● You mustn't take this elevator.
● I'm afraid you can't play here.
● You have to get out of this room.

On s'entraîne !

1 QUIZ

Relie ces phrases à la notion qu'elles expriment.

a. You can't walk on the grass.
b. She must be sick.
c. You may stay here if you wish.
d. They can still be at work.

- déduction
- interdiction
- permission

2 Les modaux au futur

Mets ces phrases au futur.

a. I can't use my phone here.
b. He must go to the post office.
c. She may stay.
d. I must call the manager.

3 La probabilité avec un modal

A man broke into a house. The police know he wears a moustache and a beard. He is thin, with long hair and glasses. Look at the three suspects.
Write sentences expressing probability and certainty using *could(n't)*, *may*, *might*, *must*.

The culprit (*coupable*) must be…

4 Exprimer l'interdiction

Linda is going to the swimming-pool.

Write what she isn't allowed to do using *can't*, *not allowed to*, *mustn't*.

5 Vocabulaire

Classe ces mots dans le tableau suivant. Attention, certains d'entre eux peuvent figurer dans les deux colonnes.

stuntman • subtitles • rehearse (to) • shoot (to) • character • thriller • director • plot

Literature	Cinema

6 CONTRÔLE EXPRESS

Complète ces phrases avec un modal.

a. You .... make noise here; it's a hospital.
b. You .... take your passport to travel abroad.
c. .... you close the window, please?
d. The teacher is too far; I .... hear him.
e. .... you drive a truck?
f. Look at the sky. It .... rain.
g. .... we go to the museum?

Vocabulaire | *Literature and cinema* (Littérature et cinéma)

- writer : écrivain
- novelist : romancier
- playwright : auteur de pièces de théâtre
- character : personnage
- plot : intrigue

- thriller : roman, film à suspense
- short story : nouvelle
- poetry : poésie
- director : metteur en scène, réalisateur

- trailer : bande annonce
- soundtrack : bande sonore
- subtitles : sous-titres
- stuntman : cascadeur
- shoot (to) : tourner
- rehearse (to) : répéter

Corrigés page 46 du Guide

9 La possession

Je me demande...
Quelles sont les différentes façons d'exprimer la possession ?

Les points clés

1 Le génitif ou cas possessif

● Il exprime un **lien de parenté** ou de **possession**.

nom singulier + 's	nom pluriel en -s + '	pluriel irrégulier + 's
Peter's dog le chien de Peter	her friends' jokes les blagues de ses amis	the women's gloves les gants des femmes

En anglais, les noms de famille portent la marque du pluriel :
the Smiths' house.

● Le génitif peut aussi s'employer lorsque le possesseur est un groupe humain (ville, pays, etc.).
> France's castles : les châteaux de France
> the workers' rights : les droits des travailleurs

2 Les déterminants possessifs

● Ils servent également à exprimer ce **lien de parenté** ou de **possession**.
> my cat ● your cat ● his cat ● her cat ● its ball ● our cat ● your cat ● their cat

● À la 3ᵉ personne du singulier, il faut choisir le déterminant possessif en fonction du **genre du possesseur**.
> his glass (possesseur masculin) ● her glass (possesseur féminin)

3 Les pronoms possessifs

● Ils remplacent un nom déterminé par un déterminant possessif. Leur forme varie comme celle des déterminants possessifs en fonction de la personne :

mine	yours	his/hers/its	ours	yours	theirs

> It is my bike. It is mine. C'est mon vélo. C'est le mien.

4 Whose

● *Whose* interroge sur l'**appartenance**.
> Whose bag is it? À qui est ce sac ?
> Quatre réponses sont possibles :
> It's Sam's bag. It's Sam's. C'est le sac de Sam.
> It's his bag. It's his. C'est son sac.

mini•dico
● **backpack**: sac à dos
● **husband**: mari
● **lend (to)**: prêter
● **take an exam (to)**: passer un examen

Les expressions clés

Pour exprimer la certitude
● They must be on holiday.
● I'm certain / sure they went to the party.
● He can't be a manager.
● She can't have lied to him.
● I'm convinced that he is right.

Pour exprimer l'incertitude
● I have doubts about the results.
● I'm not (quite) convinced about their decision.
● I'm not sure about her motivation.
● I can't say for certain but I think...
● It's difficult to say for certain...

On s'entraîne !

1 QUIZ

Relie la phrase au déterminant ou au pronom possessif qui convient.

a. Pam was walking with .... hands in .... pocket.
b. I don't have my dictionary. Can I use .... ?
c. Fred and I will lend you .... house for your party.
d. It's Jennifer's. It isn't mine. It's ....

- our
- hers
- her
- yours

2 Questions-réponses

Observe ce dessin et réponds comme suit.
Ex. : Whose cap is it? It's Nat's cap. It's Nat's. It's his.

ALLISON   NAT

a. glasses   c. bike   e. backpack
b. tennis racket   d. moped

? indice
En anglais, on accorde le déterminant possessif avec le possesseur, et non avec l'objet possédé.

3 Exprimer l'incertitude

Kimberley has just taken her French exam. She has some doubts about the results.

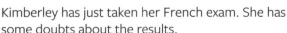

Express her feelings.

4 Vocabulaire

Complète ces phrases avec les mots suivants :
currency • lend • afford • expenses.

a. Allison and Jessica had to take the train, they couldn't .... to take the plane.
b. The dollar is one of the world's strongest ....
c. Cut down on (*Réduisez*) your .... if you want to buy a new car.
d. I need 150 €, could you .... me some money?

5 CONTRÔLE EXPRESS

Observe ce desssin. De qui s'agit-il ?

a. He is Mary's husband.   b. She's Coreen's mother.
c. She's Bernard's sister.   d. He's Gilbert's father.

Vocabulaire | **Money and bank** (Argent et banque)

- **afford (to)** : avoir les moyens
- **borrow from (to)** : emprunter à
- **owe (to)** : devoir (être débiteur)
- **earn money (to)** : gagner de l'argent
- **earn a living (to)** : gagner sa vie
- **income tax** : impôt sur le revenu
- **expenses** : dépenses
- **currency** : devise, monnaie
- **exchange rate** : taux d'échange
- **stock exchange** : bourse
- **share** : action

Corrigés page 46 du Guide

10 Le passif

Je me demande...
Qu'est-ce que le passif ?
Comment s'emploie-t-il ?

Les points clés

1 Formation du passif

- Le passif se forme avec *be* suivi du **participe passé** du verbe employé.
  This hotel was built in 2005. Cet hôtel a été construit en 2005.

- Il peut se construire **à tous les temps** : c'est *be* qui change de forme.

Présent simple	The murderer is arrested.
Présent continu	The murderer is being arrested.
Prétérit simple	The murderer was arrested.
Present perfect	The murderer has been arrested.

mini•dico
- **built** : construit
- **her biggest** : ses plus grands
- **repair (to)** : réparer
- **was born** : est né

- Le complément d'agent est **introduit par** *by*.
  My bike has been stolen by Henry. Mon vélo a été volé par Henry.

- Il peut **ne pas être exprimé**, si on ne le connaît pas ou s'il n'a pas d'importance.
  The bag will be brought back. On rapportera le sac.

2 Le passif des verbes à double complément

- Les verbes suivis de deux compléments (*give, tell, lend, teach, tell, ask, send, show*) ont **deux constructions passives** possibles.

She sent me a book.
      1   2
→ I was sent a book. (la plus fréquente)
→ A book was sent to me.

English is spoken here.

3 Emploi du passif

- Le passif met l'accent sur **celui qui subit l'action**.
  Leonardo da Vinci painted Mona Lisa. (actif)
  Mona Lisa was painted by Leonardo da Vinci. (passif)

- Une phrase avec le **sujet « on »** est rendue par une phrase passive en anglais.
  Beautiful toys are sold here. On vend de beaux jouets ici.

Les expressions clés

Pour exprimer les souhaits

- I want / would like / wish to be a famous painter.
- I want / would like my cousin to lend me his new game.
- If only we had more money! *Si seulement... !*
- I wish we had more money.
- I wish she would come to the party.
- I'd love to see this film again.
- I feel like visiting this museum. *J'ai envie de...*
- I'm dying to see her. *Je crève d'envie de...*

On s'entraîne !

1 QUIZ

Relie la phrase au verbe au passif qui correspond.

a. *ET* .... by Steven Spielberg.
b. Gertie .... by Drew Barrymore.
c. It .... 3 Oscars in 1982.

- was awarded
- was directed
- was played

2 Le passif

Construis des phrases au passif.

a. Buckingham Palace
- Built: 1705.
- Acquired: 1761 by George III.
- Rebuilt: 1821-1835.

b. The Eiffel Tower
- Built: 1887-1889 by Gustave Eiffel.
- Illuminated: 2000.

3 Composer des phrases

Forme des phrases avec un élément de chaque colonne.

Ex. : The telephone was invented by Alexander Bell.

The telephone	won	Beethoven
Mickey Mouse	composed	Alexander Bell
The Fifth Symphony	born	Shakespeare
Hamlet	invented	Stratford-upon-Avon
Shakespeare	written	Walt Disney
The 2018 Football Word Cup	created	France

4 Exprimer le souhait

In her journal, Margaret is writing her biggest wishes for the new year. What are they?

Express her wishes.

5 Vocabulaire

Complète ces phrases avec *to hurt somebody's feelings, to fall in love, to get on well, to make friends.*

a. If you want to .... with your new schoolmates, don't be shy; speak with them.

b. You said awful things about me, you really ....

c. Ben and Johanna never fight, they ....

d. As soon as I saw him, I ....

6 CONTRÔLE EXPRESS

Transforme les phrases suivantes comme dans l'exemple donné.

Ex. : Someone repairs it: it is repaired.

a. Someone repaired it: it ....
b. Someone was repairing it: it ....
c. Someone has repaired it: it ....
d. Someone will repair it: it ....
e. Someone can repair it: it ....

? indice

Souviens-toi : c'est *be* qui change de forme au passif.

Vocabulaire | *Love and friendship* (Amour et amitié)

- **mood**: humeur
- **happiness**: bonheur
- **disappointment**: déception
- **shy**: timide
- **lonely**: solitaire

- **I miss you**: tu me manques
- **fall in love (to)**: tomber amoureux
- **make friends with (to)**: se lier d'amitié avec

- **get on well with (to)**: bien s'entendre avec
- **hurt somebody's feelings (to)**: faire de la peine à quelqu'un

Corrigés page 46 du Guide

11 Les propositions relatives

Je me demande...
Comment une proposition relative se construit-elle ?

Les points clés

1 Construction

● La proposition relative est reliée à la principale par un **pronom relatif**.

> The woman speaks German. She is my best friend.
> The woman who speaks German is my best friend.
> La femme qui parle allemand est ma meilleure amie.

● Le choix de ce pronom dépend de l'**antécédent** (le mot qu'il représente) et de sa **fonction** (sujet ou complément) dans la phrase.

Fonction du pronom	Antécédent animé	Antécédent inanimé
sujet	**who** : The girl who lives here is Italian.	**which** : They saw an object which was unusual.
	that : The girl that lives here is Italian.	**that** : They saw an object that was unusual.
complément d'objet direct	**who(m)** : The girl who(m) you love is nice.	**which** : The table which I sold was old.
	that : The girl that you love is nice.	**that** : The table that I sold was old.
	Ø (omission) : The girl Ø you love is nice.	**Ø** (omission) : The table Ø I sold was old.
complément de nom (dont)	**whose** : I met someone whose* daughter I know.	**whose** : The book whose* cover is black is a dictionary.

*Attention : whose daughter I know (dont je connais la fille) → pas d'article devant le nom.

2 Prépositions

● Si le complément est introduit par une préposition, celle-ci est rejetée en **fin de proposition**.

> The pen (which / that) you are writing **with** is mine.
> Le stylo avec lequel tu es en train d'écrire est le mien.
> The man (whom / that) I spoke **to** is a famous pianist.
> L'homme à qui je parlais est un pianiste célèbre.

mini-dico
● **be laid off (to)** : être licencié
● **penfriend** : correspondant
● **unusual** : inhabituel

Les expressions clés

Pour exprimer la cause

- I missed the plane because (*parce que, car*) I left home too late.
- Because of (*à cause de*) the snow I can't take the car.
- As / Since (*comme, puisque*) I left home late I missed the plane.
- That's why we are late.
- That's the reason why we are late.

Pour exprimer la conséquence ou le but

- She didn't study seriously so / as a result / consequently (*c'est pourquoi*) she failed her exam.
- Leave now so that (*afin que*) you won't get there late.
- She studied Chinese so that she could be an interpreter.

ANGLAIS

258

On s'entraîne !

1 QUIZ

Relie deux éléments de chaque colonne pour construire des phrases ayant un sens.

a. They gave him
b. She was late
c. Paul brought to me all
d. She felt sorry for

- what she had said.
- which was unusual.
- (that) I needed.
- what he wanted.

2 Description

My penfriend is the one who's wearing a red scarf, whose bag is green. That's the tall girl who is reading a map.

Laquelle correspond à cette description ?

Nelly   Patricia   June

3 Les pronoms relatifs

Dans chacune des phrases suivantes, remplace *that* par l'un des deux relatifs proposés.

a. The man that I love is Italian. (Ø / which)
b. Could you pass me the plate that is in front of you? (which / whose)
c. The little girl that is playing outside is Frank's sister. (who / whose)

? indice
Pense à identifier l'antécédent d'abord.

4 Exprimer la conséquence

This man has just been laid off.

Express the consequences on him and his family.

5 Vocabulaire

Complète ces phrases avec le mot qui convient.

a. The murderer chose a famous .... (prosecutor / lawyer) to defend him.
b. The .... (lawyer / prosecutor) had proof that the man was guilty.
c. Because of the Watergate President Nixon had to .... (resign / appoint).
d. The new American president will soon .... (resign / appoint) his Secretaries of State.

6 CONTRÔLE EXPRESS

Complète les phrases suivantes avec un relatif.

a. She's the most interesting journalist .... I have ever met.
b. I had never met the woman .... came yesterday and .... bike is outside.
c. The sick man .... you can see over there is my grandfather.
d. .... is surprising is the way she dresses.
e. I don't know the people .... car I bought.
f. You're always on the phone, ... is unpleasant.
g. All .... you can see is real.

Vocabulaire | *Government and justice* (Gouvernement et justice)

- **law**: loi
- **mayor**: maire
- **member of Parliament (Representative US)**: député
- **Prime Minister**: Premier ministre
- **governor**: gouverneur
- **witness**: témoin
- **appoint (to)**: nommer
- **courtroom**: salle d'audience
- **prosecutor**: procureur
- **lawyer**: avocat
- **sentence**: condamnation
- **resignation, resign (to)**: démission, démissionner
- **charge with (to)**: condamner, accuser
- **guilty**: coupable

Corrigés page 47 du Guide

ANGLAIS

259

12 Le gérondif

Je me demande...
Quand faut-il employer le gérondif ?

Les points clés

La forme **verbe + -ing** (gérondif) peut être **complément** ou **sujet** (il peut se traduire en français par un infinitif ou par un nom).

I enjoy swimming. J'aime nager.
Swimming is a good sport. La natation est un bon sport.

mini•dico
- borrow (to) : emprunter
- enjoy : apprécier
- skating : patinage (patin à roulettes)

1 Les prépositions suivies du gérondif

● Le gérondif s'emploie **après les prépositions** *about, after, before, by, from, of, without, for, in, to* (sauf *to* de l'infinitif).

He went out **after** cleaning his room. Il est sorti après avoir nettoyé sa chambre.
I'm looking **forward** to seeing you. J'ai hâte de vous revoir.
I'm not used **to** drinking wine. Je n'ai pas l'habitude de boire du vin.

2 Les verbes suivis du gérondif

● Les verbes exprimant les goûts : *to love, to like, to dislike, to enjoy, to hate, to prefer*.

I **love** cooking for my friends.   I **hate** being late.
J'adore cuisiner pour mes amis.   Je déteste être en retard.

● Les verbes *to start*, to begin*, to stop, to go on, to keep on, to finish*.

Stop complaining. Arrête de te plaindre.
The baby **started** crying. Le bébé commença à pleurer.
He **went on** speaking. Il continua à parler.

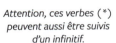

Attention, ces verbes (*) peuvent aussi être suivis d'un infinitif.

3 Les expressions suivies du gérondif

● Le gérondif s'utilise après les expressions suivantes.

She can't bear sleeping alone.	Elle ne supporte pas de dormir seule.
It's no use getting up so early.	Ça ne sert à rien de se lever si tôt.
They can't help being rude.	Ils ne peuvent pas s'empêcher d'être impolis.
It's worth trying.	Ça vaut la peine d'essayer.

Les expressions clés

Pour dire ce que l'on aime

- I like / love / enjoy cooking.
- I'm fond of reggae / listening to reggae.
- I'm crazy about this American actor.
- I'm mad about Mark.
- It's fun / good / a pleasure to speak with you.
- It's great! It's terrific! It's exciting!

Pour dire ce que l'on n'aime pas

- I dislike / don't like working with Melissa.
- I hate (*je déteste*) working late.
- I can't stand / can't bear going camping. *Je ne supporte pas...*
- It's so bad / awful / disgusting / horrible.
- Riding a horse isn't my cup of tea / my thing. *Ce n'est pas mon truc.*
- It's the worst film ever.
- What a bad videogame this is!

On s'entraîne !

1 QUIZ

Relie deux éléments pour construire des phrases qui ont un sens.

a. I'm hot.
b. If you're free tonight.
c. Jane isn't at home.
d. I studied Spanish.

- What about going to the cinema?
- It's no use calling her again.
- Do you mind opening the windows?
- I don't mind translating the letter for you.

4 Vocabulaire

Complète les phrases suivantes avec le mot qui convient.

a. Where can you buy books? At a ....
b. Where can you borrow books? At a ....
c. He easily understands how people feel. He is ....
d. It was not .... to do such a stupid thing!
e. Yesterday I .... a circus.
f. Who are you .... ?

2 Se présenter

Parle de ce que tu aimes et n'aimes pas.

N°	NAME :	Firstname :
I LOVE	I LIKE	I ENJOY	I HATE	I CAN'T STAND	I'M FOND OF	I PREFER

3 L'expression du goût 🎧

Observe les goûts de Mary et construis des phrases à partir des symboles.

Ex. : She prefers watching TV.

Love ♥♥♥ • Like ♥♥ • Hate ⛈⛈⛈
• Don't like ⛈⛈ • Don't mind ♥⛈ • Prefer ♥♥.

5 CONTRÔLE EXPRESS

Complète ces phrases à l'aide d'un des verbes ou expressions suivants.

like • prefer • hate • keep • be used to • it's no use • it's worth • how about

a. He likes playing tennis but he .... (swim).
b. I .... (not) .... (drive) on the left; it's different.
c. I .... (get up) early especially when I went to bed late!
d. She .... (ski) but she prefers skating.
e. It .... (cry). He won't come back.
f. He .... (tell) me I'm beautiful.
g. I'm hungry. .... (go out) to dinner?
h. The film is boring, it .... not .... (see).

? indice
come back: revenir • boring: ennuyeux

Vocabulaire | **Quelques faux amis**

- to achieve: réaliser
- to complete: achever
- to attend: assister
- to wait for: attendre

- chance: hasard
- luck: chance
- library: bibliothèque
- bookshop: librairie

- sensible: sensé
- sensitive: sensible
- to sympathise: compatir
- to make friends: sympathiser

Corrigés page 47 du Guide

ANGLAIS

Test – Bilan

Let's start!

Le groupe nominal

1 There are not .... people in the library.
☐ many ☐ much ☐ a lot

2 Be careful! There's .... behind the door.
☐ anybody
☐ somebody
☐ nobody

3 .... interesting novel!
☐ What ☐ What a ☐ What an

4 We were all sick! It's .... restaurant in town.
☐ the worst ☐ worst ☐ the more

5 Comment dirais-tu : « Il n'y a rien dans la boîte » ?
☐ There's something in the box.
☐ There isn't nothing in the box.
☐ There's nothing in the box.

6 Comment dirais-tu que ce vélo est le tien ?
☐ This bike is my bike.
☐ This bike is mine.
☐ This bike is his.

.... /6

Le groupe verbal

7 We have been here .... 5 o'clock.
☐ at ☐ for ☐ since

8 She was driving when the dog .... on the car.
☐ jumped
☐ has jumped
☐ jumping

9 I'll tell her as soon as I .... her.
☐ will see ☐ see ☐ have seen

10 I wish I .... there with you.
☐ could be ☐ can be ☐ will be

11 If you .... faster you .... the race.
☐ ran … will win
☐ ran … would win
☐ had run … will win

12 Tomorrow they .... get up earlier.
☐ will have to ☐ must ☐ had to

13 The roof .... by my neighbour.
☐ was repaired
☐ was repairing
☐ has repaired

14 This book is worth ....
☐ I read ☐ reading ☐ to read

15 Comment dirais-tu : « On a célébré Halloween ici » ?
☐ Halloween is celebrated here.
☐ Halloween celebrates here.
☐ Halloween was celebrated here.

.... /9

La phrase

16 .... backpack is it? It's Paul's.
☐ Which ☐ What ☐ Whose

17 The car .... I bought was very expensive.
☐ whom ☐ whose ☐ which

18 .... did you call him .... ?
☐ Why … for
☐ What … like
☐ What … for

19 Roman visited the zoo, ... ?
☐ did he ☐ didn't he ☐ visited he

20 Comment dirais-tu : « Lucy est si fatiguée » ?
☐ Lucy is so tired.
☐ Lucy is too tired.
☐ Lucy is so much tired.

.... /5

Score total : .... /20 **CORRIGÉS P. 47 DU GUIDE**

ESPAGNOL

1. Le présent de l'indicatif, *ser* et *estar* — 264
2. Pronoms compléments, tournures affectives — 266
3. Les prépositions, deux temps du passé — 268
4. Futur et conditionnel, négation et interrogation — 270
5. Le gérondif, les possessifs — 272
6. L'obligation, le besoin, les adverbes (quantité et manière) — 274
7. Le subjonctif présent — 276
8. L'impératif — 278
9. L'habitude, les comparatifs — 280

▶ **TEST – BILAN** — 282

1 Le présent de l'indicatif, *ser* et *estar*

Je me demande...
Quelle est la conjugaison des verbes au présent ? Quand utiliser *ser* et *estar* ?

Les points clés

1 Le présent de l'indicatif

● Formation des verbes réguliers :
– verbes en *-ar* : radical + *-o, -as, -a, -amos, -áis, -an* ; Ellos cantan el himno nacional.
– verbes en *-er* : radical + *-o, -es, -e, -emos, -éis, -en* ; Juan come mucho chocolate.
– verbes en *-ir* : radical + *-o, -es, -e, -imos, -ís, -en*. Vivimos en Madrid.

● Certains verbes **diphtonguent** ou **s'affaiblissent** aux trois personnes du singulier et à la 3ᵉ personne du pluriel.

Diphtongue (e → ie / o → ue)		Affaiblissement (e → i)
qu**e**rer (*vouloir*)	p**o**der (*pouvoir*)	p**e**dir (*demander*)
qu**ie**ro	p**ue**do	p**i**do
qu**ie**res	p**ue**des	p**i**des
qu**ie**re	p**ue**de	p**i**de
queremos	podemos	pedimos
queréis	podéis	pedís
qu**ie**ren	p**ue**den	p**i**den

¡Quiero ser una famosa cantante!

● Quelques verbes **irréguliers** (hors catégories) :

- dar → **doy**, das...   hacer → **hago**, haces...   traer → **traigo**, traes...
- saber → **sé**, sabes...   poner → **pongo**, pones...   caber → **quepo**, cabes...
- ir → **voy**, vas, va, vamos, vais, van

2 Ser et estar

● *Ser* et *estar* signifient tous deux « être » mais ils ne s'emploient pas dans les mêmes cas.

Ser s'emploie pour...
- définir, décrire ou caractériser un « **état permanent** »
  Mario es mexicano. Vosotros sois amigos.

Estar s'emploie pour...
- décrire un état souvent « **passager** »
  El cielo está cubierto. Estamos contentos.
- situer dans le **temps** ou l'**espace**
  Estamos en invierno. Francia está en Europa.

Communiquer

Parler de son pays

Vicente quiere conocer a un compañero nuevo.
–Hola, Manuel, soy Vicente. ¿Tú eres argentino, verdad?
–No, soy uruguayo. ¿Sabes? Las clases allí empiezan en marzo ya que estamos en el hemisferio sur.
–¡Qué curioso! Bueno, ¿y estás contento aquí en España?
–Sí. Tengo muchas ganas de empezar a estudiar.

mini•dico
● **ya que**: car
● **tener ganas**: avoir envie

On s'entraîne !

1 QUIZ

Ser ou estar : les phrases sont-elles correctes ?

	V	F
a. Soy cansado.	☐	☐
b. Somos en el mes de agosto.	☐	☐
c. Sus padres son médicos.	☐	☐
d. Barcelona está en España.	☐	☐
e. Estás inteligente.	☐	☐

2 Conjugaison

Trouve l'infinitif des verbes conjugués et écris-le dans les parenthèses.

a. Las clases empiezan (........................) en septiembre.
b. Yo no puedo (........................) comer carne.
c. Mis padres piensan (........................) viajar a China.
d. Juan se acuesta (........................) muy tarde.
e. Valeria almuerza (........................) todos los días en casa de su madre.

3 Traduction

Traduis les phrases suivantes.

a. Mis amigos van a la escuela en autobús.
b. Sé muchas cosas.
c. Rafael es mi primo, está en Madrid de vacaciones.
d. Esta mujer es francesa.
e. ¿Dónde están mis llaves?

? indice

primo: cousin • mujer: femme • llaves: clés

4 Donner son avis

Écoute et complète le dialogue en conjuguant les verbes proposés.

tener • poder • estar • preferir • querer

–Buenos días, chicos, ¿.................... contentos con la vuelta al cole?

–Yo no .... contenta. .... estar en la playa con mis amigos.

–Pero Camila, ya .... 15 años, no .... vivir de vacaciones, debes aprender cosas también.

–Yo .... viajar, salir de fiesta, ver la tele y estar con mis amigos. No .... venir a la escuela.

5 Vocabulaire

Écris en toutes lettres les chiffres suivants.

a. 67 : ....
b. 30 : ....
c. 83 : ....
d. 94 : ....
e. 79 : ....
f. 103 : ....

6 CONTRÔLE EXPRESS

Traduis les phrases suivantes en veillant aux irrégularités de certains verbes.

a. Je te donne mes livres.
b. Son frère est très gentil.
c. Les élèves sont en cours de musique.
d. Carmen ne se couche jamais avant dix heures.
e. Veux-tu venir au cinéma avec moi dimanche ?

? indice

gentil : bueno • cours : clase
se coucher : acostarse • avant : antes

 **Vocabulaire** | *Los números de 30 a 100* (Les nombres de 30 à 100)

- 30 : treinta
- 31 : treinta y uno
- 32 : treinta y dos
- 40 : cuarenta
- 50 : cincuenta
- 60 : sesenta
- 70 : setenta
- 80 : ochenta
- 90 : noventa
- 100 : cien
- 101 : ciento uno
- 102 : ciento dos

Corrigés page 47 du Guide

2 Pronoms compléments, tournures affectives

Je me demande...
Qu'est-ce que les tournures affectives ? Comment se forment-elles ?

Les points clés

1 Les pronoms personnels compléments

	Singulier			Pluriel			Réfléchi (3ᵉ pers.)
COD	me	te	lo, la, le	nos	os	los, las, les	se
COI	me	te	le	nos	os	les	se

● Les pronoms personnels compléments se placent **devant** le verbe.

Le digo.   Os doy mis pasteles.   Te llamo.
Je lui dis.   Je vous donne mes gâteaux.   Je t'appelle.

● À l'infinitif, au gérondif et à l'impératif affirmatif, ils peuvent se souder à la **fin du verbe** (c'est l'**enclise**).

Ha venido a vernos.   Está llamándola constantemente.   Levántate.
Il est venu nous voir.   Il l'appelle constamment.   Lève-toi.

2 Les tournures affectives

● La tournure affective s'utilise avec les verbes exprimant un **sentiment** ou une **sensation**, comme *gustar* (aimer).

Structure : pronom complément + verbe + sujet

Me gusta el cine. J'aime le cinéma.
Te gustan los gatos. Tu aimes les chats.
Les gusta esquiar. Ils/Elles aiment skier.

A mí me encanta pasar las vacaciones en familia.

● On peut ajouter un complément de personne en tête de phrase pour insister ou lever une ambiguïté.

Le gustan los caramelos. → ¿a él?, ¿a ella?, ¿a usted?

● Se construisent comme *gustar* : **apetecer** (avoir envie) et **encantar** (adorer).

Hoy no me apetece ir a clase. Aujourd'hui je n'ai pas envie d'aller en cours.
A mis padres les encanta el mar. Mes parents adorent la mer.

Communiquer

Parler de ses goûts

Martina habla de sus gustos y preferencias.

« Pues a mí me gusta mucho la naturaleza. Siempre vamos al campo con mis padres, a ellos les encanta. Nos gusta más el campo que la playa. Mis padres prefieren la montaña porque se puede hacer senderismo y respirar un aire muy puro. A mí me encanta acampar pero no me gusta llevar la mochila... La ciudad también me gusta: por ejemplo, ¡Siempre me apetece ir al cine, comer con amigos y bailar! »

mini·dico
● **la naturaleza** : la nature
● **hacer senderismo** : faire de la randonnée
● **acampar** : camper, faire du camping

On s'entraîne !

1 QUIZ

Le verbe *gustar* est-il bien conjugué ?

	V	F
a. A mí me gusta el chocolate.	☐	☐
b. A Juan y Pedro les gustan el fútbol.	☐	☐
c. A vosotros os gusta bailar.	☐	☐
d. A ti te gustan los animales.	☐	☐
e. A nosotros nos gustan los caramelos.	☐	☐
f. A ellos les gustan el cine.	☐	☐

2 L'enclise

Réécris les phrases en remplaçant le complément en bleu par un pronom.

Ex. : Necesito llamar a Diego. → Necesito llamarle.

a. Quiero ver a mis abuelos. → …..
b. Llevo meses diciendo a mi hijo que se acueste temprano. → …..
c. No va a estudiar su lección. → …..
d. Lava los platos. → …..
e. Di a Juan que no llegue tarde para la cena. → …..

? indice
Lorsqu'ils sont COD, les pronoms compléments s'accordent aussi en genre à la 3ᵉ personne.

3 Traduction

Traduis les phrases suivantes.

a. Je t'appelle à neuf heures.
b. Pour toi, c'est facile.
c. Je peux vous appeler demain, monsieur.
d. Nous adorons regarder la télé.
e. J'ai envie de fraises.

4 Parler de ses goûts

Écoute et complète le dialogue suivant.

–Oye, Sergio, ¿te …………… los deportes?

–Sí, …………… encantan. ¿Y a ti, Luis?

–…………… mí también, pero no todos. Me …………… mucho el tenis, por ejemplo. Y a mi padre …………… encanta el fútbol, es del Barça.

–¡Qué chulo! …………… sobre todo me …………… los deportes de riesgo, como las carreras de coche y el boxeo.

5 Vocabulaire

Relie chaque expression à son dessin.

a. ir a bailar • • 1.
b. esquiar • • 2.
c. jugar con el ordenador • • 3.
d. nadar • • 4.

6 CONTRÔLE EXPRESS

Construis des phrases d'après le modèle.
Ex. : gustar • yo • el baloncesto → A mí me gusta el baloncesto.

a. encantar • tú • las revistas de moda → …..
b. apetecer • ellos • ir al cine → …..
c. gustar • vosotros • las pastas → …..
d. gustar • nosotros • correr → …..
e. encantar • mi padre • el mar → …..

? indice
A mí me gusta el baloncesto = le basket me plaît.

Vocabulaire | *El ocio y los deportes* (Les loisirs et les sports)

- jugar a los videojuegos: jouer aux jeux vidéo
- navegar por internet: surfer sur Internet
- escuchar música: écouter de la musique
- sacar fotos: faire des photos
- nadar: nager
- esquiar: skier
- baloncesto: basket-ball
- balonmano: handball
- fútbol: football
- montar en bicicleta: faire du vélo

Corrigés page 47 du Guide

3 Les prépositions, deux temps du passé

Je me demande…
Comment conjuguer des verbes à l'imparfait et au passé composé ?

Les points clés

1 Les prépositions

- pour indiquer le **mouvement**, le **déplacement**
  Va <u>a</u> Portugal. Viajamos <u>a</u> Francia.
- devant un COD désignant un **être animé**
  Invito <u>a</u> mis padres.

- pour situer dans l'**espace** et dans le **temps**
  Viven <u>en</u> Roma. Estamos <u>en</u> primavera.
- devant un **moyen de transport**
  Viaja <u>en</u> tren.

a   **en**
por   **para**

- pour indiquer le **lieu où l'on passe**
  Voy <u>por</u> la autopista.
- pour exprimer la **cause**
  No se hace <u>por</u> mal tiempo.
- pour traduire « **par** » (voix passive)
  Esa película ha sido realizada <u>por</u> Almodóvar.

- pour exprimer le **but**
  Necesito tijeras <u>para</u> cortar el papel.
- pour indiquer un **point de vue**, un **avis**
  <u>Para</u> mí es muy interesante.
- pour indiquer le **destinataire**
  Este libro es <u>para</u> Eduardo.

2 L'imparfait

● L'imparfait se forme avec le **radical** du verbe + les terminaisons suivantes :
– pour les verbes en **-ar** : -aba, -abas, -aba, -ábamos, -abais, -aban ;
    <u>Estaban</u> muy contentos con los resultados de la elección.
– pour les verbes en **-er** et **-ir** : -ía, -ías, -ía, -íamos, -íais, -ían.
    En 1990, Jorge <u>vivía</u> en Perú.

● Il n'y a que 3 verbes **irréguliers** à l'imparfait : ir → iba ; ser → era ; ver → veía.

3 Le passé composé

● Formation : *haber* au présent (*he, has, ha, hemos, habéis, han*) + **participe passé** (verbes en *-ar* : *-ado*, verbes en *-er* et *-ir* : *-ido*).
    Hoy me <u>he levantado</u> muy temprano. Aujourd'hui, je me suis levé très tôt.

● Certains participes passés sont **irréguliers** : hacer → hecho ; decir → dicho ; ver → visto.

Communiquer

Parler de son week-end

Dos amigas hablan de lo que han hecho durante el puente de la Constitución.

–Hola, María, ¿qué <u>has hecho</u> el fin de semana del puente?
–<u>He viajado</u> a Madrid en tren, y <u>he pasado</u> tres días estupendos. ¿Y tú?
–<u>Yo he ido</u> en barco a la isla de Menorca. <u>Hacía</u> sol, <u>ha sido</u> genial: ¡playa todos los días!
–¿Playa todos los días en pleno invierno? ¡Qué suerte! Veo que <u>has disfrutado</u> mucho de tu viaje.

mini·dico
puente: pont (long week-end, qui a lieu en décembre ici).

ESPAGNOL

268

On s'entraîne !

1 QUIZ

Entoure la préposition qui convient.

a. Juan va a / en Argentina.
b. Paso por / para la casa de mis padres.
c. Han elegido presidente para / a una mujer.
d. Mi deporte preferido es montar por / en bicicleta.
e. Necesito pasaporte para / por viajar.

2 Le participe passé

Indique le participe passé des verbes suivants.

a. ver → ....
b. esperar → ....
c. decir → ....
d. partir → ....
e. tener → ....

3 Traduction

Traduis les phrases suivantes.

a. Era la hora de comer.
b. ¿Adónde mirabais?
c. Las tiendas abrían a las 16:00.
d. El chico corría para no perder el autobús.

4 Raconter un souvenir d'enfance

Écoute et complète le récit suivant en conjuguant les verbes.

Liliana escribe en su diario.

« Cuando era pequeña (yo, montar) .... en bicicleta por las calles de mi ciudad. (yo, pasear) .... por muchos parques y jardines, todos muy bonitos. A veces, (yo, dejar) .... la bici y (yo, coger) .... el tren con mi madre para ir a visitar a una amiga. Juntas (nosotras, ir) .... en coche a la playa y (nosotras, pasar) .... una tarde fantástica. »

5 Vocabulaire

Relie le moyen de transport au dessin qui convient.

a. la bicicleta • • 1. 🚲
b. el barco • • 2. 🚗
c. el coche • • 3. 🚋
d. el tranvía • • 4. ⛵

6 CONTRÔLE EXPRESS

Traduis ces phrases conjuguées au passé composé ou à l'imparfait.

a. He ido a Italia.
....
b. Para ella ha sido un problema.
....
c. Han estado de vacaciones en Australia.
....
d. No sabías que había que pasar por allí.
....
e. Lo he hecho por ti.
....

? indice

Ido, sido et *hecho* sont les participes passés des verbes « ir », « ser » et « hacer ».

Vocabulaire | *Los medios de transporte* (Les moyens de transport)

- el avión : l'avion
- el tren : le train
- el autobús : le bus
- la motocicleta : la moto
- el tranvía : le tramway
- el helicóptero : l'hélicoptère
- el cohete : la fusée
- andar : marcher
- el patinete : la trottinette
- a caballo : à cheval

Corrigés page 47 du Guide

ESPAGNOL

4 Futur et conditionnel, négation et interrogation

Je me demande…
Quelles sont les formations du futur et du conditionnel ?

Les points clés

1 Le futur

- Formation du **futur de l'indicatif** : infinitif + *-é, -ás, -á, -emos, -éis, -án*

   Mañana visitaré la Sagrada Familia. Demain, je visiterai la Sagrada Familia.

- Certains verbes **irréguliers** subissent une modification de leur radical.

hacer → har-	decir → dir-	poder → podr-
poner → pondr-	querer → querr-	saber → sabr-
salir → saldr-	tener → tendr-	venir → vendr-

  Saldré de vacaciones el 15 de julio.

- Formation du **futur proche** : *ir a* + infinitif

   Voy a ir a la piscina. Je vais aller à la piscine.

2 Le conditionnel

- Formation : infinitif + *-ía, -ías, -ía, -íamos, -íais, -ían*

- Les verbes **irréguliers** sont les mêmes qu'au **futur** (même modification du radical).

   No sabría contestar esa pregunta. Je ne saurais pas répondre à cette question.

3 Les phrases interrogatives et négatives

- La phrase **interrogative** est introduite par un mot interrogatif qui porte toujours un **accent écrit** : *¿qué?, ¿cómo?, ¿cuándo?, ¿dónde?, ¿por qué?, ¿quién(-es)?, ¿cuál(-es)?, ¿cuánto(-a, -os, -as)?*

   ¿Cómo se llama el alumno nuevo? Comment s'appelle le nouvel élève ?

- Dans la phrase **négative**, le verbe est toujours précédé d'une négation :
no, ni, nunca (jamais), *nada* (rien), *nadie* (personne).

   Nunca he comido gazpacho. Je n'ai jamais mangé de gazpacho.

- L'adverbe *no* se place toujours **devant le verbe**. On peut le renforcer en ajoutant un autre terme négatif après le verbe.

   Mi padre no ve (nunca) la tele. Mon père ne regarde pas (/jamais) la télé.

Communiquer

Parler de ses projets

Un grupo de niños habla de sus proyectos en el patio de la escuela.
María : Yo de grande quiero ser maestra como mi madre. Me gustaría enseñar Historia a los niños. Y a ti, Martín, ¿qué te gustaría ser?
Martín : Pues, cuando sea mayor me gustaría ser piloto de avión.
Carla : A mí, me gustaría trabajar en una ONG para ayudar a la gente. ¿Y a ti, Sergio?
Sergio : Bueno, a mí… ¡no me gustaría crecer nunca!

mini·dico
- **mayor** : adulte
- **ayudar** : aider
- **crecer** : grandir

On s'entraîne !

1 QUIZ

Relie l'infinitif à son verbe conjugué.

- a. haber • • seré
- b. viajar • • saldremos
- c. salir • • viajaréis
- d. ser • • harás
- e. hacer • • habrán

2 Conjugaison

Conjugue ces verbes au conditionnel.

a. Yo no (poder) .... viajar en avión.
b. A Juan y a Esteban les (encantar) .... organizar fiestas.
c. Él no (hacer) .... eso.
d. Nos (comer) .... el plato entero.
e. ¿(Tú, volver) .... a ver esa película?
f. (Yo, ir) .... a cualquier parte contigo.

3 Interrogation et négation

Complète les phrases avec le mot interrogatif ou le mot négatif qui convient.

a. ¿.................... playas tiene este balneario?
b. .... quiero que .... me dé lecciones (*donner des leçons*).
c. ¿.................... te gustan tanto las matemáticas?
d. .... en mi vida he comido sardinas.
e. ¿.................... has hecho durante las vacaciones?
f. Dime .... vas a comenzar la escuela.

4 Parler de ses projets

Écoute et complète le dialogue suivant.

– Papá, ¿tú qué querías ser ....?
– Quería ser médico, y tú mi niña, ¿que te gustaría ser .... grande?
– Pues, ... mayor, me .... trabajar con animales.
– A los que curan animales se les llama veterinarios. ¿Te .... veterinaria?
– Sí, me ....!

5 Vocabulaire

Relie les métiers aux dessins.

- a. el bombero • • 1.
- b. el cocinero • • 2.
- c. el camarero • • 3.
- d. el peluquero • • 4.

6 CONTRÔLE EXPRESS

Traduis les phrases suivantes en veillant à bien respecter les temps verbaux.

a. No quiero ir a Madrid.
b. Me gustaría visitar el museo del Louvre.
c. ¿Cuántos años tiene tu padre?
d. El perro de mi vecino no ladra nunca.
e. Voy a estudiar mucho este año.

? **indice**
vecino: voisin • ladrar: aboyer

Vocabulaire | *Los oficios* (Les métiers)

- abogado(-a): avocat(e)
- arquitecto(-a): architecte
- azafato(-a): stewart, hôtesse de l'air
- agricultor(a): agriculteur(-rice)
- cantante: chanteur(-euse)
- dependiente(-a): vendeur(-euse)
- enfermero(-a): infirmier(-ière)
- ingeniero(-a): ingénieur(e)
- periodista: journaliste
- pianista: pianiste
- policía: policier(-ière)
- secretario(-a): secrétaire

Corrigés page 47 du Guide

ESPAGNOL

5 Le gérondif, les possessifs

Je me demande...
Quand dois-je utiliser le gérondif ? Quels sont les différents possessifs ?

Les points clés

1 Le gérondif et la forme progressive

● Formation du gérondif : **radical** de l'infinitif + **-ando** (verbes en *-ar*) ou **-iendo** (verbes en *-er* et *-ir*). Il est invariable.

Han venido andando. Ils/Elles sont venu(e)s en marchant.

● Quelques verbes ont un gérondif **irrégulier** : dormir → durmiendo ● pedir → pidiendo... Par ailleurs, *-iendo* devient *-yendo* après une voyelle : leer → leyendo ● ir → yendo...

● Employé avec *estar*, le gérondif exprime une **action progressive**, en train de se dérouler.

Estoy comiendo una manzana. Je suis en train de manger une pomme.

2 Les possessifs

● Les **adjectifs possessifs** s'accordent en genre et en nombre et se placent avant le nom.

	Un seul objet possédé (sing.)	Plusieurs objets possédés (pl.)
1ʳᵉ pers.	mi (*mon, ma*) ; nuestro, nuestra (*notre*)	mis (*mes*) ; nuestros, nuestras (*nos*)
2ᵉ pers.	tu (*ton, ta*) ; vuestro, vuestra (*votre*)	tus (*tes*) ; vuestros, vuestras (*vos*)
3ᵉ pers.	su (*son, leur*)	sus (*ses, leurs*)

Mi casa es blanca.   Tus padres son amables.
Ma maison est blanche.   Tes parents sont gentils.

● Les **pronoms possessifs** sont utilisés pour remplacer un nom ou accentuer la possession. Ils peuvent ou non être précédés de l'article.

	Un seul objet possédé (sing.)	Plusieurs objets possédés (pl.)
1ʳᵉ pers.	mío, mía (*mien, mienne*) nuestro, nuestra (*nôtre*)	míos, mías (*miens, miennes*) nuestros, nuestras (*nôtres*)
2ᵉ pers.	tuyo, tuya (*tien, tienne*) vuestro, vuestra (*vôtre*)	tuyos, tuyas (*tiens, tiennes*) vuestros, vuestras (*vôtres*)
3ᵉ pers.	suyo, suya (*sien, sienne*)	suyos, suyas (*siens, siennes*)

Esos pantalones son míos. Ce pantalon-là est le mien. Es la tuya. C'est la tienne.

 ## Communiquer

Parler de ses horaires

Teresa cuenta en un mail a su amiga Juana cómo es su día tipo en Noruega.

« Los lunes, por ejemplo, me levanto a las 7:00 de la mañana. Me ducho rápidamente, desayuno y a las 7:30 estoy cogiendo el autobús. A las 8:30 entro a clase. A las 12:30 almuerzo en el comedor del colegio. Vuelvo a clase hasta las 15:00. Llego a mi casa, a las 16:00 hago los deberes y ceno. Me acuesto a las 20:00 y a las 21:00 ya estoy durmiendo. »

mini•dico
● **Noruega**: Norvège
● **cenar**: dîner
● **acostarse**: se coucher

On s'entraîne !

1 QUIZ

Par quel pronom possessif peut-on remplacer les expressions en bleu ?

a. Me encantan los juegos de Jorge.
b. Este teléfono es de mi hermana.
c. ¿Vamos con tu coche?
d. Yo me preparo mi desayuno.

- el tuyo
- los suyos
- el suyo
- el mío

2 Les adjectifs possessifs

Complète ces phrases avec un possessif.

a. Jaime come todos los domingos con .... abuelos.
b. Voy a reparar .... coche.
c. Nosotros respetamos .... compromisos.
d. Vosotros tenéis que hacer .... maletas y nosotros las nuestras.

3 Traduction

Traduis les phrases suivantes.

a. Estoy almorzando.
b. Tus padres te están llamando.
c. Estamos volviendo a casa.
d. Mi hermana está estudiando español.
e. ¿Estás utilizando mi tableta?

? indice
almorzar : déjeuner • tableta : tablette

4 Parler de ses horaires

Écoute et complète le dialogue suivant en conjuguant les verbes proposés.

–Oye, Cristina, ¿qué haces los domingos?
–Bueno, ... (levantarse) bastante tarde, a eso de las 11:00. .... (desayunar) un café solo y a las 13:00 .... (almorzar) con mis padres. Por la tarde .... (ver) un poco la tele, luego .... (jugar) al tenis con mi hermano y hacia las 20:00 .... (cenar) todos juntos, ¿y tú?
–Pues yo también .... (levantarse) tarde. Luego .... (ducharse), ... (vestirse) y voy a casa de mis abuelos. Paso allí todo el día.

5 Vocabulaire

Surligne les animaux de la ferme.

el elefante	el perro	el cerdo	el león
el mono	la vaca	la serpiente	
el oso	la oveja	el pez	el conejo
el caballo	la gallina	el gato	

6 CONTRÔLE EXPRESS

Mets ces phrases à la forme progressive.

a. Mi madre lee un libro muy interesante.
b. Los niños comen caramelos.
c. Nosotros jugamos al fútbol.
d. Estudio con mis compañeros.

Vocabulaire | *Los animales* (Les animaux)

- el caballo : le cheval
- el cerdo : le porc
- el cocodrilo : le crocodile
- el conejo : le lapin
- el elefante : l'éléphant
- la gallina : la poule
- el gato : le chat
- la jirafa : la girafe
- el león : le lion
- el mono : le singe
- el oso : l'ours
- la oveja : le mouton
- el pájaro : l'oiseau
- el perro : le chien
- el pez : le poisson
- la serpiente : le serpent
- la vaca : la vache
- el ratón : la souris

Corrigés page 48 du Guide

6 L'obligation, le besoin, les adverbes (quantité et manière)

Je me demande...
Comment exprimer l'obligation et le besoin ? Quels sont les adverbes de quantité et de manière ?

Les points clés

1 L'expression de l'obligation

● L'obligation personnelle se traduit par :
– *tener que* + infinitif (obligation forte, « être obligé de ») ;
  Tengo que ir al banco. Je dois aller à la banque.
– *deber* + infinitif (obligation d'ordre moral, « devoir »).
  Debes hacer las tareas de la escuela. Tu dois faire les devoirs de l'école.

● L'obligation impersonnelle (« il faut ») se traduit par : *hay que* + infinitif.
  Hay que comer frutas y verduras. Il faut manger des fruits et des légumes.

2 L'expression du besoin

● L'expression « avoir besoin de » se traduit par le verbe *necesitar* (sans la préposition *de*).

Necesitar + nom : Necesito el carné de conducir para alquilar un coche.

Necesitar + infinitif : Juan necesita trabajar para comprarse una casa.

3 Les adverbes de quantité et de manière

● Les adverbes accompagnent un verbe, un adjectif ou un adverbe. Les adverbes de **quantité** sont *poco* (peu), *mucho / muy* (beaucoup, très), *tanto / tan* (tant), *bastante* (assez), *demasiado* (trop). Juan es muy tímido. ● Me acuerdo poco de ti.

● Les adverbes de **manière** se forment en ajoutant *-mente* au féminin des adjectifs se terminant par *-o* au masculin : lent**o** → lent**a** → lenta**mente**.
Pour les autres adjectifs, on ajoute *-mente* directement : normal → normal**mente**.

 Communiquer

Exprimer l'obligation

En clase de español...
PROFESOR: Buenos días, chicos. Os voy a decir las reglas que hay que respetar en clase de español.
UN ALUMNO: ¿Son muchas?
PROFESOR: No, son pocas y fáciles. Si hacéis lo que digo, no tendréis problemas conmigo: no debéis olvidar vuestro libro, siempre tenéis que tener en clase vuestro cuaderno y el material necesario para escribir, hay que levantar la mano para pedir la palabra, debéis ser puntuales y trabajar en clase y en vuestras casas. ¿Está todo claro?
ALUMNOS: ¡Sí!
PROFESOR: ¡Pues empecemos!

mini•dico
● **conmigo**: avec moi
● **levantar la mano**: lever la main
● **pedir la palabra**: demander la parole
● **ser puntual**: être à l'heure

 **On s'entraîne !**

1 QUIZ

Coche l'adverbe de quantité qui convient.
a. Ese muchacho es ☐ tanto ☐ muy simpático.
b. Trabajas ☐ tan ☐ demasiado.
c. Estoy ☐ bastante ☐ mucho cansada.
d. Este trimestre estudiamos ☐ muy ☐ poco.
e. En vacaciones me divierto ☐ mucho ☐ tan.

2 L'obligation personnelle

Transforme les phrases suivantes en obligation personnelle.
a. Mi padre viene esta noche. → .....
b. Como poco para no engordar. → .....
c. Los niños juegan en el parque. → .....
d. Vosotros dormís temprano. → .....
e. Nosotros ponemos la mesa. → .....

3 Traduction

Traduis les phrases suivantes.
a. Il faut fermer les fenêtres.
b. Normalement, il doit connaître les règles.
c. Nous devons aller à l'hôpital rapidement.
d. Il faut faire les devoirs.

❓ **indice**
fermer : cerrar • fenêtres : ventanas

4 Respecter les règles

Écoute et complète ce dialogue en t'aidant des mots de la liste.
reglas • profesor • pedir • deber • tener • levantar • estudiar • puntual

–Ayer el .... de español nos ha dado las .... para un buen funcionamiento de la clase.
–¿Ah sí? ¿Y cuáles son?
–Pues, ... la mano para .... la palabra, ... que ser .... y .... tanto en clase como en casa.
–¡Vaya! ¡Va a ser duro este año!

5 Vocabulaire

Relie le nom au verbe qui convient.
a. tijeras •   • leer
b. goma •   • cortar
c. libro •   • escribir
d. pegamento •   • borrar
e. bolígrafo •   • pegar

6 CONTRÔLE EXPRESS

Conjugue le verbe entre parenthèses et rajoute *que* si nécessaire.
a. El viernes (yo, deber) .... ir de compras.
b. (Él, tener) .... ordenar su habitación.
c. (Nosotros, tener) .... beber mucha agua.
d. Mis amigos (deber) .... coger el avión.
e. (Tú, necesitar) .... cambiar de trabajo.

❓ **indice**
Attention à l'irrégularité du verbe *tener*.

Vocabulaire | *El material escolar* (Les fournitures scolaires)

- la agenda : l'agenda
- el bolígrafo : le stylo
- el rotulador : le feutre
- el cuaderno : le cahier
- el estuche : la trousse
- la goma : la gomme
- la hoja : la feuille
- el lápiz : le crayon
- la mochila : le sac à dos
- la papelera : la poubelle
- el pegamento : la colle
- la pizarra : le tableau
- la regla : la règle
- el sacapuntas : le taille-crayon
- las tijeras : les ciseaux

Corrigés page 48 du Guide

ESPAGNOL

275

7 Le subjonctif présent

Je me demande...
Comment se forme le subjonctif présent ?
Quand dois-je l'employer ?

Les points clés

1 Formation

● Le subjonctif présent des **verbes réguliers** se forme en ajoutant au **radical** les terminaisons suivantes :
– pour les verbes en **-ar** : -e, -es, -e, -emos, -éis, -en ;
– pour les verbes en **-er** et **-ir** : -a, -as, -a, -amos, -áis, -an.

● On retrouve les mêmes **irrégularités** qu'au présent de l'indicatif (verbes à diphtongue et à affaiblissement). La plupart des verbes irréguliers à la 1re personne du singulier au présent de l'indicatif **conservent** l'irrégularité au subjonctif.

tener → teng-o → teng-a, -as... ● conocer → conozc-o → conozc-a, -as...

● Quelques verbes sont complètement **irréguliers** :

ser (être)	estar (être)	dar (donner)	saber (savoir)	ir (aller)	haber (avoir)
sea	esté	dé	sepa	vaya	haya
seas	estés	des	sepas	vayas	hayas
sea	esté	dé	sepa	vaya	haya
seamos	estemos	demos	sepamos	vayamos	hayamos
seáis	estéis	deis	sepáis	vayáis	hayáis
sean	estén	den	sepan	vayan	hayan

2 Emploi

On emploie le subjonctif présent **pour exprimer** :
– le désir, la crainte, la volonté ; Queremos que seas feliz.
– une possibilité ; Es posible que venga mañana.
– le but (après *para que*) ; Le cuenta la historia **para que** aprenda.
– l'hypothèse (après *quizás, puede que, tal vez*) ; **Tal vez** desayune contigo mañana.
– le souhait (après *ojalá*) ; ¡**Ojalá** haga buen tiempo!
– l'idée de futur (après *cuando*) ; **Cuando** sea grande, viajaré por todo el mundo.

Communiquer

Conseiller quelqu'un

Valeria le cuenta a su amiga un enfado con su madre.
–Hola, Andrea. Mi madre no me deja ir a la fiesta del sábado. ¡Me exaspera esta situación!
–Pero bueno, te aconsejo que no te irrites tanto. Te recomiendo que le expliques por qué te gustaría tanto ir a esa fiesta.
–Ya, pero me dirá que no porque he sacado malas notas este trimestre.
–Entonces es mejor que hagas los deberes antes de volver a hablar con ella...

mini-dico
● **el enfado**: la dispute
● **malas notas**: mauvaises notes
● **entonces**: alors

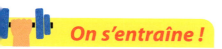 **On s'entraîne !**

① QUIZ

Relie chaque subjonctif à l'infinitif correspondant.

- a. sepa • • ser
- b. seamos • • servir
- c. pienses • • hacer
- d. sirva • • saber
- e. puedan • • pensar
- f. tengáis • • poder
- g. hagamos • • tener

② Faire des hypothèses

Transforme les déclarations en hypothèses avec *puede que*.

a. Está enfermo. → .....
b. No le gusta la tele. → .....
c. Comemos toda la carne. → .....
d. Cantan el himno nacional. → .....
e. Vive solo con su gato. → .....

③ Conjugaison

Conjugue les verbes entre parenthèses au subjonctif présent.

a. Te recomiendo que te (dar) .... un baño de mar.
b. Ojalá que mañana no (llover) ....
c. Es posible que Juan (tratar) .... de comprar la casa.
d. Puede que no (yo, llegar) .... a tiempo.
e. Quizás (él, venir) .... mañana.

④ Donner des conseils

Écoute et complète le récit avec ces verbes :
intentes • es mejor • pidas • estés • recomiendo.

Marta escribe sus conclusiones en su diario íntimo tras una discusión con sus padres.

« Muchas veces discutimos con nuestros padres por tonterías. Después de un momento de reflexión, te aconsejo que les .... perdón. Te .... que te calmes e .... hablar correctamente. .... que .... tranquila antes de entablar una conversación. »

? indice

tras: après • discusión: dispute • tonterías: bêtises • entablar: entamer

⑤ Vocabulaire

Raye l'intrus dans ces groupes de mots, puis donne sa traduction.

Traduction
a. sol • coche • luna • estrella ....
b. árbol • flor • bosque • mesa ....
c. mar • campo • casa • montaña ....
d. avión • río • cielo • lago ....
e. isla • pradera • escuela • colina ....

⑥ CONTRÔLE EXPRESS

Traduis les phrases suivantes.

a. ¡Ojalá que llueva!
b. Le da verduras al niño para que crezca sano.
c. Cuando seas mayor, podrás conducir el coche.
d. Es posible que ella venga mañana.
e. Te lo digo para que lo sepas.

? indice

L'infinitif de *crezca* est *crecer* (grandir).

Vocabulaire | *La naturaleza* (La nature)

- la colina: la colline
- el bosque: la forêt
- la pradera: la prairie
- la tierra: la terre
- el árbol: l'arbre
- la flor: la fleur
- el campo: la campagne
- la montaña: la montagne
- el mar: la mer
- el lago: le lac
- el río: le fleuve
- el cielo: le ciel
- el sol: le soleil
- la luna: la lune
- la estrella: l'étoile

Corrigés page 48 du Guide

8 L'impératif

> Je me demande...
> Comment donner des ordres et interdire ?

Les points clés

1 L'impératif d'ordre

● L'impératif affirmatif prend les formes du **subjonctif présent** sauf à la 2e personne du singulier et du pluriel :
– pour former la 2e **personne du singulier**, on enlève le *s* à la 2e personne du présent de l'indicatif ;
    habla**s** → habla
– pour former la 2e **personne du pluriel**, on remplace le *r* de l'infinitif par un *d*.
    canta**r** → canta**d**

● Il existe huit verbes irréguliers à la 2e personne du singulier.

decir → di	hacer → haz	ir → ve	poner → pon
tener → ten	salir → sal	ser → sé	venir → ven

2 La place des pronoms personnels

● À l'impératif affirmatif, l'**enclise** est obligatoire : le ou les pronoms personnels se soudent à la **fin du verbe**. Comme l'accent tonique ne doit pas changer de place, il faut parfois ajouter un **accent écrit**.
    Dáme**lo**. Donne-le-moi.

● Quand deux pronoms se suivent à la 3e personne du singulier ou du pluriel, les pronoms *le / les* doivent être changés en *se*.
    Cuénta**lo**. Raconte-le. → Cuénta**le**. Raconte-lui. → Cuénta**se**lo. Raconte-le-lui.

3 L'impératif de défense

● À l'impératif négatif, on utilise les formes du **subjonctif présent** pour toutes les personnes. Comme en français, le pronom est placé **devant le verbe**.
    ¡No digas eso! Ne dis pas ça ! ¡No lo hagas! Ne le fais pas !

Communiquer

Demander son chemin

Diego está en un hotel y le pregunta a la recepcionista cómo ir a La Pedrera.
–Buenos días, quiero visitar La Pedrera, de Gaudí. ¿Se puede ir andando desde aquí?
–Sí, claro. Cuando salga del hotel, gire a la derecha y camine unos 50 metros. Luego gire a la izquierda, coja la calle Paseo de Gracia y siga todo recto. Está a unos 700 metros.
–¿Está un poco lejos, no? ¿Y si tomo un taxi?
–Pues le va a salir muy caro, mejor coja el metro, es directo.
–Muy bien, ¡gracias!

mini·dico
● **andando**: en marchant
● **girar**: tourner
● **coger**: prendre
● **lejos**: loin
● **caro**: cher

① QUIZ

Trouve l'infinitif des verbes conjugués.

- a. repite
- b. siga
- c. sirvamos
- d. visten
- e. digan

- seguir
- repetir
- decir
- servir
- vestir

② L'ordre

Transforme ces phrases en ordres.

Ex. : Tienes que venir a la fiesta. → Ven a la fiesta.

a. Debemos cantar en voz alta.
→ ....

b. Tenéis que comer todo.
→ ....

c. Tienes que decir la verdad.
→ ....

d. Ustedes deben coger el tren de las 12:00.
→ ....

e. Señora, tiene que servir el vino.
→ ....

③ La défense

Mets les phrases suivantes à la forme négative.

a. ¡Coged el coche! → ....
b. Ven a tomar el té. → ....
c. ¡Trátalo bien! → ....
d. Sean buenos chicos. → ....
e. Venid el sábado. → ....

④ Décrire un itinéraire

Écoute et complète le dialogue en conjuguant les verbes proposés à l'impératif.

bajar • coger • caminar • seguir • venir

« Oye, Elena, ... a tomar el té mañana. Para venir a mi casa es muy fácil: .... el autobús 66 y .... en la parada Puerta del Sol. De allí .... 100 m hacia tu derecha. Luego .... todo recto 30 m y ya estás. »

? indice
parada: arrêt • luego: ensuite

⑤ Vocabulaire

Complète les phrases suivantes à l'aide de l'encadré Vocabulaire.

a. Los coches andan por la ....
b. Los peatones caminan por la ....
c. Los niños juegan en el ....
d. Para coger el tren vas a la ....
e. Para enviar una carta vas a la ....
f. Si estás enfermo vas al ....

⑥ CONTRÔLE EXPRESS

Traduis ces phrases conjuguées à l'impératif.

a. No cruces la calle solo.
b. Ven a ver una película conmigo.
c. ¡Cógelo!
d. Haz lo que quieras.
e. No cojáis el autobús.

? indice
cruzar: traverser • conmigo: avec moi

Vocabulaire | *La ciudad* (La ville)

- la acera: le trottoir
- la calle: la rue
- la plaza: la place
- el parque: le parc
- el semáforo: le feu tricolore
- el aparcamiento: le parking
- el banco: la banque
- la estación: la gare
- el hospital: l'hôpital
- la oficina de correos: la poste
- la tienda: la boutique
- el supermercado: le supermarché
- el metro: le métro
- el autobús: l'autobus

Corrigés page 48 du Guide

9 L'habitude, les comparatifs

Je me demande...
Comment exprimer l'habitude ?
Comment comparer deux choses entre elles ?

Les points clés

1 L'expression de l'habitude

● Pour exprimer une habitude, on utilise le verbe *soler* (« avoir l'habitude de ») + infinitif.

● *Soler* n'est employé qu'au présent et à l'imparfait de l'indicatif.
Attention, c'est un verbe à diphtongue !

> Los domingos <u>solemos almorzar</u> con mis abuelos.
> Les dimanches nous avons l'habitude de déjeuner avec mes grands-parents.
>
> <u>Suele levantarse</u> a las seis de la mañana. Il a l'habitude de se lever à six heures du matin.
>
> <u>Solía ir</u> al cine los martes. J'avais l'habitude d'aller au cinéma les mardis.

2 Les comparatifs

● Voici les constructions de chacun des comparatifs.

supériorité (plus... que)	*más* + nom / adjectif + *que*	Inés tiene <u>más</u> cosas <u>que</u> mi madre. Juan es <u>más</u> guapo <u>que</u> Esteban.
égalité (aussi / autant... que)	*tan* + adjectif + *como* *tanto*(*-a, -os, -as*) + nom + *como*	Diego es <u>tan</u> amable <u>como</u> su padre. Patricia tiene <u>tantas</u> amigas <u>como</u> Paula.
infériorité (moins... que)	*menos* + nom / adjectif + *que*	Mi padre tiene <u>menos</u> dinero <u>que</u> mi abuelo. La directora es <u>menos</u> simpática <u>que</u> la maestra.

● Les comparatifs **irréguliers** sont *mejor* (mieux), *peor* (pire), *mayor* (plus grand) et *menor* (plus petit). Ils s'accordent **en nombre** avec le nom qu'ils déterminent.

> Mis notas son <u>mejores</u> que las tuyas. Mes notes sont meilleures que les tiennes.

 Communiquer

Raconter sa journée

Pedro cuenta lo que suele hacer los lunes.
Todos los lunes <u>suelo levantarme</u> a las siete de la mañana.
A las siete y media <u>suelo desayunar</u> un café con leche.
A las ocho <u>suelo coger</u> el autobús para ir a la escuela.
Desde las ocho y media hasta las cinco estoy en la escuela.
<u>Suelo volver</u> a casa a las cinco y media.
A las seis <u>suelo hacer</u> los deberes.
A las ocho <u>suelo cenar</u> con mis padres.
<u>Suelo acostarme</u> a las nueve.

mini•dico
● volver : rentrer
● leche : lait

ESPAGNOL

280

On s'entraîne !

1 QUIZ

Relie les horaires aux horloges correspondantes.

a. Son las cuatro y media.
b. Es la una y veinticinco.
c. Son las tres menos cuarto.
d. Son las diez en punto.
e. Son las ocho y cuarto.

1.
2.
3.
4.
5.

2 La comparaison

Mets les mots dans le bon ordre.

a. tan • su • Juan • como • alto • padre • es
b. tiene • que Sofía • dinero • menos • Leonor
c. habitantes • París • más • tiene • que Barcelona
d. la • es • Tu • chaqueta • bonita • que • más • suya
e. cuadernos • Mi • como • hermano • tantos • yo • tiene

3 Traduction

Traduis les phrases suivantes.

a. Ma voiture est meilleure que la tienne.
b. Ses films sont pires que les miens.
c. Le Brésil est plus grand que l'Argentine.
d. La mer est moins loin que la montagne.
e. Leo a autant de livres que Ana.

4 Raconter une journée type

Écoute le récit de Felipe et complète le texte avec *soler* et les verbes proposés.

jugar • ir • levantarse • comer • desayunar • dormir

Todos los sábados, Felipe .... a las 10:00. Luego .... a las 10:30. .... con el ordenador hasta las 12:00. A las 13:00 .... y a las 14:00 .... la siesta. Cuando se despierta .... a casa de su amigo.

5 Vocabulaire

Relie le produit au dessin qui convient.

a. una copa de vino
b. un pedazo de queso
c. un trozo de pan
d. el pollo
e. los huevos

1.
2.
3.
4.
5.

6 CONTRÔLE EXPRESS

Traduis les phrases suivantes.

a. Juan es más inteligente que Pedro.
b. Suelo comer mucho chocolate.
c. Mi escuela tiene menos alumnos que la tuya.
d. Carla suele estudiar tres horas al día.
e. Mis padres no son tan severos como los suyos.
f. Solemos comer pavo en Navidad.

? indice
al día: par jour • pavo: dinde

Vocabulaire | *La comida* (La nourriture)

- el arroz: le riz
- el pan: le pain
- la fruta: les fruits
- la verdura: les légumes
- la mantequilla: le beurre
- los huevos: les œufs
- el queso: le fromage
- el yogur: le yaourt
- la carne: la viande
- el pollo: le poulet
- el agua: l'eau
- el café: le café
- la leche: le lait
- el té: le thé
- el vino: le vin

Corrigés page 48 du Guide

Test – Bilan

¡Vamos!

Le groupe nominal

1 Coche les verbes avec enclise.
- ☐ te llamo
- ☐ se lo dije
- ☐ la quiere
- ☐ dímelo
- ☐ llámalo
- ☐ pídeselo

2 Necesito llaves .... entrar.
- ☐ por
- ☐ para

3 Coche les pronoms possessifs.
- ☐ mi
- ☐ el vuestro
- ☐ tu
- ☐ la mía
- ☐ sus
- ☐ las suyas

4 Quel est l'intrus ?
- ☐ mucho
- ☐ bastante
- ☐ demasiado
- ☐ temprano

5 Comment dirais-tu que tu es très fatigué(e) ?
- ☐ Estoy bastante cansado(a).
- ☐ Estoy muy cansado(a).
- ☐ Estoy demasiado cansado(a).

6 En Londres, hace .... frío .... en París.
- ☐ tan … como
- ☐ tanto … como
- ☐ tan … que
- ☐ tanto … que

.... /6

Le groupe verbal

7 .... las nueve y el profesor no .... en clase : .... retrasado.
- ☐ Son / está / está
- ☐ Estan / está / es

8 A nosotros, nos .... el colegio pero nos .... más las vacaciones.
- ☐ gusta / gustan
- ☐ gustan / gustan

9 Quel est l'intrus ?
- ☐ iba
- ☐ cantabas
- ☐ ido
- ☐ comía
- ☐ salíamos
- ☐ era

10 Lesquels de ces participes passés sont irréguliers ?
- ☐ hablado
- ☐ vestido
- ☐ escrito
- ☐ comprado
- ☐ querido
- ☐ puesto

11 Coche les formes au futur.
- ☐ iré
- ☐ vendría
- ☐ bailaremos
- ☐ vendrás
- ☐ hablarán
- ☐ comeríais

12 Comment dirais-tu que tu es allé(e) au collège en marchant ?
- ☐ Estoy andando al colegio.
- ☐ He ido andando al colegio.

13 Laquelle de ces phrases traduit un besoin ?
- ☐ Hay que trabajar mucho.
- ☐ Necesito descansar.
- ☐ Debes descansar más.

14 On emploie le subjonctif présent après…
- ☐ quizás
- ☐ para que
- ☐ como si
- ☐ es preciso que

15 Ojalá que no ....
- ☐ llueve
- ☐ llueva
- ☐ lloverá

16 Laquelle de ces phrases exprime une interdiction ?
- ☐ No hagas eso.
- ☐ Habla más claro.
- ☐ Escucha el discurso.

17 Comment dirais-tu que tu as l'habitude de te lever à sept heures ?
- ☐ Me despertaba a las siete.
- ☐ Hay que despertarse a las siete.
- ☐ Suelo despertarme a las siete.

.... /11

La phrase

18 Comment demanderais-tu : « Combien y a-t-il de maisons dans ce quartier » ?
- ☐ ¿Cuántas casas hay en este barrio?
- ☐ ¿Cuáles son las casas de este barrio?

19 Comment dirais-tu que tu ne regardes jamais la télévision ?
- ☐ Nunca veo televisión.
- ☐ No veo nunca televisión.

20 Quel est l'intrus ?
- ☐ no
- ☐ nada
- ☐ ni
- ☐ nadie
- ☐ poco
- ☐ nunca

.... /3

Score total : .... /20 **CORRIGÉS P. 48 DU GUIDE**

ESPAGNOL

VERS LA 3ᵉ

1. L'année prochaine en FRANÇAIS — 284

2. L'année prochaine en MATHS — 285

3. L'année prochaine en HISTOIRE-GÉO • EMC — 286

4. L'année prochaine en SVT — 287

5. L'année prochaine en PHYSIQUE-CHIMIE • TECHNO — 288

6. L'année prochaine en ANGLAIS — 289

7. L'année prochaine en ESPAGNOL — 290

8. Vers le BREVET — 291

L'année prochaine en FRANÇAIS

Le programme de 3ᵉ te permet de progresser en lecture, écriture, compréhension et expression orale. Tu améliores ta connaissance de la langue et ta culture littéraire et artistique.

Lecture

● Tu lis des **œuvres** autour des thèmes suivants :
1. Se raconter, se représenter ;
2. Dénoncer les travers de la société ;
3. Visions poétiques du monde ;
4. Agir dans la cité : individu et pouvoir ;
5. Progrès et rêves scientifiques.

● Ces thèmes sont liés à l'écriture, l'histoire des arts… Tu peux les aborder dans le cadre des EPI (Enseignements pratiques interdisciplinaires).

Expression écrite et orale

● En fin de collège, tu dois être en mesure de rédiger, dans une langue correcte, précise et variée, **différents types d'écrits** : synthèse, récit complexe incluant l'expression des sentiments, écrit argumentatif…

● À l'oral, tu dois pouvoir présenter un sujet pendant une dizaine de minutes et participer à des débats organisés.

POUR BIEN DÉMARRER !
▶ Raconter, p. 60-63
▶ Décrire, p. 64-65
▶ Argumenter, p. 66-67
▶ Construire un dialogue, p. 68-69

Grammaire

● Tu revois les différentes **fonctions** déjà étudiées et apprends à identifier un attribut du COD. L'accent est mis sur les compléments circonstanciels de condition, d'opposition et de concession, qu'ils soient sous forme de groupes nominaux ou de propositions subordonnées.

● Cette étude te conduit à revoir l'emploi du **subjonctif** dans une subordonnée circonstancielle et celui du **conditionnel** dans un « système hypothétique ».

● Tu poursuis l'étude des bases de la **grammaire de l'énonciation**, avec l'étude des modalisateurs, et de la **grammaire du texte**, en apprenant à reconnaître et employer des procédés de reprise.

POUR BIEN DÉMARRER !
▶ Les compléments d'objet, p. 18-19
▶ Les différentes propositions, p. 20-21
▶ Impératif et subjonctif, p. 44-45

Orthographe

● L'objectif est que tu maîtrises en fin de 3ᵉ toutes les **règles d'accord du participe passé** : notamment dans le cas d'un verbe pronominal.

● Tu apprends à orthographier une **forme verbale en -ant**, sans hésiter.

● Sont également au programme ces **homophones grammaticaux** un peu délicats : quoique / quoi… que ; quel(le) / qu'elle ; quelque / quel… que…

POUR BIEN DÉMARRER !
▶ Les formes pronominale et impersonnelle, p. 38-39
▶ Les homophones grammaticaux, p. 32-35

Lexique

● En **complément des notions lexicales déjà étudiées**, tu découvres l'opposition entre sens dénoté et sens connoté, celle entre terme péjoratif et terme mélioratif, et la notion d'implicite.

● Tu étudies le **vocabulaire du raisonnement**.

POUR BIEN DÉMARRER !
▶ Les figures de style, p. 50-53

Plus je maîtrise ma langue, mieux j'exprime ce que je pense et ce que je ressens !

L'année prochaine en MATHS

En 3e, tu retrouves des thèmes connus, mais les notions abordées sont approfondies.

Nombres et calculs

- Tu découvres les **nombres premiers** et apprends à rendre une **fraction irréductible**.
- Tu approfondis l'étude des **puissances** et des **racines carrées**.

POUR BIEN DÉMARRER !
- ▶ Puissances de dix, p. 82-83
- ▶ Racine carrée d'un nombre positif, p. 84-85

- Tu sais résoudre algébriquement et graphiquement des **équations** du premier et du second degré.

POUR BIEN DÉMARRER !
- ▶ Calcul littéral, p. 86-87
- ▶ Résoudre une équation du premier degré, p. 88-89

Organisation et gestion de données, fonctions

- Tu poursuis l'étude des différents types de **représentation de données**.

POUR BIEN DÉMARRER !
- ▶ Moyenne pondérée, médiane, étendue, p. 94-95
- ▶ Diagrammes en bâtons et histogrammes, p. 96-97

- Tu utilises un **arbre de probabilités** pour représenter une expérience aléatoire à une ou plusieurs épreuves.

POUR BIEN DÉMARRER !
- ▶ Probabilités, p. 98-99

- Tu fais le lien entre proportionnalité et **fonctions linéaires**. Tu étudies les **fonctions affines**.

POUR BIEN DÉMARRER !
- ▶ Proportionnalité, p. 90-93

Grandeurs et mesures

- Tu étudies l'effet d'un **déplacement**, d'un **agrandissement** ou encore d'une **réduction** sur les grandeurs géométriques.
- Tu utilises les **grandeurs composées** pour résoudre des problèmes.

POUR BIEN DÉMARRER !
- ▶ Vitesse moyenne, p. 116-117
- ▶ Grandeurs composées, p. 118-119

Espace et géométrie

- Tu découvres une nouvelle transformation du plan, l'**homothétie**. Tu développes ta maîtrise des **théorèmes** de Pythagore et de Thalès. Tu approfondis la **trigonométrie** du triangle rectangle.

POUR BIEN DÉMARRER !
- ▶ Translations, p. 102-103
- ▶ Cosinus d'un angle, p. 110-111

- Tu étudies les **sections d'une sphère** par un plan. Tu calcules l'aire d'une sphère et le volume d'une boule.

POUR BIEN DÉMARRER !
- ▶ Parallélépipèdes et sphères, p. 112-113

Algorithmique et programmation

- Tu continues à développer tes compétences en vue d'écrire et d'exécuter un **programme simple**.

POUR BIEN DÉMARRER !
- ▶ Écrire et exécuter un programme simple, p. 120-121
- ▶ Programmer le tracé de figures, p. 122-123

Il me tarde d'apprendre à résoudre des problèmes plus complexes !

VERS LA 3e

L'année prochaine en HIST.-GÉO • EMC

En 3ᵉ, le programme d'histoire concerne le XXᵉ siècle. En géographie, tu abordes le territoire français et l'Union européenne tandis qu'en EMC, tu découvres le fonctionnement de la justice.

Histoire

● La première moitié du XXᵉ siècle est marquée par les **guerres mondiales** et les **totalitarismes**. Tu vois comment les sociétés ont traversé ces événements, mais aussi les mutations sociales et politiques que ceux-ci ont engendrées.

POUR BIEN DÉMARRER !
▶ L'Europe et la « révolution industrielle », p. 138-141

● Tu étudies l'accès à l'**indépendance des anciennes colonies** européennes lors la seconde moitié du XXᵉ siècle, la **guerre froide** et l'émergence du tiers-monde, ainsi que la **construction européenne**.

POUR BIEN DÉMARRER !
▶ Conquêtes et sociétés coloniales, p. 142-145

● Concernant la France, tu t'intéresses aux évolutions depuis la Libération, aussi bien du côté des **institutions** (IVᵉ et Vᵉ Républiques) que de la **société**. Tu abordes ainsi la question de la place des femmes, le développement de l'immigration, le vieillissement de la population, la montée du chômage…

POUR BIEN DÉMARRER !
▶ La troisième République en France, p. 146-147
▶ Conditions féminines en France au XIXᵉ siècle, p. 148-149

Géographie

● Tu étudies les dynamiques territoriales de la France : d'abord à travers l'**urbanisation** et les relations entre les aires d'influences urbaines, mais aussi à travers les mutations des **espaces productifs** et les espaces de **faible densité**.

POUR BIEN DÉMARRER !
▶ L'urbanisation du monde, p. 152-155

● L'**aménagement des territoires** permet aux pouvoirs publics de compenser les **inégalités** entre eux. Tu approfondis le cas d'un aménagement régional et les problématiques particulières que posent les territoires ultramarins.

● Tu apprends les caractéristiques géographiques de l'**Union européenne**, ainsi que la manière dont la France y trouve sa place. Tu t'interroges sur l'influence de la France et de l'Europe **dans le monde**.

POUR BIEN DÉMARRER !
▶ Le tourisme international, p. 160-161

EMC

● Tu abordes le thème de la **citoyenneté**, française mais aussi européenne, aussi bien sur le plan symbolique que sur le plan pratique.

POUR BIEN DÉMARRER !
▶ Les libertés en tension, p. 176-177

● Tu étudies l'**élaboration des lois** et le travail des députés. Tu découvres les principes d'un **État démocratique**.

POUR BIEN DÉMARRER !
▶ Le fonctionnement de la justice, p. 172-173

● Tu abordes les types de **conflits** à travers le monde et t'interrogeras sur l'engagement militaire de la France. Tu découvres la Défense nationale et le rôle de la **Journée défense et citoyenneté**.

C'est important de bien comprendre la société dans laquelle on vit pour mieux y trouver sa place.

L'année prochaine en SVT

En 3ᵉ, le programme de SVT s'organise autour des mêmes thèmes qu'en 5ᵉ et 4ᵉ, mais chaque thème est approfondi.

La planète Terre, l'environnement et l'action humaine

● Tu enrichis tes connaissances sur les **phénomènes géologiques et météorologiques**, et sur l'adaptation aux risques naturels. Tu étudies le changement climatique lié au rejet de gaz à effet de serre.

POUR BIEN DÉMARRER !
▶ Les risques météorologiques et géologiques, p. 184-185

● Tu poursuis l'étude de la gestion des **ressources naturelles** par les sociétés humaines et envisage l'impact des activités humaines sur la **biodiversité**.

POUR BIEN DÉMARRER !
▶ L'eau et le sol : des ressources naturelles, p. 186-187
▶ Les activités humaines et les écosystèmes, p. 188-189

Le vivant et son évolution

● Tu maîtrises les phénomènes de **nutrition animale et végétale** au niveau des tissus et de la cellule.

POUR BIEN DÉMARRER !
▶ Les besoins des végétaux chlorophylliens, p. 190-191

● Tu sais expliquer la diversité génétique des individus. Tu découvres comment est transmis le patrimoine génétique, et tu établis le lien avec la théorie de l'**évolution des espèces**.

POUR BIEN DÉMARRER !
▶ La diversité génétique, p. 194-195

Le corps humain et la santé

● Tu poursuis l'étude du **système nerveux** et de l'**activité cérébrale**. Tu t'intéresses ainsi à la transmission par les neurones des messages nerveux.

POUR BIEN DÉMARRER !
▶ Les systèmes nerveux et cardiovasculaire, p. 196-197

● Tu étoffes tes connaissances sur les nutriments, la **digestion** et les besoins nutritionnels.

POUR BIEN DÉMARRER !
▶ L'équilibre alimentaire et le microbiote, p. 198-199

● Tu peux expliquer les **réactions immunitaires**, qui permettent à l'organisme de se préserver des micro-organismes pathogènes. Tu comprends le principe de la **vaccination**.

POUR BIEN DÉMARRER !
▶ Le monde bactérien et l'organisme, p. 200-201

● Grâce à tes connaissances de l'appareil reproducteur et du système hormonal, tu étudies plus spécifiquement la **sexualité** humaine et celle des mammifères. Tu apprends les techniques de maîtrise de la reproduction.

POUR BIEN DÉMARRER !
▶ La capacité de transmettre la vie, p. 202-203

L'étude de la planète m'incite à trouver des moyens de mieux la protéger !

L'année prochaine en PHYS.-CHIMIE

Le programme de physique-chimie s'organise autour de quatre grands thèmes qui sont approfondis chaque année.

Organisation et transformations de la matière

● Tu approfondis tes connaissances sur la **structure de la matière**, les atomes et les ions.

POUR BIEN DÉMARRER !
▶ Les atomes et les molécules, p. 206-207

● Tu peux vérifier les règles de conservation lors d'une transformation chimique. Tu peux également identifier des ions en effectuant des **tests caractéristiques**.

POUR BIEN DÉMARRER !
▶ La modélisation d'une réaction chimique, p. 210-211

● Tu apprends comment l'énergie chimique se transforme en énergie électrique, par exemple dans le fonctionnement d'une **pile**.

POUR BIEN DÉMARRER !
▶ L'identification des espèces chimiques, p. 208-209

Mouvements et interactions

● Tu apprends à décrire l'**interaction gravitationnelle**, par exemple entre la Terre et la Lune. Tu peux aussi définir la **force de pesanteur**.

● Tu peux définir les énergies d'un objet en mouvement, par exemple l'énergie cinétique et l'énergie de position.

POUR BIEN DÉMARRER !
▶ La relation entre distance, vitesse et durée, p. 216-217
▶ La notion de force, p. 218-219

L'énergie et ses conversions

● Tu apprends à **classer** et **mesurer** les différentes formes d'énergie.

● Tu es capable d'établir le **bilan énergétique** d'un système et tu peux calculer le **rendement** d'une conversion d'énergie.

● Tu es capable de calculer la **consommation** d'un appareil électrique et de mesurer son coût.

POUR BIEN DÉMARRER !
▶ La relation entre tension et intensité, p. 222-223

Des signaux pour observer et pour communiquer

● Tu découvres la **chaîne de transmission** des informations : émetteur, canal, récepteur... Tu vois aussi les conditions nécessaires à une bonne transmission de l'information.

POUR BIEN DÉMARRER !
▶ Les propriétés des signaux lumineux et sonores, p. 220-221

Et en technologie...

● Tu apprends à réaliser le **prototype** d'un objet communicant. Tu travailles en **collaboration** avec d'autres pour créer cet objet.

● Tu sais décrire l'impact des objets et systèmes techniques sur la société et sur l'environnement. Tu approfondis les **bonnes pratiques** de l'usage des objets communicants.

● Tu apprends à émettre des hypothèses pour utiliser une modélisation et interpréter les résultats.

● Tu travailles sur des programmes plus élaborés, que tu décomposes en **plusieurs sous-problèmes**.

Les expériences faites en classe me permettent de mieux comprendre !

288

L'année prochaine en ANGLAIS

En 3ᵉ, tu es censé atteindre le niveau A2+/B1 décrit par le CECRL (Cadre européen commun de référence pour les langues). Voici ce que cela signifie, pour chacune des cinq activités de communication.

Écouter et comprendre

- Tu dois être capable de **comprendre les points essentiels** d'un document audio : saisir le sens d'un bulletin d'information, suivre une conversation complète, comprendre le plan général d'un exposé sur un sujet connu.
- Tu peux suivre un film dont l'histoire repose sur l'action et l'image, et où la langue est claire et directe.

POUR BIEN DÉMARRER !
▶ Fais les exercices comportant des supports audios (signalés par le petit casque rouge).

Prendre part à une conversation

- Tu acquiers les moyens d'**échanger et de vérifier des informations**.
- Tu apprends à réagir à des sentiments et à exprimer clairement ton point de vue, par exemple sur un film, un livre, de la musique.
- Tu dois être capable de commenter, d'expliquer, de comparer et d'opposer des idées.
- Tu dois savoir interviewer et être interviewé avec une certaine spontanéité.

POUR BIEN DÉMARRER !
▶ Les mots interrogatifs, p. 244-245

Parler en continu

- Tu es couramment invité à prendre la parole devant un auditoire, pour relater une expérience vécue, parler d'un projet, raconter un livre, présenter un personnage.
- Tu sais **exprimer tes sentiments et ton opinion personnelle**, et argumenter pour convaincre.

Lire et comprendre

- Tu dois être capable de **localiser une information dans un texte long** : narratif (extrait de roman par exemple) ou explicatif (document administratif ou mode d'emploi par exemple).
- À la lecture d'une lettre personnelle, tu peux comprendre les événements relatés et les sentiments exprimés.
- Tu apprends à repérer les grandes lignes et les principales conclusions d'un texte argumentatif (article de journal par exemple).

Écrire

- Tu apprends à **rédiger un texte articulé et cohérent**, sur des sujets concrets ou abstraits. Tu es ainsi en mesure d'écrire un court récit, une description, un essai simple. Tu sais notamment raconter une expérience et décrire tes réactions et sentiments.
- Tu étudies comment paraphraser de courts passages ou restituer une information avec tes propres mots.

POUR BIEN DÉMARRER !
▶ Les propositions relatives, p. 258-259

Si je me débrouille en anglais, je pourrais communiquer avec plus d'1 milliard de personnes dans le monde !

L'année prochaine en ESPAGNOL

En 3ᵉ, tu vas atteindre le niveau A1 dans toutes les activités et le niveau A2 dans au moins deux d'entre elles. Voici ce que cela signifie, pour chacune des cinq activités de communication.

Écouter et comprendre

- Tu dois être en mesure de comprendre des **instructions simples pour te déplacer**.
- Si on te raconte une histoire simple, tu peux en **saisir le sens général**.
- Tu dois être capable de reconnaître si on parle de faits présents, passés ou futurs.

POUR BIEN DÉMARRER !
▶ L'impératif d'ordre et de défense, p. 278-279

Réagir et dialoguer

- Tu apprends à dialoguer sur des **situations courantes**, à communiquer des informations et des idées.
- Tu es capable de **réagir à des propositions** (accepter, refuser, exprimer tes goûts et opinions).

POUR BIEN DÉMARRER !
▶ Le futur. Le conditionnel. Les phrases interrogatives et négatives, p. 270-271
▶ Les pronoms personnels compléments. Les tournures affectives, p. 266-267

Parler en continu

- Tu dois être capable de t'exprimer de façon simple sur des sujets variés.
- Tu apprends à **raconter une histoire**, à décrire un objet, une expérience.
- Tu es également capable de faire une annonce ou de présenter un projet.

POUR BIEN DÉMARRER !
▶ Le présent de l'indicatif, p. 264-265
▶ L'imparfait. Le passé composé, p. 268-269
▶ Le futur. Le conditionnel, p. 270-271
▶ Le subjonctif présent, p. 276-277

Lire et comprendre

- Tu dois être en mesure de **trouver des informations** dans un document informatif : article de journal simple, site Internet...
- Tu apprends également à **comprendre un texte narratif court** et à suivre le déroulement d'une histoire.

POUR BIEN DÉMARRER !
▶ L'obligation. L'expression du besoin. Les adverbes de quantité et de manière, p. 274-275

Écrire

- Tu utilises tes connaissances lexicales et grammaticales pour **écrire un récit, une description ou un court essai**.
- Tu apprends à mettre en forme une information simple transmise oralement (par exemple lors d'une conversation téléphonique).

POUR BIEN DÉMARRER !
▶ Le gérondif et la forme progressive. Les possessifs, p. 272-273

Connaître le monde hispanophone

- Tu apprends à **connaître les spécificités culturelles** d'autres pays et à les comparer à ta propre culture.
- Tu dois t'approprier des **mots et expressions de la vie quotidienne** et savoir les employer dans des situations de communication courantes.

POUR BIEN DÉMARRER !
▶ Les loisirs et les sports, p. 267
▶ Les métiers, p. 271
▶ La nourriture, p. 281

J'aime bien parler espagnol avec les copains à la récré : plus je m'exerce et plus je progresse !

Vers le BREVET

Comme tu le sais déjà, ton année de 3e se terminera par le passage d'un premier examen : le diplôme national du brevet.

Le contrôle continu en 3e

● En fait, le brevet commence dès le début de l'année avec l'**évaluation régulière de tes acquis** dans chaque discipline.

● Pendant l'année, tu peux mesurer tes progrès dans chaque discipline grâce à un bulletin transmis chaque trimestre. À la fin de ta 3e, tes enseignants font le bilan.

● Pour chacun des domaines indiqués dans le tableau ci-dessous, ils indiquent un niveau de maîtrise d'acquisition et de maîtrise des **connaissances et des compétences du « socle commun »**.

Domaines et sous-domaines du socle commun
1. Les langages pour penser et communiquer
a. Langue française à l'oral et à l'écrit
b. Langues étrangères et régionales
c. Langages mathématiques, scientifiques et informatiques
d. Langages des arts et du corps
2. Les méthodes et outils pour apprendre
3. La formation de la personne et du citoyen
4. Les systèmes naturels et les systèmes techniques
5. Les représentations du monde et l'activité humaine

● C'est de cette évaluation qu'est déduite ta **note de contrôle continu** du brevet, grâce à un système d'équivalences :
- maîtrise insuffisante (10 points)
- maîtrise fragile (25)
- maîtrise satisfaisante (40)
- très bonne maîtrise (50)

● La maîtrise du socle commun est ainsi notée sur 400 points.

● Par ailleurs, tu sais que tu peux obtenir jusqu'à 20 points supplémentaires si tu suis un enseignement facultatif (latin, grec, langues régionales...).

L'examen final

● L'examen du brevet, à proprement parler, se compose de **quatre épreuves écrites** :
- français (100 points) ;
- mathématiques (100 points) ;
- histoire-géographie et EMC (50 points) ;
- sciences et technologie (50 points) ;

● Tu devras également passer **une épreuve orale** (100 points).

● À l'arrivée, et en comptant la note de contrôle continu, tu dois totaliser au minimum **400 points sur 800 pour obtenir le brevet**, et au moins 480 points pour décrocher une mention.

Les quatre épreuves écrites

● L'épreuve de **français**, d'une durée de 3 heures, comporte trois parties : des questions sur un texte littéraire et une image, une dictée puis une rédaction.

● L'épreuve de **maths**, d'une durée de 2 heures, propose entre 6 et 8 exercices. Certains pourront prendre la forme d'un QCM, les autres proposeront des questions ouvertes. L'évaluation valorise la clarté et la précision de tes raisonnements.

● L'épreuve d'**histoire-géographie et EMC**, d'une durée de 2 heures, comprend trois exercices : un dans chaque domaine (histoire, géographie, éducation morale et civique).

● L'épreuve de **sciences et technologie** dure 1 heure et porte sur deux des trois disciplines suivantes : physique-chimie ; SVT ; technologie. Le sujet se compose, pour les deux disciplines choisies, d'un ou de plusieurs exercices.

L'épreuve orale

● L'épreuve orale se déroule dans l'établissement.

● Elle **porte sur un projet** que tu as élaboré dans le cadre de l'histoire des arts ou d'un EPI ou bien encore de l'un des parcours éducatifs (parcours Avenir, parcours citoyen, parcours éducatif de santé, parcours d'éducation artistique et culturelle).

● Note bien que ce qui compte dans cette épreuve, c'est la qualité de ton expression orale, c'est-à-dire ta **capacité à exposer ta démarche,** ainsi que les compétences et les connaissances que tu auras acquises grâce à ce projet.

● Cette épreuve peut se dérouler selon deux modalités : tu peux choisir de présenter l'épreuve **individuellement ou en groupe** (3 élèves maximum).

● Tu passes alors :
• soit un **entretien individuel de 15 minutes** :
5 minutes d'exposé puis 10 minutes d'entretien ;
• soit un **entretien collectif de 25 minutes** :
10 minutes d'exposé puis 15 minutes d'entretien.

● La notation est sur 100 points : 50 points pour la **maîtrise de l'expression orale**, 50 points pour la **maîtrise du sujet** présenté.

LES ÉPREUVES ÉCRITES DU BREVET

Épreuve de FRANÇAIS

DESCRIPTIF
 3 heures
 100 points
 4 parties :
- questions sur des documents
- réécriture
- dictée
- travail d'écriture

MÉTHODE
1. Lis plusieurs fois les documents avant de répondre aux questions.
2. Prépare ton travail d'écriture au brouillon (environ 45 min).
3. Garde du temps pour relire l'ensemble de ton devoir (environ 15 min).

Épreuve de MATHS

DESCRIPTIF
 2 heures
100 points
 6 à 8 exercices

MÉTHODE
1. Survole l'intégralité du sujet.
2. Commence par les exercices qui te semblent les plus faciles.
3. Justifie et rédige toutes tes réponses (sauf pour les QCM).

Épreuve d'HISTOIRE-GÉO. EMC

DESCRIPTIF
 2 heures
50 points
 3 exercices
- d'histoire
- de géographie
- d'EMC

MÉTHODE
1. Réponds de manière claire et concise aux premières questions portant sur le(s) document(s).
2. Organise ton développement construit en 2 ou 3 paragraphes.
3. En EMC, essaye de te projeter dans la situation pratique décrite.

Épreuve de SCIENCES
(SVT, physique-chimie, technologie)

DESCRIPTIF
 1 heure
50 points
 Exercices se rapportant à 2 des 3 matières

MÉTHODE
1. Lis attentivement tous les documents.
2. Pour les questions ciblées, identifie précisément les informations demandées.
3. Pour les questions de synthèse, choisis bien tes arguments et fais apparaître les étapes de ton raisonnement.

NOTES PERSONNELLES

NOTES PERSONNELLES

NOTES PERSONNELLES

NOTES PERSONNELLES

Classes grammaticales et fonctions

CLASSE GRAMMATICALE	EXEMPLES	DÉFINITION
Mots variables		
nom	*Julie, fille, amitié*	Un nom **désigne** un être, une chose ou une idée. *Julie* est un nom propre, *fille* est un nom commun.
déterminant	*un, le, cette, ses*	Un déterminant **introduit un nom**. Il forme avec lui un groupe nominal (minimal).
adjectif qualificatif	*beau, puissants*	Un adjectif qualificatif apporte des **précisions sur le nom** qu'il qualifie.
pronom	*il, lui, celle, les siens*	En général, un pronom **remplace un nom** ou un groupe nominal (*pro* = « à la place de »).
verbe	*aimer, partait, serons*	Un verbe exprime une action ou un état. Il **se conjugue**, c'est-à-dire qu'il prend une forme différente selon le temps évoqué, le nombre et la personne du sujet.
Mots invariables		
adverbe	*ici, hier, clairement*	Un adverbe peut **s'ajouter** à un verbe, ou à un adjectif, un autre adverbe, une proposition.
préposition	*à, dans, à côté de*	Une préposition **sert de lien** entre un mot et son complément.
conjonction	*mais, ou, et, car, que, quand, dès que*	Une conjonction **relie deux propositions** : – de même nature (conj. de coordination) ; – principale et subordonnée (conj. de subordination).

FONCTION	EXEMPLE	DÉFINITION
À l'échelle d'une proposition		
sujet	**Julie** aime Théo.	Le sujet répond à la question *Qui est-ce qui ? / Qu'est-ce qui ?* suivie du verbe.
complément d'agent	Théo est aimé **de Julie**.	Le sujet devient complément d'agent lors de la transformation d'une phrase active en **phrase passive**.
attribut du sujet	Julie est **étudiante**.	L'attribut du sujet exprime une **caractéristique du sujet** ; il s'y rapporte par l'intermédiaire d'un verbe d'état.
COD	Julie aime **le cinéma**.	Le COD **complète** le verbe, **directement** (sans préposition).
attribut du COD	Elle trouve ce film **époustouflant**.	L'attribut du COD exprime une **caractéristique du COD** ; il s'y rapporte par l'intermédiaire d'un verbe exprimant un choix, un jugement…
COI	Théo s'initie **à la calligraphie**.	Le COI **complète** le verbe, **indirectement** (avec une préposition).
COS	Théo envoie un message **à Julie**.	Le COS complète un verbe qui a déjà un complément d'objet.
complément circonstanciel	Théo et Julie se voient **avec plaisir**.	Un complément circonstanciel exprime une **circonstance** (temps, lieu, manière…) de l'action.
À l'échelle d'un groupe nominal		
épithète	une étudiante **sympathique**	Une épithète **se rapporte directement** à un nom.
complément du nom	une étudiante **en biologie**	Un complément du nom complète un nom à l'aide d'une **préposition**.
apposition	**Passionnée de cinéma**, Julie possède 100 DVD.	Une apposition se rapporte à un GN, dont elle est séparée par une virgule (construction détachée).

Verbes modèles du 1er et du 2e groupe

• Chanter

Indicatif

Présent	Passé composé	Imparfait	Plus-que-parfait
je chante	j'ai chanté	je chantais	j'avais chanté
tu chantes	tu as chanté	tu chantais	tu avais chanté
il chante	il a chanté	il chantait	il avait chanté
nous chantons	nous avons chanté	nous chantions	nous avions chanté
vous chantez	vous avez chanté	vous chantiez	vous aviez chanté
ils chantent	ils ont chanté	ils chantaient	ils avaient chanté

Passé simple	Passé antérieur	Futur	Futur antérieur
je chantai	j'eus chanté	je chanterai	j'aurai chanté
tu chantas	tu eus chanté	tu chanteras	tu auras chanté
il chanta	il eut chanté	il chantera	il aura chanté
nous chantâmes	nous eûmes chanté	nous chanterons	nous aurons chanté
vous chantâtes	vous eûtes chanté	vous chanterez	vous aurez chanté
ils chantèrent	ils eurent chanté	ils chanteront	ils auront chanté

Conditionnel

Présent	Passé
je chanterais	j'aurais chanté
tu chanterais	tu aurais chanté
il chanterait	il aurait chanté
nous chanterions	nous aurions chanté
vous chanteriez	vous auriez chanté
ils chanteraient	ils auraient chanté

Subjonctif

Présent	Passé
que je chante	que j'aie chanté
que tu chantes	que tu aies chanté
qu'il chante	qu'il ait chanté
que nous chantions	que nous ayons chanté
que vous chantiez	que vous ayez chanté
qu'ils chantent	qu'ils aient chanté

Impératif

Présent	Passé
chante	aie chanté
chantons	ayons chanté
chantez	ayez chanté

• Finir

Indicatif

Présent	Passé composé	Imparfait	Plus-que-parfait
je finis	j'ai fini	je finissais	j'avais fini
tu finis	tu as fini	tu finissais	tu avais fini
il finit	il a fini	il finissait	il avait fini
nous finissons	nous avons fini	nous finissions	nous avions fini
vous finissez	vous avez fini	vous finissiez	vous aviez fini
ils finissent	ils ont fini	ils finissaient	ils avaient fini

Passé simple	Passé antérieur	Futur	Futur antérieur
je finis	j'eus fini	je finirai	j'aurai fini
tu finis	tu eus fini	tu finiras	tu auras fini
il finit	il eut fini	il finira	il aura fini
nous finîmes	nous eûmes fini	nous finirons	nous aurons fini
vous finîtes	vous eûtes fini	vous finirez	vous aurez fini
ils finirent	ils eurent fini	ils finiront	ils auront fini

Conditionnel

Présent	Passé
je finirais	j'aurais fini
tu finirais	tu aurais fini
il finirait	il aurait fini
nous finirions	nous aurions fini
vous finiriez	vous auriez fini
ils finiraient	ils auraient fini

Subjonctif

Présent	Passé
que je finisse	que j'aie fini
que tu finisses	que tu aies fini
qu'il finisse	qu'il ait fini
que nous finissions	que nous ayons fini
que vous finissiez	que vous ayez fini
qu'ils finissent	qu'ils aient fini

Impératif

Présent	Passé
finis	aie fini
finissons	ayons fini
finissez	ayez fini

21 verbes du 3e groupe à connaître

	Indicatif					Subjonctif
	présent	**imparfait**	**passé simple**	**futur**	**passé composé**	**présent**
avoir	j'ai il a ils ont	j'avais il avait ils avaient	j'eus il eut ils eurent	j'aurai il aura ils auront	j'ai eu il a eu ils ont eu	que j'aie qu'il ait qu'ils aient
être	je suis il est ils sont	j'étais il était ils étaient	je fus il fut ils furent	je serai il sera ils seront	j'ai été il a été ils ont été	que je sois qu'il soit qu'ils soient
aller	je vais il va	j'allais il allait	j'allai il alla	j'irai il ira	je suis allé il est allé	que j'aille qu'il aille
partir	je pars il part	je partais il partait	je partis il partit	je partirai il partira	je suis parti il est parti	que je parte qu'il parte
venir	il vient	il venait	il vint	il viendra	il est venu	qu'il vienne
courir	il court	il courait	il courut	il courra	il a couru	qu'il coure
offrir	il offre	il offrait	il offrit	il offrira	il a offert	qu'il offre
cueillir	il cueille	il cueillait	il cueillit	il cueillera	il a cueilli	qu'il cueille
voir	il voit	il voyait	il vit	il verra	il a vu	qu'il voie
devoir	il doit	il devait	il dut	il devra	il a dû	qu'il doive
vouloir	je veux il veut	je voulais il voulait	je voulus il voulut	je voudrai il voudra	j'ai voulu il a voulu	que je veuille qu'il veuille
pouvoir	je peux il peut	je pouvais il pouvait	je pus il put	je pourrai il pourra	j'ai pu il a pu	que je puisse qu'il puisse
savoir	il sait	il savait	il sut	il saura	il a su	qu'il sache
faire	il fait	il faisait	il fit	il fera	il a fait	qu'il fasse
dire	il dit	il disait	il dit	il dira	il a dit	qu'il dise
croire	il croit	il croyait	il crut	il croira	il a cru	qu'il croie
vivre	il vit	il vivait	il vécut	il vivra	il a vécu	qu'il vive
prendre	il prend	il prenait	il prit	il prendra	il a pris	qu'il prenne
peindre	il peint	il peignait	il peignit	il peindra	il a peint	qu'il peigne
résoudre	je résous il résout	je résolvais il résolvait	je résolus il résolut	je résoudrai il résoudra	j'ai résolu il a résolu	que je résolve qu'il résolve
mettre	je mets il met	je mettais il mettait	je mis il mit	je mettrai il mettra	j'ai mis il a mis	que je mette qu'il mette

Principales confusions orthographiques

Je ne confonds plus...	J'identifie...	Exemples
a et *à*	*a* : 3ᵉ pers. du sg du verbe *avoir* au présent *à* : préposition	Il *a* (= *avait*) mis du temps *à* (= ~~*avait*~~) arriver.
ou et *où*	*ou* : *ou bien* *où* : exprime le lieu	Sais-tu *où* (= ~~*ou bien*~~) il est parti en vacances : à la mer *ou* (= *ou bien*) à la campagne ?
la et *là*	*la* : article défini ou pronom *là* : adverbe de lieu	*La* (= ~~*ici*~~) carte lui a permis d'arriver *là* (= *ici*), comme prévu.
la et *l'a*	*la* : article défini ou pronom *l'a* : *le/la* + *a*	*La* chaise (= *le fauteuil*) que nous venons d'acheter, il *l'a* (= *l'avait*) déjà cassée.
on et *ont*	*on* : pronom sujet *ont* : 3ᵉ pers. du pl du verbe *avoir* au présent	*On* (= ~~*avaient*~~) est surpris par tout le travail qu'ils *ont* (= *avaient*) accompli.
son et *sont*	*son* : déterminant possessif *sont* : 3ᵉ pers. du pl du verbe *être* au présent	Ils *sont* (= *étaient*) admiratifs de *son* courage (= *sa bravoure*).
dans et *d'en*	*dans* : préposition introduisant un CC de lieu ou de temps *d'en* : *de* + *en*	*Dans* quelques minutes (= *au bout de quelques minutes*), ils arriveront, soulagés *d'en* sortir (= *de sortir de là*) indemnes.
sans et *s'en*	*sans* : préposition indiquant un manque *s'en* : *se* + *en*	Elle *s'en* sort (= *je m'en sors*) très bien *sans* l'aide de personne.
ce et *se*	*ce* : déterminant ou pronom démonstratif *se* : pronom personnel	Il *se* (= *je me / tu te*...) demande encore s'il va aller voir *ce* film (= *celui-ci*).
ces et *ses*	*ces* : déterminant démonstratif *ses* : déterminant possessif	*Ses* (= *mes/tes*) nombreux amis lui ont offert tous *ces* cadeaux (= *ceux-ci*) pour son anniversaire.
c'est et *s'est*	*c'est* : pronom démonstratif + verbe *être* conjugué au présent *s'est* : pronom personnel réfléchi + verbe *être* conjugué au présent	*C'est* (= *cela est*) ma maison. Il *s'est* caché dans le jardin.
ni et *n'y*	*ni* : conjonction de coordination de sens négatif *n'y* : *ne* + *y*	Je n'ai *ni* regrets, *ni* rancœur. D'ailleurs, je *n'y* pense même plus (= *je ne pense même plus à cela*).
si et *s'y*	*si* : adverbe ou conjonction de subordination *s'y* : *se* + *y*	Il est *si* (= *très*) maladroit qu'il doit *s'y* (= *que tu dois t'y*) reprendre à deux fois. *Si* (= *au cas où*) tu y vas, tu ne seras pas déçu.
quant/quand/qu'en	*quant* (à) : en ce qui concerne *quand* : à quel moment, lorsque *qu'en* : *que* + *en*	*Quant* à (= *en ce qui concerne*) vos amis, ils sont déjà partis. *Quand* (= *à quel moment*) reviendras-tu ? Le cours était intéressant. *Qu'en* pensez-vous ? (= *Que pensez-vous de ce cours ?*)
quoique et *quoi que*	*quoique* : bien que *quoi que* : quelle que soit la chose que	*Quoique* (= *bien que*) fatigué, il continue de courir. *Quoi que* (= *quelle que soit la chose que*) vous fassiez, vous réussirez tout.
quel(le) et *qu'elle*	*quel(le)* : déterminant interrogatif ou exclamatif *qu'elle* : *que* + *elle*	*Quel* jour (= *lequel*) sommes-nous ? Il faut *qu'elle* (= *qu'il*) travaille.

Petit guide pour relire sa dictée

ANALYSE...	À L'AIDE DE CES RÈGLES ET CONSEILS
1. la situation de communication	Demande-toi : **qui parle ? à qui ?** Ainsi, si le texte est rédigé à la 1re personne, beaucoup de verbes seront conjugués à la 1re personne du singulier.
2. le temps et le mode des verbes	• Identifie les **temps dominants** utilisés dans le texte. Ainsi, dans un récit au passé : – les actions de premier plan sont rapportées au passé simple ; – les faits de second plan, à l'imparfait. • Prends garde que, dans un contexte passé, une action future sera exprimée au **conditionnel présent** (terminaisons *-rais, -rait, -raient*...).
3. l'accord des verbes	• Le verbe **s'accorde avec le sujet**. Pour trouver le sujet, pose la question : *Qui est-ce qui... ?* ou *Qu'est-ce qui... ?* suivie du verbe. • Quand le sujet est le **pronom relatif** *qui*, cherche l'antécédent de ce pronom.
4. l'accord des adjectifs	L'adjectif qualificatif **s'accorde** en genre et en nombre **avec le nom** (ou le pronom) **auquel il se rapporte**. Pour trouver ce nom, pose la question : *qui est-ce qui est... ?* ou *qu'est-ce qui est... ?* suivie de l'adjectif.
5. l'accord des participes passés	• Si le participe passé est employé **avec être**, il s'accorde en genre et en nombre avec le sujet. • Si le participe passé est employé **avec avoir**, il ne s'accorde jamais avec le sujet, mais il s'accorde avec le COD si celui-ci est placé avant le verbe. • Dans le cas d'un **verbe pronominal**, le participe passé s'accorde avec le pronom réfléchi (*me, te, se*...) quand celui-ci est COD. *Elle s'est lavée à l'eau froide* (*s'* est COD, accord au féminin singulier), mais *elle s'est lavé les mains* (*s'* est COI, pas d'accord).
6. les terminaisons verbales en [e]	Pour savoir si un verbe doit se terminer par *-er* (infinitif) **ou** *-é(es)* (participe passé), remplace-le par un verbe du 3e groupe, comme *prendre*.
7. les homophones grammaticaux	Identifie la **classe grammaticale** du mot (voir le tableau p. 303).

Table des illustrations

1	Guide parents	ph ©	Ruslan Huzau / Alamy Stock Photo
5	Guide parents	ph ©	contrastwerkstatt / Fotolia
7	Guide parents	ph ©	Christian Schwier / Fotolia
8	Guide parents	ph ©	contrastwerkstatt / Fotolia
9	Guide parents	ph ©	auremar / Fotolia
10	Guide parents	ph ©	Christopher Futcher / iStock
5		ph ©	iStock
9	- h	ph ©	2014 Roberto Adrian Photography / Thepalmer / Getty-Images
9	- b	©	Wikimédia
10		ph ©	Trevor Samson / AFP Photo
11		ph ©	clu / E+ / Getty Images
15		Coll.	Kharbine-Tapabor
23		©	DCL Editions 2000
25		ph ©	Coldimages / iSotckphoto
31		Coll.	Christophel
33		ph ©	Selva / Leemage / Bridgeman Images
35		ph ©	Aisa / Leemage / Bridgeman
49		©	Aubrey Beardsley
61		ph ©	Archives Charmet / Bridgeman Images
65		ph ©	Bequest from the Collection of Maurice Wertheim, Class 1906 / Bridgeman Images
67		©	The Atlantic Slave Trade and Slave Life in the Americas / D. R.
69		Coll.	Christophel
75		ph ©	Luis - stock.adobe.com
125		Coll.	Paris, Musées
127		ph ©	Josse / Leemage / Bridgeman Images
128		ph ©	Selva / Leemage / Bridgeman Images
129		©	Musée d'Histoire de Nantes
131		ph ©	Giraudon / Bridgeman Images
133	- h	ph ©	Marie-Laure Berthier / Musée Carnavalet / Roger-Viollet
133	- b	ph ©	Musée Carnavalet / Roger-Viollet
134		©	Monnaie de Paris
135	- h	©	Musée national de la Légion d'honneur et des ordres de chevalerie-Paris
135	- b	ph ©	Josse / Leemage / Bridgeman
137		ph ©	Erich Lessing / Akg-Images
139		ph ©	Josse / Leemage / Bridgeman Images
143		ph ©	Albert Harlingue / Roger-Viollet
144		ph ©	ARJ / Photo12
147	- h	ph ©	The Granger Collection, N.Y.C / Rue des Archives / Bridgeman Images
147	- b	ph ©	Josse / Leemage / Bridgeman Images
148		ph ©	BnF, Paris
149		ph ©	Hervé Lewandowski / (musée d'Orsay) / RMN-Grand Palais
154		©	King of Hearts / Wikimedia Commons
155	- h	ph ©	Laurent Grandguillot / REA
155	- b	©	Tuca Vieira
156		ph ©	Rebecca Cook / Reuters
158		©	Plantu
161		ph ©	shishic / iStockphoto
162		ph ©	Fan Jun / Getty-Images
165		©	Kevin KAL Kallaugher, Kaltoons.com
167	- g	ph ©	Georg Gerster / Gamma - Rapho
167	- d	ph ©	Chad Ehlers / Tips / Photononstop
168		ph ©	Jean du Boirranger / Hemis.fr
169		©	Eko Atlantic
174		©	Item 7 Inc
176		ph ©	François Lo Presti / AFP Photo
178		ph ©	Pierre Guillaud / AFP Photo
181		©	CGT
183		ph ©	Planet Observer / Gamma - Rapho
187	- g	ph ©	SPL / Cosmos
187	- m	ph ©	ESA / Ciel et Espace Photos
187	- d	ph ©	Nasa
189		ph ©	Biosphoto
190	- h	©	B. Gaillard-Martinie, Plateau Technique de Microscopie / INRA
190	- b	©	Christian Bodet / INRA
193	- g	©	Muriel Hazan
193	- d	ph ©	F. Didillonto / MAP
195	- hd	ph ©	ISM
195	- bg	ph ©	CNRI / S.P.L. / Cosmos
201		ph ©	Robert Guidoin, Laboratoire de Chirurgie Expérimentale, Québec
203	- 1, 2	ph ©	Biophoto Associates / Bsip
203	- 3	ph ©	Biophoto Associates / Science Photo Library / Biosphoto
205		ph ©	denisismagilov - stock.adobe.com
215		©	Nasa
230		ph ©	Franck Fell / Robert Harding / Getty-Images
232	- g	ph ©	Nicolas Job / Capa Pictures
232	- d	ph ©	Fotolia
234		ph ©	Fotolia
237		ph ©	Andrei Nekrassov - stock.adobe.com
263		ph ©	Marcus Lindstrom / Getty-Images
283		ph ©	Monkey Business - stock.adobe.com
292		ph ©	Christophe Morin / Pix Palace

Achevé d'imprimer par La Tipografica Varese Srl, Varese – Italie – Dépôt légal 06473- 7 / 01 – Mars 2020

L'Union européenne

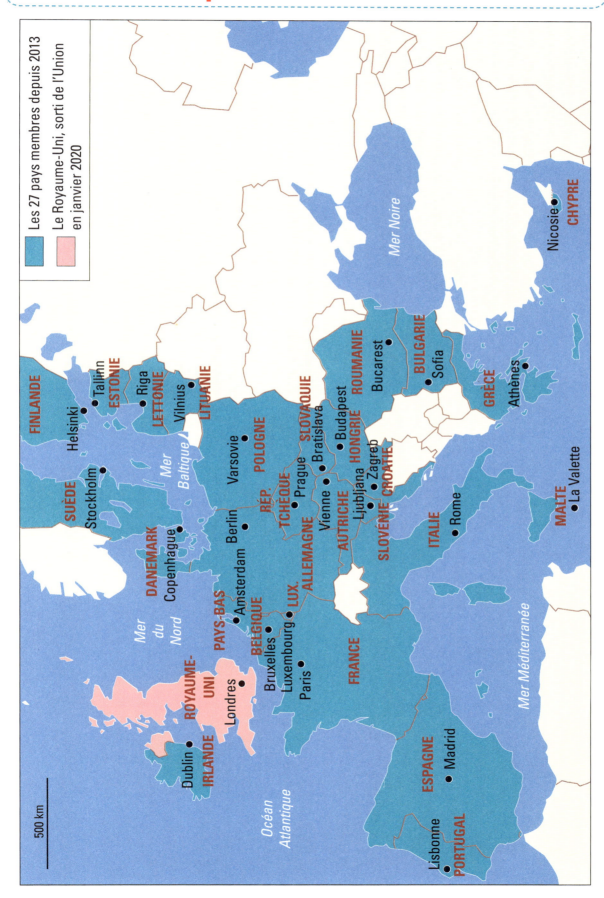

Les États du monde

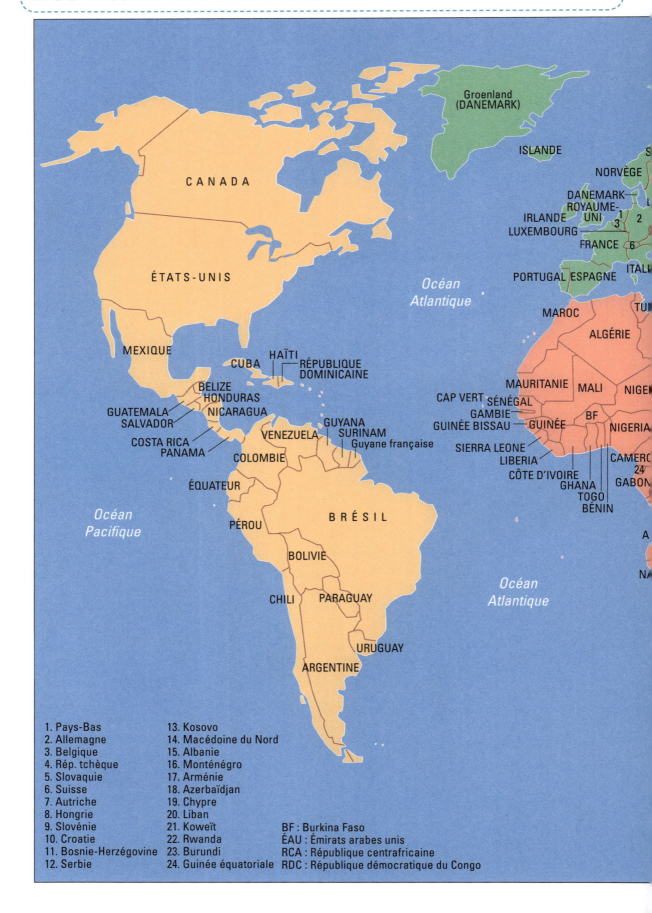

1. Pays-Bas
2. Allemagne
3. Belgique
4. Rép. tchèque
5. Slovaquie
6. Suisse
7. Autriche
8. Hongrie
9. Slovénie
10. Croatie
11. Bosnie-Herzégovine
12. Serbie
13. Kosovo
14. Macédoine du Nord
15. Albanie
16. Monténégro
17. Arménie
18. Azerbaïdjan
19. Chypre
20. Liban
21. Koweït
22. Rwanda
23. Burundi
24. Guinée équatoriale

BF : Burkina Faso
ÉAU : Émirats arabes unis
RCA : République centrafricaine
RDC : République démocratique du Congo